中世京都の都市と宗教

河内将芳　著

思文閣出版

中世京都の都市と宗教　目次

序――本書の構成――……3

第一部　室町・戦国期

第一章　室町期祇園会に関する一考察……11
はじめに　11
一　神輿渡御と山鉾巡行　13
(1) 神輿渡御停止と山鉾　(2) 祇園会馬上役と神輿・山鉾
二　転換点としての文安期　30
(1) 延引と追行　(2) 文安六年　(3) 神輿と山鉾の連動化・一体化
(4) 延引と追行の頻発
おわりに　42

第二章　戦国期祇園会に関する基礎的考察……47
はじめに　47

一　前提としての室町期の概況　48
(1)　神輿と神人　(2)　山鉾と神人
二　明応九年の再興　52
(1)　再興への道程　(2)　再興後の祇園会
三　戦国期の実態　57
(1)　山鉾と馬上役　(2)　山鉾と「諸町」
四　画期としての天文期　69
(1)　山鉾と個別町　(2)　個別町と「出銭」
おわりに　74
第三章　戦国期祇園会の神輿渡御について……83
はじめに　83
一　用途からみた応仁・文明の乱直前の神輿渡御　85
(1)　大政所御旅所と少将井御旅所　(2)　馬上役下行の内容
二　戦国期における神輿渡御の実態　97
(1)　再興　(2)　永正元年を中心に　(3)　少将井駒頭をめぐる相論
(4)　初期洛中洛外図に描かれた神輿渡御
おわりに　115

第四章　戦国期祇園会と室町幕府――「見物」をめぐって――……………122
はじめに　122
一　応仁・文明の乱と祇園会再興　125
(1)　明応九年の再興をめぐって　(2)　祇園会と細川政元
二　細川政元死後の幕府と祇園会　130
(1)　永正期をめぐって　(2)　大永二年、足利義晴の祇園会「見物」
(3)　天文期をめぐって
おわりに　141

第五章　戦国期祇園会の再興と『祇園会山鉾事』……………………149
はじめに　149
一　『祇園会山鉾事』について　150
(1)　『祇園会山鉾事』と『祇園社記』　(2)　異同について
二　『祇園会山鉾事』の内容検討　171
(1)　神輿渡御と神幸路　(2)　「ほくの次第」　(3)　「祇園會山ほくの次第」
(4)　「祇園會山鉾次第以鬮定之」　(5)　「明應九六十四」　(6)　奥書
三　『祇園会山鉾事』成立の背景　176
(1)　永禄三年をめぐって　(2)　永正四年をめぐって
おわりに　179

第六章　山門延暦寺からみた天文法華の乱……183
はじめに　183
一　天文法華の乱への過程　185
(1)　山門大衆の動向　(2)　諸宗寺院への要請
二　末寺化をめぐる相克　193
(1)　諸法華宗寺院の跡地　(2)　末寺化の要求
おわりに　199
第七章　都市共同体と人的結合——法華一揆と祇園会をめぐって——……205
はじめに—問題の所在—　205
(1)　町自治重視への疑問　(2)　共同体と都市自治
一　都市共同体としての「衆会之衆」　211
(1)　法華一揆と都市自治　(2)　信仰・宗教と都市共同体
二　戦国期祇園会と地縁的結合　215
(1)　祇園会と山門大衆　(2)　人的結合と中世宗教
おわりに　219
(1)　地縁的結合と家屋敷所有　(2)　都市共同体と空間・領域

第二部　織豊期

第一章　山門延暦寺焼討再考序説……227
はじめに　227
一　元亀争乱と山門延暦寺　229
(1) 元亀争乱と宇佐山城　(2)「坂本合戦」と山門延暦寺
(3) 山越えの通路をめぐって
二　元亀争乱と山門焼討　237
(1) 山門領の押領　(2) 宇佐山城と今道越をめぐる攻防
おわりに　243
第二章　安土宗論再見――信長と京都法華宗寺院――……248
はじめに　248
(1) 信長と宗教勢力　(2) 信長と元亀争乱
一　安土宗論への伏線　252
(1) 第一の伏線　(2) 第二の伏線
二　安土宗論と京都法華宗寺院　255
(1) 安土宗論　(2) 宗論後の法華宗　(3) 礼金の影響
おわりに　260

第三章　中世末期堺における法華宗寺院――天正七・八年の「堺勧進」を中心に――　263
はじめに　263
一　「堺勧進」の具体相　265
(1)　「堺勧進」の経過　(2)　諸寺院の分担
二　「堺勧進」と諸寺院　274
(1)　天正七年時点の諸寺院　(2)　月蔵寺の所在　(3)　諸寺院の集団・組織
(4)　京都の会合と「堺勧進」
おわりに　282
第四章　東山大仏千僧会と京都法華宗……288
はじめに　288
一　大仏千僧会の実像　289
(1)　大仏千僧会の会場と名目　(2)　新儀の八宗　(3)　八宗の同列化と法事の内容
(4)　大仏千僧会の歴史的意義
二　京都法華宗の対応と日奥　295
(1)　本国寺での会合　(2)　会合の対応と危機感　(3)　大坂対論以後
おわりに　300
第五章　近世移行期の権力と教団・寺院――豊臣政権と京都法華宗を中心に――……304
はじめに　304

一　豊臣政権期以前―前史としての室町期から織田政権期―　306
(1)　室町期から戦国期　(2)　織田政権期
二　豊臣政権期―近世の基調としての―　310
(1)　法華宗にとっての天正一三年　(2)　東山大仏千僧会をめぐって
おわりに　318

第六章　豊国社の成立過程について――秀吉神格化をめぐって――……325
はじめに　325
一　大仏鎮守・大仏之社・新八幡社　327
(1)　秀吉の死と大仏鎮守　(2)　大仏之社と新八幡社
二　豊国社の成立と大仏　333
(1)　新八幡から豊国大明神へ　(2)　豊国社と大仏
おわりに―豊国と新八幡―　337

第七章　天下人の「死」とその儀礼――信長・秀吉・家康の比較の視点から――……345
はじめに　345
一　信長の「死」とその儀礼　347
(1)　信長の自然的身体　(2)　「上様御仏事」
二　秀吉の「死」とその儀礼　352
(1)　秀吉の自然的身体　(2)　「死」後の儀礼と遺言

三　家康の「死」とその儀礼　355
(1) 家康の自然的身体と遺言　(2) 儀礼間の矛盾
おわりに　358

終　宗教勢力の運動方向——中近世移行期における——……364
はじめに　364
一　寺院内社会の一構造—寺僧と本願を中心に—　366
(1) 清水寺と清凉寺　(2) 寺僧・本願・門跡
二　寺院間社会の一構造—山門延暦寺を中心に—　370
(1) 山門延暦寺と惣寺　(2) 山門延暦寺と末寺　(3) 惣寺・末寺・門跡
(4) 寺院間社会の一構造
三　宗教勢力の行方と近世的再編　378
(1) 寺院内社会・寺院間社会の解体　(2) 修造・学問・勤行　(3) 東山大仏千僧会
おわりに　384

成稿・原題一覧
あとがき
索引(人名・事項)

中世京都の都市と宗教

序——本書の構成——

本書は、前著『中世京都の民衆と社会』（思文閣出版、二〇〇〇年）につぐ、著者の第二論集である。前著では、各論考を「第一部　職縁と流通」「第二部　信仰と宗教」「第三部　地縁と町」の三部に分け、配置したが、本書は、このうちの「第二部　信仰と宗教」をより掘りさげることを目的としたものとなる。書名としては、『中世京都の都市と宗教』としているが、より正確にいえば、「中世京都の都市社会と宗教」といったほうがよいだろう。

もっとも、宗教とはいっても、本書では、思想史的な意味としてのそれではなく、むしろそれを紐帯（人的結合）として形成された社会集団、たとえば、寺院や教団などのすがたを通して、中世から近世へと移行する時期の都市社会における宗教のありかた、あるいは、都市社会と宗教との関係を文献史学の方法によって考えることとなる。

前著の「第二部　信仰と宗教」においても、信仰や宗教を紐帯とした社会集団、とりわけ法華宗（日蓮宗、法華教団）をとりあげたが、それはどちらかといえば、法華信仰という信仰を紐帯としたものであった。それに対して、本書では、宗教にかかわる事象にもとり組むことになるが、信仰と宗教、一見すれば、非常によく似たもののようにみえるこの両者のあいだには、中世においても違いがあったことにあらためて注意する必要がある。その違いを正確に説明することはむずかしく、また、著者の力量にあまる作業であるが、ここでは、中世の宗教にかかわって、平雅行氏がその論考「専修念仏の歴史的意義」(1)のなかで語るつぎのような文章（抄出）を指針としたい。

普遍的超歴史的に存在する民衆の解放願望の中世的封殺形態にこそ、中世宗教が求められるべきではないだろうか。（中略）民衆の解放願望を荘園制的支配秩序の中に封殺していった顕密主義の登場にこそ、中世宗教の形成を認めるべきであろう。（中略）このような解放願望の封殺こそ、「古代の否定の否定」と言ってよいだろう。この意味において顕密仏教とは、古代仏教でもなければ律令仏教でもなく、中世的支配イデオロギーとして位置づけられなければならない。

すなわち、中世の宗教とは、「民衆の解放願望の中世的封殺形態」であり、それは、「中世的支配イデオロギーとして位置づけられ」た「顕密仏教」にほかならなかったのである。おそらく、この顕密仏教には、神祇も含まれると思われるが、本書では、この宗教にかかわる事象として、祇園会（祇園祭）に関する論考を「第一部　室町・戦国期」に配置した。

中世の祇園会といえば、一般には、中世都市京都の祭礼を代表するものとして、また、そのうちの山鉾巡行は、権力に抵抗する、いわゆる「町衆」の祭礼として、よく知られた存在である。そのような祭礼と本書で注目するところの宗教とがいったいどのような関係にあるのか、一見すると、わかりにくいようにもみえる。

しかし、祇園会という祭礼が、山門延暦寺の末寺・末社である祇園社の祭礼にほかならなかったということ、つまりは顕密寺社の祭礼であったという、考えてみれば、ごくあたりまえの事実にまず注目しなければならない。しかも、中世の祇園会は、その有名さとは裏腹に、その実態についてはあきらかでない部分も少なくないという研究史上の問題点にも留意しなければならないであろう。

前著の序において、祇園会を正面からとりあげないと記したのもこのことがあったからだが、ところが、近年、下坂守氏によって、山門延暦寺に関する研究(2)が飛躍的に進展されるにいたって、状況は大きく変わることとなった。とりわけ、中世の祇園会が、単体として存立していたわけではなく、本寺・本社の山門・日吉社の祭礼である日吉祭(山王祭)や日吉小五月会、あるいは、同じく末寺・末社であった北野社の祭礼、北野祭などとも密接に関係をもって成り立っていたことがあきらかにされた点は重要であろう。

これによって、中世の祇園会をより実態に即したかたちで考察する道が開かれることとなったが、それは同時に、これまでのように権力に抵抗する「町衆」の祭礼といった、いわば二項対立的な視角にも修正をせまることとなったのである。

したがって、本書では、以上のことを念頭に、祇園会の実態にせまることになるが、このようにしてみたとき、山鉾巡行としてあらわれた、都市住人、あるいは都市民衆の御霊信仰や疫神遷却という民俗行為が、本書でいうところの宗教とはやや異質なものであったことに気がつく。しかし、それだからこそ逆に、「民衆の解放願望」の手段ともなりうるものとして位置づけなおすことができるのではないかと思われる。

一方、信仰にかかわる事象については、本書では、前著の延長線として、法華信仰、あるいは法華宗(日蓮宗、法華教団)をとりあげることとなる。この法華宗もまた、これまでは、どちらかといえば、村落の一向宗(真宗)に対する都市の法華宗といった、二項対立的なみかたのなかで、「町衆」の信仰としてみられることが多かった。

しかし、これも冷静に考えてみるとわかるように、日蓮の孫弟子、日像が京都で布教を開始して以来、常に対峙せざるをえなかった存在とは、一向宗や一向一揆などではけっしてなく、法華宗に対してくり返し弾圧を加えつづけてきた山門延暦寺にほかならなかった。そして、その山門の実態が、さきにも触れたようにあきらかとなってきた以上、その山門との関係のなかで、法華一揆や天文法華の乱といった、これまでにもしばしばとりあげられてきた事象についても見なおすことができると思われる。

本書では、この点について、第一部第六章・第七章で触れることとなるが、それは同時に、「町衆」の祭礼、「町衆」の信仰として、しばしば並列されてきた祇園会と法華宗との関係をあらためて問いなおすことにもつながるだろう。

さて、このように本書でいうところの信仰と宗教とを対比してみたとき、誤解をおそれずにいえば、中世においては、前者が法華宗などいわゆる「新仏教」（鎌倉新仏教）を中心としたもの、後者が顕密仏教（旧仏教）であったということができるかもしれない。しかしながら、前者は、もともと後者を基盤として登場してきたのであるから、その違い以上に、実は共通部分のほうがはるかに多かったこともまた事実である。そして、その点において、藤井學氏がその論考「近世初期の政治思想と国家意識」[3]で語るつぎのような一文は重要となる。

教権と俗権、出世間と世間、出家と在家、この両者をまず厳密に分離したうえで、世俗の事象を仏教側の理念から改めて説き明かそうという教説上の立場が、新旧仏教宗派を問わず、中世仏教全体の大きな特色であったと考える。

右にみえるように、「世俗の事象を仏教側の理念から改めて説き明かそうという教説上の立場が、新旧仏教宗派を問わず、中世仏教全体の大きな特色であった」とするならば、ここにおいて、つぎの課題として浮上してくるのが、世俗権力、とりわけ中近世移行期の京都に本拠をおいた統一権力の宗教政策というものになる。

このようにいうと、急に本書における対象が変わってしまったかのようにみえるが、実はそうではない。なぜならば、宗教政策、つまり権力が宗教や信仰、あるいは寺院や教団とどのような距離感をたもとうとしていたかを問うことは、同時に、たがいの実態を直截に照らしだすことにつながると考えられるからである。しかも、宗教政策にかぎらず、一般に権力の政策というものが一方的には貫徹されることがなかったと考えられる以上、(4)宗教政策をみることは、相互の関係性がどのように構築されていったかをみることにもつながると思われる。

本書では、この点について、「第二部　織豊期」全体を通して考えてみたいと思うが、その際、重要な点として確認しておきたいのは、藤井氏が同じ論考のなかで語るつぎのような一文である。

近世の統一権者が、自己の権力の統治の正当について、かくも強烈な自己確信をもつ根拠はなにか。それはかれらの徹底した武威主義、すなわち、権力が権力として正当たるの根源は、権力側みずからが内部に保持する武力にあるという、鋭い現実主義にもとづく思弁である。

この文章の前提としては、「それぞれの支配権力がその権力基盤の根源である支配の正当性を、それ自体の力でも理論でも確立し得ないのが、中世権力の一つの特色である」という指摘があるが、この中世と近世の権力の正当性をめぐる違いは、やはり無視することはできないであろう。

もっとも、右のような考えかた自体も検証の対象としなければならないだろうが、その意味もこめて、本書では、右のような違いが生じることとなったその過程についても注目したいと思う。

以上を踏まえたうえで、本書では、終において、あらためて社会集団としての寺院に視点をおいて、この時期の事象全体を見通すことにしたいと思うが、このようにしてみてもなお、本書においてみることのできる事象にかぎりがあることは、やはり正直に認めざるをえない。その意味では、本書もまた前著と同様、実証レベルの予備的な考察の集積という観は否めないであろう。

したがって、そのようなかぎられたところから、「都市と宗教」「都市社会と宗教」という問題にどこまでせまることができるのかという点については、こころもとないかぎりであるが、いずれにしても、本書は、前著と同様、「前近代における都市とはなにか」、あるいは、「前近代における京都とはどのような都市であったのか」という、大きなテーマにいどむためにあらためてみずからの立場を確認することを目的に編まれた書物ということになろう。大方のご批判を仰ぎたいと思う。

なお、本書では、各部を構成する各章に、基本的に既発表論考をすえているが、既発表という性格上、その独立性をたもつためにも、論旨を変えずに補訂を加えることで全体が通るようにしたいと思う。そのため、各章発表以降の動向については、各章の最後に補注として触れたいと思う。

（1）平雅行「専修念仏の歴史的意義」（同『日本中世の社会と仏教』塙書房、一九九二年、初出は、「中世的異端の歴史的意義—異端教学と荘園制的支配イデオロギー—」『史林』第六三巻三号、一九八〇年）。なお、平氏は、その論考「鎌倉仏教論」（『岩波講座日本通史　第8巻　中世2』一九九四年）においても、「民衆の解放願望の中世的封殺形態を中世宗教と呼ぶ。反古代闘争の展開に対し、新たな封建的抑圧体系を構築したとき、それを中世社会の成立と評するように、本稿では、中世民衆の内面を縛るあらたな呪縛体系の登場をもって中世宗教と呼ぶ」と述べられている。

（2）下坂守『中世寺院社会の研究』（思文閣出版、二〇〇一年）、同「応仁の乱と京都—室町幕府の役銭と山門の馬上役の変質をめぐって—」（『学叢』二四号、二〇〇二年）、同「室町・戦国時代の祇園祭—延暦寺と幕府との関係を中心に—」（『加能史料　会報』一五号、二〇〇四年）、同「山訴の実相とその歴史的意義—延暦寺惣寺と幕府権力との関係を中心に—」（河音能平・福田榮次郎編『延暦寺と中世社会』法藏館、二〇〇四年）。

（3）藤井學「近世初期の政治思想と国家意識」（『岩波講座日本歴史　10　近世2』一九七五年、のちに同『法華文化の展開』法藏館、二〇〇二年）。

（4）中近世移行期における宗教政策については、これまで実証的な検証がほとんどなされてこなかった。その研究史上の間隙を厳密な実証作業によって埋められたのが、伊藤真昭『京都の寺社と豊臣政権』（法藏館、二〇〇三年）である。

第一部　室町・戦国期

第一章　室町期祇園会に関する一考察

はじめに

室町期京都における祇園会という話題がだされたとき、これまでどのようなイメージが共有されてきたであろうか。おそらくそれは、戦国期の状況やあるいは近世・近現代における状況をさかのぼらせて想像することぐらいが一般的ではなかっただろうか。このような状態に陥っている理由としては、洛中洛外図のような絵画史料も少ないため、視覚的に検討することがむずかしいという点もさることながら[1]、実はそれ以上に、文献史料による研究蓄積が予想外に乏しいという点に最大の要因がもとめられる。

ただ、そうはいっても、乏しいなかでもこの時期の研究は、中世祇園会の根幹にかかわる基礎的な成果がそろっているという点では特徴的であり、たとえば、その代表として、瀬田勝哉氏による研究[2]をあげることができる。この研究は、戦国期以前の祇園会に関する嚆矢的な研究として知られる脇田晴子氏の論考[3]を批判的に継承したうえで、祇園会神輿渡御の用途（費用）である馬上役（馬上料足・馬上合力銭・馬上公定銭・馬上功程銭）差定の論理をあきらかにするとともに、応永初年以降、その馬上役調達のシステムが室町幕府によって馬上一衆・合力神人制として再編されたことなどを解明されたものである。

実のところ、文献史による室町期祇園会に関する研究は、ながくこの瀬田氏の研究がほぼ唯一のものといって過言でない状態がつづいてきた。ところが、この研究に関しては、近年になって、新出史料である『八瀬童子会文書』(4)を詳細に分析された下坂守氏(5)によって一定の修正が加えられることとなる。

というのも、瀬田氏が解明した馬上一衆・合力神人制は、実は祇園社の本社である日吉社の祭礼、日吉小五月会の馬上役調達システムとして至徳年間（一三八四〜一三八七）に案出されたもので、祇園会馬上役とは、それによって調達された用途の一部が充当されることによって成立したものであるということがあきらかにされたからである。

しかも、日吉小五月会をみずからの祭礼と認識し、その馬上役にかかわって莫大な得分を保持していたのが比叡山の三塔一六谷に分節する山門延暦寺大衆であったこと、したがって中世、とりわけ室町期以降の祇園会においてはこの大衆の動向と無縁でいられなかったという見通しなども呈示されることとなったのである。

一方、これら瀬田・下坂両氏の研究にならぶものとしては、芸能史の観点から神輿渡御と山鉾巡行との存在形態の違いをはやくから指摘してきた山路興造氏による一連の研究(6)をあげることができる。この研究によって、この時期の祇園会がそなえる複合性が喚起されるとともに、それを分析するにあたっては、その複合性を無視しては先にすすめないということがあきらかとなったからである。

以上の研究のほかにも、室町期祇園会を武家儀礼の面からとりあげ、室町幕府の年中行事としての「祇園会御成」成立を論じた二木謙一氏の研究(7)などもはずすことはできないと思われるが、それでは、これら先行研究においてもなされておらず、しかも当面必要と考えられる作業とはいったいどのようなものになるのであろうか。

おそらくそれは、従来の研究成果によってえられた諸事実が室町期、とりわけ祇園会馬上役の初見と考えられる応永期以降にどのように変遷をとげてゆくのか、この点を基礎的な史料や事実の掘りおこしによって具体的な議論の俎上に乗せることであろう。

　ここにおいて、まず最初に必要とされる作業とは、なんといっても室町期における祇園会の逐年の執行状況がどのようなものであったのかをあきらかにすることとなる。実は、このようなもっとも基礎的な事実すらこれまでまったく知られてこなかったからである。本章では、この点にかかわる作業を鎌倉末・南北朝期を含めたかたちでおこないたいと思うが、ここで鎌倉末・南北朝期を含める理由は、それまで神輿渡御しかなかった祇園会に山鉾巡行がつけ加わってくるのがこの時期とされているからである。

　したがって、つぎに必要とされる作業とは、「神事無之共、山ホコ《鉾》渡シ度」[8]という有名なことばでも知られる、神輿渡御の延引や停止に連動して山鉾巡行もまた延引や停止を余儀なくされるという、いわば連動化・一体化というべき状況がはたして初発からみられたのか、あるいは一定の経緯をもってはじまったのかをさぐるべく、室町期における両者の関係の実態をあきらかにするということになる。これまで実証的におさえてこられなかったこの両者の関係の推移が、室町期祇園会がそなえる複合性の実態にせまるための重要な鍵と考えられるからである。

　以下、本章では、このふたつに課題をしぼって検討をすすめてゆきたいと思う。

一　神輿渡御と山鉾巡行

　それでは、まず表1をみていただきたい。この表は、主に古記録によって管見のかぎり判明する、鎌倉末・南北朝期を含めた室町期祇園会の執行状況を一覧表化したものである。ここで古記録を用いた理由は、いうまでもなく古記録が日次で記されているため、逐年の状況やその変化を追跡するには最適な史料と考えられるからであるが、この表1によって、少なくとも応永期以降の執行状況の全体像がはじめてあきらかとなったと思われる。

表1　室町期祇園会一覧

西暦	年	月日	関係記事（抜粋）	典拠	
一三二一	元応3（元亨元）				
一三二二	元亨2	6・14	御霊会・院歩田楽	花園天皇宸記	
一三二三	元亨3	6・14	御霊会・桙衆等群参	花園天皇宸記	
一三二四	元亨4（正中元）				
一三二五	正中2				
一三二六	正中3（嘉暦元）				
一三二七	嘉暦2				
一三二八	嘉暦3				
一三二九	嘉暦4（元徳元）				
一三三〇	元徳2				
一三三一	元徳3（元弘元）				
一三三二	元弘2	6・7	祇園御霊会・桙等皆以無音、只叩鼓許	花園天皇宸記	
一三三三	元弘3				
一三三四	元弘4（建武元）				
一三三五	建武2	6・7	祇園御輿迎	建武二年六月記	
		6・14	祇園御霊会	建武二年六月記	
一三三六	建武3（延元元）	11・28	祇園御霊会、式日延引	園太暦	●
一三三七	延元2				
一三三八	暦応元				
一三三九	暦応2				
一三四〇	暦応3	6・7	祇園御輿迎・鉾以下以外結構	師守記	
		6・14	祇園御霊会・文殿歩田楽・馬長	師守記	
一三四一	暦応4				
一三四二	暦応5（康永元）	6・7	祇園御輿迎	師守記	
		6・14	御霊会・鉾衆殺害	師守記	
一三四三	康永2	6・7	延引（依日吉神輿動座也）	祇園執行日記・続史愚抄	●

●			11・8	追行、御輿迎	祇園執行日記
●			11・15	追行、祭礼	祇園執行日記
	一三四四	康永3	6・7	祇園御輿迎	師守記
			6・14	祇園御霊会・鉾已下如例・文殿歩田楽・馬長	師守記
	一三四五	康永4（貞和元）	6・7	祇園御輿迎・定鉾・山以下作物渡之（8日）	師守記
			6・14	祇園御霊会・鉾如例・文殿歩田楽・馬長	師守記
	一三四六	貞和2	6・7	祇園会	賢俊僧正日記
	一三四七	貞和3	6・7	祇園御輿迎也、鉾已下冷然	師守記
			6・14	御霊会・馬長并文殿歩田楽無之、依穢中	師守記・園太暦
	一三四八	貞和4			
	一三四九	貞和5	6・7	祇園御輿迎・鉾如例、但冷然	師守記
			6・14	祇園御霊会・文殿歩田楽	師守記
	一三五〇	貞和6（観応元）	6・7	御輿迎	祇園執行日記
			6・14	神幸	祇園執行日記
	一三五一	観応2	6・7	祇園神輿迎	園太暦
			6・14	祇園祭礼・馬長	園太暦
	一三五二	正平7（観応3）	6・14	神幸	祇園執行日記
	一三五三	文和2			
	一三五四	文和3			
	一三五五	文和4	6・7	祇薗会	賢俊僧正日記
			6・14	祇園会	賢俊僧正日記
	一三五六	文和5（延文元）			
	一三五七	延文2	6・14	祇園御霊会	園太暦・祇園執行日記
	一三五八	延文3	6・7	祇園御輿迎、依武家事、罷風流鉾等、	柳原家記録・続史愚抄
			6・14	祇園御霊会	続史愚抄
	一三五九	延文4	6・7	祇園御輿迎	延文四年記
			6・14	祇園祭礼	延文四年記
	一三六〇	延文5			

	一三六一	康安元(延文6)	6・7	祇園御輿迎・不及風流	忠光卿記(進献記録抄纂)
	一三六二	康安2(貞治元)			
	一三六三	貞治2	6・14	祇園御霊会	後愚昧記
	一三六四	貞治3	6・7	祇園御輿迎・鉾以下冷然・作山風流等無之	師守記・東寺執行日記
			6・14	祇園御霊会・鉾以下冷然、無作山等	師守記・東寺執行日記
	一三六五	貞治4	6・7	祇園御輿迎・鉾以下冷然・作山風流等同無之	師守記
			6・14	祇園御霊会・作山一両有之	師守記
	一三六六	貞治5			
	一三六七	貞治6	6・7	祇園御輿迎・鉾冷然・作山以下無之	師守記
			6・14	祇園御霊会・作山三有之	師守記
	一三六八	貞治7(応安元)			
	一三六九	応安2			
●	一三七〇	応安3	6・7	停止(神輿不令出少将院・日吉神輿入洛之後、未及造替之間)	後愚昧記
●			6・14	停止(無祭礼儀・於京中鉾等者、不違先々)	後愚昧記
	一三七一	応安4			
	一三七二	応安5			
	一三七三	応安6			
●	一三七四	応安7	6・7	停止(神輿造替以前之間、無其儀・下辺鉾等如先々渡之)	後愚昧記・神木御動座度々大乱類聚
●			6・14	停止(祇園会鉾等、下辺経営不違先々)	後愚昧記
	一三七五	応安8(永和元)			
●	一三七六	永和2	6・7	停止(神輿造替未道行候間、神輿不出給・下辺鉾并造物山如先々)	後愚昧記
●			6・14	停止(御輿無出御、鉾等如常・高大鉾顛倒)	後愚昧記
	一三七七	永和3			
●	一三七八	永和4	6・7	停止(山門神輿造替未事終之間、彼社祇園神輿同不出来、於鉾者結構之)	後愚昧記

一三七九	永和5（康暦元）			
一三八〇	康暦2	6・7	祇園会・雖無神幸、洛中風流如例	迎陽記
		6・14	祇園会	迎陽記
一三八一	康暦3（永徳元）			
一三八二	永徳2			
一三八三	永徳3	6・7	祇園御輿迎・鉾六七帳、飾鉾一帳	吉田家日次記
		6・14	祇園会	吉田家日次記
一三八四	永徳4（至徳元）			
一三八五	至徳2			
一三八六	至徳3			
一三八七	至徳4（嘉慶元）			
一三八八	嘉慶2			
一三八九	嘉慶3（康応元）			
一三九〇	康応2（明徳元）			
一三九一	明徳2			
一三九二	明徳3			
一三九三	明徳4			
一三九四	明徳5（応永元）			
一三九五	応永2			
一三九六	応永3			
一三九七	応永4	6・14	御さいれゐ	祇園社記11
一三九八	応永5	6・7	御さいれゐ	祇園社記11
一三九九	応永6	6・7	祇園会・風流尽美	迎陽記・祇園社記11
		6・14	祇園神輿還幸・山鉾以下結構	迎陽記
一四〇〇	応永7	6・7	御さいれゐ	祇園社記11
一四〇一	応永8	6・7	祇園祭礼・只最小桙一有之	康富記・祇園社記11
一四〇二	応永9	6・7	祇園御輿、無鉾風流	吉田家日次記・祇園社記11
		6・14	祇園会、無鉾	吉田家日次記

	一四〇三	応永10	6・7	御さいれい	祇園社記11
●	一四〇四	応永11	6・8	延引、追行(昨日依降雨、今日執□之)	南都真言院伝法灌頂記・祇園社記11
	一四〇五	応永12	6・14	祇薗会	教言卿記・祇園社記11
	一四〇六	応永13	6・7	御さいれゐ	祇園社記11
	一四〇七	応永14	6・7	祇園会	教言卿記・応永十四年暦日記・祇園社記11
	一四〇八	応永15	6・7	御さいれゐ	祇園社記11
	一四〇九	応永16	6・7	桙見物	教言卿記・祇園社記11
	一四一〇	応永17	6・7	御さいれゐ	祇園社記11
	一四一一	応永18	6・7	御さいれゐ	祇園社記11
	一四一二	応永19	6・7	祇園会	山科家礼記・祇園社記11
			6・14	祇園祭礼	山科家礼記
	一四一三	応永20	6・14	祇園社頭神前ニシテ社僧二人死去	満済准后日記
	一四一四	応永21	6・7	祇園無為神行	満済准后日記
			6・14	祇園会	満済准后日記
●	一四一五	応永22	6・7	延引(祇園会延引、地下用意ホコ等・延暦寺訴訟)	満済准后日記・康富記
●			7・4	追行(御幸・風流一切無之)	満済准后日記・祇園社記11・八坂神社文書243
●			7・11	追行(還幸)	八坂神社文書243
	一四一六	応永23	6・7	祇園会	看聞日記
			6・14	祇園会	看聞日記
	一四一七	応永24	6・7	祇園会	看聞日記
			6・14	祇園会	看聞日記
	一四一八	応永25	6・7	祇園会	看聞日記
			6・14	祇園会	看聞日記
	一四一九	応永26	6・7	祇園御輿三基例式・桙山已下風流	看聞日記・康富記
			6・14	祇園祭礼・桙山已下	康富記

一四二〇	応永27	6・7	祇薗会（依天下飢饉無結構）	看聞日記・師郷記
		6・14	祇園会・禁裏仙洞山笠等参	看聞日記
一四二一	応永28	6・7	祇園会	看聞日記・花営三代記
		6・14	祇園会	看聞日記・花営三代記
一四二二	応永29	6・7	祇園御輿迎・桙山已下風流	看聞日記・康富記
		6・14	祇園祭礼・桙山船以下風流・内裏マテ推	看聞日記・康富記
一四二三	応永30	6・7	祇園会	看聞日記・満済准后日記
		6・14	祇園会	看聞日記・満済准后日記
一四二四	応永31	6・7	祇園会ホコ山等、又内裏仙洞へ参	看聞日記・満済准后日記
		6・14	祇園会・風流笠以下	看聞日記・満済准后日記
一四二五	応永32	6・7	祇園祭礼	看聞日記・花営三代記
		6・14	祇園会	満済准后日記・花営三代記・看聞日記
一四二六	応永33	6・7	祇園会	満済准后日記
		6・14	祇園会	満済准后日記・兼宣公記
一四二七	応永34	6・7	祇園会・ホコ以下風流物共	満済准后日記・祇園社記11
		6・14	祇園会・山以下風流・内裏へ参	満済准后日記
一四二八	応永35（正長元）	6・7	祇園御輿迎・所々風流	満済准后日記・師郷記・建内記・祇園社記11
		6・14	祇園御霊会・風流山笠又押進両御所辺、上皇於築山御見物	満済准后日記・師郷記・建内記
一四二九	正長2（永享元）	6・7	祇園会	満済准后日記
		6・14	祇園御霊会	満済准后日記・師郷記
一四三〇	永享2	6・7	祇園御輿迎	満済准后日記・師郷記
		6・14	祇園御霊会・風流等渡之	満済准后日記・師郷記
一四三一	永享3	6・7	祇園御輿迎	満済准后日記・師郷記・看聞日記
		6・14	祇園御霊会・笠山以下	満済准后日記・師郷記・看聞日記
一四三二	永享4	6・7	祇園御輿迎	看聞日記・師郷記

		6・14	祇園御霊会	看聞日記・師郷記
一四三三	永享5	6・7	祇園御輿迎	満済准后日記・師郷記・管見記・看聞日記
		6・14	祇園御霊会	看聞日記・師郷記・管見記
一四三四	永享6	6・7	祇園御輿迎	看聞日記・満済准后日記・師郷記
		6・14	祇園御霊会	看聞日記・満済准后日記・師郷記
一四三五	永享7	6・7	祇園御輿迎	看聞日記・師郷記
		6・14	祇園御霊会	看聞日記・師郷記
一四三六	永享8	6・7	祇園会	看聞日記
		6・14	祇園会・北畠笠鷺桙・大舎人桙・内裏就近所如此拍物推参	看聞日記
一四三七	永享9	6・7	祇園御輿迎・風流等有之	看聞日記・師郷記
		6・14	祇園会・大舎衛桙・北畠笠鷺桙・内裏参	看聞日記・師郷記
一四三八	永享10	6・7	祇園御輿迎	看聞日記・師郷記・祇園社記11
		6・14	祇園会・笠鷺・大舎衛	看聞日記・師郷記
一四三九	永享11	6・7	祇園御輿迎	師郷記・建内記
		6・14	祇園御霊会・山笠拍子物等如例	師郷記・管見記・建内記
一四四〇	永享12	6・7	祇園御輿迎	師郷記
		6・14	祇園御霊会	師郷記
一四四一	永享13(嘉吉元)	6・7	祇園御輿迎・桙笠等	師郷記・建内記・看聞日記・祇園社記11
		6・14	祇園会・鉾笠結構	師郷記・建内記・看聞日記
一四四二	嘉吉2	6・7	祇園社御霊会御輿迎・桙山已下風流	師郷記・康富記
		6・14	祇園祭礼・風流鉾山笠船等	師郷記・康富記
一四四三	嘉吉3	6・7	祇園御輿迎・桙山已下風流	師郷記・建内記・康富記
		6・14	祇園御霊会・桙山已下	師郷記・建内記・康富記
一四四四	嘉吉4(文安元)	6・7	祇園御輿迎	師郷記
		6・14	祇園会・山笠已下如例	師郷記・建内記

	一四四五	文安2	6・7	祇園御輿迎	師郷記
			6・14	祇園御霊会	師郷記
	一四四六	文安3	6・7	祇園御輿迎	師郷記・東寺執行日記
			6・14	祇園御霊会・風流如例	師郷記
	一四四七	文安4	6・7	祇園御輿迎・桙山等風流	康富記・師郷記・建内記
			6・14	祇園御霊会	康富記・師郷記・建内記
	一四四八	文安5	6・7	祇園御輿迎・風流桙山已下・船鉾等	康富記・師郷記
			6・14	祇園会・桙山已下風流	康富記・師郷記
●	一四四九	文安6	6・7	延引（祇園祭礼延引也、延暦寺訴訟未落居）	康富記
●			6・14	延引（祇園御霊会、依延暦寺訴訟未落居）	康富記
●		宝徳元	12・7	追行（祇園御輿迎・桙山以下風流如先々）	康富記・北野社家日記
			12・14	追行（祇園会）	北野社家日記
●	一四五〇	宝徳2	6・7	祇園御輿迎・風流山笠桙等	康富記・東寺執行日記
			6・14	祇園祭礼・風流山笠以下	康富記
	一四五一	宝徳3	6・7	祇園御輿迎	師郷記
			6・14	祇園御霊会・桙山以下	師郷記
●	一四五二	宝徳4	6・14	延引（山訴不休之間、御輿・具足自山門奉取之故）	師郷記
●		享徳元	12・28	追行（祇園御輿迎也、桙山・風流少々有之）	師郷記
●			12・29	追行（祇園会、入夜神幸、無風流）	師郷記
	一四五三	享徳2	6・7	祇園御輿迎・風流桙山	師郷記
			6・14	祇園御霊会・去七日風流残分有之	師郷記
	一四五四	享徳3	6・7	祇園御輿迎	師郷記
			6・14	祇園御霊会・矛以下	師郷記
	一四五五	享徳4（康正元）	6・7	祇園御輿迎	師郷記
			6・14	祇園御霊会	師郷記
●	一四五六	康正2	6・7	延引（祇園御輿迎無之、依山訴未休也）	師郷記
●			6・14	延引（祇園会無之）	師郷記
●			7・7	追行（祇園御輿迎也、風流少々有之）	師郷記・祇園社記13

●			7・12	追行（祇園御霊会、風流少々有之、盂蘭盆可指合之間、為今日）	師郷記・祇園社記13
	一四五七	康正3	6・7	祇園会・渡物	山科家礼記・経覚私要鈔・大乗院寺社雑事記
●			6・14	延引（祇園会、今日無祭礼）	山科家礼記
●			6・15	追行（祇園祭礼有之、今度延引始也）	山科家礼記
●	一四五八	長禄2	12・30	延引、追行（日吉祭幷祇園会等被行之、入夜還幸）	在盛卿記
	一四五九	長禄3	6・7	祇園会・祭牛頭天皇・渡物七日兼十四日	碧山日録・蔭凉軒日録
	一四六〇	長禄4	6・7	祇園会	碧山日録・経覚私要鈔・蔭凉軒日録・大乗院寺社雑事記
	一四六一	寛正2	6・7	祇園会	蔭凉軒日録・祇園社記11
●	一四六二	寛正3	6・7	延引（祇園会依山訴今日閣之）	蔭凉軒日録
●			12月か	追行	八坂神社文書650
●	一四六三	寛正4	6・7	延引（依山訴而無祇園会、近来山訴閉籠衆狼藉不少）	蔭凉軒日録
●			12・30	追行（山訴により延引、大晦日被取行）	祇園社記続録3・大乗院寺社雑事記
	一四六四	寛正5	6・7	祇園会	蔭凉軒日録
			6・14	祇園会祭礼・北畠跳	蔭凉軒日録
	一四六五	寛正6	6・7	祇園会祭礼	蔭凉軒日録・親元日記
			6・14	祇園会・北畠跳	蔭凉軒日録・親元日記
	一四六六	寛正7（文正元）	6・7	祇園御霊会	後法興院記・斎藤親基日記・蔭凉軒日録
		文正元	6・14	祇園会祭礼	蔭凉軒日録
	一四六七	応仁元	6・7	停止（祇園御霊会不及沙汰）	後法興院記

注・●が、祭礼の内容や式日変更がきたされた年。

空欄は、関係記事・史料の未発見部分。なお、古記録がないところでは、八坂神社文書などを使用した箇所もある。

ちなみに、太陽暦が採用されるまでの祇園会の式日は旧暦の六月七日と一四日で、七日には、三基の神輿（大宮・八王子・少将井）が祇園社から鴨川を渡って洛中にある大政所御旅所と少将井御旅所という二カ所の御旅所へ移動する神幸（神輿迎ともいう）が、一四日には、両御旅所から祇園社へもどる還幸（祇園会ともいう）がおこなわれていた。この神幸と還幸のあいだの七日間が祇園会にとってもっとも重要な期間となるが、表に記した●の印はその式日に変更がきたされたことを意味する。

以上のことを確認したうえで、本節ではまず、表1の最初の部分、すなわち南北朝から応永期にかけての状況をみることを通して、室町期祇園会を構成する神輿（渡御）と山鉾（巡行）の関係について検討してゆくことにしよう。

(1)　神輿渡御停止と山鉾

さて、つとに指摘されているように、[9] 祇園会における鉾の登場は、鎌倉末期頃と考えられている。たとえばそれは、『花園天皇宸記』[10]元亨元年（一三二一）七月二四日条にみえる「御勝負事負態」としての「御霊会」「桙衆」のすがたなどからの類推であるが、ただ、実際にその初見を史料で確認することは容易なことではない。

その一方で、のちに鉾と対に認められるようになる造山のほうについては、およそ一四世紀中頃、南北朝期になって史料に登場してくると判断してよいのではないかと思われる。

たとえば、表1にも示した、中原師守の日記『師守記』[11]康永四年（貞和元＝一三四五）六月八日条にみえる「今日山以下作物渡之云々、昨日依雨斟酌、今日渡之云々」などがそれに相当するが、同じく『師守記』貞治四年（一三六五）六月一四日条に「作山一両有之」、貞治六年（一三六七）六月一四日条に「作山三有之」とみえることからもわかるように、年を追うごとにその数が増えていったようすがうかがえるからである。

もっとも、この時期の史料は、それ自体数も少ないため、これもいまだひとつの見通し以上のものではない。また、この時期の史料には、鉾や造山以外にも、（文殿）歩田楽や馬長（童）などのすがたも前代にひきつづきみられるから、造山や鉾、すなわち山鉾の存在のみにかならずしも耳目がそばだてられていたとはいえないと思われる。

そのような山鉾の存在が一気にクローズアップされるようになるのは、実は表1において最初に祇園会の継続的な変調が認められる応安から康暦年間、すなわち一四世紀後半にかけてのことである。ことの発端は、応安元年（一三六八）から同二年（一三六九）にかけ山門大衆が日吉七社の神輿を入洛させて南禅寺の「新造楼門」破却をもとめたことにある。

ところが、問題は、むしろ「新造楼門」が応安二年七月に破却されたのち、神輿振で損傷した神輿の造替をめぐって膠着状態がつづいたことにあった。そのため、応安三年（一三七〇）の祇園会では、三条公忠がその日記『後愚昧記』[12]に記しているように、六月七日の神輿迎＝神幸も「日吉神輿入洛之後、未及造替之間、当社（祇園社）神輿同不及其沙汰」、また六月一四日の祇園御霊会（祇園会）＝還幸も「無祭礼儀」、つまりは神輿渡御が停止されるありさまとなっていたのである。

このような状態は、結局、日吉七社の神輿造替が完了する康暦二年（一三八〇）までつづくことになるが、このおよそ一〇年のあいだ、神輿渡御が停止されるなか、「於京中鉾等者、不違先々」[13]、「下辺鉾等如先々渡之」[14]、「祇園会鉾等、下辺経営不違先々」[15]、「下辺鉾幷造物山如先々渡之」[16]、「鉾等如常」[17]、「於鉾者結構之」[18]、「洛中風流如例、殊今年結構」[19]などと諸史料が伝えるように、山鉾はなんらの影響をこうむることなく巡行され、それを「大樹」＝足利義満が桟敷を構えて見物しつづけることとなった。

このようなことが可能であったのは、すでに指摘されているように、山鉾をになう主体が神輿と異なるからにほかならないが[20]、その意味では、山鉾は、前代から存在する馬長などと共通点をもつものともいえる。ただ、その一方で、従来あまりまとまったかたちで指摘されることはなかったが、重要な違いもいくつかあることには留意しなければならない。

たとえば、右の諸史料からもあきらかなように、山鉾は馬長や歩田楽などのように神輿に供奉する存在ではなかったということ、また、山鉾の場合、これまでのように還幸の式日六月一四日よりも、むしろ六月七日のほうに数や華やかさを増してゆくということ、そして、六月七日・一四日という祇園会式日とは連動しつつも旧暦の六月という季節が重要な要素としてあったということなどである。

このような点からすれば、山鉾には、やはり民俗学があきらかにしてきたような疫神遷却といった要素のほうが当初から濃厚であったこと[21]をあらためて確認しておく必要があると思われる。

なお、院政期以降、祇園会風流の焦眉と目されてきた馬長と歩田楽は[22]、『師守記』貞和三年（一三四七）六月一四日条には「今日馬長并文殿歩田楽無之」とみえ、『建内記[23]』永享一一年（一四三九）六月一四日条にいたっては「馬長事近代不及沙汰歟」と記されているので、この時期を境としてその地位を山鉾に譲っていったと推察される。

(2)　祇園会馬上役と神輿・山鉾

ところで、さきの日吉七社神輿の入洛、そして造替の顛末を記した記録として『日吉神輿御入洛見聞略記[24]』という史料が伝えられているが、それによれば、遅滞をつづけた神輿造替が決着にいたったのは、康暦元年（一三七九）五月頃、「山門使節宿老数輩列参之時、大樹《足利義満》対面、造替事指定奉行日時等、厳密被下知」れたためであったという。ここにみえる「大樹」とは、この直前、康暦の政変で幕政の主導権を握ったばかりの足利義満のことであり、同時に登場する「山門使節」もまた、よく知られているように、義満が主導する幕府によって対山門大衆政策のひとつとして創設された組織であった。(25)

そして、神輿造替が完了してまもなくの至徳年間に、同じく幕府が日吉小五月会の用途である馬上役調達のシステムとして案出したのが馬上一衆・合力神人制であったが、これによって集められた料足二一〇〇余貫文のうち、三〇〇貫文（のち一五〇貫文）が充当されることによって成立したのが、実は祇園会馬上役であった。(26)

『八坂神社文書』(27)、そして新出の『新修八坂神社文書　中世篇』(28)『八瀬童子会文書』には、この祇園会馬上役下行に関連する文書が残されているが、その残存状況を整理してみると、表2のようになる。

馬上役は、まず馬上一衆の年行事から祇園執行に下行されるが、その際、発給されるのが送文という文書である。それに対して祇園執行は請取状をだすが、同時に神輿渡御にかかわる用途を供奉する諸職掌人などに下行するにあたって支配帳や下行日記という文書を作成、料足を下行された各諸職掌人などが祇園執行に請取状を提出することで一連の作業が完了したと考えられる。

表2に示した各文書の日付を額面どおり認めれば、馬上役は神幸の式日六月七日の数日前に下行されたという特徴が読みとれるが、逆にこの日付にズレがみられることで祭礼自体になんらかの変更がきたされた事実も浮かびあがる。また、表2は、あくまでも残存する関連史料の一覧にすぎないが、それでもこれによって、馬上一衆・合力神人制が、少なくとも応永四年（一三九七）から文亀二年（一五〇二）まで一定の機能をはたしていたことが読みとれるとともに、そのシステムがおおよそ至徳年間から初見である応永四年のあいだに成立したことなども想定できるのである。

いずれにしても、以上によって室町期祇園会における神輿渡御が日吉小五月会と用途面において一体化をとげていたということ、すなわち前代よりいっそう連動したかたちで山門大衆の動向に左右される可能性をはらんで

表２　祇園会馬上料足授受関連文書一覧

	西暦	年月日	送文	請取状	下行日記	支配帳	典　拠
	1397	応永４・６・３			○		祇園社記11
		応永４・６・８		○			八坂神社文書334～6
	1398	応永５・６・３			○		祇園社記11
		応永５・６・６		○			八坂神社文書337
	1399	応永６・６			○		祇園社記11
		応永６・６・７		○			八坂神社文書338
	1400	応永７・６・２			○		祇園社記11
		応永７・６・６		○			八坂神社文書339
	1401	応永８・６・２			○		祇園社記11
	1402	応永９・６			○		祇園社記11
	1403	応永10・６・２			○		祇園社記11
●	1404	応永11・６			○		祇園社記11
	1405	応永12・６			○		祇園社記11
	1406	応永13・６			○		祇園社記11
	1407	応永14・６			○		祇園社記11
	1408	応永15・６			○		祇園社記11
	1409	応永16・６			○		祇園社記11
	1410	応永17・６			○		祇園社記11
	1411	応永18・６			○		祇園社記11
	1412	応永19・６			○		祇園社記11
	1413	応永20					
	1414	応永21					
●	1415	応永22・６・２			○		祇園社記11
	1416	応永23					
	1417	応永24					
	1418	応永25					
	1419	応永26・６・２、３、６		○			八坂神社文書340～67
	1420	応永27・６・２				○	八坂神社文書368
		応永27・６・２		○			新修八坂神社文書43～4
	1421	応永28・６・２		○			八坂神社文書369～92
	1422	応永29・６・２				○	八坂神社文書393
		応永29・６・３		○			八坂神社文書394～5
	1423	応永30・６・２				○	八坂神社文書397
		応永30・６・２	○				八坂神社文書396
		応永30・６・２		○			八坂神社文書398
	1424	応永31				○	八坂神社文書399
	1425	応永32・６・２	○				八坂神社文書400
		応永32・６・２		○			新修八坂神社文書48
	1426	応永33					

1427	応永34・6・2			○		祇園社記11
	応永34・6・2		○			八坂神社文書401～2
1428	正長元・6・2			○		祇園社記11
1429	正長2					
1430	永享2・6・2				○	八坂神社文書403
	永享2・6・2		○			八坂神社文書404～9
1431	永享3・6・2				○	八坂神社文書410
	永享3・6・2		○			八坂神社文書411～8
1432	永享4・6・2				○	八坂神社文書422
	永享4・6・3	○				八坂神社文書420
	永享4・6・3		○			八坂神社文書421・423～7
1433	永享5・6・2	○				八坂神社文書428
	永享5・6・2、3		○			八坂神社文書429～50
	永享5・6・2		○			新修八坂神社文書54
1434	永享6・6・2				○	八坂神社文書451
	永享6・6・2		○			八坂神社文書452～3
1435	永享7・6・2		○			八坂神社文書454～70
	永享7・6・2	○				新修八坂神社文書55
1436	永享8・6・2、3		○			八坂神社文書471～5
1437	永享9・6・2		○			八坂神社文書476～7
1438	永享10・6・2			○		祇園社記11
	永享10・6・2				○	八坂神社文書479
	永享10・6・2	○				八坂神社文書478
	永享10・6・2		○			八坂神社文書480～7
1439	永享11・6・2	○				八坂神社文書488
	永享11・6・2		○			八坂神社文書489～95
1440	永享12・6・2	○				八坂神社文書496
	永享12・6・2		○			八坂神社文書497～510
	永享12・6・2		○			新修八坂神社文書57～61
1441	嘉吉元・6・2			○		祇園社記11
	嘉吉元・6・2		○			八坂神社文書511
	嘉吉元・6・2		○			新修八坂神社文書64～65
1442	嘉吉2・6・2		○			八坂神社文書512
	嘉吉2・6・2、6		○			新修八坂神社文書66～75
1443	嘉吉3・6・2		○			八坂神社文書513～8
	嘉吉3・6・2		○			新修八坂神社文書77～80
1444	文安元・6・2		○			八坂神社文書519～26
1445	文安2・6・2	○				八坂神社文書527
	文安2・6・2、3		○			八坂神社文書528～9
1446	文安3・6・2	○				八坂神社文書530
	文安3・6・2		○			八坂神社文書531～54
1447	文安4・6・2		○			八坂神社文書555～62

	1448	文安5・6・2				○	八坂神社文書563
		文安5・6・2		○			八坂神社文書564〜76
●	1449	文安6・6・2		○			八瀬童子会文書309
●		宝徳元・12・6、7		○			八坂神社文書577〜91
	1450	宝徳2・6・2	○				八坂神社文書592
	1451	宝徳3・6・2	○				八坂神社文書593
		宝徳3・6・2		○			八坂神社文書594
●	1452	享徳元・12・24				○	八坂神社文書595
	1453	享徳2					
	1454	享徳3					
	1455	享徳4					
●	1456	康正2					
●	1457	康正3					
●	1458	長禄2・12・29				○	八坂神社文書596
	1459	長禄3・6・2				○	八坂神社文書599
		長禄3・6・2	○				八坂神社文書597
		長禄3・6・2		○			八坂神社文書598
	1460	長禄4・6・2				○	新修八坂神社文書93
		長禄4・6・2	○				八坂神社文書601
		長禄4・6・2		○			八坂神社文書600・602〜24
	1461	寛正2・6・3			○		祇園社記11
		寛正2・6・3	○				八坂神社文書625
		寛正2・6・2、3		○			八坂神社文書627〜49
		寛正2・6・2		○			八瀬童子会文書311
●	1462	寛正3・12・2	○				八坂神社文書650
●		寛正3・12・2		○			新修八坂神社文書95〜119
●	1463	寛正4					
	1464	寛正5					
	1465	寛正6・6・2	○				八坂神社文書652
		寛正6・6・2		○			八坂神社文書653〜77
		寛正6・6・2		○			新修八坂神社文書123
	1466	文正元・6・7				○	八坂神社文書679
		文正元・6・7	○				八坂神社文書678
		文正元・6・7		○			八坂神社文書680〜5
	1502	文亀2・6				○	新修八坂神社文書141
		文亀2・6、6・2		○			八坂神社文書686〜99
		年月日未詳				○	八坂神社文書700
		年月日未詳				○	八坂神社文書701

注．○が関連文書が確認でき、空欄部分が関連文書が確認できないことを示す。
　●は、式日などの変更がきたされた年。

いたという事実が確認されるにいたったが、それでは、その一方で山鉾のほうはどうであったのかといえば、結論からいうと、この段階では前代と変わらずなんらの影響もうけなかったと考えられる。

その理由としては、さきにも述べた民俗的な要素もさることながら、なにより山鉾には馬上役が下行された形跡がみられないことがあげられる。事実、このことを裏づけるように、応永九年（一四〇二）には、神輿渡御がおこなわれたにもかかわらず、「無鉾風流」「無鉾」(29)という、いわば応安から康暦年間のときとは逆の事態すら確認できるのである。

もっとも、このことを伝える「吉田家日次記」には、「北山殿《（足利義満）》無御見物之故歟」という意味深長な記事もあわせて見いだすことができるが、ただその一方で、応永二九年（一四二二）のときには、「室町殿《（足利義持）》無御見物」にもかかわらず、「桙山已下風流言語道断尽美(30)」すと中原康富の日記『康富記』には記されているから、つまるところ、山鉾は、そのありかたにおいて祇園会をめぐるこの間の変動には影響をうけなかったと結論づけられるのである。

以上、本節では、南北朝から室町初期における神輿と山鉾の関係およびそれをとりまく諸関係について検討してきたが、ここでみられた状況が、室町期祇園会における基調というべきものであったと考えられる。それでは、このような状況は、応永期以降、具体的にどのような展開をみせてゆくのであろうか。節をあらためてみてゆくことにしよう。

二　転換点としての文安期

(1)　延引と追行

ふたたび表１に目を転ずればわかるように、室町期の祇園会は、至徳年間から応永初年にかけて馬上一衆・合力神人制が成立したのち、史料の残存状態により未詳の数年間や降雨によって式日が翌日にずらされた応永一一年（一四〇四）をのぞけば、一五世紀前半においてはほぼ式日どおりに滞ることなくおこなわれていたことが読みとれる。ただし、そのなかでも、唯一、大きな変更がみられた年があった。それが、表1にも●印を記した応永二二年（一四一五）である。

祇園会延引、祭礼之儀一向無之、地下用意ホコ等酉未□被渡計也、御所様（足利義持）無御見物、今朝山門ヨリ遣
悪僧祇園、文鳥ヲ奪取帰了、仍神事不被行云々、

右は、醍醐三宝院門跡満済の日記『満済准后日記』[31]六月七日条であるが、ここからまず、山門大衆の実力行使によってこの年の祇園会が延引に追いこまれたことが知られる。また、ここにみえる文鳥とは、おそらく神輿の装束（具足）の一部と考えられ、それが奪われることによって物理的に神輿渡御ができなくなるという事態があったこともわかる。

もっとも、これだけでは、山門大衆の実力行使とはいっても三塔一六谷（院々谷々）のうち、どこの大衆が、またどのような要求をもって行動していたのかについてははつまびらかではない。ようすがわかるようになるのは六月一三日になってからで、『満済准后日記』に、「大風雨」のなか、日吉七社の神輿のうち「客人」が「山王畠マテ」動座したと記されていることにより、客人彼岸所を管轄する東塔無動寺谷の大衆が主力であったことが判明する。[32]

一方、その要求の内容はといえば、これも同じく『満済准后日記』六月一三日条に「守護六角（満高）流罪事可有其沙汰由、被成御教書間、無為御帰座」とみえるので、近江守護六角氏とのあいだに問題があったことが読みとれる。

結局、祇園会自体は、翌月の七月四日に神幸、七月一一日に還幸がおこなわれたが、かつての応安から康暦年間のときのように停止ではなく、式日を変更しても追っておこなわれた点は大きな違いといえる。

いわゆる追行であるが、ただし、同時に留意すべきは、六月七日に神輿渡御が延引になったにもかかわらず、また「御所様《（足利義持）》無御見物」にもかかわらず、「地下用意ホコ等酉末□□被渡計也」、つまり山鉾が巡行されている点で、これに神幸がおこなわれた七月四日に「風流一切無之」と『満済准后日記』当該月日条が語っている事実を加えれば、神輿渡御の式日は変更されても山鉾は前代同様に影響をうけなかったということが了解できよう。むしろ疫神を遷却する民俗的な要素のほうが優先されていたことが知られるのである。

ちなみに、この応永二二年の事例は、こののち祇園社内ではひとつの先例として記憶されることになるが、ただ、この年の事態が以後の祇園会の執行状況に深刻な影響をあたえることはなかったと思われる。実際、表1をみてもわかるように、この後約三〇年間はつつがなく祇園会はとりおこなわれており、また神輿と山鉾の関係にも変化がみられないからである。

ところが、一五世紀後半に入ったところを境として、事態は急速に変化をみせるようになる。その端緒となったのが、文安六年（宝徳元＝一四四九）である。

(2)　文安六年

『康富記』文安六年六月七日条によれば、「祇園祭礼延引也、延暦寺訴訟未落居、仍自山門抑留此祭」、同じく一四日条においても「祇園御霊会、依延暦寺訴訟未落居、自山門押之、御輿之御装束取寄、山門不出之」とみえるように、山門大衆による訴訟、すなわち山訴がいまだ落居していないことにともない、また祇園神輿の装束が大衆によって山上に奪いとられることでこの年の祇園会は延引となった。

事態が動いたのは結局その年も末、一二月のことであったが、『康富記』一二月一日条によれば、「於山訴者近日落居」により「是日祇園神輿三基令出透廊給、来七日可御輿迎、十四日可有祭礼之故」とみえる。事実、『康富記』一二月七日条には、「如例三基令出御御旅所給」と記されており、神幸（神輿迎）がおこなわれていたことが読みとれるのである。

それでは、この年の祇園会を月迫の一二月にまで延引せしめた山訴の内容とはいったいどのようなものであったのであろうか。この点については、残念ながらそのことを直接語る史料は残されてはいないが、ただ祇園会神輿迎がおこなわれた一二月七日の前日、六日に同じく「依山門訴事」延引していた日吉小五月会がおこなわれていたことがヒントになると思われる。(33)

なぜなら、さきにも触れたように、祇園会馬上役は、日吉小五月会馬上役の一部が小五月会執行後、数日を経て祇園執行に渡されるというしくみになっており、したがって、本来五月におこなわれなければならない日吉小五月会が一二月に執行されているという事実から、祇園会および日吉小五月会に共通する問題、すなわち馬上役にかかわる問題が惹起していたことが予想されるからである。

実はこの点に関連して見のがせないのが、六月七日の神幸が延引されるにあたって、「風流等事可抑留之由同相触」、すなわち山門大衆が「風流」＝山鉾巡行の「抑留」も触れたと伝える『康富記』当該月日条の存在である。さきにも述べたように、山鉾に対しては馬上役が下行された形跡がないこと、それゆえ神輿渡御が停止・延引されても山鉾はその影響をうけなかったように、山鉾と神輿とを直接結びつけるような接点はなかったはずである。にもかかわらず、山門大衆がこのときこのように発言したのはなぜか、これ以前にはみられることのなかったこのような事態の変化に問題を解く鍵がひそんでいそうに思われるからである。

(3)　神輿と山鉾の連動化・一体化

そこで、まず注目されるのが、『祇園社記』第一三所収の『文安三年社中方記』(34)に、これよりさき、文安四年

（一四四七）のこととして記されるつぎのような記事の存在である。

文安四年御帳之金物、其外御輿ノユタン《油単》、御鉾ノヒレ《領布》、御タラシ袋、御剱フクロ、御ナカヘ《長柄》被下セラレ畢、
要脚ハ三条観音ノ山、同フリウ《風流》ヲ三ヨセラル

これによって、神輿等の具足にかかわる要脚として「三条観音ノ山、同フリウ《風流》ヲ三ヨセラル」という注目すべき事実があったことが読みとれるが、馬上役が下行されず、いわば自立的に存在していた山鉾は、それゆえ逆に神輿にかかわる要脚の補塡につかわれる場合もあったことがここからは知られよう。

おそらくは、これに関連したものであろう、『祇園社記』第一二には、文安四年五月の年紀でもって祇園執行が幕府奉行人にあてた「祇園社神輿御修理要脚」の請取状案[35]もおさめられており、しかも、そこには、「御倉本禅住房　三条之山六十八貫九百文　観音山」という注記もみられ、相当の要脚が融通されたこともうかがうことができるのである。

ここにみえる「三条之山」「観音山」というのが、先の記事の「三条観音ノ山」に相当するものと考えられるが、それでは、「御倉本禅住房」というのは何を意味しているのであろうか。この点について参考となるのが、つぎの史料である。

祇園社神輿御帳懸申浄衣代参百疋事、引遣之、可被下行状如件、

文安三

六月十四日　　永祥《飯尾為種》在判

真妙《飯尾為行》在判

禅住坊《承操》

宮仕任御奉書、禅住房ニテ三貫文請取申、

右の史料もまた『文安三年社中方記』所収のものであるが、これによって、文安四年の前年、文安三年（一四四六）にも、神輿御帳に懸ける浄衣代参百疋（三貫文）を、幕府奉行人の奉書に任せて、祇園社の宮仕が「禅住房ニテ三貫文請取申」していたことが知られる。修理要脚かそうでないかの違いはあったとしても、文安四年のときもまた同様に神輿にかかわる要脚のながれに禅住坊（禅住房）が介在していた可能性は高く、注記にその名が記されていたのもそのためであったと考えられる。

それでは、この禅住坊とはいったいいかなる人物だったのであろうか。実は、この禅住坊こそ、洛中の土倉など合力神人から馬上役を徴収する馬上一衆の一員として年行事もつとめる有力な山徒の土倉にして、幕府土倉役を徴収する公方御倉、土倉方一衆、納銭方一衆の一員としても名を列ねる禅住坊そのひとにほかならなかった(36)。

このような禅住坊のありかたからもうかがえるように、馬上一衆と土倉方一衆とが実は実態としてほぼ同じ組織であったこと、したがって馬上役と土倉役もまた、洛中の土倉をその共通の基盤とする点において密接不可分なものとして成り立っていたことなどが近年の研究によってあきらかにされているが(37)、右にみた一連の要脚のながれにおいて、幕府奉行人が登場し、禅住坊が「御倉本」と記されたのもまたこのためであった。

もっとも、以上からだけでは、禅住坊が問題の要脚のながれに馬上一衆としてかかわっていたのか、あるいは土倉方一衆としてかかわっていたのかについては確定することはできない。ただ、注記にみえる「御倉本」という文言にしたがえば、土倉方一衆としての意味合いのほうが強かったと思われるが、しかしながら、この時期、禅住坊が祇園会とあいだで保持していた関係というのは、実はこれだけではなかった。

□（請取申）祇園馬上功程事

合□（漆）拾五貫文者

□□（右為）右方少将井差符得分、□（所請取申）之状如件、

禅住
承操（花押）
文安六年六月二日
（年行事御坊）(38)
（後欠カ）

右の文書は、新出の『八瀬童子会文書』に残される、文安六年六月二日付で祇園御旅所のひとつ少将井御旅所の神主が「右方少将井差符得分」としての「祇園馬上功程」七五貫文をうけとった際に提出した請取状であるが、その神主の名をみるとわかるように、そこにもまた禅住坊のすがたを見いだすことができるのである。

　つまり、このとき、禅住坊は、馬上一衆の一員として馬上役を下行すると同時に、少将井御旅所神主としてその馬上役の一部、七五貫文を「得分」としてもうけとるという大変奇妙な位置にあったことになるわけだが、ここで問題となるのが、禅住坊がこの少将井御旅所神主職を取得した時期である。

　というのも、禅住坊による少将井御旅所神主職取得を非法として、嘉吉三年（一四四三）に祇園執行顕宥によって提出された訴状（二問支状）案(39)のなかに「去々年禅住始掠賜刻、被棄捐執行之証文之由申上条、希代之謀略歟」とみえ、その時期が嘉吉元年（一四四一）にあたることが知られるからである。

　嘉吉元年といえば、いうまでもなく嘉吉の変が勃発した年であるが、同時に、九月に嘉吉の徳政一揆が蜂起し、京都を大混乱に陥らせた年でもある。そして、その徳政一揆によって洛中の土倉が壊滅的な被害をうけ、それにともない土倉役に重心をおいていた幕府財政が危機的状況に追いこまれたことがあきらかにされているが(40)、さきにも触れたように、その土倉役とともに馬上役もまたその基盤を同じく洛中の土倉においていたことからすれば、当然、同様の状況に陥っていた可能性は高いであろう。

　ただし、このように考えた場合、注意しなければならないのは、表1および表2をみればわかるように、嘉吉の徳政一揆のおこった翌年、嘉吉二年（一四四二）から文安六年までのおよそ七年のあいだは、馬上役は通常どおりに下行され、祇園会も式日どおりに執行されていたということ、つまり嘉吉元年のうちに「納銭悉停止」(41)してしまった土倉役とくらべたとき、徳政一揆の影響が馬上役へは時間的な間隔をもってみられたという点である。このような間隔が生じた背景とはなにか。そこで、注目しなければならないのが、馬上役が実は土倉役のようにかならずしも土倉のみに基盤をおいたものではなかったという事実である。

というのも、馬上役を徴収される洛中の合力神人（日吉神人）は、土倉のほかにも酒屋・湯屋風呂屋・味噌屋・日銭屋などによっても構成されており、しかも馬上役に占める比重は、たとえば、馬上一衆、禅住坊の「下」に組織された六〇カ所におよぶ合力神人のうち、土倉が一六カ所で八〇貫文であったのに対して酒屋が三八カ所で四九四貫文の合力銭を負担していた(42)ことからも知られるように、数においても、また銭額においても酒屋におかれていた可能性が考えられるからである。

さきにも触れたように、日吉小五月会馬上役の総額が二一〇〇余貫文、そのうちの三〇〇貫文が祇園会馬上役に充当されていたわけであるが、このように禅住坊の「下」の酒屋だけで祇園会馬上役を上回る額の合力銭が徴収できていたのであれば、かりに土倉に甚大な被害があったとしてもその影響が即座にあらわれなかったのもむしろ当然かもしれない。

このことは、土倉役退転にあたって幕府がその補塡を酒屋役の賦課強化にもとめたという事実(43)からも裏づけられるが、ただ、とはいっても、嘉吉の徳政一揆が馬上役になんらの影響をあたえなかったわけではけっしてない。実際、嘉吉二年には、「洛中之湯屋風呂」に対して、「洛中土倉悉停止、依之合力之在所多□《(矢カ)》墜之間、出銭可加増」(44)れたことが確認できるし、また、よく知られているように、土倉と酒屋は兼業している場合が多かったことを考えれば、その影響は漸次あらわれてきたと思われるからである。

いずれにしても、以上のような状況が時間的な間隔を生んだ背景と考えられるが、このことを裏づけるように、文安元年（一四四四）には、「馬上神役等及欠如之間、山訴」(45)という記事、あるいは「依徳政近年土倉ヨリ具足不出之」ため小五月会具足の進上がままならない状況であったということなども確認することができ、(46)ここにおいて、この時期、馬上役の欠如という問題が惹起していたということがあきらかとなるのである。

おそらくは、禅住坊をして少将井御旅所神主職の取得にむかわせたのもまた、このような馬上役の欠如という状況にともなう得分確保ということがあったにちがいない。そして、この禅住坊も山門大衆の一員にほかならなかったということをあらためて思いおこすとき、『康富記』にみられた「風流等事可抑留」という山門大衆の発言も、また、山鉾風流による神輿修理要脚の補塡ということも、さらには、山訴による祇園会抑留といったことなどにもすべて同様の問題がかかわっていたと了解されるのである。

ちなみに、この文安期にみられた、山鉾をして神輿にかかわる要脚の補塡にあてるという事態は、のち戦国期、文亀元年（一五〇一）にいたっても、「山鉾内少々略之、以彼要脚為其足付、可被致下行」(47)、つまりは馬上役退転にあたり、還幸の要脚は山鉾を少々略してあてる「例」として認知されていたことが知られるが、(48)この文安期を境として神輿と山鉾とのあいだに直接的な接点が結ばれはじめたという事実を裏づけるように、文安六年においては、一二月に追行された神輿渡御に連動するかたちで「桙山以下風流如先々渡四条大路」(49)、すなわち山鉾巡行がおこなわれたことも確認できる。

ここにはもはや応永二二年のときにみられたような民俗的な要素を優先するすがたは見いだせず、しかも、これ以降、山鉾は、表1からもわかるように神輿渡御の動向と無縁に存在することはなくなるのである。

よく知られているように、これより約八〇余年後の天文二年（一五三三）に祇園会が延引と決するにあたって、「下京ノ六十六町ノクワチキヤチ《（月行事）》共、フレ《（触）》ロ、雑色ナト」が「神事無之共、山ホコ《（鉾）》渡シ度ノ事ヂャケニ候」(50)ということばを発したことは祇園会史上もっとも著名なできごととして語られてきたが、そのようなことばが発せざるをえなかった状況、すなわち「神事」＝神輿渡御と「山ホコ」＝山鉾巡行との連動化・一体化という状況の原点とは、実にこの文安期にあったということが以上からあきらかとなるのである。

(4)　延引と追行の頻発

ところで、表1をみれば一目瞭然だが、前節でみた文安期を境として、祇園会は、それまでとはうって変わって式日の変更とともに延引と追行という事態が頻繁におこるようになってゆく。

具体的にいえば、それらとは、表1において●の印を記した部分、すなわち、宝徳四年（享徳元年＝一四五二）、康正二年（一四五六）、康正三年（一四五七）、長禄二年（一四五八）、寛正三年（一四六二）、寛正四年（一四六三）であるが、これらと祇園会馬上役下行にかかわる文書を一覧表にした表2を重ねあわせてみると、史料の残されていない康正二・三年、寛正四年をのぞいたところのすべてにおいて、馬上役にかかわる文書の授受の期日に変調がみられることが読みとれる。つまりは、ここでもまた馬上役にかかわる問題が浮上していたという事実を認めることができるのである。おそらくは馬上役の欠如という状況が頻発していたのであろう。

実際、賀茂在盛の日記『在盛卿記』(51)長禄二年（一四五八）一二月三〇日条においては、「今日日吉幷祇園会等被行之、入夜還幸」という記事が見いだせ、同日に日吉小五月会、ついで祇園会が追行されていたことが知られるし、表2においても、その前日の一二月二九日付支配帳の存在が確認できるからである。

馬上役をめぐる日吉小五月会と祇園会との関係というものが原則守られていたという事実をここから読みとることができるが、それでは、このような関係にかかわって、さきにみた禅住坊も属するところの総体としての山門大衆は具体的にはどのようにその動きをみせていたのであろうか。この点については、つぎの史料が参考になると思われる。

就神訴、小五月会以下神事抑留之上者、祇園会之事、可有抑留者也、仍先祓之事、不可叶之由、先度雖触送、
重而令徹送者也、万一不応下知者、可処厳科之由、依衆儀折帋之状如件、

五月廿六日　　　　　　　　根本中堂
　　　　　　　　　　　　　　閉籠衆
祇園社執行方へ(52)

年未詳のものではあるが、『八坂神社文書』に残されるこの文書の存在によって、山門大衆（ここでは、根本中堂閉籠衆）が、小五月会以下日吉神事が抑留された以上は祇園会も抑留すべしという衆議を折紙でもって祇園執行に伝えていたことが知られる。おそらくは、さきにみた文安六年（宝徳元＝一四四九）のときもまた同様の衆議がなされたと考えられるが、このような折紙によってもたらされる山門大衆の衆議こそが、祇園会式日に変更をきたす直接的な圧力であり、また、それが幕府にむかえば山訴と記録されるものにほかならなかったのである。

もっとも、文書の形状そのものからすれば、かならずしもそれは折紙に限定されるわけではなく、衆議の文書として一般に知られる事書のような場合も当然あったと考えられるが、しかしながら、右からも読みとれるように、祇園社にとっては、そのような衆議とは単なる衆議ではなく「下知」でもあり、したがって、それに応じなければ「厳科」に処せられるものであったことが知られる。そして、その「厳科」とは、たとえば、つぎのようなものであった。

日吉祭礼無執行之処、祇園会可□(執)行之由候、就其明日七日卯剋、以上院通目之儀、祇園社可取懸儀候、各衆各々可有出陣之由、致其心得、人数催促可令相待之由、衆議候、仍折紙如件、

六月六日　　　　　　南谷
　　　　　　　　　　学頭代（花押）

北白川
物庄中[53]

右の折紙もまた、年未詳のものであるが、「日吉祭礼無執行之処、祇園会可□(執)行」場合には、「祇園社可取懸」、すなわち山門大衆（ここでは、東塔南谷）が広く軍勢を催促しその軍事力によってそれを阻止する姿勢すらみせていたことが知られる。ここにみられるような事態がけっして例外でなかったことは、第二章で触れる明応九年（一五〇〇）や天文二年（一五三三）のときにも同様の事実がみられることからもあきらかであるが、祭礼の延引や追行といった危機的状況を前にしながらも、不思議と祭礼の当事者である祇園社側の動きが見いだせなかったのも無理はなかったことがここからはうかがえよう。

一方、幕府に対しては、当然このような「厳科」ということはありえないが、ただ、山訴をおこないつつ、右のように祇園社に対して衆議を伝えるとともに、さきにも触れた神輿の装束（具足）を山上に奪いとるなど実力行使によって祇園会を抑留・延引に追いこむこと自体が、そのまま幕府に対する強烈な圧力になったと思われる。というのも、表1からも読みとれるように、どれほど延引されることがあっても、祇園会は一二月三〇日、すなわち月迫までには追行され、越年することがなかったのであり、したがって、幕府からは常にぎりぎりのところでなんらかの落居が引きだされていたことが認められるからである。[54]

このように、この時期の祇園会は、馬上役の欠如という問題を背景に、それにともなう山門大衆の動向にも影響されて、文安期を境として、神輿と山鉾が連動化・一体化すると同時に、延引と追行も頻繁にくり返す状況に陥っていたということが知られる。そして、このような状況は、表1・表2ともに●印を最後に記した寛正四年（一四六三）を経たのち、応仁・文明の乱による三三年間のブランクをはさんで明応九年（一五〇〇）に再興されて以降も、さらに悪化の度合いを増しつつ継続することとなる。[55]

つまりは、室町期祇園会にとって、戦国期にもつながる、いわば転換点というべきものが、この文安期にあったということがここまでの作業よりあきらかとなるのである。

おわりに

以上、本章では、はじめに設定したふたつの課題について検討をすすめてきたが、その作業を通して、一応、文安期以降における神輿と山鉾との連動化・一体化という事態や、それを背後から惹起せしめた馬上役の欠如という問題および山門大衆の動向、さらには、それらが複雑にからまって祭礼の延引・追行が頻発してゆくさまなどをあきらかにしてきた。

もっとも、馬上役そのものについていえば、第三章で触れるように、また禅住坊の動向からもわかるように、史料から知られるその大部分を得分が占めており、実際にどれほどが祭礼執行に運用されえたのかについては判断のむずかしいところではある。

しかしながら、本章でおこなってきた作業に即していえば、より重要なのは、馬上役に占める得分の多寡などにあるのではなく、むしろ、本来馬上役と無縁の存在であった山鉾が馬上役と接点をもつことになったという事実が、馬上一衆・合力神人制など祭礼を支えるシステムやその構造の変化を表象するものにほかならなかったという点にあると考える。もしそうでなければ、この時期を境として、延引・追行の頻発というような祭礼のありかた自体が大きく変化をとげるようになるという事実も説明できないと思われるからである。

祭礼にとって式日など、もっとも遵守すべき規範のひとつが変更をきたされるというのは、表1に抽出した古記録の記事からもうかがえるように、同時代を生きた人々にとって驚愕すべき事態であったにちがいない。しかし、それゆえ逆に、中世祇園会の特質の一端もそこに露呈しているのではないかと考えられる。本章が、式日の変更に注視したのもそのためであるが、もとより、不十分な点も多々あり、しかも現段階でみることのできる史料には限界があるとともに、将来新たな史料の発見という可能性も考えられるから、表1や表2、および本文中でおこなった作業についても、ひきつづき補充、あるいは再検討してゆかねばならないと考える。

と同時に、これからは、本章でおこなってきた作業とは別途の作業として、本章で一応確認することのできたような事実の背景として存するであろう、たとえば、嘉吉の徳政一揆以降の京都における社会経済の変動というものの実態についても検討してゆく必要があろう。あわせて今後の課題としたいと思う。

（1）　近年、泉万里氏の研究（「月次祭礼図模本（東京国立博物館所蔵）について」『国華』一二三〇号、第一〇三編九冊、一九九八年）によって、月次祭礼図模本に描かれる祇園会のすがたが、「応仁の乱で中断される以前の祭りを写した可能性がきわめて高い」との指摘もされるようになってきている。

（2）　瀬田勝哉「中世祇園会の一考察—馬上役制をめぐって—」（『日本史研究』二〇〇号、一九七九年、のちに同『洛中洛外の群像—失われた中世京都へ—』平凡社、一九九四年）。

（3）　脇田晴子「中世の祇園会—その成立と変質—」（『藝能史研究』四号、一九六四年）。

（4）　『叢書　京都の史料4　八瀬童子会文書』『同文書』補遺・総目録』（京都市歴史資料館、二〇〇〇年・二〇〇二年）。なお、本文書については、京都市歴史資料館写真版も参照にした。

（5）　下坂守「延暦寺大衆と日吉小五月会（その一）—馬上方一衆出現の契機—」「延暦寺大衆と日吉小五月会（その二）—室町幕府の対大衆政策—」（同『中世寺院社会の研究』思文閣出版、二〇〇一年）、同「応仁の乱と京都—室町幕府の役銭と山門の馬上役の変質をめぐって—」（『学叢』二四号、二〇〇二年）。

（6）　山路興造「祇園御霊会の芸能—馬長童・久世舞車・鞨鼓稚児—」（『藝能史研究』九四号、一九八六年）、同「祇園囃子の源流と変遷」（祇園祭山鉾連合会編『講座　祇園囃子』一九八八年）、同「室町幕府と祇園祭」（『国立歴史民俗博物館研究紀要』第七四集、一九九七年）ほか。

（7）　二木謙一「祇園会御成」（『國學院大學日本文化研究所紀要』第二六輯、一九七〇年、のちに同『中世武家儀礼の研究』吉川弘文館、一九八五年)。
(8) 『祇園執行日記』(増補続史料大成『八坂神社記録』二)天文二年六月七日条。
(9) 注(6)参照。
(10) 増補史料大成。
(11) 史料纂集。
(12) 大日本古記録。
(13) 『後愚昧記』応安三年六月一四日条。
(14) 同右、応安七年六月七日条。
(15) 同右、応安七年六月一四日条。
(16) 同右、永和二年六月七日条。
(17) 同右、永和二年六月一四日条。
(18) 同右、永和四年六月七日条。
(19) 「迎陽記」(東京大学史料編纂所写本)康暦二年六月七日条。
(20) 注(6)参照。
(21) 植木行宣『山・鉾・屋台の祭り—風流の開花—』(白水社、二〇〇一年)。
(22) 五味文彦「馬長と馬上」(同『院政期社会の研究』山川出版社、一九八四年)。
(23) 大日本古記録。
(24) 『群書類従』第二輯。
(25) 下坂守「山門使節制度の成立と展開—室町幕府の山門政策をめぐって—」(『史林』第五八巻一号、一九七五年、のちに注(5)前掲『中世寺院社会の研究』)。
(26) 注(5)参照。
(27) 八坂神社社務所、一九三九年。なお、本文書については、京都府立総合資料館写真帳も参照にした。
(28) 臨川書店、二〇〇二年。
(29) 「吉田家日次記」(京都大学文学部閲覧室写本)応永九年六月七日・一三日条。

(30)『康富記』(増補史料大成) 応永二九年六月七日・一四日条。

(31)『続群書類従』補遺一。

(32) 下坂氏「中世寺院における大衆と「惣寺」―「院々谷々」の「衆議」の実態―」(『学叢』二二号、二〇〇〇年、のちに注(5)前掲『中世寺院社会の研究』)。

(33)『康富記』宝徳元年一一月六日条。

(34)『祇園社記』第一三(『八坂神社記録』三)。なお、「祇園社記」については、東京大学史料編纂所写本も参照にした。

(35) 文安四年五月付祇園執行顕宥料足請取状案(『祇園社記』第一二、『八坂神社記録』三)。なお、京都市編『京都の歴史 3 近世の胎動』(学芸書林、一九六八年)以来、この史料をもって「乱前、三条の観音山の修造費が六十八貫九百文を要している」という理解がひき継がれてきたが、文面にも「右為祇園社神輿御修理要脚、所請取之状如件」とあるので、なんらかの誤解と考えざるをえない。

(36) 注(5)参照。

(37) 注(5)、田中淳子「室町幕府の「御料所」納銭方支配」(『史林』第八四巻五号、二〇〇一年)。

(38) 文安六年六月二日付禅住坊承操馬上功程銭請取状(『八瀬童子会文書』三〇九号)。なお、欠損部分については、寛正二年六月二日付同文書(同上、三一一号)により補った。もっとも、本文書の年紀をみればわかるように、この年の馬上役は六月の段階で一部すでに下行されていた事実を確認することができるが、実はここにみえる「差符得分」は、本書第一部第三章でも触れるように、祇園会馬上役三〇〇貫文と切り離されて大政所・少将井の両御旅所神主に付帯したやや特殊なものであった点に注意する必要があろう。実際、この少将井御旅所神主以外の諸職掌人による祇園会馬上役の請取状の宛所が「年行事御坊」ではなく、祇園執行であることからしても、その下行のしかたにも違いがあったことが知られる。

(39) 嘉吉三年六月日付祇園執行顕宥支状案(『新修八坂神社文書　中世篇』八三号、『祇園社記』第二三)。なお、本史料を最初に紹介されたのは、注(2)の瀬田氏論文である。また、この訴訟自体の決着については、関連史料が残されていないのでつまびらかにはできないが、ただ、『八瀬童子会文書』に文安六年、そして寛正二年(一四六一)付で禅住坊承操が「少将井社差符得分」として七五貫文をうけとっている請取状が残されていることからすれば、禅住坊承操が相論以後も神主職の地位にいすわりつづけたことは確実であろう。
(40) 早島大祐「足利義政親政期の財政再建」(『史林』第八二巻五号、一九九九年)、同「戦国時代の土倉酒屋役と室町幕府」(『年報中世史研究』二六号、二〇〇一年)。
(41) 『斉藤基恒日記』(増補続史料大成) 嘉吉元年閏九月三日条。
(42) (年月日未詳) 日吉小五月会馬上方一衆算用状断簡 (『八瀬童子会文書』二三九号、『同上』補遺、一二号)。
(43) 注(40)参照。
(44) 嘉吉二年正月日付小五月会馬上合力衆申状案 (『八瀬童子会文書』二四八号)。
(45) 『建内記』(大日本古記録) 文安元年四月一三日条。
(46) 永享八年～享徳二年付小五月会具足太刀々注文 (『八瀬童子会文書』二四六号)。
(47) 文亀元年六月六日付室町幕府奉行人連署奉書案 (『祇園社記』続録第一、『八坂神社記録』四)。
(48) 本書第一部第二章。
(49) 『康富記』宝徳元年一二月七日条。
(50) 『祇園執行日記』天文二年六月七日条。
(51) 『改定史籍集覧』第二四冊。
(52) (年未詳) 五月二六日付山門根本中堂閉籠衆折紙案 (『八坂神社文書』三一五号)。なお、ほぼ同内容の文書が(年未詳) 五月一二日付で残されている (『新修八坂神社文書　中世篇』二〇八号)。
(53) (年未詳) 六月六日付山門東塔南谷学頭代折紙 (『弐文会第十回展観目録』昭和五一年 (一九七六) 一一月二・三日、於京都大徳寺徳禅寺)。なお、この文書をはじめて紹介されたのは、川嶋將生氏である (祇園祭編纂委員会・祇園祭山鉾連合会編『祇園祭』筑摩書房、一九七六年)。
(54) 下坂守「山訴の実相とその歴史的意義―延暦寺惣寺と幕府権力との関係を中心に―」(河音能平・福田榮次郎編『延暦寺と中世社会』法藏館、二〇〇四年)。なお、戦国期になると、越年する場合もみられるようになる (本書第一部第二章)。
(55) 本書第一部第二章。

第二章　戦国期祇園会に関する基礎的考察

はじめに

戦国期京都における祇園会について最初に歴史学的な考察を加えられたのは、林屋辰三郎氏である。[1]「神事無之共、山ホコ《鉾》渡シ度」という『祇園執行日記』[2]天文二年（一五三三）六月七日条にみえる一節を通して、この時期の山鉾巡行が、「神事」（神輿渡御）に対する「町々の行事」、あるいは「町衆」の祭に変貌をとげたものとして高く評価されたことはあまりにも有名であろう。

自然、この研究は、その後も強い影響力をもち、京都市編『京都の歴史　3　近世の胎動』（学芸書林、一九六八年）における村井康彦氏[3]の叙述をはじめとして、新たな史料を発見し紹介された川嶋将生氏[4]の研究や、芸能史的観点から祇園会を考察された山路興造氏[5]の研究、さらには、新書版で祇園会通史を展開された脇田晴子氏[6]の著書にいたるまで色濃く影を落とすこととなった。

ところが、一歩ひいて考えてみるに、戦国期における祇園会とは、はたして林屋氏をはじめとしたこれまでの研究によってそのすべてが解明されたといえるのであろうか。答えは否といわざるをえないであろう。

たとえば、さきの『祇園執行日記』にみえる一節にしても、この文章が記されることになる経緯について十分な検討がなされてきたとはいいがたいし、また、この天文二年を含めて明応九年（一五〇〇）の再興以降における祇園会の逐年の執行状況という、もっとも基礎的な事実すらあきらかでないというのが実状だからである。むしろ、戦国期祇園会というのは、その鮮烈なイメージばかりが先行し、その実態については、ほとんど実証的に検討が加えられてこなかったというのが現状なのではないだろうか。

そこで、本章では、このような戦国期祇園会をめぐるイメージと実態とを少しでも接近させるべく、従来の研究においてほとんど手がつけられてこなかった、もっとも基礎的ないくつかの事実について検討を加えることとしたい。そして、あわせて、その作業の範囲のなかで、指摘することのできる先行研究の問題点について若干の考察を試みたいと思う。

それではまず次節では、戦国期の前提となる室町期の概況について、第一章と重ならないよう、祭礼を支える神人に注目しながら整理することからはじめよう。

一　前提としての室町期の概況

(1)　神輿と神人

中世後期、とりわけ南北朝・室町期以降の祇園会が、神輿渡御（神幸・還幸）と山鉾巡行のふたつの部分によって構成されていたことはよく知られている。

このうち、神輿渡御のために用意された用途（費用）のことを馬上役（馬上料足・馬上合力銭・馬上公定銭・馬上功程銭）というが、それは、応永初年以降に室町幕府によって案出された馬上一衆・合力神人制、すなわち公方御倉もつとめる有力な山徒の土倉が馬上一衆を形成し、その馬上一衆が配下の酒屋・土倉である日吉神人から合力銭を徴収するというかたちで成り立っていたことが、瀬田勝哉氏[7]の研究によってあきらかにされている。

ところが、近年、この馬上一衆に伝来したと考えられる『八瀬童子会文書』[8]が公表され、それを分析された下坂守氏[9]の研究によって、祇園会の馬上役にかかわって登場する馬上一衆と祇園社の本社である日吉社の日吉小五月会にかかわるそれとが同一の存在であること、つまりは祇園会馬上役は、日吉小五月会馬上役の一部を運用したものであったということがあきらかにされた。

これによって、室町期以降の祇園会と日吉小五月会とが不可分の関係にあり、したがって日吉小五月会をみずからの祭礼と認識し、そこに莫大な得分を保持していた、比叡山の三塔一六谷に分節する山門延暦寺大衆の動向とも無縁ではいられないということが見通されるようになったのである。

ところで、その馬上役が下行される神輿渡御には、多数の神人がかかわっていたが、すでに豊田武氏[10]によって指摘されているように、それらとは、綿本座・綿新座・堀川神人・犀鉾神人、そして摂津今宮神人に整理される。このうち、綿本座・綿新座・堀川神人・犀鉾神人は祇園社神人であるが、同じく神輿渡御と接点をもちながらも、これらと一線を画するのが、三基の神輿のひとつ、大宮の駕与丁をつとめた摂津今宮神人の存在である。

この今宮神人は、その名が示すとおり、住京神人ではなく、摂津国今宮の神人であると同時に、内蔵寮御厨子所供御人でもあったことが知られているが、それがなにゆえに祇園会と接点をもつようになったのか。実はこの点については、従来の研究でもかならずしも十分な説明がなされていない。

史料では、「今宮駕与丁」の名は、『祇園執行日記』(『社家記録』[11])延文二年(一三五七)六月一四日条においてすでに確認することができるが、ただその一方で、大宮駕与丁である「蛤売」が「開発神人」であると語る文安二年(一四四五)五月日付大宮駕与丁等申状案[12]が存在することからすると、むしろ、ある時点において、「開発神人」の権益を今宮神人が取得したと考えたほうが自然であろう。

もっとも、それならば、大宮駕与丁になることにいかなる実益があったのか。この点については、若干時期はさがるものの、永禄七年（一五六四）におこった「禁裏供御人幷日吉神人粟津座」との相論の際にだされた室町幕府政所執事加判下知状案[13]において、今宮神人の商売が「至祇園会両日四日外、堅被停止之訖」とされたことが参考になる。なぜなら、これを裏返せば、そのまま今宮神人の特権を意味するわけで、したがって、今宮神人は、祇園会との接点をもつことによってある一定の商圏を時限的に独占していたということが知られるのである。

(2)　山鉾と神人

神輿渡御にかかわる諸神人が以上のようであるとすれば、それでは山鉾には、どのような神人がかかわっていたのであろうか。周知のように、山鉾は、鎌倉末期からその存在が認められるようになるが、その存在が一気に花開くのは南北朝・室町期である。とりわけ、日吉七社の神輿の造替が遅滞したため、祇園神輿もまたしばらく渡御できなくなった応安三年（一三七〇）以降に、「京中鉾等[14]」、「下辺鉾等[15]」、「祇園会鉾等、下辺経営[16]」、「下辺鉾幷造物山[17]」、「地下用意ホコ等[18]」というようにあらわれてくる点が特徴的である。

ここにみえる「下辺」が、のちの下京とどのように重なるのかについてはつまびらかではないが、この時期の山鉾の実態を示す史料としては、一条兼良の筆になる『尺素往来[19]』の「祇園御霊会今年殊結構、山崎之定《シツメ》鉾、大舎人之鵲《カサヽキ》鉾、処々跳《ヲトリ》鉾、家々笠車、風流之造山、八撥、曲舞、在地之所役、定叶於神慮歟」という記事が有名である。

ここに記される山崎とは、油商人としても知られる八幡神人たる大山崎神人、大舎人とは、のちの大舎人座につながるもので、北野社の織部司本座神人[20]、ないしは春日神人[21]と考えられるが、『尺素往来』では、これらと「処々跳鉾」以下を一括して「在地之所役」と記しているところからすると、下辺に居住していたか、あるいは今宮神人のように下辺を商圏としていたのであろう。

なお、『尺素往来』では、右の記事のあとに、「晩頃」に「白河鉾」が入洛し、「六地蔵之党」も「企印地」てたために、「侍所之勢」が「河原辺」に打ち出るありさまを記しているが、このことからも、この時期の祇園会がかならずしも下辺だけの祭礼とはいえなかったことがうかがえる。

ところで、『八坂神社文書』には、馬上役の下行にかかわる一連の史料群[22]が残されているが、それらを通覧してみると、師子舞・神楽・田楽・王舞・片羽屋神子などとともに、下居神人（綿本座）・堀川神人・大宮駕輿丁（今宮神人）・犀鉾神人に対しても料足が下行されていることが認められる。しかし、その一方で、山鉾にかかわる神人などへの下行といった記事は一切見いだすことができない。つまりここからは、神輿と山鉾とが、経済基盤を異にするという点において明確な一線を引くことのできる存在であったということが読みとれるのである。

従来の研究においては、この点を明確にせずに議論されることが多く、そのため、山鉾を支える経済基盤についても近世の状況をさかのぼらせて、下京の町々が負担していたのであろうと考えられてきた。しかしながら、それを裏づけるような史料は確認されてはいないし、それはまた、『尺素往来』に「処々」「家々」とはみえても、「町々」とはみえないことからも知られるのである。

それならば、この時期の山鉾の経済基盤とは、いったいどこにあったのかといえば、それは、やはり、大山崎神人や大舎人など祇園社・日吉社に属さない、いわゆる他社神人や「処々」「家々」などといった、いわば画一化されない多様な集団によってになわれていたとするほかはないと考えられる。

いずれにしても、この経済基盤の違いこそが、室町期以降の祇園会を構成する神輿と山鉾との基本的な差異であり、この点をおさえていなければ、さきにも触れたように神輿渡御がおこなわれていないにもかかわらず山鉾の存在が確認できるという状況を理解することはできないといえよう。

二　明応九年の再興

(1)　再興への道程

ところで、一般に応仁・文明の乱によって京都は焦土と化したといわれているが、実際に下辺がどのような状態となったのかについては史料でおさえることはできない。したがって、下坂守氏[23]が指摘されるように、下辺は焦土となっていない可能性も高いが、ただ、応仁元年（一四六七）の祇園会が「不及沙汰[24]」となったことだけは確実である。また、同年には、祇園社が「炎上[25]」、そのため文明二年（一四七〇）には、「神躰五条辺ニ奉入[26]」ありさまとなっていた。

それでは、祇園会を支える諸神人は、この乱によってどのような動きをみせていたのであろうか。この点は、祇園会馬上役の本体というべき日吉小五月会馬上役にかかわって語られる、「就今度世上忩劇、彼神人等令散在所々間、依之小五月会于今令延引畢[27]」という文言などからおおよその判断ができよう。

戦乱を避けるために所々へ散在するということ自体は、当然の行動といえるが、ここで注目しなければならないのは、散在した神人、とりわけ日吉神人たちが、「寄事於一乱、相交他社[28]」、より具体的にいえば、「此らん《（乱）》中に八わた《（八幡）》・かすか《（春日）》の神人と申[29]」して馬上役を忌避するという行動にでていることである。しかも、「かれらかくハんたい《（緩怠）》を御きよう《（許容）》あらハ、こさ月え《（小五月会）》・きおんのえ《（祇園会）》かならすたいてん《（退転）》[30]」という文言が物語るように、合力神人たる日吉神人の減少は、そのまま日吉小五月会・祇園会の退転に直結する問題でもあった。おそらくは、このような状況が影響してであろう、祇園会は三三年にわたって退転することとなってしまったのである。

祇園会再興のきざしがあらわれるのは、政変によって細川政元が幕府を主導するようになった明応期に入ってからである。明応五年（一四九六）、幕府が奉行人連署奉書でもって神輿の造立を「左方大政所神主宮千代」に、また、「祭礼再興」を祇園執行に命じていることが知られるからである。(31)しかし、どうやらこの年には、実現できなかったようで、また、翌明応六年（一四九七）には、造立のすすまない神輿を「以榊准神輿」という先例をもちだしてまで祇園執行に督促したものの、(32)実現にはいたらなかった。

結局のところ、再興実現には、明応九年（一五〇〇）まで待たなければならないのだが、ただし、このときも一筋縄ではゆかなかったことが、『八坂神社文書』などから読みとることができる。従来の研究では、この点についても触れられることがなかったので、以下、ややくわしくみてゆくことにしよう。

祇園会再興の風聞をいち早く耳にして動きだしたのは、実は山門根本中堂閉籠衆であった。彼らは五月二六日付で祇園執行に対して、「小五月会以下神事、抑留之上者、祇園会之事、可有抑留者也」という内容の折紙をだしているが、(33)これをうけてであろう、二八日付で幕府側も奉行人の飯尾清房が、「日吉神事就無執行、当会延引之儀、為先規之段、注進趣被入聞食」旨の書状を祇園執行にだしている。(34)

ところが、六月一日になると、幕府は前言をひるがえして、「縦日吉祭礼等、雖有遅怠、於当社之儀者、厳密加下知、可被専神事」旨の奉行人連署奉書をだすにいたる。(35)

これに対しては、神人・宮仕等「諸役者」のほうが山門大衆の威をおそれて、「下行物足付」にかこつけさまざまに訴訟をおこなったが、幕府としては、六月六日付の奉行人連署奉書で語るように、「就祇園会下行物足付事、為馬上功程銭之内云々、被聞食訖、縦雖為祭礼以後、堅被仰付酒屋土倉、可被致無沙汰之上者、(其カ)於明日七日神事者、各随其役遂無為節者、尤以可為神妙」、(36)つまり七日の神幸の下行物については、祭礼以後に酒屋・土倉に仰せ付けること、また一四日の還幸の下行物については、「大舎人方」に「其足」を付させるという(37)ようなかたちで結局押し切ることとなる。

祭礼以後に合力銭を集めることや本来、馬上役とは無縁の他社神人にして鵲鉾を調える大舎人からの役銭（神役）徴収の意向など、みずからが案出した馬上一衆・合力神人制を度外視してまで祇園会再興を実現しようとした幕府の強い姿勢をここからはうかがうことができる。

しかしながら、根本中堂閉籠衆の折紙にみられるような山門大衆の意向を無視してまで強行におよんだ祇園会再興が、乱前からの幕府と山門大衆との関係にひびを入れる結果となったことは容易に想像されよう。

実際、九条尚経の日記『後慈眼院殿御記』[38]にみえるように、「無日吉祭礼、然而有祇苑御霊、仍日吉之御忿怒之故」としてこの六月の末に、猿が「五六疋」ないしは「五六十疋」、「中京辺」にあらわれ、家々に狼藉、七月に入ると「京中乱満」にいたったと伝えているからである。[39]さいわいにも山門大衆による発向など直接的な行動はみられなかったものの、これを境として山門大衆は、のちにもみるように、ことあるごとに祇園会執行の障害として立ちあらわれることとなるのである。

(2)　再興後の祇園会

それでは、再興なった祇園会とはどのようなものだったのであろうか。残念ながら神輿については、第三章でもみるように、そのようすがいまひとつつかみにくいが、山鉾に関しては、たとえば、近衛政家の日記『後法興院記』[40]六月七日条に「山廿五、鉾一」、一四日条に「山十外無鉾」とみえ、[41]また、『後慈眼院殿御記』六月七日条でも、「不及前年之風流十分之一」であったことが知られる。

そして、これらの状況をより具体的に伝えているのが、今回の再興に尽力した侍所開闔、松田頼亮が記したとされる『祇園会山鉾事』[42]という記録である。これによって、再興された山鉾の員数・名称などその具体相が読みとれるが、同時に、応仁・文明の乱以前の山鉾の名称なども「祇園会山ほく（鉾）の次第」として記されており、中世における山鉾の実態を知るための基本史料として知られている。

そのため、祇園会に関するさまざまな文献にみられる山鉾の配置図などもまた、この史料に依拠して作成されているが、ただ注意しなければならないのは、「右山鉾自御再興之時至永正四年、不易申沙汰也」という頼亮による奥書がみられるように、その成立が少なくとも永正四年（一五〇七）以降と考えられる点である。しかも、「先規之次第、依為古老之者相尋小舎人新右衛門男畢」とみえるように記憶に頼った内容も含まれている。

また、従来の研究のすべてが、その底本を『八坂神社記録』所収の活字本においている点も問題である。というのも、文化庁文化財保護部美術工芸課が、平成元年（一九八九）に「八坂神社文書」（八坂神社所蔵）を調査した[43]際に撮影された写真帳（京都府立総合資料館架蔵）と活字本を突きあわせてみると、「祇園会山ほくの次第」の部分にいくつかの誤植や脱漏など異同がみられるからである。

表1は、その写真帳の「祇園会山ほくの次第」の部分を一覧表にしたものであるが、「地さうほく《蔵鉾》」「菊水ほく《鉾》」「大とのゑ《舎衛》」などの読みまちがいのほか、「一、あしかり山《芦刈》　同烏丸と室町間」「一、さきほく《鵲鉾》　北はたけ《畠》」というふたつの山鉾も活字本では落されていたことが知られる。とりわけ、「一、さきほく　北はたけ」の脱漏は、山路興造氏[44]が、『尺素往来』にみえる「大舎人之鵲鉾」を大舎人の傘鉾と北畠散所の鵲鉾（鷺舞）とが対となったものであると指摘されている点とも対応し大きな問題と考えられる。また、同写真帳の松田頼亮の奥書の奥には、「祖父如此注置之条、相写之、加判形者也」として「永禄三年九月十八日　頼隆《松田》（花押）」と記されており、現存史料本体の成立時期もかなりさがる可能性も指摘できるのである。

いずれにしても、『祇園会山鉾事』が問題を含む史料であるということが少しの検討からでもわかるが、その詳細については、第五章に譲ることにして、ここでは節をあらためて、さきを急ぐことにしたいと思う。

表１　祇園会山ほくの次第

七　日	
応仁乱前分	
長刀ほく	四条東洞院
かんこくほく	四条烏丸と室町間
かつら男ほく	四条室町と町間
かんたかうふきぬ山	四条東洞院と高倉間
こきやこはやし物	四条油**小**路と西洞院間
あしかり山	四条いのくま
まうそ山	錦少路万里**小**路と高倉間
いたてん山	同東洞院と高倉間
弁慶衣川山	錦烏丸と東洞院間
あしかり山	**同烏丸と室町間**
天神山	同町と室町間
こかうのたい松山	同西洞院と町間
すミよし山	綾少路油少路と西洞院間
地**さ**うほく	同町と西洞院間
こはんもち山	五条高倉と高辻間
花ぬす人山	同東洞院と高倉間
うかひ舟山	四条高倉と綾**少**路間
ひむろ山	綾少路万里少路と高辻間
あしかり山	錦少路東洞院
はねつるへ山	四条東洞院と綾**少**路間
まうそ山	錦少路烏丸と四条間
花見の中将山	綾少路と四条間
山ふし**ほく**	四条坊門むろ町
菊水ほく	錦少路と四条間
庭とりほく	綾**少**路室町と四条間
はうかほく	錦少路町と四条間
しんくくわうくうの舟	四条と綾少路間
岩戸山	五条坊門町と高辻間
おかひき山	**五条町と高辻間**
かまきり山	四条西洞院と錦少路間
たるまほく	錦少路油少路
太子ほく	五条坊門油少路と高辻間

十四日	
応仁乱前分	
すて物ほく	二条町と押少路間
たいしほく	押少路と三条坊門間
弓矢ほく	姉少路と三条間
甲ほく	所々のくら役
八幡山	三条町と六角間
ふたらく山	錦少路町と四条坊門間
しんくくわう**く**舟	四条と綾少路間
やうゆう山	三条烏丸と室町間
すゝか山	同烏丸と姉少路間
鷹つかひ山	三条室町と西洞院間
山	三条西洞院と油少路間
ふすま僧山	**鷹**つかさ猪熊**近**衛と間
なすの与一山	五条坊門猪熊**歟**高辻間
うし若弁慶山	四条坊門烏丸と室町間
しやうめう坊山	同町と室町間
泉の小二郎山	二条室町と押少路間
ゑんの行者山	姉少路室町と三条間
れうもんの瀧山	三条町と六角間
あさいなもん山	綾少路いのくま
柳の六しやく山	四条高倉と綾
西行山	
しねんこし山	
てんこ山	
柴かり山	
小原木の山	
かさほく	大との**ゑ**
さきほく	**北はたけ**
くけつのかい山	高辻いのくま

注．ゴシック部分が活字本との異同。
　　史料全体については、本書第１部第５章参照。

三　戦国期の実態

(1)　山鉾と馬上役

さて、明応九年にひとまず再興にこぎつけた祇園会であるが、それでは、それ以降、たとえば、天文二年にいたるまでの実態とは具体的にどのようなものであったのであろうか。従来の研究では、この点についてもほとんど手がつけられていないので、前節と同様に検討を加えてゆくことにしよう。

ところで、再興なった祇園会に対して日吉小五月会のほうはどのようになったのかといえば、たとえば、『八瀬童子会文書』におさめられる永正六年（一五〇九）閏八月付左方諸色掌中申状案に、(45)「依去応仁一乱、酒屋以下断絶之間、四十年以来左方小五月会退転也」とみえることから退転をつづけていたと思われる。したがって、馬上一衆・合力神人制も、また馬上役そのものも同様に退転していたことが予想される。

実際、明応九年の翌年、文亀元年（一五〇一）には、「就明日七祇園会公程銭事、近年馬上役不及其沙汰之条、於再興間者、相懸当社敷地上、可被遂其節、次来十四山鉾内少々略之、以彼要脚為其足付、可被致下行」、つまりは馬上役退転にあたり、神幸の用途（費用）は「当社敷地」に懸け、還幸の用途は山鉾を略してそれに充当するという新たな方法を幕府が講じていたことが、六月六日付の奉行人連署奉書によって知られるからである。(46)

前半部の「当社敷地」とは、祇園社境内といったような所領下地などではもちろんなく、馬上一衆・合力神人制成立以前における馬上役差定の論理として瀬田勝哉氏が指摘された(47)「祭礼敷地」、つまり祭礼にかかわって形成される宗教的な空間をあらわす文言であるが、瀬田氏によれば、馬上役は、本来、「祭礼敷地」に居住する住人、とりわけ日吉神人にあらざるものこそ差定の対象であったのが、馬上一衆・合力神人制の成立によって事態はむしろ逆転する結果になったとされている。

したがって、このような文言の復活というのは、祇園会においては馬上一衆・合力神人制が事実上、棚上げされるとともに、むしろそれを口実に以前の論理にさかのぼることで、日吉神人以外に対しても広く役銭をもとめる方法を幕府が「於再興間者」、つまり時限的に採用していたということを意味しよう。

また、後半部の山鉾を略しその用途を充当するというのも、さきに触れた大舎人からの役銭徴収などと同傾向を示すものといえるが、ただ、このとき、幕府が「先規非無其例之上者」とも述べていることには注意しなければならない。

というのも、第一章でみたように、これよりさき、文安四年（一四四七）に「御輿御修理要脚」のため、「三条観音ノ山・同フリウ《風流》ヲ三ヨセラル」(48)という事実が知られているからである。馬上役が下行されず、いわば自立的に存在していた山鉾は、それゆえに逆に、神輿用途の補塡につかわれる場合もあったということがここからは読みとれるが、このような傾向は、「於再興間者」ということばをよそにその後さらに拡大してゆくこととなる。

祇園会事、依日吉祭礼令遅々、既及月迫之条、山鉾等難調之旨、歎申之間、以彼失墜料被付当社畢、不可為向後例之上者、令存知之、可致其沙汰之由、所被仰出之状如件、

永正八
十二月廿四日　　　　貞《飯尾》運（花押）
　　　　　　　　　　長《諏訪》俊（花押）

祇園会
敷地々下人中(49)

右の幕府奉行人連署奉書からは、永正八年（一五一一）に日吉祭礼が遅延、ついにはその年の月迫（年末）まで混乱がもち越されるという異常事態が読みとれるが、その際、幕府は「既及月迫之条、山鉾等難調之旨、歎申」

したことに対して、その「失墜料」を「還幸」用途の不足分として「祇園会敷地々下人中」に充当させようとしたことが認められる。(50)

この「祇園会敷地」がさきの「当社敷地」と通底することはあきらかで、したがって「祭礼敷地」の論理が山鉾に対しても拡大しているようすが読みとれるが、その背景としては、年未詳ながら、六月一四日の日付をもつ松田頼亮書状案(51)に、「今度被寄公定銭候山事、町人要脚員数之儀懇望申上」、つまりはある時点で「公定銭」＝馬上役の一部を山の建営に町人が懇望するという、さきとは逆の事実の存在というのが影響していたと考えられる。

このようにしてみると、再興後の祇園会は、いわば経済基盤の面において神輿と山鉾のあいだで相乗り状態になっていたということが知られるが、ただし、さきにも触れたように、また、永正四年（一五〇七）付六月六日奉行人連署奉書案(52)に「就祇園会之儀、馬上銭事、近年退転」とみえるように、馬上役は退転をつづけており、したがって、その重心はおのずと山鉾のほうに移っていたと考えられる。

そして、それを裏づけるように幕府自身も、（年未詳）六月一四日付松田頼亮書状案(53)にみえるように、「万一神幸無御座候共、山鉾ハ可渡之分候」との認識を示すにいたるのである。

(2)　山鉾と「諸町」

それでは、このように再興後の祇園会全体の経済基盤としても重要な位置を占めるようになった山鉾を幕府はどのように把握していたのであろうか。そこで、注目されるのが、「万一神幸無御座候共、山鉾ハ可渡之分候」のあとにつづく、「不然者、諸町いたつらに過分之失墜不可有曲候」という一文である。山鉾を渡さないのであれば過分の失墜料は避けられない、という内容が、さきにみた永正八年の場合と通底するものであることはいうまでもないが、その山鉾を支える主体が「諸町」であったということは、すなわち幕府が山鉾と「諸町」とを関連づけて把握していたことを示すものといえよう。

よく知られているように、これまでの研究では、この「諸町」を近世の社会集団・共同体としての個別町（両側町）と同様にとらえ、応仁・文明の乱後の山鉾を「町々の行事」、「町衆」の祭と評価してきた。たしかに、さきの『祇園会山鉾事』からも読みとれるように、「一、甲ほく《鉾》　所々のくら《倉》役」「一、かさほく《傘鉾》　大とのゑ《舎衛》」「一、さきほく《鵲鉾》　北はたけ《畠》」など諸神人等によって調えられる鉾が乱後にすがたを消したことは大きな変化ではあるが、ただしかし、「諸町」を個別町と断定するにはなお慎重さが必要と考えられる。

たとえば、一九八〇年代以降に進展をみせた都市史研究のうち、町の研究はもっとも飛躍をみせた分野であるが、とくに京都に関しては、仁木宏氏による一連の研究[54]によってその実態解明がすすめられ、近世の町につづく個別町の確立時期は、もう少し時期のさがった天文期初頭（一五三〇年代前半）であることがあきらかにされている。

実際、『祇園会山鉾事』の奥書の直前に明応九年六月一四日分として記された一〇基の山のなかにも、「一、八幡山　三条町六角間、同六角東一町」「一、観音ノ山　上六角町、下錦小路二町分」「一、すゝか《鈴鹿》山　三条烏丸押小路間二《三》町」などのように町という文言が認められる一方で、その町が街路に区切られた「間」のことを呼称していたり、また、個別町とはやや違和感をおぼえる「二町分」「三町」という記載がみられたり、さらには、八幡山の表記をそのままうけとると、そこは竪少路と横少路からなる鍵型の街区となるなどの特徴を指摘することができるのである（第五章の図6参照）。

これらの特徴は、個別町のそれというよりむしろ、文安元年（一四四四）[55]、康正二年（一四五六）[56]における棟別銭や、寛正六年（一四六五）[57]における地口銭徴収に際してみられた条坊制の町[58]ないしは街区としての四丁町のそれに近い。事実、棟別銭・地口銭の場合の町が賦課の単位であったように、この時期の祇園会にかかわってみえる町もまた同傾向を示すものであったことは、たとえば、永正四年（一五〇七）六月、少将井神輿が「於三条室町与烏丸間」矢を射付けられたことに対して、「任先例、為彼町可造替神輿」旨を幕府が命じたことなどからも知られるのである。(59)

もっとも、その一方で、さきにみた永正八年付奉行人奉書の宛所に「祇園会敷地々下人中」とみえるように、明応九年の再興から一〇年余りの時間のなかで、「諸町」が山鉾を調える「処々」「家々」の地縁的結合の拠点となっていったであろうということをこれらの事実はさまたげるものではけっしてない。

町人という文言もまたそのようななかで定着がすすんだのであろうし、それは同時に、応仁・文明の乱を境に、馬上役を忌避すべく散在したり、他社神人となったりといった動向をとる住人にとっても、従前の関係や属性とは異質の論理で結集できるという点において魅力ある選択でもあったと思われるのである。

いずれにしても、この時期の史料にあらわれる山鉾と町・町人との関係というのは、これまでのように「町衆」の成長などと単純にとらえられるようなものではなく、むしろ山鉾をめぐる幕府と住人との動向の一致点上にあらわれたものとして評価すべきと考えられる。

しかしながら、このことは逆に、馬上役をになう馬上一衆・合力神人制の形骸化を加速させる結果ともなった。山門大衆が不満や焦燥をみせたのも、実にこの点にかかっていたのであるが、ところが、幕府は、山門大衆との決裂も避けようとしたためであろう、馬上役の枠組みを放棄することもしなかったのである。(60) そして、それが、事態をさらに複雑にしてゆくこととなった。

表2は、古記録を中心に管見のかぎりで確認できた戦国期祇園会の逐年の執行状況の一覧であるが、この表をみてもわかるように、永正期以降が延引や式日の変更など、戦国期祇園会にとっていかに混乱した時代であったかが知られる。しかも、その理由のほとんどが「日吉祭」（「山王祭」）の延引など、つまりは山門大衆の意向（具

表2　戦国期祇園会一覧

	西暦	年	月日	関係記事（抜粋）	典拠
	一四六七	応仁元	6・7	停止（祇園御霊会不及沙汰）	後法興院記
	一五〇〇	明応9	6・7	祇園会再興、不及前年之風流十分之一、山廿五、鉾一	後法興院記・大乗院寺社雑事記・大乗院日記目録・後慈眼院殿御記・忠富王記・厳助往年記
			6・14	祇園神幸、山十外無鉾	後法興院記・後慈眼院殿御記・忠富王記
	一五〇一	明応10（文亀元）	6・7	祇園会	後法興院記・忠富王記・言国卿記
			6・14	祇園会、細川（政元）見物山笠数ケ立、乗牛者北畠拍子	後法興院記・忠富王記・言国卿記・和長記・大乗院寺社雑事記・実隆公記
	一五〇二	文亀2	6・7	祇園御霊会、地下戈	後法興院記・実隆公記・言国卿記・拾芥記
			6・14	祇園会、右京大夫（政元）無見物、見物公方・細川無之	後法興院記・拾芥記・言国卿記・大乗院寺社雑事記
	一五〇三	文亀3	6・7	祇園御霊会	実隆公記・後法興院記
●			6・14	祇園社依訴訟今日祭礼無還幸	実隆公記
	一五〇四	文亀4（永正元）	6・7	祇園会、従紫宸殿祭礼御見物	二水記・大乗院寺社雑事記・後法興院記・忠富王記・宣胤卿記
			6・14	祇園会	宣胤卿記・大乗院寺社雑事記
	一五〇五	永正2	6・7	祇園会	二水記・大乗院寺社雑事記・忠富王記・拾芥記
			6・14	祇園会	実隆公記・二水記
●	一五〇六	永正3	6・7	延引（山王祭無之、有山ホク祭礼等、細川父子見物）	実隆公記・大乗院寺社雑事記・後法成寺関白記・拾芥記
			6・14	祇園会	後法成寺関白記
	一五〇七	永正4	6・7	祇園御輿迎	実隆公記・後法成寺関白記・宣胤卿記
			6・14	祇園会	実隆公記
●	一五〇八	永正5	6・7	延引	実隆公記
●			9・21	追行（祇園会）	実隆公記・後法成寺関白記

	一五〇九	永正6	6・7	祇園御霊会	実隆公記
	一五一〇	永正7	6・7	祇園御霊会	実隆公記
●	一五一一	永正8	6・7	延引(依無日吉祭)	実隆公記
●	一五一二	永正9	5・23	追行(祇園会山鉾渡之、去年分)	実隆公記・後法成寺関白記
			6・7	祇園会	実隆公記・拾芥記
			6・14	祇園祭礼	拾芥記
	一五一三	永正10	6・7	祇園会	後法成寺関白記
	一五一四	永正11			
	一五一五	永正12	6・7	祇園会、風流	守光公記
●			7・22	為上意、祇園会両度在之	暦仁以来年代記
●			7・29		暦仁以来年代記
●	一五一六	永正13	10・14	延引、追行(祇園会)	後法成寺関白記
●	一五一七	永正14	6・7	延引(依無山王祭)	宣胤卿記・拾芥記
●			6・14	祇園会延引	宣胤卿記
●			8・7	追行(祇園会)、桙山等覆雨皮	宣胤卿記・後法成寺関白記
●			8・14	追行(祇園会)	宣胤卿記
	一五一八	永正15	6・7	祇園会	宣胤卿記・二水記
●	一五一九	永正16	6・7	延引(依無日吉祭)	宣胤卿記
●			6・14	延引	宣胤卿記
	一五二〇	永正17	6・7	祇園会	二水記・後法成寺関白記・盲聾記・実隆公記
			6・14	祇園会	二水記・後法成寺関白記・実隆公記
	一五二一	永正18(大永元)			
	一五二二	大永2	6・7	祇園会	二水記
			6・14	祇園会	二水記
●			6・27	祇園会風流、大樹依御歓楽無御見物、今日重而	二水記・経尋記・親孝日記
●	一五二三	大永3	12・14	延引、追行(山王祭依延引)	二水記・後法成寺関白記・実隆公記
●			12・21	延引、追行(祇園会)	二水記・経尋記

	一五二四	大永4	6・14	祇園会	実隆公記
●	一五二五	大永5	6・7	延引	実隆公記
●			閏11・17	追行(依山王祭延引、六月無之)	二水記
●			閏11・24	追行(祇園社還幸)	二水記
●	一五二六	大永6	6・22	延引、追行(山王祭廿日有之)	二水記
●			6・29	延引、追行(還幸)	二水記
	一五二七	大永7	6・7	祇園会、山桙等如例年	二水記・言継卿記・実隆公記
			6・14	きおんのゑ	御湯殿上日記
●	一五二八	大永8(享禄元)	6・7	延引	二水記
●			6・14	延引	二水記
●			8・7	追行(祇園会)	二水記・実隆公記・後法成寺関白記
●			8・14	追行(還幸)	二水記・実隆公記
●	一五二九	享禄2	8・7	延引、追行(祇園会)	実隆公記・稙通公記
●			8・14	延引、追行(祇園会)	実隆公記・御湯殿上日記・稙通公記
	一五三〇	享禄3	6・7	祇園会	二水記・後法成寺関白記
			6・14	きおんのへ	御湯殿上日記
●	一五三一	享禄4	6・7	延引(依播(摂カ)州合戦廃軍)	実隆公記・宣秀卿記
●			6・14	追行(神幸)	実隆公記・二水記・御湯殿上日記
●			6・21	追行(祇園会)	二水記
●	一五三二	享禄5(天文元)	6・7	延引(依日吉祭礼無之)	言継卿記・御湯殿上日記
●			12・7	追行(祇園御霊会、如六月)	実隆公記・二水記・稙通公記
●			12・14	追行(祇園会)	実隆公記・二水記
●	一五三三	天文2	6・7	延引(依山訴)	実隆公記・祇園執行日記
●			8か	追行(祇園会)	祇園社記16・八坂神社文書302
	一五三四	天文3	6・7	きおんのゑ	御湯殿上日記
			6・14	きおんのゑ	御湯殿上日記
●	一五三五	天文4	11・22	延引、追行(祇園会)	御湯殿上日記・後奈良院宸記
●			11・28	延引、追行(祇園会)	後奈良院宸記

	一五三六	天文5	6・14	きおんのゑ	御湯殿上日記
	一五三七	天文6	6・14	きおんのへ	御湯殿上日記
●	一五三八	天文7	12・21	延引、追行(祇園会山鉾渡之)	御湯殿上日記・親俊日記
	一五三九	天文8	6・7	祇園会	大館常興日記・親俊日記
			6・14	きおんのへ	御湯殿上日記
	一五四〇	天文9	6・7	祇園会	鹿苑日録
	一五四一	天文10	6・7	きおんのへ	御湯殿上日記
			6・14	祇園会、山渡	御湯殿上日記・鹿苑日録
●	一五四二	天文11	10・14	延引、追行(祇園会)	親俊日記
●			10・21	延引、追行(祇園会)	親俊日記
	一五四三	天文12	6・14	祇園会	多聞院日記
	一五四四	天文13	6・7	祇園会　右京大夫祇園会見物	言継卿記・尊鎮法親王御記
	一五四五	天文14	6・14	祇園会	言継卿記・厳助往年記・御湯殿上日記
	一五四六	天文15			
	一五四七	天文16			
	一五四八	天文17	6・7	祇園会	言継卿記
			6・14	祇園会、相公・少弼・細川殿御見物	長享年後畿内兵乱記
●	一五四九	天文18	12	延引、追行(祇園会、六月延引)	厳助往年記
	一五五〇	天文19	6・14	祇園大政所御湯立	言継卿記
	一五五一	天文20			
	一五五二	天文21	6・7	祇園会	言継卿記
			6・14	祇園会、山共見物	言継卿記
●	一五五三	天文22	8・14	延引、追行(未被行日吉祭行故)	言継卿記・続史愚抄
●	一五五四	天文23	9・21	延引、追行(きおんのゑ)	御湯殿上日記
	一五五五	天文24(弘治元)	6・14	きおんのへ	御湯殿上日記
	一五五六	弘治2	6・14	きおんのゑ	御湯殿上日記
●	一五五七	弘治3	12・17	延引、追行(きおんのゑ、日よしまつりの事)	御湯殿上日記

●	一五五八	弘治4（永禄元）	11・21	延引、追行（きおんのゑ、さんわうまつりには御あんない）	御湯殿上日記
	一五五九	永禄2	6・7	祇園会	御湯殿上日記・言継卿記
●	一五六〇	永禄3	12・17	延引、追行（きおんのゑ）	御湯殿上日記
	一五六一	永禄4	6・14	きおんまつり	御湯殿上日記
	一五六二	永禄5			
	一五六三	永禄6	6・7	祇園会	御湯殿上日記・言継卿記
			6・14	祇園会	御湯殿上日記・言継卿記
	一五六四	永禄7			
●	一五六五	永禄8	8・7	延引、追行（祇園会）	御湯殿上日記・言継卿記
●	一五六六	永禄9	6・14	延引、追行（祇園会、去七日之分）	言継卿記・永禄九年記
●			6・21	延引、追行	言継卿記
●	一五六七	永禄10	12・17	延引、追行（祇園会）	言継卿記
	一五六八	永禄11	6・7	祇園会	言継卿記・御湯殿上日記
			6・14	祇園会	言継卿記・御湯殿上日記
	一五六九	永禄12	6・7	祇園会	言継卿記・御湯殿上日記
	一五七〇	永禄13（元亀元）	6・7	祇園会	言継卿記・御湯殿上日記
●	一五七一	元亀2	12・7	延引、追行（山王祭雖無之、日吉社・山上等無之間、以上意行之）	言継卿記
	一五七二	元亀3	6・7	祇園会	兼見卿記
			6・14	祇園クハンカウ	年代記抄節
	一五七三	元亀4（天正元）	6・7	きおんのへ	御湯殿上日記
	一五七四	天正2			
	一五七五	天正3	6・7	祇園会	御湯殿上日記・兼見卿記
	一五七六	天正4	6・7	祇園会	御湯殿上日記・言経卿記・言継卿記
			6・14	祇園会	御湯殿上日記・言経卿記・言継卿記
	一五七七	天正5			
	一五七八	天正6	6・7	祇園会	兼見卿記

			6・14	祇園会、右府(織田信長)御見物	兼見卿記・信長公記
	一五七九	天正7	6・7	祇園会	兼見卿記・言経卿記・御湯殿上日記
	一五八〇	天正8	6・7	祇園会	兼見卿記
	一五八一	天正9	6・7	祇園会	兼見卿記
●	一五八二	天正10	9・14	延引、追行(六月物忩ニテ無之)(本能寺の変カ)	言経卿記・兼見卿記・多聞院日記
●			9・21	延引、追行(祇園会)	言経卿記
	一五八三	天正11	6・7	祇園会	兼見卿記
	一五八四	天正12	6・7	祇園会	兼見卿記
			6・14	祇園会	兼見卿記
	一五八五	天正13			
	一五八六	天正14	6・7	きおんまつり	御湯殿上日記・兼見卿記
			6・14	きおんのへ	御湯殿上日記
	一五八七	天正15	6・7	きおんのえ	御湯殿上日記
			6・14	きおんのゑ	御湯殿上日記・時慶卿記
	一五八八	天正16	6・7	祇園会	御湯殿上日記・言経卿記
			6・14	きおんのゑ	御湯殿上日記
	一五八九	天正17	6・7	きおんのえ	御湯殿上日記
			6・14	きおんのゑ	御湯殿上日記
	一五九〇	天正18	6・7	祇園会	晴豊記・兼見卿記
			6・14	きおんのへ	御湯殿上日記
	一五九一	天正19	6・7	祇園会	兼見卿記・時慶卿記
	一五九二	天正20(文禄元)	6・7	祇園社会	言経卿記
	一五九三	文禄2			
	一五九四	文禄3			
	一五九五	文禄4	6・14	祇園会	言経卿記・御湯殿上日記
	一五九六	文禄5(慶長元)	6・7	祇園会、御拾御所(豊臣秀頼)御見物	舜旧記・義演准后日記
			6・14	祇園社会	舜旧記・言経卿記

	一五九七	慶長2	6・7	祇園会	舜旧記・言経卿記
			6・14	祇園会	舜旧記
	一五九八	慶長3	6・7	祇園会	舜旧記・言経卿記・義演准后日記
			6・14	祇園会	舜旧記
	一五九九	慶長4	6・7	祇園会	義演准后日記
			6・14	きおんのへ	御湯殿上日記
	一六〇〇	慶長5	6・7	祇園会	義演准后日記
			6・14	祇園会	義演准后日記・舜旧記
	一六〇一	慶長6	6・7	祇園会	舜旧記・御湯殿上日記
			6・14	祇園会	舜旧記
	一六〇二	慶長7	6・7	祇園会	舜旧記・時慶卿記
			6・14	祇園会	舜旧記・言経卿記・義演准后日記・時慶卿記

注．年月日は古記録で確認できた範囲のみを記した。
●は、延引などで式日が変更されたり、山鉾だけが渡るなど混乱をきたした年。

体的には、山訴）によってもたらされた結果であったことも読みとれる。さきにも触れたように日吉小五月会は退転をつづけていたが、山門大衆は、再興困難とみられた日吉小五月会のみならず、日吉祭礼（日吉神事）をも盾にみずからの意向を幕府や祇園社に対して主張しつづけたと考えられる。

ちなみに、日吉祭礼の遅延によって月迫におよんだため山鉾が調わなかった永正八年の分は、結局、「去年分」として翌永正九年（一五一二）五月二三日に「山鉾渡之」(61)された。したがって、永正九年は、一年に二度も祇園会がおこなわれることとなったが、さらに天文元年（一五三二）にいたっては、一二月に執行されたため、「神幸時分雪降」(62)ありさまともなっていた。戦国期祇園会の歴史において画期とされてきた天文期とは、実はこのような状況下にあったということをなにより念頭におかねばならないのである。

四　画期としての天文期

(1)　山鉾と個別町

ところで、天文元年（一五三二）に起立した法華一揆の主力が、細川晴元の軍勢とともに、証如の立て籠もる大坂本願寺を攻撃すべく遠征をつづけていた天文二年（一五三三）五月、近江に避難を余儀なくされていた幕府は、祇園執行に対して奉行人連署奉書でもって(63)、「祇園会事、雖無日吉祭礼、任明応九年幷永正三年御成敗之旨、来六月式日可被執行」との命令をくだした。

ところが、このことを聞きつけた山門大衆が、式日の前日、六月六日に「山門三塔ノ執行代」として「神事シ候ハヽ、此方ヲ明日発向シ候ハン由」の書状を祇園執行のもとへ送付したため(64)、結局、幕府は、「明日祇園会事、先可被延引之由、為山門申入之段、佐々木弾正少弼（六角定頼）被申上之旨候間、如斯被仰出候」という内容の飯尾尭連書状(65)をだし、山門大衆の意向とともに近江守護六角定頼の「意見」にしたがうかたちでやむなく延引の命令をくだすこととなった。

祇園執行自身は、山門大衆による発向を避けることができたためであろう、その日記に「先本望ノ儀」と安堵の思いを記しているが、そこへやってきたのが、「神事無之共、山ホコ（鉾）渡シ度ノ事チャケニ候」という「下京ノ六十六町ノクワチキヤチ（月行事）共、フレ（触）ロ、雑色ナト」による申し出であった(66)。

林屋辰三郎氏によって祇園会の歴史を画するものとして高い評価をあたえられたこの申し出が、法華一揆や細川晴元、さらには幕府・山門大衆・六角定頼など、きわめて複雑にからみあった政治情勢の下で語られていることにあらためて注意する必要がある。実際、同月二〇日前後に晴元側と本願寺とあいだで和睦が成立するや、幕府はにわかに祇園会の追行を決定し、「七日山鉾」を調えるよう命じているからである。

祇園会七日山鉾事、重可調之儀迷惑之通、下京町人等言上之時、可相談社家之段被仰出訖、而無山鉾者、不可然之条、可相調之旨被仰付彼地下人之条令存知、可被遂神事無為節之由、被仰出候也、仍執達如件、

天文二

八月九日　　　　　　　　　　　　　　　　　　　堯連（飯尾）判

　　　　　　　　　　　　　　　　　　　　　　　盛秀（松田）判

当社執行御房(67)

右にみえるように、今回の幕府の命令に対しては、「下京町人等」は「山鉾事、重可調之儀迷惑」と言上しているが、この「下京町人等」が、さきの「下京ノ六十六町ノクワチキヤチ共、フレロ、雑色ナト」と重なるものであることはまちがいないであろう。「クワチキヤチ」が月行事の初見とされていることはよく知られた事実であり、したがって、この段階において社会集団・共同体としての個別町の成立と、それが山鉾と明確に接点をもっていたということを認めることができる。

もっとも、幕府は、彼らを「彼地下人」とも、また別のところでは「下京地下人中(68)」とも呼んでおり、これが永正八年の状況を踏まえた文言の使用法であることにも注意すべきと考えられるが、同時に、「祇園会敷地」が「下京」という惣町名に変化しているところに、山鉾を調える集団がより強く地縁的結合に傾いていったさまを読みとることができよう。

くり返すように、従来の研究においては、以上のような経過をほとんどみることもなく、戦国期祇園会が権力に抵抗する「町々の行事」、「町衆」の祭であるというような評価をくだしてきた。しかしながら、ここまでみてきたように、その焦眉は、むしろ山門大衆との関係であり、「下京ノ六十六町ノクワチキヤチ共、フレロ、雑色ナト」による「神事無之共、山ホコ渡シ度ノ事ヂャケニ候」ということばは、その山門大衆の意向に抗して山鉾

をみずからの祭礼と認識するとともに、それと密接な関係をもつ町という枠組みをみずからの地縁的結合の拠点としてより強く引きつけていたという点において高く評価しなければならないのである。

結局、法華一揆のほうは、天文五年（一五三六）、山門大衆・六角勢との全面対決である、いわゆる天文法華の乱によって壊滅という結果にいたるが、それは同時に、「下京大略焼了[69]」、「下京一宇を不残、皆被放火[70]」など と諸記録が記すように、下京の焼亡という空間的なリセットも招来することになった。

(2)　個別町と「出銭」

しかし実は、これを機に、祇園会にかかわる新たな動きも史料のうえで認められるようになる。それが、川嶋將生氏[71]によって紹介された、つぎのような、『披露事記録[72]』におさめられる天文八年（一五三九）の事例（前者）と『賦政所方[73]』におさめられる天文一八年（一五四九）の事例（後者）であった。

一、布下(布施元通)披露　二条室町本覚寺前、人并四条東洞院町人申、就祇薗会寄町事、去年令言上之、落居処、松田豊前守(頼廉)去今合力銭催促之段、迷惑趣申之、彼一町、吉村彦左衛門尉為右京兆恩補恣令進退之条、諸人不相構私宅云々、因茲家数少之間、町人歎申候上者、以去年被仰懸之旨、開闔両人、為御使罷向京兆、可被退吉村一町違乱之段、可申届之至(衍カ)、至両町催促者不可然之由、可被申通、各如此、

一、四条綾少路町人等申状　天文十八　四　八

右子細者、当町東はし南頬正西与申者在之、彼者死去仕、跡をむすめ相拘申、彼家之余地お烏丸町竹山次郎三郎与申者ニ沽却仕候、言語道断曲事候、其子細者、家之敷地計者商買ニ不成申候、以余地商買仕候、惣別下京者あき地ニも祇園会致出銭候処、他町へ地を進退仕候時者、家計之商買不成申候によつて、祇園

会相支令言上、以御雑色前々も被相触停止之段候、殊更此家之余地ヲ可売之由、前々沙汰候つる間、使者ヲ立、曲事旨申候之処、左様之儀曾以無之由返事仕なから、如此之所行前代未聞候、所詮、限一町余地へ地を不可商買之旨、被成下御下知者、可忝畏存候、恣裏以下之地ヲ余所へ進退仕者、其町之祇園会山之儀者退転之条、申上候也、仍言上如件、

天文十八年四月　日

ともに町人が幕府法廷へ提出した申状から知られる事例で、断片的なものであるために、判然としない部分も少なくないが、まず前者からは、「二条室町」と「四条東洞院町」にかかわる「祇薗会寄町」に「吉村彦左衛門尉」なるものが違乱を働き、そのために「諸人不相構私宅」、「家数少」なくなっていたようすが語られている。

違乱の内容がどのようなものであったのかについては、これだけではさだかではないが、「祇薗会寄町」の存在を確認できる点が注目される。もっとも、ここにみえる「祇薗会寄町」がどのように附属しているのか、また近世の寄町とどのような関係にあるのかについては残念ながら史料上不明とせざるをえない。

また、後者は、「四条綾少路町」に居住する「正西」(正清)なるものが「彼家之余地」を「烏丸町」の「竹山次郎三郎」へ売却したことに対して、当町人等が、「惣別下京者あき地ニも祇園会致出銭」すため、「以御雑色前々も被相触停止」されており、「恣裏以下之地ヲ余所へ進退仕者、其町之祇園会山之儀者退転」するとして売買の無効をもとめたものである。山鉾を調える単位が個別町であることを町人みずからが明言していることに加え、そのために土地を基準とした「出銭」の存在が認められる。

両事例において共通して注目されるのは、いうまでもなく祇園会に個別町や町人が明確にかかわっている事実が読みとれる点である。とりわけ、後者にみられる山鉾を調えるのに個別町が「出銭」を負担し、その基準が町の土地におかれていたという事実などは前代と一線を画するものと評価できるが、それではその「出銭」とは具

体的にはどのようなものであったのであろうか。

残念ながらこの点について直接的な回答をあたえてくれるような史料は今のところみあたらないが、ただそのようななかでも注目されるのが、『蜷川家文書』(74)に残される、小舎人・雑色衆の名前と家の間口数が書きあげられた注文(75)の存在である。年月日未詳のものではあるが、そこに記される地名のすべてが下京であるとともに、「四条長刀ほこ町」「かさほこの丁」という山鉾名を冠した町名がみられるなど、本注文が「出銭」の対象から雑色・小舎人を免除するために作成された可能性が考えられるからである。

しかも、近世、山鉾町やそれを補助する寄町で徴収された財が「地ノ口米」と呼ばれ、それが山鉾経営や四座雑色の扶持となったという事実(76)を考えあわせるならば、「出銭」とはおそらく地口銭に類似するものであった可能性は高い。林屋辰三郎氏(77)は、その論考のなかで永禄九年（一五六六）の年紀をもつ四条坊門の「祇園会の地口銭」にかかわる史料を紹介されているが、この史料の存在などが以上の理解を補強するものといえよう。

日吉小五月会・祇園会とともに院政期に馬上役制がとり入れられた稲荷祭の祭礼役について検討を加えられた馬田綾子氏(78)によれば、稲荷祭では、鎌倉末期、神人の減少により馬上役を廃し、かわって「町別」に祭礼地口銭が徴収されることになったという。その意味からすれば、祇園会の場合は、この時期になってようやく類似したシステムが史料のうえにあらわれるようになったといえるのかもしれない。

もっとも、その際、大きな違いとして注意しなければならないのは、祇園会の場合の町が個別町として成熟を深めるとともに、山鉾を支える主体としてより自律的な運動をはじめていたという点である。実際、天文一四年（一五四五）には、「三条町山警固衆」が喧嘩をおこし、それに巻きこまれて小舎人・雑色が討ち死にしたために、開闔松田頼康が三〇〇人を率いて発向、当町を焼き払うという事件などがおこっているからである(79)。祭礼の熱気によって町の共同性が高ぶっているようすが読みとれるが、それと同時に、町という枠組みをみずからの地縁的結合に引きつけた町人のすがたもみてとることができよう。

なお、「出銭」の徴収方法についてであるが、さきにかかげた史料に「以御雑色前々も被相触停止」という文言がみられたり、また、「地ノ口米」のありかたなどから、幕府がかかわっていた可能性も考えられる。が、しかし、それを確定できる材料には残念ながらめぐまれない。

いずれにしても、本章では、以上のような事実を踏まえて、あらためて天文期に戦国期祇園会における画期を読みとるものであるが、しかしながら、これによって山門大衆との関係も解消できたのかというと、事実はそう簡単にはゆかない。たとえば、表2をみればわかるように、この時期以降においてもなお祇園会の式日は迷走をつづけているからである。

結局のところ、式日が安定をみせるようになるのは、元亀二年（一五七一）九月、織田信長によって山門が焼討されて以降ということになる。『言継卿記』元亀二年一二月七日条によれば、「山王祭雖無之、日吉社・山上等無之間、以上意行之」とみえ、山門や日吉社が一時的にもせよ物理的に消滅することによって、ようやく式日は安定をみせるようになるからである。

おわりに

山門焼討の後、つまり中世から近世への移行期において式日の安定した祇園会がどのような展開をみせたのか、実は、この点については、現在知られている『八坂神社文書』においても史料が不足しており、いまひとつあきらかではない。

また、天正一九年（一五九一）以降、四座雑色がおかれる慶長六年（一六〇一）のあいだに近世の寄町が制度化されたといわれているが、しかし、ここでも注意しなければならないのは、山鉾を支える主体を統一権力が個別町や寄町と認める一方で、富井康夫氏[80]が指摘されるように、寄町組織と個別町の集合体である町組とは重なる部分に乏しいということ、つまりはその編成原理が基本的に異質なものであるという点である。

実は、これと類似した事実としては、近世中期にいたるまで山鉾町においては町財政である町入用と山鉾経営とが接点をもたなかった[81]ということもあげられるが、さらに同じようなことは、戦国期祇園会の雰囲気を伝える史料としてしばしばとりあげられる狂言「鬮罪人[82]」からもうかがうことができる。

よく知られているように、この「鬮罪人」は、「祇園の会の頭」に当たった主人とその従者を中心とした物語であるが、「山の御相談」のためにくり広げられる「寄合」のさまを通して町の祭礼としての祇園会の特色がくり返し語られてきた。しかしながら、冷静に考えると、「祇園の会の頭」がどのような方法によって当てられたのか、また、「寄合」に参加できる人々の実態がどのようなものであったのかなど、基本的な事実すらあきらかではない。

史料が不足しているので明言はできないが、おそらく、この「祇園の会の頭」とは、個別町の月行事や年寄などとは別個の論理で決定されたとみるほうが自然であろうし、また、さきにみた「出銭」が「寄合」への参加資格に単純につながるものではないと考えられるからである。

このようにしてみると、あたかも一体化したかのようにみえた山鉾と個別町とのあいだにもなお微妙なズレが存在していたことが知られるが、しかし、これらのことは逆に、山鉾と町のありかたをこれまでのように室町期から一体のものとしてみてきた姿勢に修正をせまるものといえ、むしろこのような複雑さにこそ、山鉾と町がたどってきた軌跡を読みとるべきといえよう。

以上、本章では、従来の研究においてほとんどなされてこなかった、もっとも基礎的な事実の検討を中心に、その範囲のなかで先行研究の問題点について若干の考察を試みてきた。先行研究の問題点については、史料の制約もあって、指摘のレベルにとどまざるをえなかったが、全体として、戦国期祇園会の実態を解明するためには、これまでのように町や町人との関連だけに注視するのではなく、あわせて幕府や山門大衆との関係性も視野に入れ、その歴史的展開のなかで検討をすすめてゆく必要があるという点だけは言及できたと考える。

この点をより実証的に論討してゆくことは、史料の制約などさらなる困難が予想されるが、いずれにしてもひとつずつ確実に作業を重ねてゆくことが肝要となろう。章をあらためて、検討してゆくことにしたいと思う。

（1）林屋辰三郎「郷村制成立期に於ける町衆文化」（『日本史研究』一四号、一九五一年、のちに同『中世文化の基調』東京大学出版会、一九五三年）、同「祇園祭について」（民科京都支部歴史部会編『祇園祭』東京大学出版会、一九五三年）、同『町衆―京都における「市民」形成史―』（中公新書、一九六四年）。

（2）『八坂神社記録』二（増補続史料大成）。

（3）村井康彦「神社信仰の変化」「祇園祭と風流踊」（京都市編『京都の歴史　3　近世の胎動』学芸書林、一九六八年）。

（4）川嶋将生「天文期の町と祇園会」（『京都市史編さん通信』六二号、一九七四年）、同「町の変質と祇園山鉾の大型化」（同上、一六二号、一九八二年）、同「戦国期の祇園会とその運営」（『原田伴彦論集　第三巻　都市社会史研究』思文閣出版、月報三、一九八五年）、以上は、のちに同『中世京都文化の周縁』（思文閣出版、一九九二年）にて一編の論文としてまとめられている。また、林屋辰三郎・川嶋将生「祇園祭の歴史」（祇園祭編纂委員会・祇園祭山鉾連合会編『祇園祭』筑摩書房、一九七六年）も参照。

（5）山路興造「祇園御霊会の芸能―馬長童・久世舞車・羯鼓稚児―」『藝能史研究』九四号、一九八六年）、同「祇園囃子の源流と変遷」（祇園祭山鉾連合会編『講座　祇園囃子』、一九八八年）、同「室町幕府と祇園祭」（『国立歴史民俗博物館研究紀要』第七四集、一九九七年）。

（6）脇田晴子『中世京都と祇園祭―疫神と都市の生活―』（中公新書、一九九九年）。

（7）瀬田勝哉「中世祇園会の一考察―馬上役制をめぐって―」（『日本史研究』二〇〇号、一九七九年、のちに同『洛中洛外の群像―失われた中世京都へ―』平凡社、一九九四年）。
（8）『叢書　京都の史料4　八瀬童子会文書』（京都市歴史資料館、二〇〇〇年）。なお、「八瀬童子会文書」については、京都市歴史資料館写真版も参照にした。
（9）下坂守「延暦寺大衆と日吉小五月会（その一）―馬上方一衆出現の契機―」「延暦寺大衆と日吉小五月会（その二）―室町幕府の対大衆政策―」（同『中世寺院社会の研究』思文閣出版、二〇〇一年）。
（10）豊田武「祇園社をめぐる諸座の神人」（『経済史研究』第一八巻六号、一九三七年、のちに『豊田武著作集　第一巻　座の研究』吉川弘文館、一九八二年）。
（11）『八坂神社記録』一。
（12）文安二年五月日付大宮駕与丁等申状案（『八坂神社文書』一一七九号）。なお、「八坂神社文書」については、京都府立総合資料館写真帳も参照にした。
（13）永禄七年一二月二七日付室町幕府政所執事加判下知状案（京都大学総合博物館蔵「古文書集」）。
（14）『後愚昧記』（大日本古記録）応安三年六月一四日条。
（15）同右、応安七年六月七日条。
（16）同右、応安七年六月一四日条。
（17）同右、永和二年六月七日条。
（18）『満済准后日記』（『続群書類従』補遺一）応永二三年六月七日条。
（19）『群書類従』第九輯。なお、これよりさき、貞治六年（一三六七）成立とされる『新札往来』（『続群書類従』第一三輯下）には、「祇薗御霊会、今年山済々、所々定鉾、大舎人鵲鉾、在地々神役、尤協神慮候哉」とみえる。
（20）注（10）参照。脇田晴子「中世の祇園会―その成立と変質―」（『藝能史研究』四号、一九六四年）。
（21）「吉田家日次記」（京都大学文学部閲覧室写本）永徳三年六月一九日条ほか。
（22）『八坂神社文書』上、第三祭儀、一六　馬上料足、三三四～七〇一号。
（23）下坂守「古都炎上―応仁の大乱―」（佐藤和彦・下坂守編『図説京都ルネサンス』河出書房新社、一九九四年）。
（24）『後法興院記』（増補続史料大成）応仁元年六月七日条。
（25）応仁元年一二月二日付室町幕府奉行人連署奉書案（『祇園社文書』、早稲田大学図書館編『早稲田大学所蔵荻野研究室収集文書』上巻、吉川弘文館、一九七八年）。
(26)『大乗院寺社雑事記』（増補続史料大成）文明二年六月二六日条。
(27) 応仁二年六月付山門西塔院政所下知状案（『八瀬童子会文書』二六一号）。
(28) 文明一〇年一一月一六日付室町幕府奉行人連署奉書案（『八坂神社文書』二二三九号、京都府立総合資料館写真帳「生源寺文書」）。
(29) 文明一〇年六月馬上一衆申状案（『八瀬童子会文書』二八七号）。
(30) 同右。
(31) 明応五年閏二月一三日付室町幕府奉行人連署奉書案（『祇園社記』第一六、『八坂神社記録』三）、同上文書案（『八坂神社文書』七〇九号、『祇園社記』第二三）。
(32) 明応六年五月一六日付同右文書案（同右）。
(33)（明応九年）五月二六日付山門根本中堂閉籠衆折紙案（『八坂神社文書』三一五号）。
(34)（明応九年）五月二八日付飯尾清房書状（同右、二八三号）。
(35) 明応九年六月一日付室町幕府奉行人連署奉書案（『祇園社記』第一六）。
(36) 明応九年六月六日付同右文書案（同右）。
(37)（明応九年）六月一四日付同右文書案（『八坂神社文書』二九二号）。
(38)『図書寮叢刊　九条家歴世記録二』。
(39)『後慈眼院殿御記』明応九年六月二七日条、七月二日条ほか。
(40) 増補続史料大成。
(41)『後法興院記』明応九年六月七日・一四日条。
(42)『祇園社記』第一五。
(43) その成果は、文化庁文化財保護部美術工芸課編『八坂神社文書目録』（一九九〇年）としてまとめられている。
(44) 注(5)参照。
(45) 永正六年閏八月付左方諸色掌中申状案（『八瀬童子会文書』二九一号）。
(46) 文亀元年六月六日付室町幕府奉行人連署奉書案（『祇園社記』続録第一、『八坂神社記録』四）。

(47) 注(7)参照。
(48) 文安四年五月付祇園執行顕宥料足請取状案（『祇園社記』第一二）、『文安三年社中方記』（同上、第一三）。
(49) 永正八年一二月二四日付室町幕府奉行人連署奉書（『八坂神社文書』二九三号）。
(50) （永正九年）正月一六日付宮仕数孝等申状案（同右、二八〇号）。
(51) （年未詳）六月一四日付松田頼亮書状案（『祇園社記』第一六）。
(52) 永正四年六月六日付室町幕府奉行人連署奉書案（同右）。
(53) （明応九年カ）六月一四日付松田頼亮書状案（『祇園社記』雑纂第一、『八坂神社記録』四）。
(54) 仁木宏「戦国・織田政権期京都における権力と町共同体―法の遵行と自律性をめぐって―」（『日本史研究』三一二号、一九八八年）、同「中近世移行期の権力と都市民衆―京都における都市社会の構造変容―」（『日本史研究』三三一号、一九九〇年）、同『空間・公・共同体―中世都市から近世都市へ―』（青木書店、一九九七年）。
(55) 『斎藤基恒日記』（増補続史料大成）文安元年閏六月条。
(56) 同右、康正二年四月二日条。
(57) 『斎藤親基日記』（増補続史料大成）寛正六年一二月七日条。
(58) 馬田綾子「洛中の土地支配と地口銭」（『史林』第六〇巻四号、一九七七年）、同「中世都市と諸闘争」（『一揆3　一揆の構造』東京大学出版会、一九八一年）、同「「町衆」論の検討―概念の拡散をめぐって―」（『新しい歴史学のために』一七四号、一九八四年）。
(59) 永正五年三月二三日付室町幕府奉行人連署奉書（『八坂神社文書』一七四号）。
(60) 永正九年五月二九日付同右文書案（『祇園社記』第一六）。
(61) 『実隆公記』永正九年五月二三日条。
(62) 同右、天文元年一二月一四日条。
(63) 天文二年五月二二日付室町幕府奉行人連署奉書案（『祇園社記』第一六）。
(64) 『祇園執行日記』天文二年六月六日条。
(65) 天文二年六月六日付飯尾堯連書状案（『祇園社記』第一六）。
(66) 『祇園執行日記』天文二年六月七日条。

(67)　天文二年八月九日付室町幕府奉行人連署奉書案（『祇園社記』第一六）。
(68)　天文二年八月九日付同右文書案（『八坂神社文書』三〇一号）。
(69)　『後法成寺関白記』天文五年七月二七日条。
(70)　『座中天文記』（藝能史研究會編『日本庶民文化史料集成　第二巻　田楽・猿楽』三一書房、一九七四年）。
(71)　注(4)参照。
(72)　桑山浩然校訂『室町幕府引付史料集成』上巻（近藤出版社、一九八〇年）。
(73)　同右、下巻（近藤出版社、一九八六年）。
(74)　大日本古文書。
(75)　（年未詳）小舎人雑色家間数注文（『蜷川家文書之二』四〇七号）。
(76)　『雑色要録』（『日本庶民生活史料集成　第二五巻　部落（二）』三一書房、一九八〇年）。
(77)　注(1)参照。なお、この史料は残念ながら実見できていない。
(78)　馬田綾子「稲荷祭礼役をめぐって」（『梅花女子大学開学十五周年記念論集』一九八〇年）。
(79)　『言継卿記』（続群書類従完成会刊本）天文一四年六月一四日～一七日条、『厳助往年記』（『改定史籍集覧』第二五冊）天文一四年六月一四日～一七日条。
(80)　富井康夫「祇園祭の経済基盤」（同志社大学人文科学研究所編『京都社会史研究』法律文化社、一九七一年）、秋山國三・富井康夫「祭りを支えた人々」（注(4)前掲『祇園祭』）。
(81)　注(1)参照。
(82)　笹野堅校訂『大蔵虎寛本　能狂言』中（岩波文庫、一九四三年）。

（補注一）　本章発表の際、著者の不勉強で未見だった重要な論考があったことを記しておかねばならない。その論考とは、美術史の分野から戦国期祇園会の実態にせまった、亀井若菜「サントリー美術館蔵『日吉山王・祇園祭礼図屛風』の制作意図―京都と近江を見る眼差し―」（『国華』一二三八号、一九九八年、のちに同『表象としての美術、言説としての美術史―室町将軍足利義晴と土佐光茂の絵画―』ブリュッケ、二〇〇三年）である。本論考は、『日吉山王・祇園祭礼図屛風』にかかわる美術史の専論ではあるが、同時に、文献史料も駆使され、すぐれたものとして、平成一一年度国華賞を受賞されている。いかに専門分野を異にしているとはいえ、著者の不明は恥ずかしながら覆いようもない。ここに、明記しておきたいと思う。

（補注二）本章では、戦国期における祇園会の停止・延引が、日吉小五月会や日吉祭（山王祭）の動向と連動したかたちでおこっていたことに注目したが、実は、その背景には、室町期以来の山門大衆による訴訟、いわゆる山訴が大きく影響をあたえていたこと、また、日吉小五月会や日吉祭の動向に振りまわされていたのが、祇園会ばかりではなく北野祭も同様であったことなどが、近年の下坂守氏の研究（「室町・戦国時代の祇園祭―延暦寺と幕府との関係を中心に―」『加能史料　会報』一五号、二〇〇四年、同「山訴の実相とその歴史的意義―延暦寺惣寺と幕府権力との関係を中心に―」河音能平・福田榮次郎編『延暦寺と中世社会』法藏館、二〇〇四年）によってあきらかとされている。

（補注三）本章で触れた、祇園会にかかわる「出銭」については、近世の史料のなかに、「祇園会出銭納所状」（同志社大学人文科学研究所第二研究編『祇園会山鉾「鷹山」関係史料（上）（下）―京・三条衣棚町文書―』一九七〇年・一九七一年）などのかたちで知られていた。それに対して、中世段階での状況は、ほとんど知られていなかったが、二〇〇五年九月三・四日に花園大学でおこなわれた中世都市研究会京都大会において、桜井英治氏が、東京大学文学部所蔵「長福寺文書」に残される『慈済院納下帳』（石井進編『長福寺文書の研究』山川出版社、一九九二年、一一九三号）のなかに、「祇園会出銭」の記事があることを紹介された。ここにみえる「慈済院」は、長福寺内の塔頭名にはみられないこと、また、東京大学文学部所蔵「長福寺文書」には、他所の文書も紛れこんでいるとされているので（本郷恵子「長福寺文書の概要―解題にかえて―」『長福寺文書の研究』）、長福寺以外、たとえば、天龍寺の塔頭の慈済院であるなどの可能性が考えられよう（あるいは、帳簿のなかに慈済院の名もみえないので、別の寺院の可能性もなくはない）。帳簿自体に年紀はないが、いくつかの記事に「天正四子年」「天正六寅年」「天正七卯正月廿七日」などとみえるので、これらの時期にあたるものと考えられる。

紹介された記事は、たとえば、「六十文町尻家役、但山之綱引賃之支配也、祇園会出銭」というものであり、「町尻之家役」として「祇園会出銭」「六十文」が必要であったことがわかる。しかも、それは、「山之綱引賃之支配」であった点が興味深い。ここにみえる「町尻」であるが、元亀三年（一五七二）付『上下京御膳方御月賄米寄帳』（『大日本史料』第一〇編之七）の下京「十八町組」（中組）のひとつとしてみえる「五条坊門町尻」のことであろう。すなわち、現在の岩戸山町である。問題なのは、この記事が帳簿に記載されている意味であるが、可能性としては、帳簿を記した寺院が「町尻」に家屋敷を所有しており、それに課せられた負担を意味するということ、また「六十文」の左横に「此代上銭十二文」という記載もみられ、別のところに「小樽一ツ 祇園会之時 徳介ニ合力之」ともみえるので、屋地子を負担する住人がそこにはおり、その一部を助成しているとも考えられる。いずれにしても、まだまだ検討の余地があり、今後の課題としておきたい。

　なお、中世都市研究会京都大会での著者の報告「中世の祭礼と都市空間―祇園会神輿渡御と御旅所を素材に―」は、そのほかの方々の報告・討論とともに、『中世のなかの「京都」―中世都市研究一二号―』（新人物往来社、二〇〇六年刊行予定）におさめられる。

第三章　戦国期祇園会の神輿渡御について

はじめに

戦国期祇園会といえば、すぐに思い浮かぶのが山鉾巡行である。しかしながら、その存在が多分にイメージ先行で研究史のうえでも理解されてきたこと、そのため予想以上に実態が不明なまま放置されてきたことなどを第二章で指摘し、あわせて今後の研究に資するべく、基礎的ないくつかの事実について検討をおこなった。

本章では、そこでおこなった作業を前提としつつも、そこでは十分に展開することのできなかった戦国期祇園会における神輿渡御について検討を加えてみたいと思う。戦国期の神輿渡御については、脇田晴子氏[1]が概略を述べられている以外は、イメージすら共有されていないのが現状だからである。

このような作業を試みようとするとき、まず最初に依拠しなければならない研究がある。それは、南北朝・室町期の祇園会について、神輿渡御の用途（費用）に注目することによってその実態をあきらかにされた瀬田勝哉氏の研究[2]である。この瀬田氏の研究によって、神輿渡御の用途である馬上役（馬上料足・馬上合力銭・馬上公定銭・馬上功程銭）を差定する御旅所の論理があきらかにされるとともに、その馬上役が、応永初年以降、室町幕府によって案出された馬上一衆・合力神人制、つまり公方御倉もつとめる山徒の有力土倉によって形成された馬上一衆が配下の日吉神人である洛中の酒屋・土倉から徴収する方式へと転換されたことなどが解明されたのである。

したがって、戦国期の神輿渡御を検討する際にも、この馬上役という用途に注目することが肝要といえるが、さいわい近年、この馬上役にかかわる新たな史料を含む文書群が、『八瀬童子会文書』(3)『新修八坂神社文書　中世編』(4)として公表されている。また、すでに知られる史料のなかにも瀬田氏が触れられていないものもあり、それらを分析することで、新たな知見を得ることができそうに思われる。

そこで、本章では、以上のような見通しをもちつつ、まずは応仁・文明の乱直前の状況から検討をはじめたいと思うが、そのまえに、話の前提として中世祇園会における神輿渡御のありかたについて簡単に触れておくことにしよう。

まず祭礼の式日は、旧暦の六月七日と一四日。七日の夕刻、三基の神輿、大宮（牛頭天王、天王）・八王子（八大王子）・少将井（波梨采女、波梨女）が駕与丁に舁がれ、祇園社から四条大路を経由して、前二基（大宮・八王子）は大政所御旅所（高辻東洞院）へ、また残りの一基（少将井）は少将井御旅所（冷泉東洞院）へと入る。これが神幸であり、史料では「神輿迎」と記されるものである。

一方、一四日は還幸。すなわち、各々の御旅所から三条大路を経由し祇園社にもどってくるというもので、かつてはこちらのことを「祇園会」「祇園御霊会」と呼んだ。

ちなみに、鎌倉末・南北朝期以降に登場する山鉾は、七日・一四日ともに時刻として神輿渡御に先行し、巡行することとなっていた。

一　用途からみた応仁・文明の乱直前の神輿渡御

(1)　大政所御旅所と少将井御旅所

ところで、さきにも述べたように、室町期における神輿渡御の用途である馬上役は、室町幕府によって案出された馬上一衆・合力神人制によってまかなわれていたと理解されてきた。もちろん、この理解そのものはあやまりではないが、近年、『八瀬童子会文書』を詳細に分析をされた下坂守氏によって(5)、祇園会馬上役にかかわって登場する馬上一衆と本社の日吉社小五月会馬上役にかかわる馬上一衆とが実は同一のものであること、すなわち祇園会馬上役が、至徳年間（一三八四～八七）に幕府と山門延暦寺大衆によって整備された日吉小五月会馬上役二一〇〇余貫文の一部を運用するかたちで存在していたという事実があきらかにされたのである。

『八瀬童子会文書』によれば、その用途のながれは、馬上一衆の年行事が、「小五月会馬上功程銭内」から祇園会馬上役三〇〇貫文を「小五月会已後日数十日以前」に祇園執行へ渡す手順になっていたことが知られる(6)。また、『八坂神社文書』『新修八坂神社文書　中世編』に残される、年行事の送文と祇園執行の請取状を一覧表にした表1をみるかぎり、祭礼式日に変更がきたされた寛正三年（一四六二）以外は、六月二日・三日ないしは七日に馬上役の授受がなされていたことが読みとれる。そして、授受された馬上役は、祇園執行の手を経てさらに神輿渡御にかかわる用途として諸方に下行されることになっていた。

ところが、表1をみればわかるように、その銭額は、永享四年（一四三二）を境に三〇〇貫文から一五〇貫文へと減少をとげることとなる。この間の事情については、すでに瀬田氏によってあきらかにされているように、永享三年（一四三一）、大政所御旅所成立とかかわりをもつ、いわゆる世襲神主家の松寿丸がおこした訴訟によって、祇園執行およびその配下の左方神主池田（源）縁親が敗訴、それにともない「大政所神主職・同敷地・社

表1　馬上料足送文・請取状一覧

年月日	文書名	宛所	馬上料足額	典拠
応永28・6・2	祇園社納所法眼馬上料足請取状案	欠	三〇〇貫文	八坂神社文書381
応永30・6・2	年行事兼英馬上料足送文	欠	三〇〇貫文	八坂神社文書396
応永32・6・2	年行事兼尋馬上料足送文	執行御房	三〇〇貫文	八坂神社文書400
永享4・6・3	年行事某馬上料足送文	執行御房	一五〇貫文	八坂神社文書420
永享4・6・3	祇園社納所法眼馬上料足請取状案	欠	一五〇貫文	八坂神社文書421
永享5・6・2	年行事宝聚坊浄円馬上料足送文	欠	一五〇貫文	八坂神社文書426
永享7・6・2	年行事定泉坊靖運馬上料足送文	祇園執行御坊	一五〇貫文	新修八坂神社文書55
永享10・6・2	年行事定光坊康尊馬上料足送文	欠	一五〇貫文	八坂神社文書478
永享11・6・2	年行事隆善房宗守馬上料足送文	欠	一五〇貫文	八坂神社文書488
永享12・6・2	年行事寛盛坊浄厳馬上料足送文	欠	一五〇貫文	八坂神社文書496
文安2・6・2	年行事定泉坊靖運馬上料足送文	執行御坊	一五〇貫文	八坂神社文書527
文安3・6・2	年行事禅住坊承操馬上料足送文	執行御坊	一五〇貫文	八坂神社文書530
宝徳2・6・2	年行事継有馬上料足送文	執行御坊	一五〇貫文	八坂神社文書592
宝徳3・6・2	年行事春兆馬上料足送文	執行御坊	一五〇貫文	八坂神社文書593
長禄3・6・2	年行事代浄有馬上料足送文	執行御坊	一五〇貫文	八坂神社文書597
長禄3・6・2	執行代池田縁親馬上料足請取状案	年行事御坊	一五〇貫文	八坂神社文書598
長禄4・6・2	年行事代浄有馬上料足送文	欠	一五〇貫文	八坂神社文書601
寛正2・6・3	年行事定光坊康尊馬上料足送文	執行御坊	一五〇貫文	八坂神社文書625・626
寛正3・12・2	年行事代福泉坊某馬上料足送文	執行御坊	一五〇貫文	八坂神社文書650
寛正6・6・2	年行事安養坊春憲馬上料足送文	執行御坊	一五〇貫文	八坂神社文書612
寛正6・6・2	社務執行宝寿院顕重馬上料足請取状案	年行事御坊	一五〇貫文	八坂神社文書653
文正元・6・7	年行事代福泉坊某馬上料足送文	執行御坊	一五〇貫文	八坂神社文書678

注．年行事等の人物比定については、下坂守『中世寺院社会の研究』（思文閣出版、二〇〇一年）を参照とした。内容により文書名を変更した箇所がある。

恩等」が応永四年（一三九七）以来、世襲神主家へ返付される[7]と同時に、三〇〇貫文のうち一五〇貫文も馬上役差定にともなう得分として渡されたためであった。

したがって、応仁・文明の乱直前においては、祇園執行は、一五〇貫文でもって神輿渡御にかかわる下行をおこなっていたわけだが、その下行の内容そのものについては、次項で検討するとして、ここでは、もう一方の得分一五〇貫文の行方についてみておくことにしよう。

とはいうものの、この点についても、すでに瀬田氏が一部検討を加えられている。それは、嘉吉三年（一四四三）におこった得分一五〇貫文をめぐる少将井神主職禅住と祇園執行顕宥との相論というものであるが、ただ、そのなかでも瀬田氏が注目されていない点として重要と考えられるのが、顕宥が提出した支状案(8)において、「左方右方之神主各年仁相副諸神人差馬上」と述べられていること、つまり祇園会馬上役は大政所（左方）と少将井（右方）の両神主によって各年に差定されていたという事実である。

これによって、得分一五〇貫文もまた各年に両神主の手元に入ることになっていたということが知られるが、おそらくはこの点をおさえておかなければ、大政所に引きつづき少将井神主と祇園執行のあいだでも一五〇貫文をめぐって相論がおこされた理由も理解できないと思われる。

なお、大政所を左方といい、少将井を右方というのは、瀬田氏が指摘されたように、あくまで祇園執行側からの呼びかたであるが、その右方少将井神主職を馬上一衆のメンバーでもある山徒の有力土倉、禅住坊（承操）が保持していたことはやはり注目される。

禅住坊がこの神主職をどのように保持するにいたったのか、また祇園執行との相論がどのように推移したのかについては、ともに関連史料が残されていないので不明といわざるをえないが、ただ、このの ちも禅住坊が少将井神主職の地位にいすわりつづけたことだけは確実である。というのも、『八瀬童子会文書』には、禅住坊による文安六年（宝徳元＝一四四九）ならびに、つぎに引用するような寛正二年（一四六一）付の「少将井差符得分」の請取状(9)が残されているからである。

請取申　馬上銭事
　合柒拾五貫文者
右為少将井社差符得分、所請取申之状如件、
　　　　　　　　　　　　　　　　禅住
　寛正弐年六月二日　　　　　　　承操（花押）
　　年行事御坊

この文書については、新出史料でもあるため、当然、瀬田氏も触れられていないが、ここで見のがすことのできないのが、得分の額がさらに半額の「柒拾五貫文」と記されている事実である。この間の事情については、『八坂神社文書』など祇園社に直接かかわる史料のなかには手がかりを見つけることができなかったが、おそらくは、つぎの『建内記』(10)文安四年（一四四七）六月七日条が伝えるようなことなどが関係すると思われる。

御旅所神主職事、前神主及訴訟之間、半分各可致沙汰之由御成敗之処、不承引、仍於祇園取孔子之処、所閉籠御旅所高辻烏丸、号大政所、之輩可誅戮之由、神許、又彼御旅所已可炎上歟、不然者可穢之上者可幸他所歟之由、同決孔子之処、可幸他所之孔子也、仍有其企之処、半分之定領状申、夜前退散云々、

ここにみえる「前神主」が誰をさしているのかについてはこれだけでは不明であるが、幕府による「御成敗」を「承引」せず「大政所」に「閉籠」する輩がいることからすると、大政所にかかわる神主であろう。そして、その「前神主」による「御旅所神主職」の訴訟騒動の結果、「半分各可致沙汰」という当初の「御成敗」に落ち着くことになったというのであるから、これによって、得分も「半分」となり、それが馬上役を各年で差定する少将井御旅所のほうへも適用されたと推察される。

なお、この時期の大政所神主をめぐっては、文安六年（宝徳元＝一四四九）五月付と考えられる祇園執行顕宥

の申状案ならびに宝徳元年（文安六＝一四四九）十二月付左方神主池田縁親の申状案(11)の内容が参考になる。それらによれば、さきに神主職を安堵された松寿丸は、「依背神慮、文安六年五月六日死去」したという。顕宥・縁親両人の申状は、この機会に、かたや大政所敷地の返付を、かたや神主職の返付をもとめるために作成されたものであるが、ここで注目されるのは、ともに松寿丸のことを「河野子之僧」「かわのか子の僧」と説明している点である。

この河野というのは、瀬田氏も指摘されているように、『満済准后日記』(12)永享五年（一四三三）八月九日条によって「河野加賀入道」という人物であることがわかるが、複雑なことに、同条によると、その妻（「神主僧猶子松寿丸母」）が猶子親である「祇園神主代僧」（助貞）殺害の容疑をかけられていたという事実も知られるのである。

このような事実の背景にいかなる問題があったのか、それをさぐる材料には残念ながらめぐまれないが、いずれにしても、松寿丸が文安六年に死去したというのであれば、文安四年時点で大政所の「前神主」と呼ばれる人物とは、池田縁親をおいてほかにはいないということになろう。逆に、大政所に閉籠する輩とは、松寿丸など世襲神主家関係のものたちであった可能性が高いと思われる。

ちなみに、時代はかなりくだって元和三年（一六一七）付の「御旅所大政所神主」による申状案(13)にも、「祇園御旅所大政所ハ、我等先祖助正御霊夢により、祇園牛頭天王助正屋敷へ神幸あつて、東洞院高辻屋敷四町まち、七百年はかりつたはり（伝）もちきたり申候」とみえるので、結局、顕宥・縁親両人は、大政所御旅所神主職およびその敷地については、文安六年・宝徳元年においてもとりもどすことができなかったと思われる。

同様に、（年未詳）正月付の文書(14)に、「祇園社少将井御旅所勧進」が「神主禅住千代松丸」に申し付けられていることからすると、少将井神主職も禅住坊一類によってある時期（おそらく応仁・文明の乱後）までは世襲されたと考えられる。

(2)　馬上役下行の内容

ところで、『八坂神社文書』『新修八坂神社文書　中世編』には、ともに馬上役下行にかかわる史料が多数残されている。さきの表1もまたそれらの一部であるが、そのほかにも、馬上役が祇園執行によってどのように各方面に下行されたのかを示す支配帳やその下行に対する各方面からの請取状などもある。表2は、そのうちの支配帳の内容を一覧表にしたものである。

瀬田氏が言及されたように、支配帳のうち、永享三年（一四三一）の分がもっとも詳細であることが表2からも読みとれるが、ここにみえる「一鉾」から「十三鉾」ならびに「神馬」五疋が、馬上役の「馬上」に直接かかわるものである。そして、それ以外が、神輿渡御に供奉する師（獅）子舞・本座新座の田楽・王舞など職掌人と呼ばれた人々に下行されていたわけであるが、下行可能な用途一五〇貫文全体（三〇〇貫文のうち、残りの一五〇貫文はいずれにしても得分であるため）からみても、天台座主の交代にともなって遷代する別当や目代の得分がかなりのウエートを占めていたことがここからはうかがえる。

その一方で、二貫文や一貫文前後の額で師子舞・田楽・王舞等の用途がまかないえたのかについても判断のむずかしいところであるが、ただいずれにしても、表2を一覧していえることは、これ以前より神輿渡御に供奉し、また時期によってさまざまに耳目をそばだたせてきた馬長・歩田楽・久世舞・定鉾、そして山鉾などに対しては馬上役が下行されることがなかったということ、つまりはその経済基盤において一線が引かれていたという事実であろう。

ところで、表2において大きな変化が読みとれるのが、文正元年（一四六六）と文亀二年（一五〇二）とのあいだである。いうまでもなく、そこには応仁・文明の乱による祭礼中絶という事実が横たわっているのであるが、乱後の文亀二年に計上された銭額のすべてが本来の「拾弐分之一」[15]であること、しかもこの史料を最後に馬上役

表2　馬上役支配帳一覧

応永27年(後欠)(1420)		応永29年(1422)		応永30年(1423)	
		別当御分	14貫800文	別当御分	14貫800文
一公文御代官分	1貫文	一公文分	1貫文	一公文分	1貫文
		七鉾分内　右方神主	600文	七御鉾　右方神主	600文
二三末公文	2貫400文	八御鉾　二三公文分	2貫400文	八鉾分　二三公文分	2貫400文
		目代分	33貫500文	目代分	33貫500文
		十二鉾半分　大門殿	900文	大もんとの　十二御鉾	900文
		十三鉾半分　金仙坊	600文	十三御鉾　金仙坊	600文
		下居神供	3貫文	下居神供	3貫文
		馬上乗尻	4貫文	馬上乗尻	4貫文
専当方酒肴	8貫500文	専当酒肴	8貫500文	専当酒肴	8貫500文
		宮仕酒肴	6貫500文	宮仕酒肴	6貫500文
		宝蔵預分	1貫文	宝蔵預分	1貫文
師子舞	2貫文	師子舞	2貫文	師子舞	2貫文
御立神楽	2貫文	御立神楽	2貫文	御立神楽	2貫文
		本座田楽	1貫500文	本座田楽	1貫500文
		新座田楽	1貫500文	新座田楽	1貫500文
寮公人	2貫文	寮公人	2貫文	寮公人	2貫文
寮櫃	400文	寮櫃4合	400文	寮櫃4合	400文
		大宮加与丁酒肴	1貫文	大宮加与丁酒肴	1貫文
		王舞3人	300文	王舞3人	300文
長講3人	300文	長講3人	300文	長講3人	300文
御正躰代承仕方	300文	御正躰代	300文	御正躰代	300文
乳人	5貫文	乳人得分	5貫文	乳人得分	5貫文
		社家上御使分	3貫文	社家上御使分	2貫文
		致斎御榊	500文	致斎御榊	500文
		片羽屋神子男中	500文	片羽屋神子男中	500文
		奉行殿原中	1貫文	奉行殿原中	3貫文
		神主ふさ1く	500文		
		神主下部	1貫100文		
				せによみの下人	339文
				神主装束	
八坂神社文書368		八坂神社文書393		八坂神社文書397	

注．一部、項目を略した部分がある。

永享2年(1430)		永享3年(1431)			
別当御分	14貫800文	別当	一鉾 神馬 見参料	懸物12 2疋	7貫200文 2貫600文 5貫文
一公文分	1貫文	一公文分	三鉾 見参料	懸物9	5貫400文 1貫500文
七御鉾　右方神主	600文	権長吏分 六月番仕 左方神主 右方神主	四鉾 五鉾 神馬 六鉾 七鉾	懸物9 懸物6 1疋 懸物5 懸物5	5貫400文 3貫600文 1貫300文 3貫文 3貫文
八御鉾　二三公文分	2貫400文	末公文2人	八鉾	懸物4	1貫400文 1貫文
目代分	33貫500文	目代	九鉾 十鉾 神馬 見参料 下居神供　大鉾頭	懸物4 懸物3 1疋	2貫400文 1貫800文 1貫300文 3貫文 25貫文
十三御鉾　金仙坊	600文	社家 此内半分　大門 此内半分　金仙坊	二鉾 神馬 見参料 十一鉾 十二鉾 十三鉾	懸物11 1疋 懸物3 懸物3 懸物2	6貫600文 1貫300文 1貫500文 1貫800文 1貫800文 1貫200文
下居神供	3貫文	社家分下居神供			3貫文
馬上乗尻	4貫文	馬上乗尻			4貫文
専当酒肴	8貫500文	専当酒肴			8貫500文
宮仕酒肴	6貫500文	宮仕酒肴			6貫500文
宝蔵預分	1貫文	宝蔵預			1貫文
師子舞	2貫文	師子舞			2貫文
御立神楽	2貫文	御立神楽			2貫文
本座田楽	1貫500文	本座田楽			1貫500文
新座田楽	1貫500文	新座田楽			1貫500文
寮公人	2貫文	寮公人			2貫文
寮櫃4合	400文	寮櫃4合			400文
大宮駕与丁酒肴	1貫文	今宮駕与丁酒肴			1貫文
王舞3人	300文	王舞3人			300文
長講3人	300文	長講3人			300文
御正躰代	300文	承仕3人			300文
乳人得分	5貫文	乳人得分条々			5貫文
社家上御使分	3貫文	社家之上使			3貫文
致斎御榊宮仕	500文	致斎御榊下行物			500文
片羽屋神子男中	500文	片羽屋神子男中			500文
奉行殿原中	1貫文	下行等奉行中 下部以下			1貫文 300文
ふさ2具	500文	神主絲2具			500文
銭詠下行物 神主装束		神主装束			
八坂神社文書403		八坂神社文書410			

		永享４年(1432)		永享６年(1434)	
14貫800文(以上)		別当御分	14貫800文	別当御分	14貫800文
６貫900文(以上)	此内１貫文　一公文給	一公文分	1貫文	一公文分	1貫文
	此内600文	右方神主	600文	右方神主	600文
		二三公文分	２貫400文	二三公文分	２貫400文
33貫500文(以上)		目代分	33貫500文	目代分	33貫500文
		金仙坊	600文	金仙房	600文
		下居神供 馬上乗尻 専当酒肴 宮仕酒肴 宝蔵預分 師子舞 御立神楽 本座田楽 新座田楽 寮公人 寮櫃４合 大宮加与丁酒肴 王舞３人 長講３人 御正躰代 乳人得分 社家上御使分 致斎御榊宮仕 片羽屋神子男中 奉行殿原中 銭詠下行物	３貫文 ４貫文 ８貫500文 ６貫500文 １貫文 ２貫文 ２貫文 １貫500文 １貫500文 ２貫文 400文 １貫文 300文 300文 300文 ５貫文 ３貫文 500文 500文 １貫文 350文	下居神供 馬上乗尻 専当酒肴 宮仕酒肴 宝蔵預分 師子舞 御立神楽 本座田楽 新座田楽 寮公人 寮櫃４合 大宮加与丁酒肴 王舞３人 長講３人 御正躰代 乳人得分 社家上御使分 致斎御榊宮仕 片羽屋神子男中 奉行殿原中 所司 銭ゑり女男	３貫文 ４貫文 ８貫500文 ６貫500文 １貫文 ２貫文 ２貫文 １貫500文 １貫500文 ２貫文 400文 １貫文 300文 300文 300文 ５貫文 ３貫文 500文 500文 １貫文 ３貫300文 ２貫500文
		八坂神社文書422		八坂神社文書451	

永享10年(1438)		文安５年(1448)		享徳元年(1452)	
別当	14貫800文	別当	14貫800文	別当	14貫800文
一公文	３貫文	一公文	３貫文	一公文	３貫文
		長吏分	７貫700文	長吏分	７貫700文
二公文	１貫400文	二公文	１貫400文	二公文	１貫400文
三公文	１貫文	三公文	１貫文	三公文	１貫文
目代	33貫500文	目代	33貫500文	目代	33貫500文
金仙房	600文	金仙坊	600文	金仙坊	600文
乗尻	４貫文	乗尻	４貫文	乗尻	４貫文
専当酒肴	８貫500文	承仕酒肴	８貫500文	承仕酒肴	８貫500文
宮仕折居	５貫500文	宮仕方	６貫文	宮仕方	６貫文
宝蔵預	１貫文	宝蔵預	１貫文	宝蔵預	１貫文
師子舞	２貫文	師子舞	２貫文	師子舞	２貫文
御立神楽	２貫文	御立神楽	２貫文	御立神楽	２貫文
本座田楽	１貫500文	本座田楽	１貫500文	本座田楽	１貫500文
新座田楽	１貫500文	新座田楽	１貫500文	新座田楽	１貫500文
寮公人	２貫文	寮公人	２貫文	寮公人	２貫文
寮櫃４合	400文	寮櫃４合	400文	寮櫃４合	400文
大宮加与丁	１貫文	大宮加与丁	１貫文	大宮加与丁	１貫文
王舞３人	300文	王舞３人	500文	王舞３人	500文
長講３人	300文	長講３人分	300文	長講３人分	300文
御正躰３面	300文	御正躰３面	300文	御正躰３面	300文
乳人	５貫文	乳人	５貫文	乳人	５貫文
上御使分	３貫文	上使	３貫文	上使	３貫文
片羽屋男神子	500文	片羽屋神子男	500文	片羽屋神子男	500文
		奉行酒肴分	300文		
所司役	３貫300文	所司役分	３貫300文	所司役分	３貫300文
総	250文	総	250文	総	250文
宮仕酒肴	４貫文	宮仕酒肴	４貫文	宮仕酒肴	４貫文
宮仕注連上	２貫500文	宮仕御注連上	２貫500文	宮仕御注連上	２貫500文
		房仕10人	103文		
八坂神社文書479		八坂神社文書563		八坂神社文書595	

長禄2年(1458)		長禄3年(1459)		長禄4年(1460)		文正元年(1466)	
別当	14貫800文	別当	14貫800文	別当	14貫800文	別当御分	14貫800文
一公文	3貫文	一公文	3貫文	一公文	3貫文	一公文	3貫文
長吏分	7貫700文	長吏分	7貫700文	長吏分	7貫700文		
二公文	1貫400文	二公文	1貫400文	二公文	1貫400文	二公文	1貫400文
三公文	1貫文	三公文	1貫文	三公文	1貫文	三公文	1貫文
目代	33貫500文	目代	33貫500文	目代	33貫500文	目代分	33貫500文
金仙房	600文	金仙房	600文	金仙房	600文	金仙房	600文
乗尻	4貫文	乗尻	4貫文	乗尻	4貫文	乗尻	4貫文
承仕酒肴	8貫500文	承仕酒肴	8貫500文	承仕酒肴	8貫500文	承仕酒肴	8貫500文
宮仕方	6貫文	宮仕方	6貫文	宮仕方	6貫文	宮仕方	6貫文
宝蔵預	1貫文	宝蔵預	1貫文	宝蔵預	1貫文	宝蔵預	1貫文
師子舞	2貫文	師子舞	2貫文	獅子舞	2貫文	師子舞	2貫文
御立神楽	2貫文	御立神楽	2貫文	御立神楽	2貫文	御立神楽	2貫文
本座田楽	1貫500文	本座田楽	1貫500文	本座田楽	1貫500文	本座田楽	1貫500文
新座田楽	1貫500文	新座田楽	1貫500文	新座田楽	1貫500文	新座田楽	1貫500文
寮公人	2貫文	寮公人	2貫文	寮公人	2貫文	寮公人	2貫文
寮櫃4合	400文	寮櫃4合	400文	寮櫃4合	400文	寮櫃4合	400文
大宮加与丁	1貫文	大宮加与丁	1貫文	大宮加与丁	1貫文	大宮加与丁	1貫文
王舞3人	500文	王舞3人	500文	王舞□□	500文	王舞3人	500文
長講3人分	300文	長講3人分	300文	長講3人分	300文	長講3人分	300文
御正躰3面	300人	御正躰3面	300文	御正躰3面	300文	御正躰3面	300文
乳人	5貫文	乳人	5貫文	乳人	5貫文	乳人	5貫文
上使	3貫文	上使	3貫文	上使	3貫文	上使	3貫文
片羽屋神子男	500文	片羽屋神子男	500文	片羽屋□□	500文	片羽屋神子男	500文
所司役分	3貫300文	所司役分	3貫300文	所司役分	3貫300文	所司役人	3貫300文
総	250文	総	250文	総	250文	総	250文
宮仕酒肴	4貫文	宮仕酒肴	4貫文	宮仕酒肴	4貫文	宮仕酒肴	4貫文
宮仕御注連上	2貫500文	宮仕御注連上	2貫500文	宮仕御注連上	2貫500文	宮仕御注連上	2貫500文
八坂神社文書596		八坂神社文書599		新修八坂神社文書93		八坂神社文書679	

文亀2年(1502)		年月日未詳1(前欠)		年月日未詳2(後欠)	
別当	1貫184文				
長吏	616文				
目代	2貫640文				
宮仕	1貫文			のりしり	4貫文
専当	680文	承仕	300文		
師子	160文			し丶舞	5貫文
御立神楽	160文			御たちかくら	2貫文
田楽(本座新座)	240文				
れうのくにん	160文			れうのくにん	2貫文
		寮櫃4合	400文		
今宮神人(下行なし)	80文	今宮駕与丁酒肴	1貫文		
わうの舞	40文	王舞3人	300文		
		長講3人	300文		
御正躰	24文				
御めのと	400文	乳人得分条々	5貫文	めのと分	5貫文
		社家上使	3貫文		
		致斎御榊下行物	500文		
片羽屋御子男(下行なし)	80文	片羽屋者	500文		
所司役	264文				
		ふさ2反	500文		
		左方神主装束	1貫500文		
		御鉾絹12疋代	22貫550文		
				さいのほこ(そうしてなき事)	2貫文
新修八坂神社文書141		八坂神社文書700		八坂神社文書701	

の下行にかかわる史料が残されていないことからも、応仁・文明の乱後、つまりは戦国期における神輿渡御の多難さがうかがえる。また、当然のこと、このように不足する馬上役を補充、あるいはそれにとってかわるべき用途が必要となったであろうことも想像される。

そこで、次節では、これらの点を念頭に戦国期の実態について具体的にみてゆくことにしよう。

二　戦国期における神輿渡御の実態

(1)　再興

応仁元年（一四六七）、祇園社は、兵火によって「炎上」[16]、そのために祇園会も「不及沙汰」[17]、そして、「神躰五条辺ニ奉入之」[18]という状況がつづくこととなっていた。祭礼再興の動きはその後ながくみられず、明応五年（一四九六）になってようやくその兆しがあらわれるが、それは、「大政所」を「修造」した「十穀縁実房」に対して幕府が「令勧進所々」、「造立神輿」し、祇園会再興を命じたことによるものであった。

同内容のことは、祇園執行にも、また「左方大政所神主宮千代」にも命じられているが[19]、神輿造替は容易にすすまなかったようで、そのため、翌明応六年（一四九七）、幕府は、「以榊准神輿」という「先例」をもちだしてまで祭礼再興を命じることになる[20]。

神輿造替が遅々としてすすまなかったのは、いうまでもなくその費用が莫大なためだったからである。たとえば、明応六年、祇園執行玉寿が社家奉行飯尾清房に提出した「祇園社神輿造替」の注文[21]にも、神輿一社分として「万疋」、三基で都合三〇、〇〇〇疋（三〇〇貫文）、それに「御装束　三社分」として「弐千七百貫文」が計上されているし、また、同年に「御大工源左衛門尉広吉」によって作成された神輿修造にかかわる注文でも[22]「百卅弐貫五百廿文」が見積もられているようにである。

結局、この莫大な用途をどのように捻出したかについては不明ながらも、『大乗院寺社雑事記』明応九年（一五〇〇）六月八日条に「三社神輿ハ新造歟」とみえるので、この年、祇園会はようやく再興にこぎつけることになる。しかし、明応五年からかぞえてもすでに四年が、また、応仁元年の祭礼中絶からかぞえれば三三年という歳月がながれていた。

祭礼当日は、六月七日・一四日ともに大雨であったが、『後慈眼院殿御記』六月七日条によれば、見物人で「万人成市」すありさまであったという。ところが、そのようななか、同記六月一四日条によれば、還幸の際、「諠譁出来、数刻闘諍、仍被疵・戦死数十人、不知其数云々、神輿奉振棄」られ、翌一五日に無事「祇苑御輿帰座」というできごともおこっている。再興された祇園会をめぐってわきたつ興奮と雑踏のさまがしのばれるが、それでは、再興された神輿渡御のすがたとは具体的にどのようなものであったのであろうか。

この点に関して知られる唯一の史料が、当時の侍所開闔であった松田頼亮が記したとされる『祇園会山鉾事』(23)という記録である。従来、応仁・文明の乱前後の山鉾研究においても頻繁につかわれてきた本記録にいくつかの問題点があることについては、第二章でも触れたが、一応それを踏まえたうえで、再興なった神輿渡御のすがたをみてみるとつぎのようになる。

まず、「御道つたえ」＝神幸路（祭礼路）については、「大ま所」＝大宮・八王子の二基は「四条をにしへ烏丸まて、それを南へ御たみ所《御旅所》まて」を神幸し、還幸の際には、「五条を西、大宮まて、それを上へ三条まて」という路筋をとったことが知られる。一方、「せうしやうゐん」＝少将井一基は、「四条を東のとゐん《東洞院》まて、其を上へ冷泉まて御たみところ《御旅所》」を神幸し、還幸のときには、「二条にしへ大宮まて、それを三条まて」という路筋をとったとされている（図1）。おそらくは、三基の神輿は三条大宮において列座し、祇園社へ帰座したと考えられるから、神幸路自体は乱前と変化のなかったことがここからは読みとれる。(24)

注．高橋康夫『京都中世都市史研究』（思文閣出版、1983年）所収の図を参照にした。

図1　明応９年の御輿渡御神幸路（祭礼路）

ちなみに、戦国期の京都は、ある時期以降、上京・下京ともに市街地が凝集し、それを惣構と呼ばれる堀・土塁・塀などによって囲まれる環濠集落化していたことが知られているが、図1からもわかるように、神輿渡御の神幸路は、その惣構に囲まれた都市空間のありかたにはかならずしも規制をうけなかったと推察される。

また、『祇園会山鉾事』には、神輿渡御に供奉したものとして、順番に①「御先」に「いぬひしにん」(犬神人)、②「おもひ〳〵の願主」、③「ししの衆」(師子舞)、④「社人」、⑤「こし」(輿)に乗った「みこ」(神子)、⑥「むま」(馬)に乗った「神主」、そしてしんがりとして⑦「よろひひたゝれ」(鎧直垂)の「四座の衆」がつらなったと記されているが、さきの表2に記された職掌人とくらべてみても、たとえば、十三鉾と神馬五疋、あるいは本座新座の田楽や王舞などのすがたがみられないという点が指摘できる。

さきにも触れた文亀二年の状況を考えれば、馬上役等用途の欠如という状況がその背景にあったのかもしれないが、もっとも、『祇園会山鉾事』にすべてが記されているとはかぎらないし、また表2の文亀二年のところでは、「師子」「田楽」「わう《王》の舞」への下行も確認できるので、慎重に判断をする必要があろう。

なお、神輿渡御の「御先」に犬神人がいつから供奉するようになったのか、その時期を確定することはむずかしいが、すでに知られているように、文和二年(一三五三)には、犬神人等自身が「祇園社祭礼之時、犬神人等自六月朔日至十四日、警固社頭、致掃除、御行之時、令供奉之」[25]と述べているので、南北朝期にまでさかのぼることはまちがいない。

また、戦国期については、「たとえ酷暑であっても、輿が通過する間、誰も頭に帽子をかぶったり扇子を使ったりすることは許されない。なぜなら(輿に)先行している大勢の下賤の者が(そうした人を見つけると)その頭を棒でなぐりつけるからである」という状況を伝える宣教師ルイス・フロイスの『日本史』[26]の記事が参考となろう。

他方、神輿渡御のしんがりとして「四座の衆」＝侍所の四座公人（小舎人〈南方公人・北方公人〉・雑色〈南方公人・北方公人〉）が供奉するようになった時期もつまびらかではないが、よく知られているように、『蜷川家文書』に残される大永三年（一五二三）付幕府侍所小舎人雑色所役注文には、「一、祇薗会御警固事」とみえるので、再興以降、すなわち戦国期以降であることは確実である。(27)(28)

もっとも、祇園会神輿渡御は、再興なった明応九年のときと同様に、乱前においても、たとえば、「駕輿丁与警固輩喧嘩狼藉」、「大政所駕与丁与少将井駕与丁喧嘩」「大政所駕与丁与師子舞喧嘩」、「宮仕与駕与丁及喧嘩」、「駕与丁与河原者喧嘩」、「少将井駕与丁与畠山被管人、於冷泉東洞院喧嘩」など喧嘩の記事にこと欠かないから、いつの時期においても厳重な警固が必要であったことはまちがいない。が、それがいつの段階から四座公人として警固にあたったのかという点についても慎重を期すべきと思われる。(29)(30)(31)(32)(33)

ところで、第二章でも触れたように、明応九年の祇園会再興というのは、乱前と比較した場合、かなりの強行軍でもって幕府が押しきった末に実現したものであった。

たとえば、本末関係においても、また、用途たる馬上役のありかたからしても不可分の関係にあった日吉小五月会が退転を余儀なくされているという状況のなか、「縦日吉祭礼等、雖有遅怠、於当社之儀者、厳密加下知、可被専神事」という強い意向を幕府は示したし、従前の馬上一衆・合力神人制にこだわる祇園社側に対しても、神幸については、「縦雖為祭礼以後、堅被仰付酒屋土倉」、還幸についても、大舎人に「其足」を付すことを命じると同時に、「至下行物者、雖為以後、堅可被仰付」という、いわば約束手形を切ることで納得させようとしているからである。(34)(35)(36)

幕府がなにゆえ、そこまでこだわって祇園会再興に踏み切ったのかについては、第五章でその一端を検討したいが、幕府が切った手形のつけは、当然この後の祇園会にまわされることになった。

そこで、次項では、この点を踏まえつつ、比較的まとまって史料を集めることのできた永正元年（一五〇四）を中心に、さらに具体的に神輿渡御のすがたを追ってゆくことにしよう。

(2)　永正元年を中心に

従来、あまりとりあげられてはこなかったが、『祇園社記』第一一には、『永正元年御霊会之雑々記』と題された記録がおさめられている。いくつかの文書が写される一方で、五月から六月一九日までの日付と関連記事が日記風に記されており、おそらくは祇園執行やその周辺によってつづられた記録と考えられるが、その最初のところに、祇園執行玉寿が社家奉行飯尾清房にあてた書状が写されている。そして、そこにみえるつぎの一文は、明応九年の再興以来、この間の状況の切実さを物語るものとして注目される。

此四ケ年事者、雖為無足、応夫意随神役候、於当年者第一無御下行候者、不可勤其役分各申候、

すなわち、再興以来四カ年のあいだは「無足」、つまりは馬上役やそれにかわるような用途が下行されずに神輿渡御はおこなわれていた。やはり幕府の手形は空手形となっていたのである。

事実、大舎人に命じた還幸の「其足」も、文亀三年（一五〇三）には「去明応九年以来失墜分弐百貫文分[37]」となっており、それを催促する奉書がいくつかだされているものの、結局、履行されることはなかった。そのためであろう、第二章でも触れたように、文亀元年（一五〇一）には、神幸の用途として馬上役を「相懸当社敷地上」、還幸の用途として、「山鉾内少々略之、以彼要脚為其足付、可被致下行[38]」というような方法も採用されるにいたるが、いずれにしても、「於当年者第一無御下行候者、不可勤其役分」とおのおのが申すのも無理はなかったことがここからは読みとれよう。

祇園執行玉寿は、右の書状に、つぎの「一書」＝申状をそえて幕府に具体的な対処をもとめているが、これと

ほぼ同内容のものが、永正五年（一五〇八）[39]、永正一〇年（一五一三）[40]、永正一八年（一五二一）[41]付で残されているので、これらが戦国期における神輿渡御がかかえつづけた問題の核心と考えてよいと思われる。

就御祭礼、雖有種々申事、先以此分、

一、少将井御駒頭之事、　（A）
一、御功程銭事、　（B）
一、御神馬　三疋、御唐鞍、　（C）
一、御路事、　（D）
一、大宮駕輿丁事、　（E）
已上

順序は異なるが、まず(B)の「御功程銭事」が馬上功程銭（馬上役）をさすことはあきらかである。「一書」にこれが記されていることからもわかるように、祇園社側の認識としては、馬上役を馬上一衆からというよりも幕府から直接渡されるものと認識していたことがうかがわれるが、それを裏づけるかのように、「当社江御祭礼自公方様可参条々」と題された年月日未詳の文書にも、「一、六月祭礼御神馬三疋、同三百貫文公定銭事」[42]という文言を見いだすことができる。

もっとも、祇園社側が馬上役を要求しつづけているからといって、それを幕府が履行できたのかどうかというのは別問題である。たとえば、永正四年（一五〇七）付室町幕府奉行人連署奉書案など[43]に、「就祇園会之儀、馬上銭事、近年退転」とみえるようにであるが、ただし、同時に、永正九年（一五一二）付同上文書案[44]においては、「祇園社祭礼事、小五月会馬上銭如先規相調之時者、同公程銭可被仰付」とされているように、幕府は馬上一衆・合力神人制の枠組みも放棄することをしなかった。しかし、それゆえ、馬上役は幕府から渡されるものという祇園社の認識を支えつづけることにもなったのである。

つぎに、(E)の「大宮駕輿丁事」は、実はこのときだけであるが、その内容とは、大宮駕与丁＝摂津今宮神人の魚物商売にかかわるもので、「依当会退転、近年恣不及座中之沙汰、直買取之致商売」す者の成敗をもとめたものであった。[45]「当会」＝祇園会が三三年ものあいだ退転したために今宮神人の魚物商売が動揺をきたしていたこと、それを再興にあわせて元にもどそうとする動きがあったことが知られる。

(D)の「御路事」とは、神幸路のことであるが、この永正元年に問題となったのは、神幸の前日、六月六日に四座公人の「新右衛門、新次郎、五郎左衛門、孫右衛門」は「此間余之狼藉人在之間」、神輿を供奉すべからず、「諸町可致成敗」(「可致諸町警固」)との将軍の仰せが開闔松田頼亮をもってもたらされたためであった。これに対して祇園社側では、「近年者、就諸町無力、駕輿丁無人存候」、このままでは神輿が立たないので、これまでのようにとの申状を提出したため、結局は「如先規被仰訖」ということで落ち着くことになった。

なお、従来、ここにみえる「諸町」を共同体・社会集団としての町(個別町・両側町)と同一視することが多かったが、第二章でも触れたように、この時期の祇園会にかかわって史料に登場する町とは、むしろ地口銭賦課などの際にみられる少路と少路の間、つまりは条坊制の町ないしは街区としての四丁町ととらえたほうが実際に近いと考えられる。

したがって、ここで意味するところとは、神幸の警固をその路筋にあたる少路と少路の間、つまり町ごとにさせるようにと幕府が命じたことになる。もちろん、街区としての四丁町には住人がいたであろうから、実際にはそのような住人に神幸路の警固をさせようとしたわけであるが、応仁・文明の乱の影響によって、神幸路にあたるところの住人の不在状況がめだったために、それを「無力」ということばでいいあらわしたと考えられる。[46]時期は少しさがるが、永禄四年(一五六一)に「祭礼路」を「恣令作毛、成神輿煩」ることを幕府が禁じたことなども同傾向の問題として位置づけられると思われる。

(3)　少将井駒頭をめぐる相論

ところで、この永正元年のときに、(B)の馬上役以上に問題となっていたのが、実は、(A)の「少将井御駒頭」をめぐる相論というものであった。この駒頭は、河原正彦氏[47]の研究以来、いわゆる久世駒形につながるものとされているが、現在のところ同時代史料でこの点を確認することはできない。また、脇田晴子氏[48]も祇園社にかかわる神子の研究との関連で部分的に触れられてはいるものの、かならずしも十分なものとはいえない。

そこで、ここでは管見のかぎりの史料を一覧表にした表3をもとに、検討を加えてみることにしよう。

そもそも、ことの発端というのは、文明一九年（長享元＝一四八七）、駒（狛）大夫せんけん・大郎次郎父子が応仁・文明の乱後の困窮のため、「きおんの御こま」＝駒（狛）頭と七条道場（金光寺）鎮守ならびに護国寺鎮守の参銭（賽銭）を質として、御霊社惣一東女坊（東如坊）に毎月一〇文子の利平でもって五〇〇文を借用したことにはじまる①。その後、しばらくの空白があり、祇園会再興がなった翌文亀元年（一五〇一）に大郎次郎家次が、東女坊を相手に幕府へ相論をもちこんだことで事態が動きだすことになった。

家次の初問状（②）では、つぎのような主張がみられる。借銭は利平を加えて八〇〇文として返弁し、「常徳院殿様江州御動座のおりふし」＝足利義尚による六角征伐の際に請けだした。ところが、「私宅小家」で「不用しん」のため、東女坊に毎年一〇〇文ずつの「礼銭」を一〇年間払って預けてきたところ、「質物にとりなかす」（実際は、東女坊が抑留）という事態に直面、おりふし祇園会が再興されたので、明応九年はやむなく「私の代官として、東方神事ニしたかへ」たが、当年は駒頭をとり返し神事にしたがいたい、と。

これに対し、東女坊のほうは、「御霊社神子おく代」として初答状（③）を提出している。ここで、東女坊が

表3　少将井駒頭相論関係文書一覧

	年月日	文書名	宛所	典拠
①	文明19・2・5	駒大夫せんけん・大郎次郎借用状案		八坂神社文書1205
②	文亀元・5	少将井狛大夫家次初問状案		八坂神社文書1206・1208・祇園社記23
③	文亀元・5・30	御霊社神子おく代初答状案		八坂神社文書1207・祇園社記23
④	(文亀元)6・2	少将井狛大夫家次二問状案		八坂神社文書1209・祇園社記23
⑤	(文亀元)6・5	御霊神子をく二答状案		祇園社記23
⑥	文亀元・6・7	室町幕府奉行人飯尾清房奉書	祇園社執行御房	八坂神社文書253
⑦	文亀元	社務執行宝寿院申状案		八坂神社文書254
⑧	永正元・6・5	室町幕府奉行人連署奉書	当社執行	八坂神社文書258・祇園社記11
⑨	(永正元)6・7	社務執行宝寿院玉寿書状案	波々伯部五郎殿	祇園社記11
⑩	(永正元)6・12	波々伯部盛郷書状案	飯尾加賀守殿	祇園社記23・11
⑪	(永正元)6・13	波々伯部盛郷書状案	宝寿院御房人々御中	祇園社記23・11
⑫	(永正元)6・13	社務執行宝寿院玉寿書状案	波々伯部兵庫助殿貴酬	祇園社記11
⑬	(永正元)6・13	社務執行宝寿院玉寿書状案	飯尾加賀守殿	祇園社記11
⑭	永正元・7・4	某折紙	少将井駒方座中	八坂神社文書1210
⑮	(永正2カ)5・25	室町幕府奉行人飯尾清房書状	当社執行	八坂神社文書264
⑯	永正2・5・27	室町幕府奉行人連署奉書	祇園社執行	八坂神社文書1211・265
⑰	(永正2カ)6・7	室町幕府奉行人飯尾清房奉書	祇園社執行御房	八坂神社文書266
⑱	永正2・6・12	少将井御駒頭座中申状案	山本新右衛門尉殿	新修八坂神社文書148
⑲	永正2・6・13	室町幕府奉行人連署奉書	祇園社執行御房	八坂神社文書267
⑳	永正2・10・7	社務執行宝寿院玉寿書状案	飯尾加賀守殿御宿所	八坂神社文書1212
㉑	(永正18カ)5・23	室町幕府奉行人飯尾貞運奉書	祇園社執行御房	八坂神社文書1213
㉒	永正18・6・4	室町幕府奉行人飯尾貞運書状	祇園社執行御房	八坂神社文書300
㉓	(年未詳)7・15	社務執行宝寿院顕増書状案	飯尾近江守殿御宿所	八坂神社文書1214
㉔	(年未詳)10・6	室町幕府奉行人飯尾貞運書状	祇園社執行御房	八坂神社文書217
㉕	(年未詳)9・7	室町幕府奉行人飯尾堯連書状案	執行御房	祇園社記続録1

注．内容により文書名を変更した箇所がある。

御霊社の神子で、「おく」（をく、奥、奥女）とも名乗っていたことがわかるが、奥女はこの初答状において、「彼御狛質物取所実也、但既及十余年流畢」、もし「本利請取幷御狛預り置由一行」があるならばそれをあきらかにせよと反論する。

この反論に対しては、家次は、二問状（④）において、「御狛者、公方物」なのでもし上意として尋ねがあったときを考慮して、七条道場の鎮守ならびに護国寺の鎮守の参銭を「にけ質」として入れたのであり、現在、奥女がそれらを知行している以上、駒頭を抑留するいわれはない。また、毎年一〇疋（一〇〇文）の「灯明料」をつかわしているのが「預置候賞」であるから、一行などは必要でないと主張するにいたる。

当然、これに対しては、奥女も二答状（⑤）をだしているが、その二答状はつぎのような内容をもつものであった。駒頭ならびに七条道場の鎮守・護国寺の鎮守の参銭が質物であることはあきらかで、その証拠として「彼者借書案文」、すなわち①を提出する。また、質物がながれたにもかかわらず、家次が「侘事」をいうので「あるき神子惣中」の「納所公用代官職」に任じ、毎年二〇疋をおさめさせようとしたところ、さらなる「侘事」によって一〇疋に減額した。その一〇疋のことを、家次は、初問状において「礼銭」、二問状では「灯明料」といいかすめている。

さらには、「為此方御駒役、如先々勤申所無紛」、したがって神事を違乱してもおらず、かえって家次がおこした相論が神事をさまたげることになっていると主張するのである。

訴陳状という史料の性格上、どちらが真実を述べているのかという点を判断することはむずかしい。実際、幕府も判断に迷ったのであろう、また、神幸直前という時間の制約もあったため決着をつけることができず、「於糺明之間者、任上意、為当坊預置」、つまり祇園執行のもとへ駒頭を預けることとした（⑥）。そして、相論自体はその後も落居することがなかったために（⑧）、先の一書の冒頭に記されることとなったのである。

しかも、複雑なことに、永正元年は、「奥女就他所罷越候、彼駒頭不到来之条、御幸之時者不渡申候」、つまり奥女の都合で神幸に駒頭が供奉できないという異常事態に陥っていた[10]。

従来の研究では、この点についても触れられていないが、この異常事態がまた混乱に拍車をかけ、翌永正二年（一五〇五）には、駒大夫も所属する「御駒かしら座中」が「御駒のかしらにおひてハ、座中にあつけくたされ」るよう、あるいは駒頭を「しんてう《新調》」するよう申状を提出したものの[18]、「新作なとの事ハ、神慮もいかゝ」との祇園執行の意見もあって[20]、解決がさらに先のばしにされる結果となったのである。

結局、最終的にどのような経緯があったのかについては不明なものの、「巫女奥」は駒頭を「返上」[21]することとなったようだが、その時期は、おおよそ永正一八年（大永元＝一五二一）頃にまでくだり、相論自体は実に二〇年にもおよぶ長期にわたるものとなったのである。

ところで、この相論では、御霊社惣一、あるいは神子の奥女が借銭の質として少将井駒頭を抑留したこととなっているが、実はその一方で、御霊社の神子が別の方面からも少将井御旅所と接点をもっていたことが知られる。というのも、「少将井御旅所御子惣一職」（「少将井舞殿神子惣之一」）を「御霊惣一芝」なるものが「以手次」、「相伝」していたということを認める明応九年（一五〇〇）付の奉書案[49]が残されているからである。また、文亀二年（一五〇二）付の室町幕府奉行人連署奉書案[50]によっても、「少将井惣一職」が「御霊社惣一」に認められているので、「御霊惣一芝」と「御霊社惣一」とは同一人物となろう。

この少将井御旅所と御霊社に共通する惣一職なる職については、その内容を直接説明する史料が残されてはいないものの、ともに神子にかかわる職であること、また、「御霊の一」が「大勢をもつて座中の神子を引立、剰あまた打擲」、「根本の座中を払」おうとしたために「少将井座中の神子」「惣座」が祇園執行に訴えているので[51]、おそらくは神子の「惣座」の一﨟、一和尚というような意味合いをもつものであったろう。

となれば、問題となるのが、御霊社惣一東女坊と奥女と御霊社惣一芝との関係であるが、時期が重なるので同一人物と考えられなくはないものの、残念ながら断定する材料にめぐまれない。たとえば、「女坊」を女房と読んで、奥女を御霊社惣一東の女房としても、御霊社惣一芝との不一致をおこすことになるからである。

しかし、いずれにしても応仁・文明の乱による三三年におよぶ祇園会中絶という時期を境として、少将井御旅所に属する神子の権益に御霊社の神子が進出していたという事実は動かず、おそらくはそのような動きを背景として今回の駒頭をめぐる相論もおこされたと考えられる。

乱前、少将井御旅所神主に渡された馬上役が駒頭座中や神子に対しても下行されたのかどうかについては、史料が残されていないのでつまびらかではないが、借銭や手次（手継）による物権の移動という事実からは、乱後の神輿渡御をめぐる用途欠如の影響というものをうかがうことができよう。

なお、御霊社の神子は、北野社大座神人の保持していた関銭の一種と考えられる「七口短冊」にも手をのばし、ために延徳三年（一四九一）に大座神人と相論となっているが、[52]このことからすると、乱後は、少将井御旅所にかぎらず京都各地の神社の権益へも浸食をすすめていたことが知られよう。

(4)　初期洛中洛外図に描かれた神輿渡御

さて、第二章でも触れたように、戦国期のなかでもとりわけ永正期以降は、「依去応仁一乱酒屋以下断絶之間、四十年以来左方小五月会退転[53]」、つまり日吉小五月会の退転にともない、祇園会もまたしばしば延引や追行を余儀なくされていた。その一方で、この時期に登場するとされている洛中洛外図には神輿渡御のすがたがかならずといってよいほどに描かれている。そこで、ここでは、それらの検討を通して、戦国期における神輿渡御のすがたを視覚的にみてみることにしよう。

四　条　浮　橋	犬神人	その他1	その他2
あり (第三の神輿が橋上を渡御中)			鴨川西岸に 鳥居あり
あり (第二の神輿が橋上を渡御中)			鴨川西岸に 鳥居あり
あり (第二の神輿が中州より橋へかかろうとする)	3人2列 (金蓮寺前)	四座公人？	鴨川西岸に 鳥居あり
あり (第二の神輿が中州より橋へ懸かろうとする)	3人2列 (金蓮寺前)	神馬3疋 太鼓 神輿鞍	鴨川西岸に 鳥居なし
あり (第三の神輿？が中州から橋にかかろうとする)	3人2列 (四条橋上)		鴨川西岸に 鳥居あり
あり (第三の神輿？が中州から橋にかかろうとする)	6人1列 (四条橋上)		鴨川西岸に 鳥居あり
			鴨川西岸に 鳥居あり

表4は、いわゆる初期洛中洛外図（ここでは、歴博甲本・東博模本・歴博乙本・上杉本に参考として図帖・扇面などを加えた）に描かれた神輿渡御のすがたから読みとれる情報を一覧表にしたものである。

まず、すべてに共通しているので表には記さなかったが、描かれている神輿渡御が祇園社から四条橋・浮橋を渡りつつある神幸のすがたである点は特徴的である。

これは、中世の古記録が、多く六月七日を「神輿迎」、六月一四日を「祇園会」と記しているように、ながいあいだ、一四日の還幸のほうに耳目をそばだたせていたこととくらべるとやや意外にも思われるが、その理由としては、洛中洛外図においてこの神輿渡御以上にクローズアップされ、描かれるようになる山鉾巡行の存在が関係すると思われる。というのも、ここでもし神幸ではなく還幸のすがたを描いてしまうと、

表4　初期洛中洛外図にみる神輿渡御

		第一の神輿	第二の神輿	第三の神輿
歴博甲本洛中洛外図屛風	神輿の形 宝珠の形	四角 鳳凰 （大宮？）	四角 葱華 （八王子？）	四角 鳳凰 （少将井？）
東博模本洛中洛外図屛風	神輿の形 宝珠の形	六角 鳳凰 （大宮）	四角 葱華 （八王子）	八角 鳳凰 （少将井）
歴博乙本洛中洛外図屛風	神輿の形 宝珠の形	六角 鳳凰 （大宮？）	六角 葱華 （八王子？）	六角 鳳凰 （少将井？）
上杉本洛中洛外図屛風	神輿の形 宝珠の形	六角 鳳凰 （大宮）	四角 葱華 （八王子）	八角？ 鳳凰 （少将井）
月次風俗図扇流屛風（光円寺蔵）	神輿の形 宝珠の形			四角 鳳凰 （少将井？）
洛中洛外図帖 （奈良県立美術館蔵・個人蔵）	神輿の形 宝珠の形		四角 葱華 （八王子？）	四角 鳳凰 （少将井？）
祇園御旅所古図（個人蔵）	神輿の形 宝珠の形	六角 鳳凰 （大宮）	四角 葱華 （八王子）	八角 鳳凰 （少将井）

注．空欄は、描かれていないことを意味する。
洛中洛外図屛風の順番は、京都国立博物館編『都の形象―洛中・洛外の世界―』（1994年）による。

七日の神幸の前に巡行される、長刀鉾など「七日鉾山」(54)（「七日山鉾」）を描くことがむずかしくなってしまうからである。

実際、「十四日山々」(55)よりも「七日鉾山」のほうが山鉾の数や種類においてはるかに多いという現実がそこにはあり、絵画の構図だけで考えれば、あえて還幸にこだわるよりも、祭礼の時間軸にそい、「七日鉾山」巡行→神幸→「十四日山々」巡行というながれでそれらを一同に描くほうが選択しやすかったと思われる。

もっとも、それは、構図上の問題だけではなく、さきに触れたフロイスの『日本史』にもみえるように、戦国期においては、むしろ神幸のほうが注目を浴びるようになっていたという可能性も考えられよう。

ついで、三基の神輿の順番であるが、神輿自体のかたちが正確に描かれているとはかぎらないので比定できない部分もあるが、

図２　上杉本洛中洛外図屛風（米沢市上杉博物館所蔵）

おおよそ大宮・八王子・少将井の順番で祇園社から鴨川を渡り四条大路にすすむすがたとして描かれていたと考えられる。

おそらくこれらの神輿がさきにみた明応九年に再興されたものと考えられるが、ここで目をひくのは、鴨川を渡る際に人間は四条橋を渡り、神輿とおのおのの駕与丁は浮橋を渡るという点である。

神輿が四条橋を渡らない理由について確定することは容易ではないが、たとえば、乱前、宝徳二年（一四五〇）に「筑紫人有徳之者」によって新調された四条橋を神輿が渡御することになった際、「敷荒薦」かなければならないとか、また、「於橋上者有怖畏之間、先々無神幸、只渡浮橋令通給」(56)という一説などがみえることからすると、なんらかの「怖畏」＝タブーがあったことだけはまちがいないであろう。

また、四条橋の西岸には、上杉本をのぞいて鳥居が描かれているが、この鳥居は、つとに知られるように、天文一三年（一五四四）七月の大洪水によって「流失」した「四条大鳥居」(57)に相当するものと考えられる。

なお、浮橋は、「最初神領根本神人」である「材木商人」(58)（「堀川神人」、この時期には「木屋座衆」「材木方」「材木座」と呼ばれた）によってかけられたことはよく知られているが、それは、そののち近世に入っても継続され、たとえば、慶長一四年（一六〇九）には、「天王様御幸の浮はし」を「京中ノ材木屋」がかけ[60]、また天和三年（一六八三）にも、「鴨川筋浮橋之儀も、洛中材木商中間ニ被為仰付候[61]」という史料を見いだすことができる。

ところで、神輿を先導する人々のなかでは、犬神人のすがたがはっきりと描かれている点が特徴的である。それは、三人が二列になるというものであるが、ただし、四条橋を渡るときには、神輿とは離れて歩んだことが知られる。この犬神人を含め神輿を先導する人々をもっとも詳細に描いているのが上杉本であるが、犬神人につづく三疋（頭）の馬（黒毛・河原毛・栗毛）は、おそらく馬上役とともに公方より参るべきものと祇園社が認識していた「御神馬三疋」に相当しよう。

表5は、この神馬の授受に関する文書を一覧表にしたものであるが、これでもわかるように、神馬三疋は基本的に政所執事伊勢氏を介して「牽進」められていた。そのためであろうか、天文期から永禄期頃になると、神馬そのものではなく神馬代三貫文が「以納銭方可被相勤」、正実坊や玉泉坊といった「自御倉可有御請取[62]」というような変化も読みとれるのである。

また、この神馬三疋のあとにつづく「太鼓」や「神輿鞍」についても、『永正元年御霊会之雑々記』に関連記事がみえ、それによれば、太鼓は片羽屋神子が、また神輿鞍は駕与丁がもつのが先例であったことが知られる。

ちなみに、『祇園会山鉾事』に記された師子舞や輿に乗る神子のすがたは初期洛中洛外図には描かれていないが、その一方で史料にはみえないものの、この時期特有のすがたとみうけられるのが、神輿に供奉する人々の多くが甲冑を着、手に刀・弓矢・槍・長刀をもつというものである。

従来、このようなすがたは武者風流として理解されることが多かったが、同様のすがたは山鉾巡行でもみられ、また、さきにも触れたように神輿渡御にともなって喧嘩が絶えなかったことを考えると、現実としても武装して

表5　神馬関係文書一覧

年月日	文書名	神馬数	毛色	典拠
応永11・6・6	祇園執行顕深書状案	神馬3疋	黒・河原毛・栗毛	新修八坂神社文書33
応永11・6・6	加治祥弘書下案	神馬3疋	くろ・かわらけ・くりけ	祇園社記18
応永33・6・3	祇園執行顕宥書状案	神馬3疋	毛付	祇園社記12
永享5・6・3	伊勢守(伊勢貞国)奉書案	神馬	2疋河原毛・1疋鴾毛駮	祇園社記18
永享10・6・3	伊勢守(伊勢貞国)奉書案	神馬3疋	鴾毛2疋・河原毛	祇園社記18
嘉吉2・6・5	沙弥(伊勢貞国カ)奉書案	神馬3疋	黒糟毛・河原毛・黒	祇園社記続録1
文安2・6・3	沙弥(伊勢貞国カ)奉書案	神馬3疋	鴾毛・河原毛・黒毛	祇園社記18
文安4・6・6	沙弥(伊勢貞国カ)奉書案	神馬3疋	栗毛1疋・鴾毛1疋	祇園社記続録1
宝徳2・6・2	備中守(伊勢貞親)奉書案	神馬3疋	鴾毛・同・同	祇園社記18
享徳4・6・5	伊勢守(伊勢貞親)奉書案	神馬3疋	鴾毛・鹿毛・栗毛	祇園社記続録1
長禄4・6・5	伊勢守(伊勢貞親)奉書案	神馬3疋	黒・月毛・河原毛	祇園社記18
寛正2・6・6	伊勢守(伊勢貞親)奉書案	神馬3疋	月毛・河原毛駮・鹿	祇園社記続録1
寛正6・6・7	伊勢守(伊勢貞親)奉書案	神馬3疋	河原毛・月毛・鹿毛	祇園社記18
文正元・6・7	伊勢守(伊勢貞親)奉書案	神馬3疋	黒・青毛・黒	祇園社記続録1
文明11・6・7	伊勢守(伊勢貞宗)奉書案	神馬1疋	黒糟毛	祇園社記続録1
文明12・6・7	伊勢守(伊勢貞宗)奉書案	神馬1疋	鴾毛	祇園社記続録1
文明19・6・7	備中守(伊勢貞宗カ)奉書案	神馬1疋	青毛印雀目結	祇園社記続録1
延徳3・6・7	備中守(伊勢貞陸)奉書案	神馬1疋	鴾毛	祇園社記続録1
延徳4・6・2	備中守(伊勢貞陸)奉書案	神馬1疋	青毛駮印雀目結	祇園社記続録1
明応2・6・6	備中守(伊勢貞陸)奉書案	神馬1疋	鴾毛	祇園社記続録1
明応2・6・11	備中守(伊勢貞陸)奉書案	1疋	蘆毛	祇園社記続録1
明応9・6・7	飯尾清房書下	神馬1疋		八坂神社文書251・祇園社記18
永正5・9・22	備中守(伊勢貞陸)奉書案	神馬	黒毛・青毛・月毛	祇園社記18
永正7・6・7	伊勢守(伊勢貞陸)奉書	神馬1疋	鴾毛印雀目結	八坂神社文書281
(永正8)12・24	飯尾貞運書状	神馬1疋	鹿毛	八坂神社文書222・祇園社記18
永正12・6・7	伊勢守(伊勢貞陸)奉書案	神馬1疋	青毛印雀目結	祇園社記18
(永正13)12・6	飯尾貞運書状案	神馬	鹿毛	祇園社記続録1

大永2・6・6	伊勢守(伊勢貞忠)奉書案	神馬1疋	河原毛印両目結	祇園社記18
大永3・6・7	伊勢守(伊勢貞忠)奉書案	神馬1疋	河原毛印雀目結	祇園社記続録1
(永禄6)6・7	正実坊掟運書状	神馬代	3貫文	八坂神社文書323
永禄9・7・22	祇園雑掌朝祐神馬代請取状	神馬代	3貫文	八坂神社文書306
永禄11・5・20	祇園雑掌朝祐神馬代請取状案	神馬代	3貫文	八坂神社文書308

注．年号のあきらかなもののみをあげた。
内容により文書名を変更した箇所がある。

おく必要があったと考えたほうが自然であろう。事実、近世、天和三年（一六八三）の段階においてもなお、祇園社では、「甲冑之出立故実之事ニ御座候、社家人之警固并鑓等為持申候も、飾迄之儀ニ而も無御座、諸人殊之外群集仕候故、前後之攀と仕」(63)という認識がみられるのである。

おわりに

以上、本章では、現在、知られる史料を中心に、断片ながらも戦国期における神輿渡御について検討を加えてきた。しかしながら、結局、馬上役にかかわる史料が途絶えてしまう永正期以降の状況については、用途が欠如していたという以上のことをうかがい知ることはできなかった。

この点は、第二章で触れたように、天文法華の乱後に山鉾にかかわる用途として社会集団・共同体に成長した町の土地を単位とする「出銭」や「寄町」の存在が史料にあらわれてくるのとは大きな違いともいえるが、ただそれは、現在知られるところの史料の残りかたという問題も関係していると思われる。

もっとも、祇園社側が馬上役とともに、幕府から渡されるものとして認識していた神馬三疋が、天文期から永禄期頃にかけて神馬代三貫文として納銭方や御倉から直接渡されるように変化をとげていたことからすると、もしかすると神輿渡御にかかわる用途もまた同様のルートで渡されるようになっていたと推測することも不可能ではないであろう。が、もちろん現在のところは、推測の域をでるものではない。

なお、第二章で検討した山鉾、そして今回の神輿渡御をあわせた戦国期祇園会のすがたを通してあらためて気づいた点としては、祭礼の延引や追行などに加えて用途の欠如など、さまざまな問題をかかえて祭礼の執行が困難をきわめていたという事実があげられる。

従来、戦国期の祇園会は、応仁・文明の乱という困難をも乗り越えてみごとに復活した都市京都の社会経済を象徴するかのようにとらえられてきたが、実はこれもまたイメージが先行したものといわざるをえず、実際、社会経済の復活を立証するような作業などはなされてこなかったのである。

むしろ、よく知られているように、山鉾は、応仁・文明の乱前とくらべて「不及前年之風流十分一」[64]、しかもこれが固定してゆくというのが現実であり、かりにこの現実が社会や経済のすがたを映しているのだとすれば、乱後は、下降、ないしは低成長路線にあったとみるのが自然ではないだろうか。そして、そのようにみたほうが、祭礼執行の困難な状況というのも整合的に理解できると思われる。

このほか、残された問題としては、いわゆる中近世移行期におけるようすが史料のうえでつかみにくかったこともあげることができる。この点は、山鉾の場合でも同様であったが、たとえば、神輿渡御にとって、もっとも激変ともいえる両御旅所の現在地への移動と統合の問題も、現在のところ、同時代史料でおさえることができておらず、若干くだった元和三年（一六一七）付の大政所神主の申状案[65]にみえるように、「天正十九年に御宮ひきに、四町まちのかへの地として、北ハ四条道場のやふかきり(藪限)、南ハ貞安のやふかきり、此間北南拾弐間、東ハ惣堀のとい(土居)のきはまて、西東八拾間、徳善院(前田玄以)より松田勝右衛門(政行)奉行にて御渡」という、大政所四丁町の敷地との相博といった事実が知られているにすぎないのである。

なお、ここにもみえる「惣堀のとい」＝いわゆる「御土居」[66]によって、天正一九年（一五九一）に「四てうとをり《（四条通）》のきおんくち《（祇園口）》ふさかせら」れたため、「きおんのみこし《（祇園神輿）》のしんかう《（神幸）》のミちもなく」[67]なってしまうが、これにともなって具体的にどのような変容がせまられたのかなどについても、その手がかりとなる史料にめぐまれない。また、移動・統合後における御旅所と祇園社との関係や、文禄四年（一五九五）の段階で「祇園大政所之さい銭」を「存知」する津田宗意のような存在[68]との関係、さらには、室町幕府滅亡後の神輿渡御にかかわる用途のありかたなどといったもっとも基本的な事実をさぐる材料にも乏しいというのが現状なのである。

いずれにしても、今回もまた残された問題のほうが多いという結果となってしまったが、これらの点についての検討は、すでに知られる史料のさらなる精査とともに、新たなる史料の発見・公表をまっての作業となろう。今後の課題としたいと思う。

（1）脇田晴子『中世京都と祇園祭―疫神と都市の生活―』（中公新書、一九九九年）。

（2）瀬田勝哉「中世祇園会の一考察―馬上役制をめぐって―」（『日本史研究』二〇〇号、一九七九年、のちに同『洛中洛外の群像―失われた中世京都へ―』平凡社、一九九四年）。

（3）『叢書　京都の史料4　八瀬童子会文書』『「八瀬童子会文書」補遺・総目録』（京都市歴史資料館、二〇〇〇年、二〇〇二年）。本文書については、京都市歴史資料館写真版も参照にした。

（4）臨川書店、二〇〇二年。

（5）下坂守「延暦寺大衆と日吉小五月会（その一）―馬上方一衆出現の契機―」「延暦寺大衆と日吉小五月会（その二）―室町幕府の対大衆政策―」（同『中世寺院社会の研究』思文閣出版、二〇〇一年）、同「応仁の乱と京都―室町幕府の役銭と山門の馬上役の変質をめぐって―」（『学叢』二四号、二〇〇二年）。

（6）応仁二年閏一〇月一〇日付馬上一衆連署書状（『八瀬童子会文書』三二八号）。

（7）『御前落居記録』（桑山浩然校訂『室町幕府引付史料集成』上巻、近藤出版社、一九八〇年）。

(8) 嘉吉三年六月日付祇園社執行顕宥支状案（『新修八坂神社文書　中世編』八三号、『祇園社記』第一三、増補続史料大成『八坂神社記録』三）。

(9) 文安六年六月二日付禅住坊承操祇園馬上功程銭請取状（『八瀬童子会文書』三〇九号）、寛正二年六月二日付同上文書（同上、三一一号）。

(10) 大日本古記録。

(11) （文安六年五月カ）祇園社執行顕宥申状案（『祇園社記』第一三）、宝徳元年一二月日付左方神主池田縁親申状案（『八坂神社文書』一一四四号）。なお、「祇園社記」については、東京大学史料編纂所写本、「八坂神社文書」については、京都府立総合資料館写真帳も参照にした。

(12) 『続群書類従』補遺一。

(13) 元和三年三月一三日付御旅所大政所神主申状案（『祇園社記』第一三）。

(14) （年未詳）正月一二日付藤田重遠書状（『新修八坂神社文書　中世編』一八八号）。

(15) 文亀二年六月日付王舞分馬上料足請取状（『八坂神社文書』六九一号）ほか。

(16) 応仁元年一二月日付室町幕府奉行人連署奉書案（『祇園社文書』、早稲田大学図書館編『早稲田大学所蔵荻野研究室収集文書』上巻、吉川弘文館、一九七八年）。

(17) 『後法興院記』（増補続史料大成）応仁元年六月七日条。

(18) 『大乗院寺社雑事記』（同右）文明二年六月二六日条。

(19) 明応五年閏二月一三日付室町幕府奉行人連署奉書案（『八坂神社文書』七〇九号、『祇園社記』第一三）、同上文書案（『祇園社記』第一六）。

(20) 明応六年五月一六日付同右文書案（『祇園社記』第一六）。

(21) 明応六年五月日付祇園執行玉寿祇園社神輿造替注文案（『八坂神社文書』七八〇号）。

(22) 明応六年五月二日付祇園社神輿修理大工注文案（同右、七七九号）。

(23) 『祇園社記』第一五、京都府立総合資料館写真帳「八坂神社記録」。

(24) 中世前期における神輿渡御の路筋については、福眞睦城「祇園御霊会と行幸―なぜ天皇は神輿を避けるのか―」（『史観』一四六冊、二〇〇二年）参照。

(25) 文和二年五月日付犬神人等申状案（『八坂神社文書』一二四七号）。
(26) 松田毅一・川崎桃太訳『フロイス日本史　3』（中央公論社、一九七八年）第一二章（第一部三六章）。
(27) 丹生谷哲一「室町幕府の下級官僚機構について」（『大阪教育大学紀要』第II部門三〇巻三号、一九八二年、のちに同『検非違使―中世のけがれと権力―』平凡社、一九八六年）。また、いわゆる四座雑色に関する先駆的な研究としては、辻ミチ子「京都における四座雑色」（『部落問題研究』四輯、一九五九年）が知られている。
(28) 大永三年四月三日付幕府侍所小舎人雑色所役注文（大日本古文書『蜷川家文書之二』四八〇号）。
(29) 「管見記」（京都大学文学部閲覧室写本）永享一一年六月一四日条。
(30) 『師郷記』（史料纂集）文安三年六月七日・一四日条。
(31) 『康富記』（増補史料大成）宝徳二年六月一四日条。
(32) 『師郷記』宝徳三年六月一四日条。
(33) 同右、享徳二年六月一四日条。
(34) 明応九年六月一日付室町幕府奉行人連署奉書案（『祇園社記』第一六）。
(35) 明応九年六月六日付同右文書案（同右）。
(36) （明応九年）六月一四日付同右文書案（『八坂神社文書』二九二号）。
(37) 文亀三年六月五日付同右文書案（『祇園社記』第一六）。
(38) 文亀元年六月六日付同右文書案（同右、続録第一）。
(39) 永正五年七月一八日付祇園執行顕増（カ）申状案（『八坂神社文書』二七五号）。
(40) 永正一〇年五月二一日付神事事書案（同右、二九四号）。
(41) 永正一八年五月一九日付祇園社執行顕増（カ）申状案（同右、二九七号）。
(42) （年月日未詳）将軍家進納物等条書（同右、五八号）。
(43) 永正四年六月六日付室町幕府奉行人連署奉書案（『祇園社記』第一六）。
(44) 永正九年五月二九日付同右文書案（同右）。
(45) 文亀二年六月七日付同右文書案（『新修八坂神社文書　中世編』一四〇号、『祇園社記』第一六）。
(46) 永禄四年五月二八日付同右文書案（『八坂神社文書』三〇四号）。

(47) 河原正彦「祇園祭の上久世駒形稚児について」(『文化史研究』一四号、一九六二年)。
(48) 脇田晴子「中世祇園社の「神子」について」(『京都市歴史資料館紀要』一〇号、一九九二年)、(注1)脇田氏前掲『中世京都と祇園祭』参照。
(49) 明応九年六月一二日付某奉書案(『八坂神社文書』一二二二号)。
(50) 文亀二年六月六日付室町幕府奉行人連署奉書案(同右、一二二三号)。
(51) 文亀二年六月九日付少将井座中神子申状案(『祇園社記』第二三)。
(52) 拙著『中世京都の民衆と社会』(思文閣出版、二〇〇〇年)。
(53) 永正六年閏八月付左方諸色掌中申状案(『八瀬童子会文書』二九一号)。
(54) 『二水記』(大日本古記録)大永二年六月一四日条、天文二年八月九日付室町幕府奉行人連署奉書案(『八坂神社文書』三〇一号)。
(55) 『二水記』大永二年六月一四日条。
(56) 『康富記』宝徳二年六月一日・七日・一四日条。
(57) 『言継卿記』(続群書類従完成会刊本)天文一三年七月九日条。
(58) 『社家条々記録』(『八坂神社記録』二)。
(59) 長禄四年六月一四日付池田縁親・豊前法橋秀慶連署折紙案(『八坂神社文書』二四七号、『祇園社記』第一六)。
(60) 慶長一四年六月七日付京中材木屋等書状案(『祇園社記』雑纂第一、『八坂神社記録』四)。
(61) 天和三年閏五月七日付祇園社中口上書写(同右、第二四)。
(62) (年未詳)九月一三日付淵田長弘・河村秀連署書状(『八坂神社文書』二一三号)、(年未詳)九月二一日付玉泉坊宗英書状(同上文書二一四号)。
(63) 天和三年閏五月七日付祇園社中口上書写(『祇園社記』第二四)。
(64) 『後慈眼院殿御記』(『図書寮叢刊　九条家歴世記録二』)明応九年六月七日条。
(65) 元和三年三月一三日付御旅所大政所神主申状案(『祇園社記』第二三)。
(66) 「御土居」については、中村武生「豊臣期京都惣構の復元的考察」(『日本史研究』四二〇号、一九九七年)参照。
(67) 天正一九年二月九日付祇園執行書状案(『祇園社記』第二三)。

(68)　文禄四年二月四日付津田宗意大政所賽銭契状(『祇園社文書』二〇四号)。

(補注)　洛中洛外図ではなかったので、表4には入れなかったが、一六世紀の神輿渡御のすがたを描いたものとして、サントリー美術館蔵「日吉山王・祇園祭礼図屏風」が知られている。本屏風では、四条に山鉾巡行が、三条に神輿渡御が描かれており、したがって、神輿渡御は洛中洛外図とは異なり還幸のすがたとなっている。興味深いのは、神輿の順が四角形・六角形・八角形となっている点で、この形状が正確ならば、還幸の際には八王子・大宮・少将井の順で神輿は三条を渡御していたことになろう。なお、本屏風については、亀井若菜「サントリー美術館蔵『日吉山王・祇園祭礼図屏風』の制作意図―京都と近江を見る眼差し―」(『国華』一二三八号、一九九八年、のちに同『表象としての美術、言説としての美術史―室町将軍足利義晴と土佐光茂の絵画―』ブリュッケ、二〇〇三年)にくわしい。

第四章　戦国期祇園会と室町幕府
――「見物」をめぐって――

はじめに

中世都市京都の祭礼としてもっとも著名な祇園会、とりわけ戦国期祇園会と室町幕府との関係といえば、これまでは幕府権力に抵抗する「町衆」の祭として、二項対立的にイメージされることが多かった。これは、林屋辰三郎氏の、いわゆる「町衆」論[1]による影響であることはいうまでもないが、しかしながら、その実態はといえば、すでに指摘したように[2]、またのちにもくわしくみるように、戦国期においては、むしろ幕府のほうが常に祇園会の執行を強く望んでいたのである。

このようにイメージと実態とが乖離したのはなぜか、本章では、この点について考えてみたいと思うが、ただ、ここでおこなおうとする作業とは、「町衆」論が背負いこむこととなった一九五〇・六〇年代という時代性や、またそのあいだにつちかわれてきた戦国期京都の都市民衆に対する豊かなイメージというものを否定することが目的ではけっしてない。しかしながら、権力に抵抗する民衆の祭礼といった、これまでのみかたに安住することによって、他の中世都市の祭礼をも紋切り型でとらえるようなことがあるとするならば、それは「町衆」論にとっても不幸なことといえよう。

もとより、これまでこのような点についての考察があまりなされてこなかったというのも、関連史料が乏しいというのが最大の理由ではあるが、しかしそれだからこそ逆に、その乏しい史料を集め、読み解いてゆく作業というのが必要とされているのではないだろうか。

そこで、本章では、そのような作業のひとつとして、戦国期祇園会と室町幕府との関係について、「見物」という事象をめぐって検討してゆくことにしたい。

すでによく知られているように、南北朝・室町期、室町殿（室町将軍、足利氏家督者）は、桟敷を構えて祇園会をしばしば見物した。二木謙一氏は[3]、それを幕府の年中行事化した「祇園会御成」としてとらえたが、ただ、二木氏の場合、「御成」ということばに象徴されているように、室町殿が京極宿所（京極邸）や細川宿所（細川邸）に渡御するという行為、つまりは大名との関係のほうに関心がおかれていた点に特徴がある。

しかしながら、祇園会との関係そのものでいえば、「御成」よりむしろ、「見物」、あるいは「御見物」と史料にみえる事象のほうにもっと注視すべきと考える。もちろん、「見物」の主体としては室町殿がもっとも注目されるが、戦国期においては、その主体は武家にかぎっても室町殿だけとはいえないからである。

また、二木氏の場合、その対象が応仁・文明の乱前までであり、戦国期を対象としていないという点も指摘できる。したがって、当該期における状況についてはその個別の事実関係も含めてほとんどあきらかとはなっていないというのが実状なのである。

このように研究史をひもといてみると、本章のめざしているところが、「祇園会御成」が戦国期においても継続されていたのかどうかを問うようにもうけとられるかも知れない。もちろん、そのようなことも念頭にないわけではないが、ここではむしろ、そのような判断をくだす前提となるべき基礎的な事実の解明のほうに主眼があることをあらかじめことわっておきたいと思う。

それでは、以下において具体的な検討をはじめたいと思うが、そのまえに室町・戦国期祇園会を語る際におさえておかなければならない基本的なことがらについて確認しておくことにしよう。

まず、祇園会の式日は旧暦の六月七日と六月一四日、この七日間を中心に神輿渡御（神幸・還幸）と山鉾巡行が執行される。神輿渡御のための用途（費用）として用意されたのが馬上役（馬上料足・馬上合力銭・馬上公定銭・馬上功程銭）三〇〇貫文（のちに一五〇貫文）であるが、これは、祇園社の本社、日吉社の祭礼である日吉小五月会の馬上役二一〇〇余貫文の一部が下行されることでまかなわれていた(4)。

また、その馬上役を調達するシステムを馬上一衆・合力神人制というが、それは、公方御倉でもある正実坊・定泉坊・禅住坊など山徒の土倉によって構成される馬上一衆がその配下の日吉神人である洛中の土倉から合力銭を徴収するかたちで成り立っていた(5)。したがって、日吉小五月会馬上役が充足され、旧暦の五月に小五月会が執行されなければ、祇園会もそれに連動して停止や延引、あるいは式日が変更されておこなわれる追行などの憂き目にあう可能性もはらんでいたのである。

しかも、日吉小五月会・祇園会が共有する馬上役には、比叡山の三塔一六谷に分節する山門延暦寺大衆の得分が複雑にからまっていたので、山門大衆の動向にも影響をうけることになる。つまりは、室町・戦国期祇園会の全体像をとらえるためには、これまでのように二項対立的にではなく、むしろ幕府や山門大衆、あるいは日吉小五月会との相互の関係性というものを常に念頭においてみてゆくことが必要とされるのである(6)。

以上のことを確認したうえで、それではまず次節では、応仁・文明の乱勃発時の状況からみてゆくことにしよう。

一　応仁・文明の乱と祇園会再興

(1)　明応九年の再興をめぐって

ところで、応仁・文明の乱勃発からその後のようすを生々しく伝える史料のひとつとして、近衛政家の日記『後法興院記[7]』という記録が知られている。その応仁元年（一四六七）六月七日条をひもといてみると、そこには「祇園御霊会不及沙汰」、つまり祇園会が停止となったという記事を見いだすことができる。

はたして、祇園会は、これ以後三三年にわたって「中絶」という状態がつづくこととなるが、その一方で、日吉小五月会のほうはといえば、乱中においてもなお断続的に執行されていたことが、近年の下坂守氏[8]の研究によってあきらかとなっている。

もっとも、『結番日記[9]』文明九年（一四七七）四月七日条によれば、「日吉馬上役事、文明三年より無沙汰」とみえるから、その用途たる馬上役調達もままならないというのが実際で、しかも、下坂氏によれば、応仁・文明の乱を境に幕府は、日吉小五月会や馬上一衆・合力神人制とも一定の距離をおくようになったともされている。政所執事伊勢貞宗のことばをかりれば、「馬上役之事ハ、自先々不存候事候[10]」ということになるが、しかしながら、幕府は、その枠組みまでを放棄したわけではなかったようで、たとえば、『八瀬童子会文書[11]』には、乱後の明応二年（一四九三）一二月三日付で「□□《(日吉)》社小五月会事、可再興之趣、依歎申度々御成敗之処、于今遅々」という文言をそなえた奉行人連署奉書案[12]などを見いだすこともできる。

このようななか、祇園会再興の動きが、明応の政変後、細川政元に主導されるようになった幕府によって明応九年（一五〇〇）、にわかに現実味を帯びるようになる。しかし、その動きを察知した山門大衆はいち早く難色を示し、幕府もいったんはそれにそった内容、つまりは「日吉神事就無執行、当会延引之儀、為先規之段、注進被入聞食」との文面をそなえた奉行人飯尾清房の書状[13]を五月二八日付で祇園執行に送るものの、六月一日にいたって突然、前言をひるがえし、「縦日吉祭礼等、雖有遅怠、於当社之儀者、厳密加下知、可被専神事」との奉行人連署奉書[14]を祇園執行に送ることとなるのである。

このとき、なぜ幕府が山門大衆の意向を振り切ってまで強引に祇園会再興に踏み切ったのか、その理由については第五章で一部検討したいと思うが、興福寺大乗院門跡尋尊の日記『大乗院寺社雑事記』[15]明応九年六月八日条によれば、「公方《足利義澄》無御見物、四条面ニハ細川《政元》桟敷五間、武田《元信》十間計打之」、つまり細川政元等による祇園会「見物」はみられたものの、室町殿足利義澄（義遐、義高）の「御見物」はなかったという注目すべき事実を知ることができる。

その理由について、『後法興院記』明応九年六月七日条は、「武家《足利義澄》可有見物之由風聞処、下行物過分間不事行云々」と伝えているが、室町殿の「見物」に要する「過分」な「下行物」までを幕府はまかなえなかったことがここからはうかがえよう。

ちなみに、面目をつぶされることとなった山門大衆による実力行使、たとえば祇園社への発向などはさいわいみられなかったが、九条尚経の日記『後慈眼院殿御記』[16]明応九年六月二七日条には、「中京辺猿五六疋出来」、七月二日にいたっても「兼又彼猿万方尓分行、京中乱満」、この「猿来京中事、以外火災之重事」であり、「無日吉祭礼、然而有祇苑《祇園》御霊、仍日吉之御忿怒故、有此災」であったと記している。猿とは、いうまでもなく日吉社の神獣であり、山門大衆はいわば怪異によって今回の事態のうけとめかたを示したといえよう。

また、今回、山門の意向として史料の表面にでてきたものとは、かならずしも日吉小五月会ではなく、「日吉祭礼」の「遅滞」や「日吉神事」の「無執行」であったが、そのいわんとするところとは、日吉社と祇園社との本末関係、あるいは日吉祭・日吉小五月会を含めた日吉祭礼（日吉神事）と祇園会との関係をこれまでどおりに遵守することを幕府にもとめた点にある。

具体的には、それは、四月に日吉祭、五月に日吉小五月会、六月に祇園会という祭礼執行の順序などということになろうが、もちろん、そこには顕密仏教の一翼をになう山門大衆のかかわる祭礼が規範どおりに毎年執行されなければならないという対面の部分とそれにともなう得分取得という実態の部分などがないまぜになっていた。

(2)　祇園会と細川政元

このように、ようやく再興にはこぎつけたものの、明応九年のありさまが右のようなものであった以上、翌文亀元年（一五〇一）の祇園会もまた困難をきわめたであろうことは容易に想像される。

実際、「近年馬上役不及其沙汰」ことにともない、「祇園会公程銭」もまかなえないため、幕府は、つぎの奉行人連署奉書案[17]にみえるような方法を採用する旨を祇園執行に告げることとなるからである。

就明日七祇園会公程銭事、近年馬上役不及其沙汰之条、於再興間者、相懸当社敷地上、可被遂其節、次来十四山鉾内少々略之、以彼要脚為其足付、可被致下行者歟、至此両条之儀者、先規非無其例之上者、不可及異儀者哉、早加下知諸色掌、可被遂神事無為之節之由、被仰出候也、仍執達如件、

文亀元

六月六日　(飯尾)清房判

(飯尾)元行判

当社執行御房

すなわち、その方法とは、神幸の用途に関しては、「当社敷地上」に相懸け、還幸の用途に関しては、「山鉾内少々略之、以彼要脚為其足付、可被致下行」という方法であった[18]。馬上役は神輿渡御にかかわる用途であるので、

本来、山鉾には下行されない。しかし、それゆえ逆に日吉小五月会や神輿渡御の動向とも無縁に山鉾は建営・巡行することが可能であった。ところが、文安期を境として、山鉾もまた馬上役と接点をもちはじめ、そのためそれ以降、神輿渡御との連動化・一体化がみられるようになる。幕府は、この連動化・一体化という状況を、いわば逆手にとり、その利用をはかろうとしたと考えられるのである。[19]

もっとも、この方法が実際にとられたのかどうか、それを直接語る史料は残されていないが、ただ、山科言国の日記『言国卿記』[20]文亀元年六月一四日条が伝える「細川右京大夫《(政元)》サシキ《(桟敷)》入ノ後、山共ワタル、九也」という記事などが多少の手がかりとなろう。というのも、中世祇園会の山鉾のすがたを唯一伝える史料として知られる『祇園会山鉾事』[21]には、明応九年六月一四日分の山鉾として一〇基の名が記されており、したがって、山鉾一〇基のうち一基を略して、その用途を還幸にあてたという可能性も浮上してくるからである。

また、右の『言国卿記』の記事は、別の角度からも注目されるものである。なぜなら、このときの「見物」においては、室町殿義澄ではなく、むしろ政元の「見物」のほうに注目が集まっていたという事実が知られるからである。もっとも、このとき、義澄の「見物」があったのかどうか、このことを伝える史料もみあたらないので何ともいえないが、ただ、山科言国だけが偶然に政元の「見物」に注目していたわけではないことは、たとえば、『大乗院寺社雑事記』同日条にも「去七日京都祇園会、細川《(政元)》見物」とみえることからもあきらかといえよう。

しかも、政元の「見物」に注目が集まっていたのは、この年にかぎったことではなく、翌文亀二年（一五〇二）においても、「細川サシキ《(桟敷)》モ無之」「右京大夫《(細川政元)》無見物」[22]、また、永正二年（一五〇五）にも「京都祇園会昨日云々、細川《(政元)》ハ鞍馬寺参籠云々」[23]という記事などが認められるのである。

そして、以上のことをもっとも象徴的に示すのが、近衛尚通の日記『後法成寺関白記』[24]永正三年（一五〇六）六月七日条が伝える「有祇園会、山王祭無之間、可延引之由、兼雖有其沙汰、今日細川京兆《(政元)》見物間、有山ホク《(鉾)》祭礼云々」という記事である。この年、「山王祭」（日吉祭）延引にともない祇園会も延引となったにもかかわらず、政元の「見物」があったために「山ホク祭礼」だけがおこなわれたという事実が知られるからである。

このことは、三条西実隆もその日記『実隆公記』(25)同日条に、「祇園会、山桙等結構、細川六郎《政元》等為見物云々」と記しているが、いずれにしても、明応九年の再興を含めてこの間、祇園会の執行をリードしていたのは、室町殿足利義澄ではなく、細川政元であった可能性は高い。

実際、この間のことは、のちに「明応九年幷永正三年御成敗(26)」として記憶されることにもなるが、ただその一方で、山門大衆の意向をあからさまに振り切った明応九年および永正三年のみが先例とされている事実からは、政元が、従前の馬上一衆・合力神人制という枠組みを放棄する意図まではもっていなかったことが知られよう。

また、この間の一連の事実から、政元および彼が主導する幕府が山鉾とのあいだに密接な関係をもっていたということもうたがいないと思われる。もっとも、その関係が具体的にどのようなものであったのか、たとえば政元個人に帰するものであったのか、それともそうではなかったのかなどについては、残念ながらつまびらかにすることはできない。

ただ、幕府と祇園社とのあいだで授受された文書が基本的に奉行人奉書であったことを考慮すれば、政元の個性をあまり過大評価することには慎重にならざるをえない。むしろ、第二章でも触れた『祇園会山鉾事』の成立が、政元死後の永正四年（一五〇七）以降であることからしても、組織としての幕府との関係のほうが強かったとみるのが自然であろう。

この点においても、室町殿義澄の「見物」ということが問題となってくるが、ただ、これについては、管見のかぎりでは史料のうえで確認することができなかった。しかし、この点は史料の問題だけではなく、さきにもみた『後法興院記』明応九年六月七日条が伝えるように、「下行物過分間不事行」、すなわち用途の問題というのが大きかったと考えられる。幕府行事としての御成をもし実施しようとすれば、当然、幕府側にも御成をうける側にも莫大な用途が必要となるからである。

その点、政元がみずから桟敷を構え「見物」をしたとしても、用途の面からいえば、御成とは比較にならなかったと予想される。また、『後法興院記』にはさきの記事のつづきとして、「仍密々女中桟敷へ被罷出云々、或京兆(細川政元)桟敷へト云々」と記されているが、ことの真相はさだかではないとしても、史料上に義澄の「見物」がはっきりとみられないのもまた幕府行事としての御成の実施が容易ではなかったことを示唆するといえよう。

ところで、よく知られているように、永正四年六月、細川政元はみずからの家督をめぐって被官香西元長らに暗殺されてしまうが、それでは、その政元の死後、祇園会と幕府との関係はどのような展開をみせてゆくことになるのであろうか。本節でみたことを念頭におきつつ、時間のコマをすすめてゆくことにしよう。

二　細川政元死後の幕府と祇園会

(1)　永正期をめぐって

さて、政元死後の政局は、翌永正五年（一五〇八）に大きく転回する。四月に足利義澄が近江へ逃亡、六月八日に政元に追放された足利義稙（義材・義尹）が大内義興とともに入京し、政元の養子である細川高国に迎えられるからである。これに影響されたのであろう、『実隆公記』六月七日条には、「祇園会延引云々」、同月八日条には、「今日将軍(足利義稙)御入洛午刻云々、仍人々見物成群」という記事がみられる。

祇園社では、この細川高国と大内義興のいわゆる連合政権期(27)の幕府に期待するところがあったのであろうか、祇園執行が祇園会にかかわって七カ条におよぶ申状(28)を提出しているが、その一条に、「一、日吉御神事なき前ニ、当社御祭礼御座候明応九年御下知うつし進上候」というものを見いだすことができる。はたして、『実隆公記』

九月二一日条には、「今日祇薗御霊会六月延引、云々」とみえ、九月に追行された事実を知ることができるのである。

このようにしてみると、政元のころを含め、この時期の祇園会は、日吉小五月会をはじめとした日吉祭礼や馬上一衆・合力神人制とあたかも無縁に執行できるようになったかのような印象をうける。しかし、現実はけっしてそうではなかった。たとえば、『実隆公記』永正八年（一五一一）六月一四日条に、「当年祇園御霊会無之、是依無日吉祭也」などとみえるからである。

しかも、このとき、幕府はなんとか問題を解決しようと試みてもいたようで、たとえば、「御くらたてりか（立入加賀）、に、こさつきゑ（小五月会）あいかけられ候よし」、つまり禁裏御倉である立入に「これは神やく（役）の事にて候ほとに」と説得してまで馬上役を課そうしている[29]。しかしながら、これに対しては、「いかなる神やくにても、この御所の御くらは、一さいさた（沙汰）いたし候はぬ」とあっさりと断られ、そして、ついには、「祇園会事、依日吉祭礼延引、于今遅々、既及月迫之条、地下人等山鉾難調之旨、歎申[30]」、つまり決着は月迫（年末）にまでずれこみ、しかも年末にいたって山鉾を調えることに「地下人等」が難色を示したため越年という異常事態に陥ることとなるのである。

結局、この永正八年分の祇園会は、翌永正九年（一五一二）五月二三日に執行される。『実隆公記』五月二三日条に「今日祇園会山鉾渡之、去年分云々」、『後法成寺関白記』同日条に「祇薗会去年未進、堅従大樹（足利義稙）被仰出間、今日執行之」と記されているからである。

これに懲りたためであろう、幕府は、この六日後の五月二九日付の奉行人連署奉書[31]で「祇園社祭礼事、小五月会馬上銭如先規相調之時者、同公程銭可被仰付」、六月六日付飯尾貞運書状[32]でも、「公程銭事、如元小五月会要脚相調候者、可申沙汰」とくり返し日吉小五月会と祇園会との関係を遵守する姿勢をみせている。

おそらくは、この姿勢が功を奏したのであろう、永正九年は式日どおり六月七日・一四日ともに祇園会が執行されたことが確認できるが、しかし、それによって、この年は去年分の五月二三日と六月の式日と一年に二度、祇園会が執行されるという驚くべき事実も目のあたりにすることとなるのである。

ちなみに、この年、日吉小五月会は執行されたのかどうか、この点を確認することは現在のところできていないが、ただ、『八瀬童子会文書』に残される永正六年（一五〇九）閏八月付左方諸色掌中申状案(33)に「依去応仁一乱、酒屋以下断絶之間、四十年以来左方小五月会退転也」とみえることからすれば、むずかしかったと考えざるをえない。したがって、幕府は、馬上一衆・合力神人制の枠組みを維持する姿勢を山門大衆にみせることで事態を乗りきったと考えられるのである。

この永正九年の二度にわたる祇園会を室町殿義稙が「見物」したのかどうかについては、これまた関連史料を見いだせていないのでつまびらかではないが、ただ、義稙の「見物」に限定していえば、広橋守光の日記『守光公記』(34)永正一二年（一五一五）六月七日条に、「祇園会也、風流、武家《（足利義稙）》衛門於北方油小路、御見物云々」という記事をみることができる。「御見物」の場所がいまひとつ不明ながらも、(35)明応九年の再興以降では室町殿の「見物」が確認できる貴重な事例といえよう。

ところで、この永正一二年も実は異例の年であった。というのも、『暦仁以来年代記』(36)に「為上意、祇園会両度在之、七月廿二日七日祭礼、同廿五日八十四日祭礼也」とみえ、通常の式日のほかに七月二二日・二五日にも祇園会が執行されたと伝えられているからである。残念ながら、このことについても関連史料がないので補強することができないが、このように祇園会が年に二度執行されるというのは、永正九年以降、この永正一二年と実はもう一回確認することができる。それが、義稙が細川高国と対立し淡路へ出奔したのち、義稙にかえて迎えられた足利義晴の将軍任官二年目にあたる大永二年（一五二二）のことであった。

(2)　大永二年、足利義晴の祇園会「見物」

この大永二年の祇園会は、鷲尾隆康がその日記『二水記』(37)六月七日条に「祇園会如例年」、六月一四日条に「祇園会於曇華院殿令見物」と記しているように、式日どおりに執行され、隆康自身も曇華院で「見物」したことが知られる。ところが、興福寺大乗院門跡経尋の日記『経尋記』(38)六月八日条には、つぎのような記事を見いだすことができる。

一、将軍(足利義晴)近日御ハシカト云々、来廿日ニ、七日・十四日祇園会風流共以御所江可押由、御下知云々、

右だけでは、「将軍近日御ハシカ」、つまり義晴が病気であったことと、「来廿日ニ、七日・十四日祇園会風流共以御所江可押」との関係がいまひとつわからない。しかし、これに『二水記』六月二七日条の記事、「今日祇園会事、武家(足利義晴)為御見物令沙汰了、式日依御不例也」をあわせることで、室町殿義晴が「御不例」(病気)で式日に祇園会を「御見物」できなかったために、同じ六月のわずか一〇日あまりのち、実際には六月二七日に祇園会が再度執行されたという事実があきらかとなるのである。

『二水記』および『経尋記』六月二七日条の記事を総合すれば、「旧例」として「京極(高清)申沙汰」した桟敷は、「三条高倉御所」の「南門之西坤角方」に構えられたが、そのありようは、南北に「八間」、「奥江二間」、「南二間御廉下御前、次二間右京兆、日野殿、次二間厳清院小生一人、次二間、近習・奉行・典厩(細川尹賢)等也、次二間北端廉(簾)下、女房衆、已上八間也」というように、義晴や高国のみならず近習から女房衆も列席できるものであったことが知られる。

また、このときの「御見物」御成については、『祇園会御見物御成記』(39)という記録も残されており、式三献などの次第までがくわしく伝えられている。これに関連したものであろう、政所代蜷川親孝の日記『親孝日記』(40)七月二日条によれば、「京極殿今度御一献ニ付て色々進上之、仍五千疋可有進納云々」とみえ、桟敷を構えた京極高清が五〇〇〇疋(五〇貫文)を進納したことも知られるのである。

応仁・文明の乱前における御成の用途やこの時期の幕府財政の規模についてあきらかではないので、この額が

図１　（大日本古記録『二水記』二、124頁より）

どれほどの意味をもつのかについては判断がむずかしい。しかし、『親孝日記』によれば、幕府では、この五〇〇〇疋のうち三〇〇〇疋を「為上意各拝領」し、「相残二千疋之事、御倉ニ可被拘候」としているところをみれば、この時期の幕府にとってはそれなりの額であったと考えられる。

しかも、高清は、これとは別に「御馬代」として「卅貫文」も進納しているから、桟敷を構えることも含めると、結局、今回の「見物」が実現したのは、ひとえに京極高清に拠るところが大きかったといえよう。

『二水記』には、この高清によって構えられた桟敷の図（図1）もかかれているが、この桟敷の前を「山鉾等、等持寺前東行、御所唐門前南行渡之」、「七日鉾山等渡了、（中略）数刻後、十四日山々又渡之」、つまりは、神幸・還幸の前に本来別々に巡行する「七日鉾山」（いわゆる前祭）と「十四日山々」（いわゆる後祭）が数刻をおくだけで、一日のうちに、しかも通常のルートとはまったく異なるかたちで巡行したということも知られるのである（図2）。

このときは、おそらく神輿渡御はおこなわれず、山鉾巡行のみであったと考えられるが、ただ、ルートを変更させたということだけいえば、前例をみることができる。その前例とは、ともに応仁・文明の乱前、足利義政のときのことであるが、中原師郷の日記『師郷記』[41]宝徳三年（一四五一）六月一四日条に「今日祇園御霊会棹山以下可参室町殿（足利義政）之□被仰之間、万里小路北行、鷹司□（西）行、高倉北行、仙洞御前并内裏東□令通之」とみえるのと、同じく『師郷記』享徳二年（一四五三）六月七日条に「風流・棹山皆参室町殿」とみえるのがそれらである。

もっとも、このとき、「見物」を望んだのは、義政というよりもむしろ後花園天皇だったようで、前者においては、「是内々為御見物歟」、後者でも、「風流内裏東・仙洞御前等渡之間、内々御見物歟」という記事を『師郷

図２　大永２年６月27日山鉾巡行関係図

注．この図は、あくまで一案である。等持寺・御所八幡・曇華院の所在地は、高橋康夫『京都中世都市史研究』（思文閣出版、1983年）に依拠した。三条高倉御所の所在は、とくに決め手となる史料がないので判断がむずかしいが、室町将軍の御所は「西面を晴」とするという川上貢説（同『日本中世住宅の研究』墨水書房、1967年）にまず依拠した。また、三条大路（三条通り）は、通常、「十四日山々」が河原（のちの寺町通りあたり）をめざして巡行する路筋なので、それをふさぐ可能性は少ないとして、敷地を一町規模とした。桟敷の所在地は、『二水記』６月27日条に「坤角方」、『経尋記』同日条に「御所未申角」とある記事から判断し、当日の巡行ルート（→）は、鷲尾隆康が「等持寺之内、（中略）南門之西坤角方」（『二水記』同日条）の桟敷で伏見宮に供奉して見物し、「山・鉾等、等持寺前東行、御所唐門前南行渡之」（『二水記』同日条）を室町殿足利義晴が見物していることから推測した。川上説に室町将軍の御所は「南に四足門、北に棟門（または唐門）」（前掲書）とあることも考慮にいれた。なお、三条高倉御所の所在は、初出で示したように一町西の可能性もある。三条高倉御所の所在については、高橋康夫氏からさまざまなご教示をいただいた。

記』に見いだすことができる。

ちなみに、山鉾がこのように内裏・仙洞近くを巡行するという前例については、さらにさかのぼって応永三一年（一四二四）[42]・正長元年（応永三五＝一四二八）[43]においてもみられるが、ただ、ここでもやはり後小松上皇の「近年御所所望ニ依テ沙汰」であったという事実が確認できる。しかも、正長元年においては、「風流之物《山笠》又押進両御所《（内裏・仙洞）》辺、上皇《（後小松）》於桑山御見物[44]」したということも知られるが、いずれにしても、以上の場合においては、山鉾は通常のルートを巡行したのちに室町殿などへ参ることも可能なので、式日の異なる日に、「七日鉾山」「十四日山々」をあわせた山鉾巡行のみを一日で執行させ、それを室町殿が「見物」したという大永二年の事例はやはり前例のないものだったといえよう。

このようなことがなぜ可能だったのか、その理由については、残念ながらそれを語る史料が見つからないのでつまびらかにすることはできないが、ただ、明応九年の再興以降この間の状況をみるかぎりにおいては、幕府と山鉾とのあいだの密接な関係というものがその背景にあったと考えざるをえない。

はたして、それが経済的なものであったのか、あるいは人的なものであったのかについては、決め手となる材料をもっていないので慎重を期さなければならないが、可能性としては、日吉祭礼と祇園会といったような従前の関係とは別次元の関係、たとえば、永正八年のとき山鉾を調える主体を幕府が神人ではなく「地下人等」と呼称・認識したように、山鉾の巡行する下京という都市領域における住人の変化に対応した都市支配にかかわる関係というようなものがその背景にあったのではないだろうか。

祭礼規模の差もさることながら、幕府が日吉小五月会を含めた日吉祭礼より祇園会の執行をしばしば優先したのもまた、下京のもつ価値が乱前とくらべて大きな違いをみせていたためと推察される。

このことを裏づけるまでにはいたらないが、たとえば、義晴が、六月二七日に祇園会「見物」するために

「武家《足利義晴》今日早朝渡御三条御所」[45]、翌二八日には「三条より上御所江還御」[46]と、かつてのように京極宿所に御成するのではなく、わざわざ「見物」のためにだけ三条高倉御所に渡御したことなどは、乱前、足利義教が「御移徙上御第之後及多年、無今日之御見物」[47]であったこととくらべても、その積極性がうかがえる。

その意味でも、幕府と祇園会、とりわけ山鉾との関係はより直接的なものになりつつあったといえようが、ただとはいっても、日吉祭礼や山門大衆との関係もまた度外視することはできなかった。

実際、この大永二年以降においても、政局の不安定さとともに山門大衆の動きもまた表面化し、祇園会は、大永三年（一五二三）には一二月に、大永五年（一五二五）には閏一一月に、大永六年（一五二六）には六月二二日・二九日に、大永八年（一五二八）には八月に、享禄二年（一五二九）も八月、享禄五年（天文元＝一五三二）には一二月にと延引と追行をくり返しており、しかも、そのほとんどに日吉祭（山王祭）の延引や、あるいは山門大衆による訴訟、山訴がかかわっていたということが知られるからである。[48]

そして、義晴を支えた細川高国が滅び、その義晴も近江へ避難、かわって政局を主導しつつあった細川晴元も入京できず、晴元勢とともに山科本願寺を焼討した法華一揆が大坂本願寺攻めをつづけるという、いわば政局が空白となった天文二年（一五三三）、祇園会をめぐって幕府と山門大衆とは、永正三年以来ふたたび真っ正面からぶつかることとなるのである。

(3)　天文期をめぐって

この年、近江に避難を余儀なくされていた幕府は、にわかに五月二二日付の奉行人連署奉書[49]でもって祇園執行に対し、「祇園会事、雖無日吉社祭礼、任去明応九年幷永正三年御成敗之旨、来六月式日可被執行」しとの命令を伝える。ここにみえる「去明応九年幷永正三年御成敗」とは、さきにも触れたように、ともに細川政元のときのことであるが、この両年を意識しているという点において、このときの幕府の姿勢がいかに強いものであったかが知られる。

ところが、祇園執行の日記『祇園執行日記』[50]によれば、式日の前日、六月六日になると、今度は祇園執行のもとへ六月五日の日付をそなえた「山門三塔ノ執行代」の「状」が到来する。そして、その「状」の内容が、「山門ヨリ此方ヲ発向シ候ハン由、明日此方神事シ候ハヽ、此方ヲ明日発向シ候ハン」という驚くべきものであったため、祇園社内では「皆談合シ」、結果、「明日神事延引シ候ハン由」の「状」を「近江へ人下候ハン」と決するにいたる。

そうこうしているところへ、ふたたび「近江ノ公方（足利義晴）ヨリ奉書是へ付」く。その奉書案が『祇園社記』第一六に残されているが[51]、そこには、「明日祇園会事、先可被延引之由、為山門申入之段、佐々木弾正少弼（六角定頼）被申上之旨候間、如斯被仰出候」と書かれてあり、その内容とは、つまり、山門大衆の意向とともに、義晴を庇護する近江守護六角定頼の「意見」[52]にしたがって、さきの奉書を撤回するというものであった。

ここにみえる六角定頼の「意見」というのは、おそらく山門大衆とみずからとの関係を配慮したものであろうが、いずれにしても山門大衆の意向に屈したことにはほかならず、結局、幕府は、六月八日付でつぎのような苦渋にみちた奉行人連署奉書（案）[53]を祇園執行に送ることとなるのである。

祇園会事、先例旨被申上候条、式日可被執行之段、雖被成奉書、就日吉祭礼相延、為山門申子細之間、先神事之儀、可被延引、追被遂糺明、可被仰付之由、被仰出候也、仍執達如件、

天文弐

六月八日　（飯尾）堯連判

（松田）晴秀判

当社執行玉寿丸殿

実はこのことを聞きつけて、「神事無之共、山ホコ渡シ度」とて、祇園社の社人、山本大蔵のところへやって来たのが例の「下京ノ六十六町ノクワチキャチ（月行事）共」であったが[54]、彼らが「フレ口（触）、雑色」とともに、開闔のもとではなく祇園社へやって来ていることからもわかるように、その行動が、これまでいわれてきたような幕府に対する抵抗などでないことはあきらかである。[55]しかも、『実隆公記』六月七日条に「祇園会依山訴停止、大政所樹折摧云々、神慮不可思議也」とみえ、今回の祇園会停止が山訴によるものであったことが広く知られている以上、これまでのイメージはやはり修正されなければならないであろう。

　もっとも、その一方で、「クワチキャチ」＝月行事の存在を通して社会集団・共同体としての町（個別町・両側町）と山鉾とのあいだに接点がみられること、またその山鉾を永正八年（一五一一）のときのように調えがたいというのではなく、逆に巡行させたいという、山鉾をみずからの祭礼と認識していたことなどが史料のうえで確認できる点において、右の事実が画期的なものであることにはかわりはない。

　いずれにしても、この六月の段階では、幕府においても、また「下京ノ六十六町」においても祇園会の執行はあきらめざるをえなかったと考えられるが、ところが、翌々月の八月になると幕府はふたたび山鉾のうち、「七日山鉾」を調えるよう祇園執行[56]および「下京地下人中」[57]に対して奉行人連署奉書でもってもとめてくる。

　その理由についてはさだかではないが、『実隆公記』六月二一日条が「大坂和睦之儀、必定」と伝えるように、六月二〇日前後に晴元と大坂本願寺とのあいだで和睦がなったことなどが関係しているのかもしれない。

　ただし、これに対しては、「重可調之儀迷惑之通、下京町人等言上」[58]したことが知られている。六月に祇園会が執行されていないと考えられるので、「重」ねての解釈がむずかしいが、（天文二年）九月三日付で「祇園会事、被遂無為之節候、珍重候」と記された奉行人飯尾堯連の書状[59]が残されていることからすれば、八月末のどこかで

「七日山鉾」は巡行、祇園会も追行されたことが認められる。

なお、このとき、義晴・晴元ともに在京できていないので、当然、「見物」はなかったが、しかしそれは裏をかえせば、室町殿や晴元など細川京兆家の「見物」がなくてもこの時期においては山鉾の巡行が可能になりつつあったことも意味しよう。

もっとも、この天文二年を含めた天文期に限定しても、天文四年（一五三五）には一一月、天文七年（一五三八）には一二月、天文一一年（一五四二）には一〇月、天文一八年（一五四九）には一二月、天文二三年（一五五三）には八月、天文二三年（一五五四）には九月にと、延引と追行がくり返されていることを考えると、祇園会をめぐる相互の関係性というものは、総体としては容易に新たな段階にすすむことはなかったと思われる。

しかも、この間、天文五年（一五三六）には、いわゆる天文法華の乱がおこり、山門大衆と法華一揆の合戦が下京を戦場としてくり広げられ、その結果、下京が焼亡するにいたる。ただし、第二章でも触れたように、その復興過程において、天文八年（一五三九）には「寄町」、天文一八年（一五四九）には「出銭」など、山鉾が、社会集団・共同体としての町に経済基盤をもつようになっていたという事実を史料のうえで確認できることは、やはり画期的というべきと考えられる。[60] しかも、「出銭」に「御雑色」がなんらかのかかわりをもっていたと考えられることからすれば、幕府との関係も一定の深化をとげていたと予想されよう。

その意味において、天文八年の「寄町」のことを伝える同じ史料『披露事記録』[61]五月一九日条が語るつぎのような記事などは、それに対するひとつの傍証になると思われる。

一、就来月祇園会儀町人共申事、此両奉行披露也、とにかくに、祭礼事、ゆへなく可被遂其節事肝要之由、各申之也

なお、天文二年を含めた天文期以降において、室町殿や細川京兆家が祇園会を「見物」したのかどうかについ

ては、関連史料が極端に少なく判然としない。ただ、唯一、天文一七年（一五四八）については、『長享年後畿内兵乱記』[62]六月一四日条に「祇園会、相公（足利義輝）・少弼（六角定頼）・細川（晴元）殿御見物、於四条道場」とみえ、足利義輝（義藤）・六角定頼・細川晴元がともに、四条京極にあった四条道場金蓮寺において祇園会を「御見物」したことが知られる。

もはや、大名宿所に御成することも、桟敷を構えることもなかったことがここからはうかがえるが、御成の場となった金蓮寺に対しては、「為祇園会御見物、今度就　御成、御座敷以下馳走之条、寺家境内竹木事、向後被相懸之条、一切御停止」という禁制ともいうべき奉行人奉書[63]がだされたことも認められるのである。

しかしながら、この年の八月、三好長慶が晴元に反旗をひるがえし、それを引き金に義輝・義晴もながく在京がままならない状態が頻発、しかも確認できる範囲において祇園会もまた、あいかわらず、弘治三年（一五五七）には一二月、永禄元年（一五五八）には一一月、永禄三年（一五六〇）には一二月、永禄八年（一五六五）には八月、永禄九年（一五六六）には六月二一日、永禄一〇年（一五六七）には一二月と、延引と追行をくり返しつづけることとなる。そして、そのような混乱のうちに、織田信長の入京も迎えることとなるのである。

おわりに

以上、本章では、戦国期祇園会と室町幕府との関係について、「見物」という事象をめぐって、できうるかぎりの検討をおこなってきた。しかしながら、結果として、その作業の大部分が山鉾と幕府との関係を追いつづけるというものにならざるをえなかった点はいなめないと思われる。

ちなみに、神輿と幕府との関係については、すでに第三章でも触れたように、「当社江御祭礼自公方様可参条々」と題された年月日未詳の文書に「一、六月祭礼御神馬三疋、同三百貫文公定銭事[64]」とみえ、神馬三疋とともに馬上役もまた、馬上一衆からというよりも幕府から参るものという認識を祇園社がもっていたことが知られる。その意味では、馬上役という用途を媒介とした神輿と幕府との関係というのは、基本的には乱前と変わらなかったといえようが、もっとも、神馬については、永禄期頃までなんとか幕府からすすめられていたことが確認できるものの、馬上役については、文亀頃を最後に関連史料を見いだすことができない。

つまり、戦国期祇園会における神輿渡御とは、実際には馬上役が「無足」のまま執行されていたと考えざるをえないのであるが、おそらくは、それを補填するようななんらかの用途も存在したとは考えられるものの、残念ながらそれにかかわる史料を見いだせていないというのが現状なのである。(65)

ところで、あらためて山鉾巡行を室町殿が「見物」するということについてであるが、ここまでみてきた事実が管見のかぎりのすべてであることからもわかるように、予想以上にそれを確認できる史料に乏しいというのが実状であった。これが単なる史料の残りかたの問題なのかどうかについては即断できないが、ひとつの背景としては、やはり御成にかかわる用途の問題があったと思われる。

もちろん、この時期、室町殿も細川京兆家もしばしば在京できなかったという現実が根本的な背景としてあったとは考えられるが、その点を加味しても、幕府行事としての「祇園会御成」というのは、戦国期においては、乱前のようなかたちで継続することはむずかしかったと考えざるをえないであろう。

ただその一方で、御成ではない室町殿による「見物」について、それをどのように評価すればよいのかという問題は残される。この点については、なにぶん事例も少ないので、その回答をだすというわけにはゆかないが、そのようななかでも、たとえば、室町殿足利義澄の「見物」が確認されない一方で、細川政元の「見物」には注目が集められたという事実などが多少の手がかりとなるかもしれない。

なぜなら、この政元の動きに照らしてみるならば、再興後の祇園会においては、御成以上に桟敷を構えて「見物」するという行為自体に、「見物」の主体となる人物の政治的位置、とりわけ武家権力内におけるそれが可視化されるという意味合いを読みとることも可能だからである。もしそうでなければ、室町殿でない人物の「見物」が注目されたり、あるいは一年のうちに二度、山鉾を巡行させ、それを「見物」するといったようなことを考える道筋もみえてこないのではないだろうか。(66)

ただし、そうはいっても、このようなことが個々の人物の個性に起因するのかどうかという点については判断のむずかしいところである。また、これに天文二年の事例、すなわち在京しない幕府が祇園会の執行を命じたという事実なども考えあわせてみるならば、やはり、室町殿や政元など細川京兆家の個性というよりむしろ、組織としての幕府と山鉾との関係が、明応九年の再興以降、年を経るにつれて、直接的なものに近づきつつあったと考えるほうが妥当なのではないだろうか。

むろん、「祇園会御成」の議論でもすでに触れられているように、南北朝・室町期においても山鉾と幕府とのあいだになんらかの関係があるとは考えられてきた。しかし、その関係が接近度を増すまでに史料でみてとれるようになるのは、やはり戦国期以降なのである。

もっとも、その接近の度合いが、結びつくというところまでにいたらなかったのは、史料の残存状況という問題もさることながら、日吉小五月会を含めた日吉祭礼および山門大衆との関係というのが一方であったと考えられる。その意味において、室町幕府は、従前の関係性というものを結局、転換させることはできなかったといわざるをえないが、そのことを象徴的に物語るものとしても、つぎの山科言継の日記『言継卿記』(67)元亀二年（一五七一）一二月七日条にみえる記事などは注目に値するといえよう。

祇園会有之、山王祭雖無之、日吉社・山上等無之間、以上意行之

元亀二年といえば、織田信長によって山門が焼討された年だが、この年一二月に追行された祇園会においては、

これまでの関係を規定してきた日吉祭礼たる「山王祭」、「日吉社」、そして「山上」＝山門大衆の存在が一時的にせよ消滅したため、「上意」によってそれがおこなわれたと伝えられているからである。

この場合の「上意」が信長か、あるいは室町殿足利義昭かという判断はむずかしいが、かりに一般的な解釈として義昭であったとしても、信長による山門焼討がなければ、実現できなかったことにはまちがいないであろう。しかも、これを境として、祇園会の式日が安定してゆくということをみたとき、戦国期祇園会の歴史は、ここで大きな転換期を迎えたといっても過言ではないのである。

しかしながら、この転換期以降、たとえば、織田政権が祇園会とどのような関係をもったのかについては、それをさぐる手がかりが戦国期以上に乏しいというのが実状である。わずかに、天正六年（一五七八）に信長が「御見物」[68]をしたということ、またその信長が本能寺で倒れたのが天正一〇年（一五八二）六月二日であったために、「六月物忩ニテ無之故」[69]、九月に延引したということなどが確認できるのみだからである。

豊臣政権においても同様で、おしなべて中世から近世への移行期については、祇園会の実態そのものについても、『八坂神社文書』をはじめ同時代史料が乏しいこともあって、いまだあきらかでないことのほうが多い。近世祇園会の出発点ともいうべきこの時期の実態がつまびらかでないというのはゆゆしき状況ではあるが、いずれにしても、今後は、この時期の史料も集めつつ、別の角度からの検討も重ねてゆく必要もあろう。今後の課題としたいと思う。

（1）　林屋辰三郎「郷村制成立期に於ける町衆文化」（『日本史研究』一四号、一九五一年、のちに同『中世文化の基調』東京大学出版会、一九五三年）、同「祇園祭について」（民科京都支部歴史部会編『祇園祭』東京大学出版会、一九五三年）、同『町衆―京都における「市民」形成史―』（中公新書、一九六四年）。とりわけ、民科京都支部歴史部会編『祇園祭』所収の紙芝居にその影響が顕著であることは、よく知られていよう。
(2) 本書第二部第二章・第三章。なお、戦国期における祇園会の執行状況については、第二章の表2参照。
(3) 二木謙一「祇園会御成」(『國學院大學日本文化研究所紀要』第二六輯、一九七〇年、のちに同『中世武家儀礼の研究』吉川弘文館、一九八五年)。
(4) 下坂守「延暦寺大衆と日吉小五月会(その一)—馬上方一衆出現の契機—」「延暦寺大衆と日吉小五月会(その二)—室町幕府の対大衆政策—」(同『中世寺院社会の研究』思文閣出版、二〇〇一年)。
(5) 瀬田勝哉「中世祇園会の一考察—馬上役制をめぐって—」(『日本史研究』二〇〇号、一九七九年、のちに同『洛中洛外の群像—失われた中世京都へ—』平凡社、一九九四年)。
(6) 本書第一部第二章。
(7) 増補続史料大成。
(8) 下坂守「応仁の乱と京都—室町幕府の役銭と山門の馬上役の変質をめぐって—」(『学叢』二四号、二〇〇二年)。
(9) 増補続史料大成。
(10)『結番日記』文明九年四月七日条。
(11)『叢書　京都の史料4　八瀬童子会文書』『「八瀬童子会文書」補遺・総目録』(京都市歴史資料館、二〇〇〇年、二〇〇二年)。本文書については、京都市歴史資料館写真版も参照にした。
(12) 明応二年一二月三日付室町幕府奉行人連署奉書案(『八瀬童子会文書』二九〇号)。
(13)(明応九年)五月二八日付飯尾清房書状(『八坂神社文書』一八三号)。「八坂神社文書」については、京都府立総合資料館写真帳も参照にした。
(14) 明応九年六月一日付室町幕府奉行人連署奉書案(『祇園社記』第一六、増補続史料大成『八坂神社記録』三)。「祇園社記」については、東京大学史料編纂所写本も参照にした。
(15) 増補続史料大成。
(16)『図書寮叢刊　九条家歴世記録二』。
(17) 文亀元年六月六日付室町幕府奉行人連署奉書案(『祇園社記』続録第一、『八坂神社記録』四)。
(18) 本書第一部第二章。

(19) 本書第一部第一章・第二章。
(20) 史料纂集。
(21) 本史料の問題点については、本書第一部第二章・第五章参照。
(22) 『言国卿記』文亀二年六月七日条。
(23) 『大乗院寺社雑事記』永正二年六月八日条。
(24) 『陽明叢書記録文書篇　第三輯』（思文閣出版、一九八五年）、大日本古記録。
(25) 続群書類従完成会刊本。
(26) 天文二年五月二二日付室町幕府奉行人連署奉書案（『祇園社記』第一六）。
(27) 今谷明『室町幕府解体過程の研究』（岩波書店、一九八五年）。
(28) 永正五年七月一八日付社務執行宝寿院顕増(カ)申状案（『八坂神社文書』二七五号）。
(29) 永正八年六月一四日付後柏原天皇女房奉書（『立入宗継文書・川端道喜文書』国民精神文化研究所、一九三七年）。なお、『大日本史料』第九編之三、永正八年六月一四日条の綱文「勅シテ、幕府ノ、禁裏御倉役立入宗康ニ、小松忌会ノ斎料ヲ課スルヲ停止セシメラル」の「小松忌会」とは「小五月会」の読みあやまりである。
(30) 永正八年一二月二四日付室町幕府奉行人連署奉書（『新修八坂神社文書　中世篇』一五八号、『祇園社記』第一六）。
(31) 永正九年五月二九日付同右文書案（『祇園社記』第一六）。
(32) （永正九年）六月六日付飯尾貞運書状案（同右）。
(33) 永正六年閏八月付左方諸色掌中申状案（『八瀬童子会文書』二九一号）。
(34) 『大日本史料』第九編之五。
(35) 足利義稙は、この半年後の永正一二年一一月二日に三条高倉御所に移徙したことが知られているが（『大日本史料』第九編之五）、このときの所在については、現在のところつまびらかにすることができない。
(36) 『続群書類従』第二九輯。
(37) 大日本古記録。
(38) 『大日本史料』第九編之一六。

(39)『群書類従』第二三輯。
(40)増補続史料大成。
(41)史料纂集。
(42)『満済准后日記』（『続群書類従』補遺一）応永三一年六月七日・一四日条。
(43)同右、応永三五年六月七日・一四日条。
(44)『建内記』（大日本古記録）正長元年六月一四日条。
(45)『二水記』大永二年六月二七日条。
(46)『親孝日記』大永二年六月二八日条。
(47)『建内記』永享一一年六月一四日条。
(48)本書第一部第二章。
(49)天文二年五月二二日付室町幕府奉行人連署奉書案（『祇園社記』第一六）。
(50)『八坂神社記録』二。
(51)天文二年六月六日付室町幕府奉行人奉書案（『祇園社記』第一六）。
(52)西島太郎「足利義晴期の政治構造―六角定頼『意見』の考察―」（『日本史研究』四五三号、二〇〇〇年）。
(53)天文二年六月八日付室町幕府奉行人連署奉書案（『祇園社記』第一六）（『生源寺文書』、今谷明・高橋康夫共編『室町幕府文書集成　奉行人奉書編』下、思文閣出版、一九八六年、三三一六号）。なお、近年、この文書の原本（ただし、宛所が失われている）が発見され、『新修八坂神社文書　中世篇』一六二号としておさめられている。
(54)『祇園執行日記』天文二年六月七日条。
(55)本書第一部第二章。
(56)天文二年八月九日付室町幕府奉行人連署奉書案（『祇園社記』第一六）。
(57)天文二年八月九日付同右文書案（『八坂神社文書』三〇一号）。
(58)天文二年八月九日付同右文書案（『祇園社記』第一六）。
(59)（天文二年）九月三日付飯尾尭連書状（『八坂神社文書』三〇二号）。
(60)本書第一部第二章。

(61)　桑山浩然校訂『室町幕府引付史料集成』上巻（近藤出版社、一九八〇年）。
(62)　『改定史籍集覧』第二三冊。
(63)　天文一七年六月一五日付室町幕府奉行人奉書（『金蓮寺文書』、橘俊道・圭室文雄編著『庶民信仰の源流―時宗と遊行聖―』名著出版、一九八二年）、（『室町幕府文書集成　奉行人奉書編』下、三六六八号）、（天文一七年）六月一〇日付波々伯部元継書状（『金蓮寺文書』）。
(64)　（年月日未詳）将軍家進納物等条書（『八坂神社文書』五八号）。
(65)　本書第一部第三章。
(66)　なお、天文一三年（一五四四）六月七日にも「右京大夫」（細川晴元）が「祇園会見物」したことが確認できる（京都大学文学部閲覧室写本「尊鎮法親王御記」同日条）。
(67)　続群書類従完成会刊本。
(68)　『兼見卿記』（史料纂集）天正六年六月一四日条、『信長公記』巻一一（奥野高弘・岩沢愿彦校注、角川文庫、一九六九年）。
(69)　『多聞院日記』（増補続史料大成）天正一〇年九月一五日条。
（補注）　本章発表後、大塚活美「室町将軍・異国使節等の祇園祭見物―中世における首都京都の祭礼―」（『朱雀』第一七集、京都文化博物館、二〇〇五年）が発表された。本論文は、室町殿ばかりではなく、都市住民・異国使節などによる祇園祭見物にも触れた論考である。

第五章　戦国期祇園会の再興と『祇園会山鉾事』

はじめに

応仁元年（一四六七）に勃発した応仁・文明の乱によって停止に追いこまれた京都の祇園会は、三三年間の年月を経て明応九年（一五〇〇）六月にようやく再興される。このとき、再興されたのは、乱前より祇園会を構成していた神輿渡御ならびに山鉾巡行であったが、その実態については、思いのほか史料も少なく、あきらかでない部分も少なくない。

ただ、そのようななかでも、山鉾に関しては、実は、比較的その実態をうかがうことのできる史料が残されている。それが、近世、享保期（一七一六～三六）の祇園執行、行快の手によって編まれた『祇園社記』第一五に[2]おさめられる『祇園会山鉾事』という史料である。この史料には、明応九年再興のときの山鉾の名称ばかりか、乱前にあったとされる山鉾の名称までがことこまかに記されており、中世祇園会に関する研究においては、もっとも基本的な史料として知られている。

ところが、この『祇園会山鉾事』が、古文書学的、あるいは史料学的に検討されたことはこれまであまりなかったように思われる。中世の山鉾の実態をうかがうことのできるほぼ唯一の史料であるため、比較の対象とならなかったことにもよるのだろうが、しかしながら、孤高の史料であるだけに逆に慎重な検討があらためて必要とされるのではないだろうか。

そこで、本章では、『祇園会山鉾事』に対して、古文書学的・史料学的なアプローチを試みることとしたい。たとえば、『祇園会山鉾事』には、奥書があるが、実はそれは明応九年のものではないなど、祇園会再興とのあいだにも一定の距離感が読みとれるからである。本章では、この『祇園会山鉾事』の検討を通して、史料自体の成立や、また、この史料に直接かかわる祇園会再興の問題についてもせまりたいと思う。

一　『祇園会山鉾事』について

(1)　『祇園会山鉾事』と『祇園社記』

ところで、平成元年（一九八九）、文化庁文化財保護部美術工芸課によって「八坂神社文書」（八坂神社所蔵）が調査され、[3] その際に撮影された写真が、写真帳として京都府立総合資料館に架蔵されている。

興味深いのは、そこには、同じ内容をそなえる二冊の『祇園会山鉾事』がおさめられており、[4] しかも、それらとこれまで底本とされてきた『祇園社記』第一五におさめられる活字本とを突きあわせてみると、いくつかの異同がみられる点である。

写真帳でおさめられた二冊の『祇園会山鉾事』のうち、一冊は、表紙を含めて一三紙、二八・三センチ×二一・三センチの法量をそなえたもの、また、もう一冊は、表紙に「應仁乱後再興山鉾之記」、扉に「祇園會山鉾事」と記されたものとなっており、後者は前者を書き写した写本と考えられる。

そこでまずは、煩瑣ながらも、写真帳におさめられた二冊のうち、あきらかに古い前者をできるだけありすがたのかたちで引用し、活字本との異同を明記することからはじめよう。

左がその引用となるが、ここに記した史料のなかで、ゴシック体にしたところが、その異同となる。また、(あ)(1)(一)(A)(a)(ア)などの記号は、行論の都合上、著者がつけたものとなる。

「《(表紙)》祇園會山鉾事應仁一乱之後再興」
祇薗御さ**ひ**《(祭)》礼の御道つたへ之事、
大ま《(政)》所の御とをりハ、四条をにし《(西)》へ
烏丸まて、それを南へ御たみ《(旅)》所
まて、くわんかう《(還幸)》の御時ハ、五条を西、大
宮まて、それを上へ三条まて、
せうしやうゐ《(少将井)》んおなしく四条を東
のとゐ《(洞院)》んまて、其を上へ冷泉まて
御たみところ《(旅所)》あり、くわんかうの御とき、
二条にし《(西)》へ大宮まて、それを三条まて、
一、御とも《(供)》のきしき、御先へハいぬひ
しにん《(犬神人)》まいる、その跡ハ、おもひ〳〵の
　願主、
一、しし《(師子)》の衆いかにもひゝしく候、

└
(1オ)

（1ウ）

一、社人各々まいる、
一、み子《(神)》これハこし《(輿)》にてまいる、
一、御こしの御あと、神主むま《(馬)》にて御とも、
一、四座の衆、かちんのよろひ《(鎧)》ひたゝれ《(直垂)》、
三つかい《(番)》、すいひやう《(随兵)》、十つかい、」

（2オ）

ほくの次第

(あ)一、四条東洞院烏丸との間　ほく
(い)一、四条烏丸室町間　ほく
(う)一、四条室町之間　ほこ
(え)一、四条室町綾小路間　庭鳥ほこ」

（2ウ）

(お)一、綾小路室町五条坊門間　白楽天手かき
(か)一、五条坊門室町高辻間　御ゆた《(湯立)》て手かき
(き)一、綾小路町西洞院間　ちさう《(地蔵)》ほこ
(く)一、綾小路西洞院油小路間　あしかり《(芦刈)》山手かき

（け）一、五条坊門西洞院高辻間　　ゑひす　手かき

（こ）一、綾小路西洞院五条坊門間　　こと《（琴破）》ハり山

」（3オ）

（さ）一、四条烏丸綾小路間　　花見の中将山

（し）一、綾小路町四条間　　大舩

（す）一、同南町　　これハ十四日ニわたる　大舩

（せ）一、五条坊門油小路高辻間　　太子のそまいり山

（そ）一、四条東洞院綾小路間　　はねつるへの山

（た）一、五条坊門町高辻間　　あまのさかほこ山

」（3ウ）

（ち）一、綾小路室町之間　　はやし物

「（朱筆）右小舎人新右衛門一座

注分也、」

小舎人新右衛門　清次

祇園會事御再興于時頼亮侍所開闔山已下申付之間、

先規之次第、依為古老之者、相尋小舎人新右衛門男

旱、抑此大會御再興之時節、頼亮（松田）当職、併為冥加歟、

」（4オ）

（白紙）

（4ウ）

祇園會山ほくの次第

七日

應仁乱前分

(1)一、長刀ほく　四条東洞院

(2)一、かんこく《函谷》ほく　四条烏丸と室町間

(3)一、かつら《桂》男ほく　四条室町と町間

(4)一、かんたかうふきぬ山　四条東洞院と高倉間

(5)一、こきやこはやし物　四条油小路と西洞院間

(6)一、あしかり《芦刈》山　四条いのくま《猪熊》

(7)一、まうそ《孟宗》山　錦少路万里小路と高倉間

（5オ）

(8)一、いたてん《韋駄天》山　同東洞院と高倉間

(9)一、弁慶衣川山　錦烏丸と東洞院間

(10)**一、あしかり山　同烏丸と室町間**

(11)一、天神山　同町と室町間

(12)一、こかうのたい松山　同西洞院と町間

(13)一、すミよし《住吉》山　綾少路油少路と西洞院間

(14)一、地さう(蔵)ほく　同町と西洞院間
(15)一、こはんもち山　五条高倉と高辻間
(16)一、花ぬす(盗)人山　同東洞院と高倉間
(17)一、うかひ舟山　四条高倉と綾**少**路間」
(5ウ)

(18)一、ひむろ(氷室)山　綾少路万里少路と高辻間
(19)一、あしかり山　錦少路東洞院
(20)一、はねつるへ山　四条東洞院と綾**少**路間
(21)一、まうそ山　錦少路烏丸と四条間
(22)一、花見の中将山　綾少路と四条間
(23)一、山ふし(伏)**ほく**　四条坊門むろ町
(24)一、**菊**水ほく　錦少路と四条間
(25)一、庭とり(鳥)ほく　綾**少**路室町と四条間
(26)一、はうか(放下)ほく　錦少路町と四条間
(27)一、(神功皇后)しんくくわうくうの舟　四条と綾少路間

(28)一、岩戸山　五条坊門町と高辻間
(29)一、おかひき山　**五条町と高辻間**
(30)一、(蟷螂)かまきり山　四条西洞院と錦少路間」
(6オ)

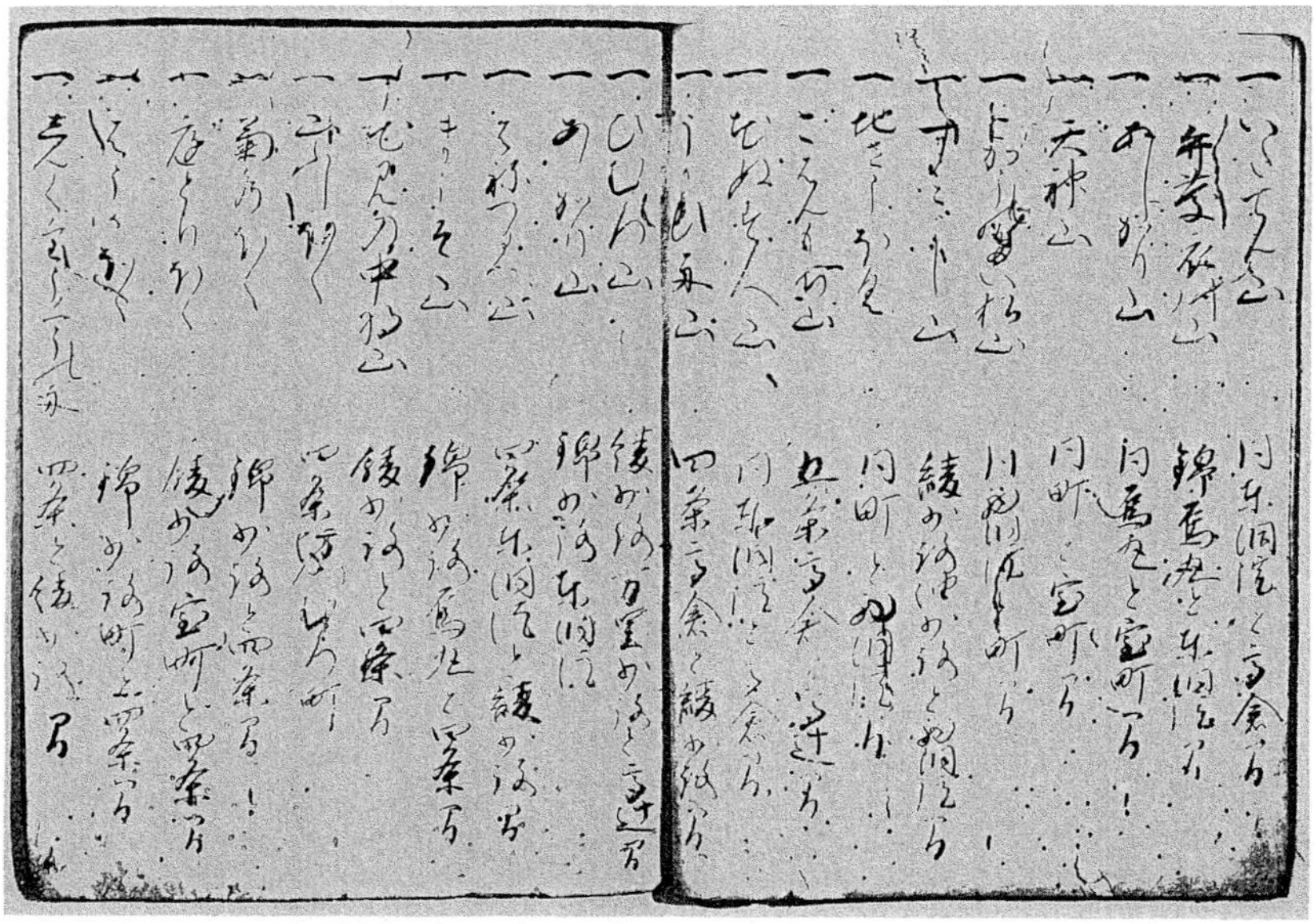

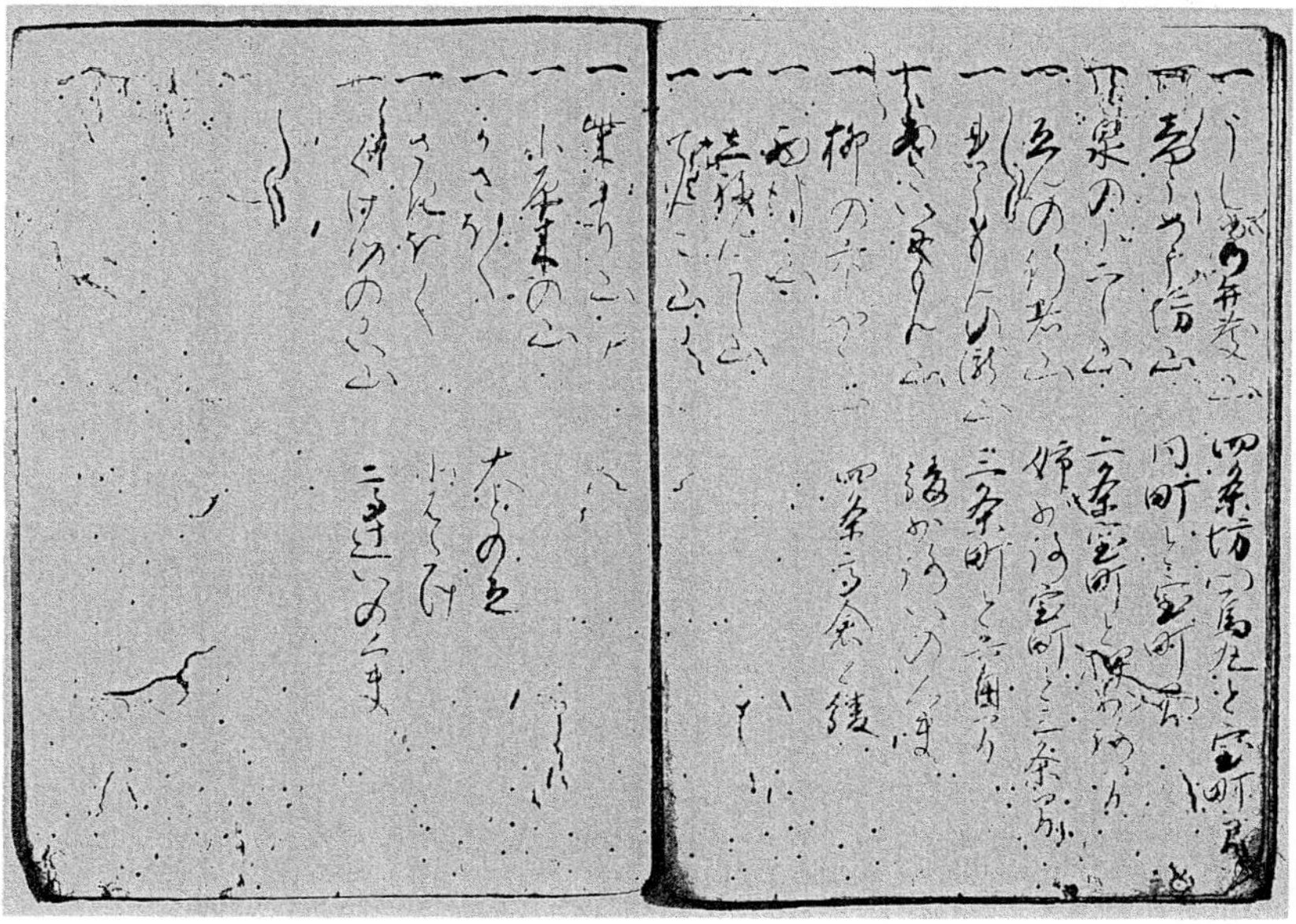

写１　『祇園会山鉾事』（八坂神社所蔵）　(上) 5 ウ・6 オ、(下) 7 ウ・8 オ

(31)一、たるま（達磨）ほく　　錦少路油少路
(32)一、太子ほく　　五条坊門油少路と高辻間
應仁乱前分　十四日
(一)一、すて物ほく　　二条町と押少路間
(二)一、たいし（太子）ほく　　押少路と三条坊門間
(三)一、弓矢ほく　　姉少路と三条間
」（6ウ）
(四)一、甲ほく　　所々のくら役
(五)一、八幡山　　三条町と六角間
(六)一、ふたらく（補蛇落）山　　錦少路町と四条坊門間
(七)一、しんくくわうく（神功皇后）舟　　四条と綾少路間
(八)一、やうゆう山　　三条烏丸と室町間
(九)一、すゝか（鈴鹿）山　　同烏丸と姉少路間
(一〇)一、鷹つかひ山　　三条室町と西洞院間
(一一)一、山　　三条西洞院と油少路間
(一二)一、ふすま僧山　　鷹つかさ（司）猪熊近衛と間
(一三)一、なすの与一山　　五条坊門猪熊歟（与カ）高辻間
」（7オ）
(一四)一、うし（牛）若弁慶山　　四条坊門烏丸と室町間

(一五)一、しやうめう（浄妙）坊山　　同町と室町間
(一六)一、泉の小二郎山　　二条室町と押少路間
(一七)一、ゑん（役）の行者山　　姉少路室町と三条間
(一八)一、れうもん（龍門）の瀧山　　三条町と六角間
(一九)一、あさいなもん山　　綾少路いのくま
(二〇)一、柳の六しやく山　　四条高倉と綾
(二一)一、西行山
(二二)一、しねんこし（自然居士）山
(二三)一、てんこ（天鼓）山」(7ウ)

(二四)一、柴かり山
(二五)一、小原木の山
(二六)一、かさ（笠）ほく　　大とのゑ（舎衛）
(二七)**一、さき（鷺）ほく**　　**北はた（畠）け**
(二八)一、くけつのかい山　　高辻いのくま」(8オ)

(白紙)」(8ウ)

祇園會山鉾次第以鬮定之　明應九六六

先規ヨリ相定訖、

(A)一番　ナキナタホコ　四条東洞院トカラス丸トノ間也、
(B)二番　天神山　五条坊門トアヤノ小路間也、
(C)三番　いほしり山　錦小路西洞院ト四条ノ間也、
(D)四番　た(太)い子のそま入山　五条坊門油小路ト高辻ノ間也、
(E)五番　内裏ノ花ヌス人山　五条東洞院トタカクラトノ間也、
(F)六番　花見中将山　四条烏丸トアヤノ小路間也、
(G)七番　タルマ山　四条坊門油小路トニシキノ小路ノ間也、
(H)八番　かつら男山　**四条町ト室町ノ間也、**
(I)九番　山伏山《コマサライ》　四条油小路トニシキノ小路ト間也、
(J)十番　伯楽天山　五条坊門トアヤノ小路ノ間也、
(K)十一番　まうそう山　四条烏丸トニシキノ小路ノ間也、
(L)十二番　神功皇后山《アユツリ》　ニシキノ小路烏丸ト室町ノ間也、
(M)十三番　かさはやし　**四条油小路ト西洞院間也、**
(N)十四番　はうか山　四条町トニシキノ小路間也、
(O)十五番　天神山《トヒムメ》　ニシキノ小路ト町ノ間也、
(P)十六番　みち作山　四条西洞院**と**町間

(U)廿一番　はうか山　ニシキノ小路町ト西洞院ノ間也、
(V)廿二番　山伏ミ子(峰)入山　四条坊門室町トニシキノ小路トノ間也、
(W)廿三番　あしかり山　アヤノ小路油小路ト西洞院ノ間也、
(X)廿四番　八幡山　四条油小路トアヤノ小路ノ間也、
(Y)廿五番　にわ(庭)鳥山　四条室町トアヤノ小路トノ間也、
先規相定**訖**、終ニ渡**之**、
(Z)廿七(六)番　**大舟**　四条町トアヤノ小路ノ間也、

」
(9オ)

(Q)十七番　琴ハ(破)り山　アヤノ小路町西洞院ノ間也、
(R)十八番　菊水山　ニシキノ小路ト室町四条ノ間也、
(S)十九番　布袋山　四条坊門ト町ト室町ト間也、
(T)廿番　こきやこはやし　あやのこうち**ト**室町間

先規ヨリ一番也、
(a)一番　うしわか(牛若)殿　**四条坊門と烏丸**との間也、
(b)二番　八わ(幡)た山　三条町と六かくの間也、
(c)三番　す丶か山　三条からす丸
(d)四番　くわんおん(観音)ふたらく　**六かく町と四条坊門之間也、**
(e)五番　あしうさうしやうミやう　**六かくからすまる(烏丸)と室町之間**
(f)六番　大友の黒主　**三条室町と六かくの間也、**
(h)八番　かつら山　四条坊門と油小路之間也、
(i)九番　ゑんの行者　あねか小路室町と三条之間也、
(j)十番　たか(鷹)山　**三条町と室町**との間也、

今度御再興已後、山鉾次第町人等諍論之間、鬮取次第也、
前々日町人等来愚亭鬮取之、雑色等**来**入申付之、

」(9ウ)

(g)七番　龍門瀧　六かく室町と四条坊門との間也、

六月十二日鬮次第　頼亮

」(10オ)

明應九六十四

(ア)一、八幡山　三条町六角間、同六角東一町

(イ)一、観音ノ山　上六角町、下錦小路二町**分**

(ウ)一、れうもんの瀧山　六角室町四条坊門間

(エ)一、おうとも(大友)の山　三条室町六角之間

(オ)一、ゑんのきやうしやの山　**上三条坊門室町、下八三条間二町**

(カ)一、桂ノ山　四条坊門西洞院堀川間二町

(キ)一、鷹山　三条室町西洞院の間二町

(ク)一、うしわかの山　四条坊門室町烏丸間、同烏丸面より町

(ケ)一、あしうさう浄妙山　**六角室町烏丸間一町**(三)

(コ)一、すゝか山　三条烏丸押小路間二町

右山鉾、自御再興之時至永正

四年、不易申沙汰之、

」(10ウ)

祇園社家奉行飯加清房《飯尾加賀守》于時公人奉行
侍所開闔子頼亮」(11オ)
右一冊拾壱枚祖父如此注置之條、
相写之、加判形者也、
永禄三年九月十八日　頼隆《松田》(花押)
「凡弐百五拾九年ニ至」(附箋)」(11ウ)

(白紙)」(12オ)

(白紙)」(12ウ)

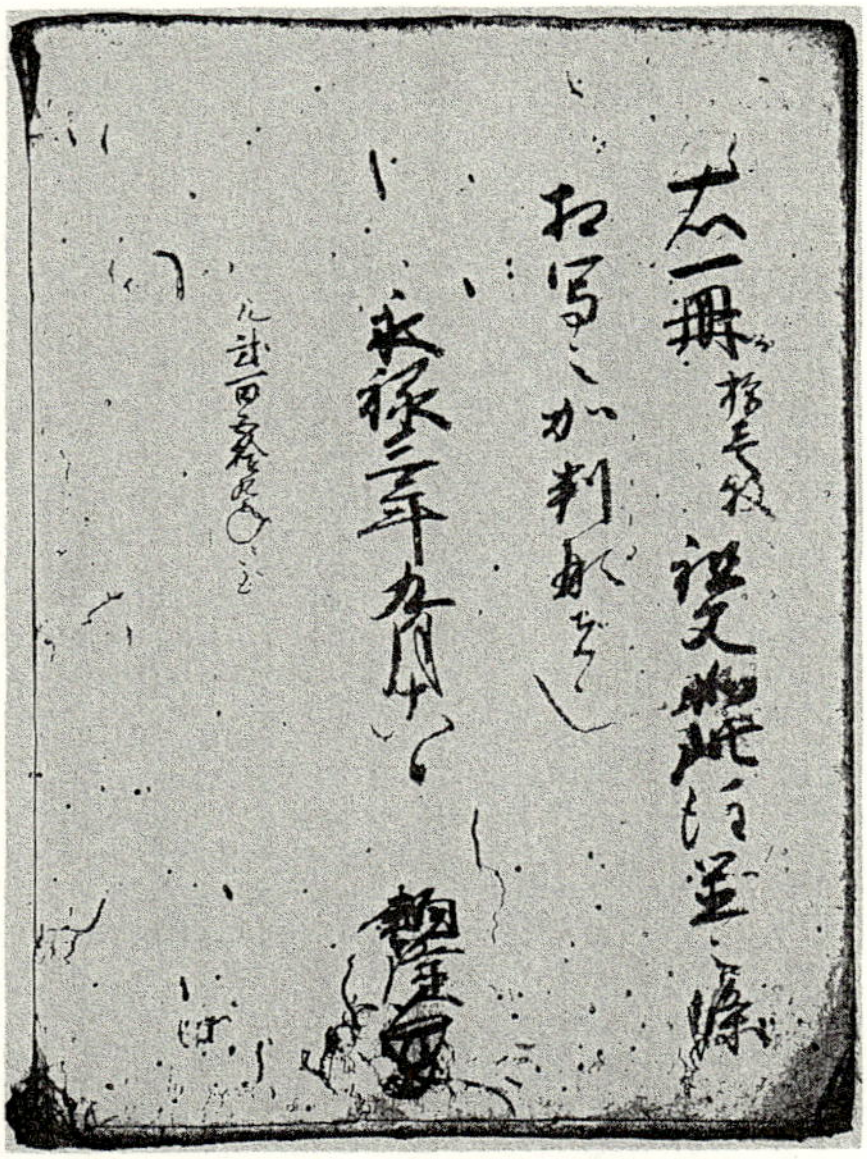
写2　『祇園会山鉾事』(八坂神社所蔵) 11ウ

(2)　異同について

まず、小さな異同のほうからみてみると、活字本では割書になっていたところが写真帳のほうでは一行書になっていたり、あるいは、その逆になっていたりするところがいくつかみられる。また、一文字だけではあるが、ひらがなとかたかなの表記が異なるところもみられるが、これらの異同は、大勢に影響をあたえるようなものではないのでとくに問題とはならない。

その一方で、小さな異同でも問題となるのが、一文字の異同でも、(14)の「地**さ**うほく」や(24)の「**菊**水ほく」、さらには、(三)の「猪熊**近**衛」や(三六)の「大との**ゑ**」のような読みあやまりである。

というのも、これまで活字本では、おのおのは、「さ」→「き」、「菊」→「留」、「近」→「兵」、「ゑ」→「房」と読まれており、そのためその解釈に苦心がなされてきたという歴史があるからである。とりわけ、最後の「大との**ゑ**」を「大との房」としてきたのは、あきらかな誤読であり、大舎人が、史料のうえでも「大舎衛」[5]ともでてくることを承知していれば、このような読みあやまりをすることはおそらくなかったであろう。

ついで、大きな異同であるが、こちらのほうは大勢に影響をあたえる深刻な問題をかかえることとなる。なぜなら、(10)の「**一、あしかり山　同烏丸と室町間**」や(三七)「**一、さきほく　北はたけ**」、あるいは、(Z)の「**廿七《(六)》番　大舟**」という山鉾が活字本では落とされていたからである（写1、参照）。

このうち、(Z)については、これまでにも、たとえば、村井康彦氏によって、「ここには、舟鉾という記載はないが、「先規相定《(ママ)》、終ニ渡也《(ママ)》」という傍記と、「四条アヤノ小路ノ間也」という場所指定によって、舟鉾であったことがわかる」[6]というような推測がなされてきたため、大過にはいたってはいないが、(10)(三七)の脱漏についてでは、これまでまったく知られてこなかった。

したがって、これによって、応仁・文明の乱以前にあったとされる山鉾の総数は、従来、「乱前の五十八基」とされてきたのを二基増して六〇基へと変更する必要がでてきたのである。

また、(三七)の脱漏によって、これまで応仁・文明の乱以前の山鉾のひとつとしてよく知られていた鵲鉾の実態もよりあきらかとなる。というのも、この鵲鉾については、山路興造氏が、[7]『尺素往来』[8]にみえる「大舎人之鵲鉾」をさまざまな史料から大舎人の鉾と北畠散所の鵲鉾（鷺舞）が対となったものであると指摘されており、

(三七)の存在によって、そのことが一程度、裏づけられることになったからである。

もっとも、山路氏は、(三)の「ふすま僧山」を「一台だけ下京の町々から離れて、大舎人町、即ち現在の西陣辺りから山が出されているのは、かつての大舎人鉾と関係があった故であろうか」とされているが、(三六)「一、かさほく　大とのゐ」と(三七)「一、さきほく　北はたけ」が、おのおの独立した鉾として存在することがあきらかとなった以上、それらが対となることで、たとえば、伏見宮貞成の日記『看聞日記』永享八年（一四三六）六月一四日条に記されるように、「祇園会如例、朝大舎衛桙、北畠笠鷺桙等参」とみられたと考えたほうが自然であろう。

以上が、おおよその異同となるが、右に引用したものに活字本で知られていない情報が盛りこまれている以上、常識的に考えても、右に引用した写真帳のほうが、これまで底本とされてきた『祇園社記』第一五の活字本より信頼のおける史料である可能性は高いように思われる。

実際、活字本では、(29)「一、おかひき山」の所在が、「四条西洞院と錦小路間」を見せ消ちとして、「五条と高辻間」と修正されているが、これは、となりの(30)「一、かまきり山」の所在を写しあやまったからで、このことからも、今回とりあげた写真帳は、『祇園会山鉾事』の原本か、あるいはより原本に近いものと考えられよう。

一応、このことを踏まえて、あらためて山鉾の配置を図示してみたのが、図1～6である。よく知られているように、これまでにも山鉾の配置を図示したものは多く作成されてきた。[9] しかし、概して、一枚の図のなかに『祇園会山鉾事』の情報をつめこむことが多かったように思われる。また、所在の記載が不明確にもかかわらず、現在の山鉾の配置にあわせて図示される場合も多かった。本章では、これらの点を考慮に入れて、まとまりごとに図を作成するとともに、所在の記載が不明確なものについては慎重を期してあえて欄外に記すこととした。

いずれにしても、これによって、旧暦の六月七日と一四日の二度にわたっておこなわれた山鉾巡行の応仁・文

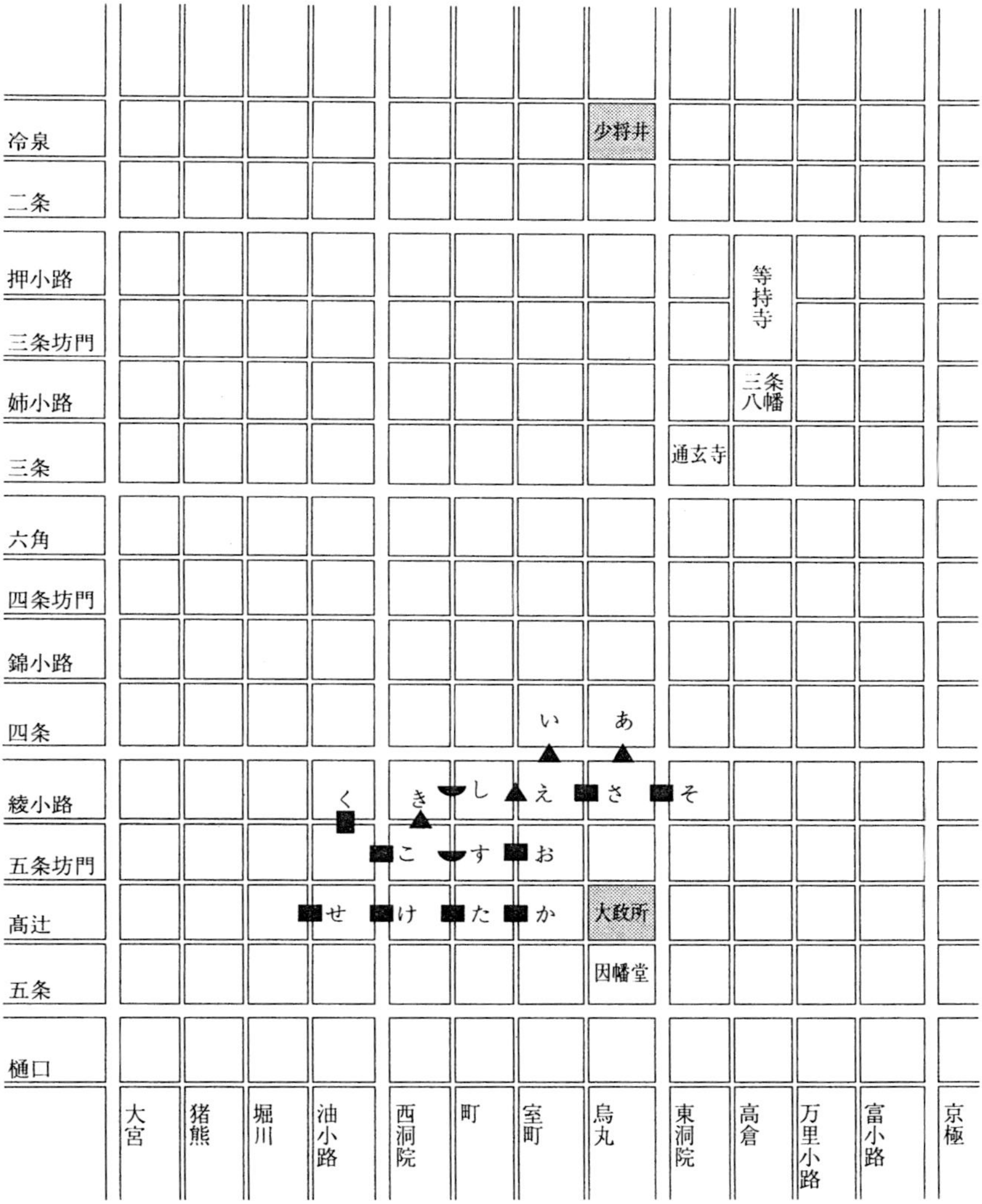

図1　「ほくの次第」

所在の不明確な山鉾
う　一、四条室町之間　　　ほこ
ち　一、綾小路室町之間　　はやし物

▲　ほく・ほこ・鉾
■　山
◓　舩・船・舟
●　はやし物

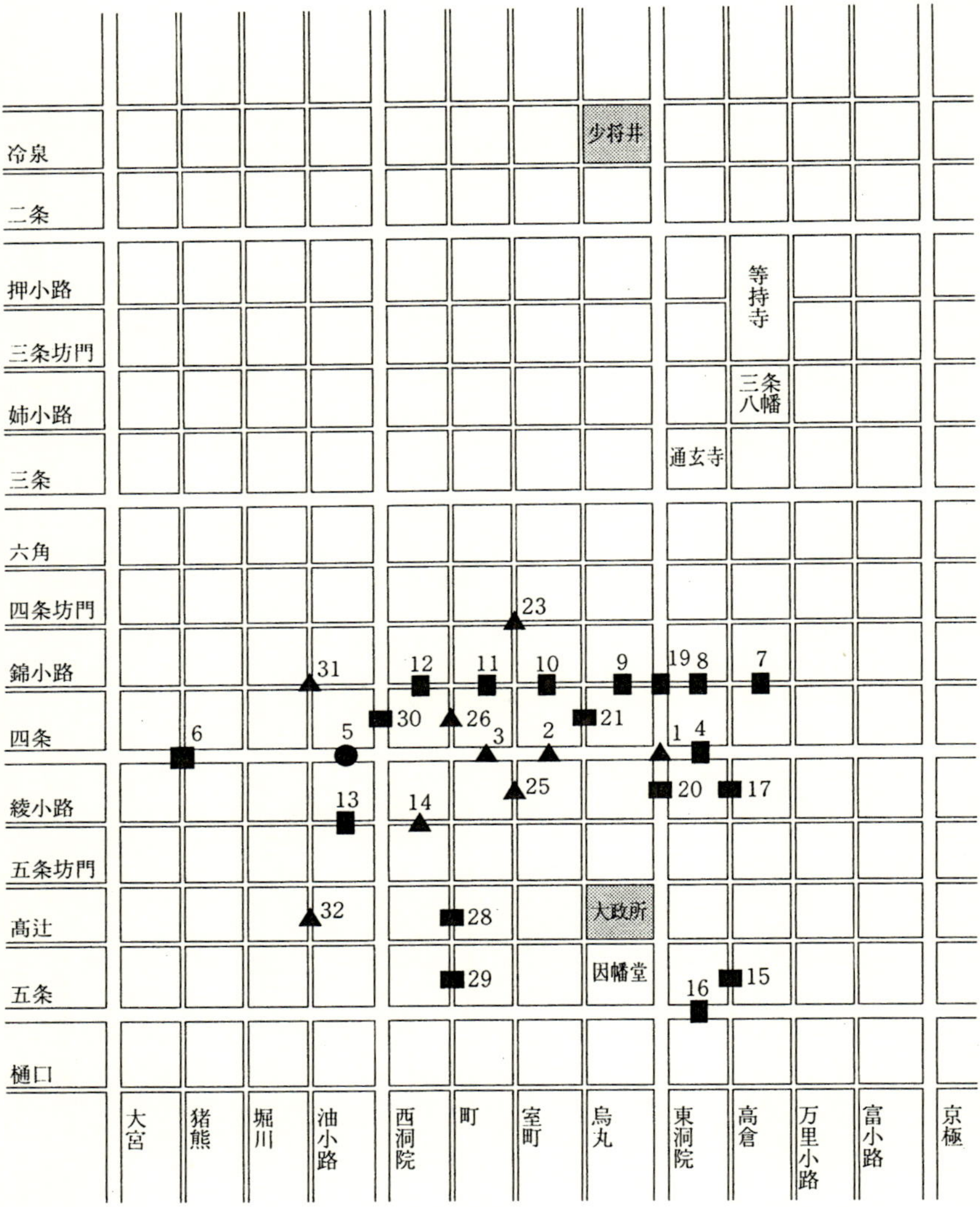

図２　「祇園會山ほくの次第」「七日　應仁乱前分」

所在の不明確な山鉾
18　一、ひむろ山　　　　　　　綾少路万里少路と高辻間
22　一、花見の中将山　　　　　綾少路と四条間
24　一、菊水ほく　　　　　　　錦少路と四条間
27　一、しんくくわうくうの舟　四条と綾少路間

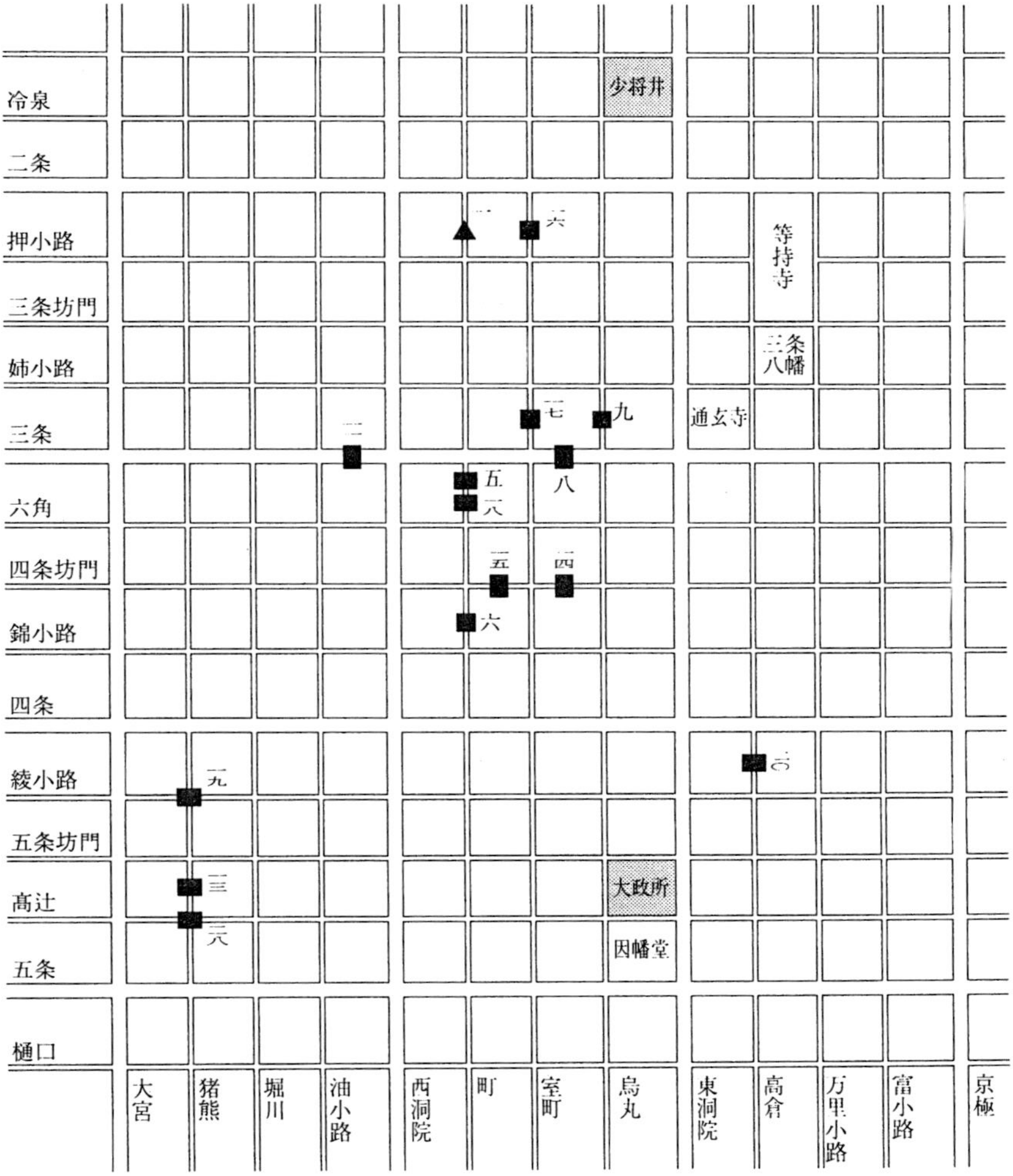

図3　「祇園會山ほくの次第」「應仁乱前分　十四日」

所在の不明確な山鉾
二　一、たいしほく　押少路と三条坊門間
三　一、弓矢ほく　姉少路と三条間
四　一、甲ほく　所々のくら役
七　一、しんくくわう舟　四条と綾少路間
一〇　一、鷹つかひ山　三条室町と西洞院間
二一　一、西行山
二二　一、しねんこし山
二三　一、てんこ山
二四　一、柴かり山
二五　一、小原木の山
二六　一、かさほく　大とのゑ
二七　一、さきほく　北はたけ

図より北側に所在
一二　一、ふすま僧山　鷹つかさ猪熊近衛と間

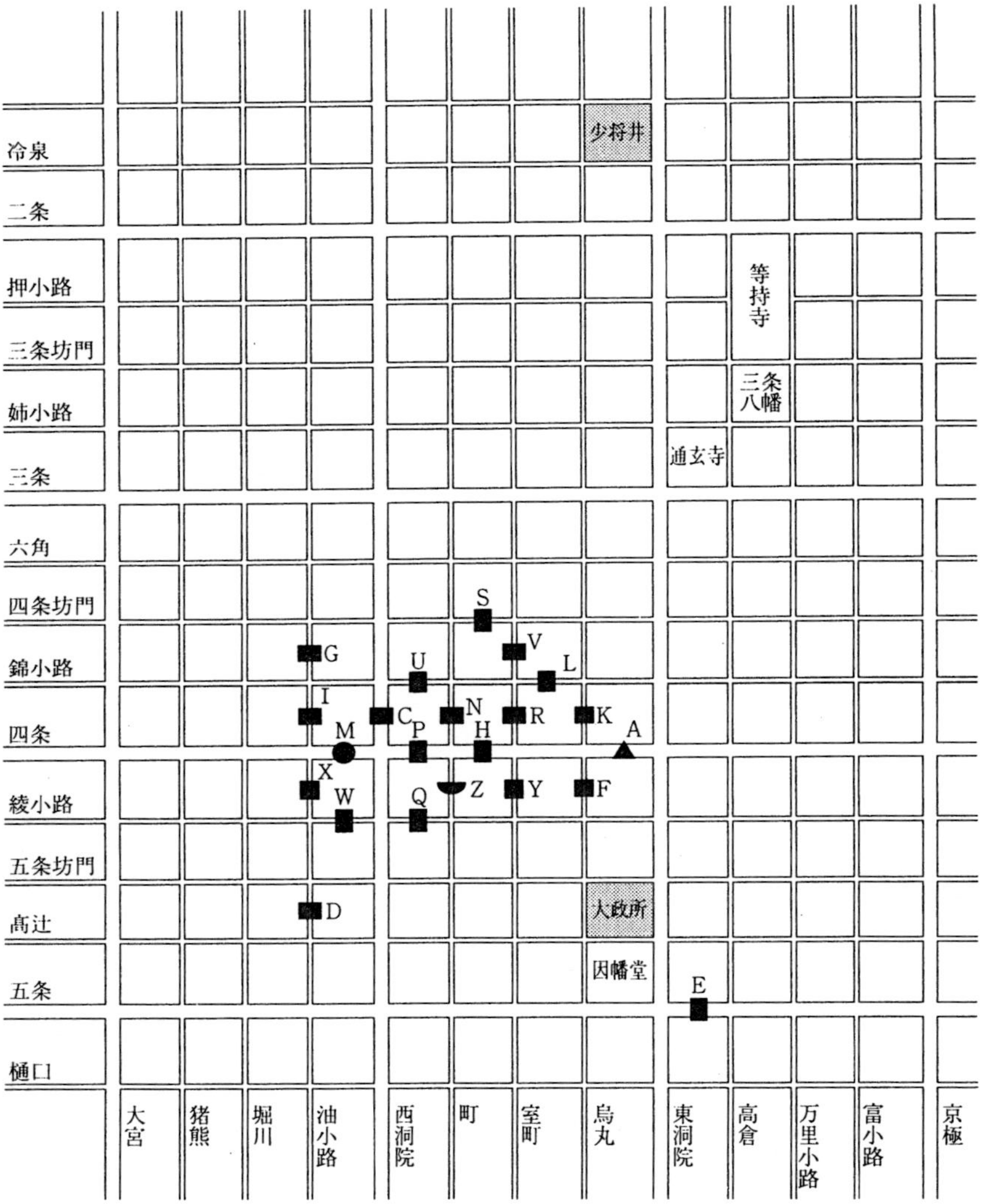

図4　「祇園會山鉾次第以鬮定之　明應九六六」

所在の不明確な山鉾

B	二番	天神山	五条坊門トアヤノ小路間也
J	十番	伯楽天山	五条坊門トアヤノ小路ノ間也
O	十五番	天神山	ニシキノ小路ト町ノ間也
T	廿番	こきやこはやし	あやのこうちト室町間

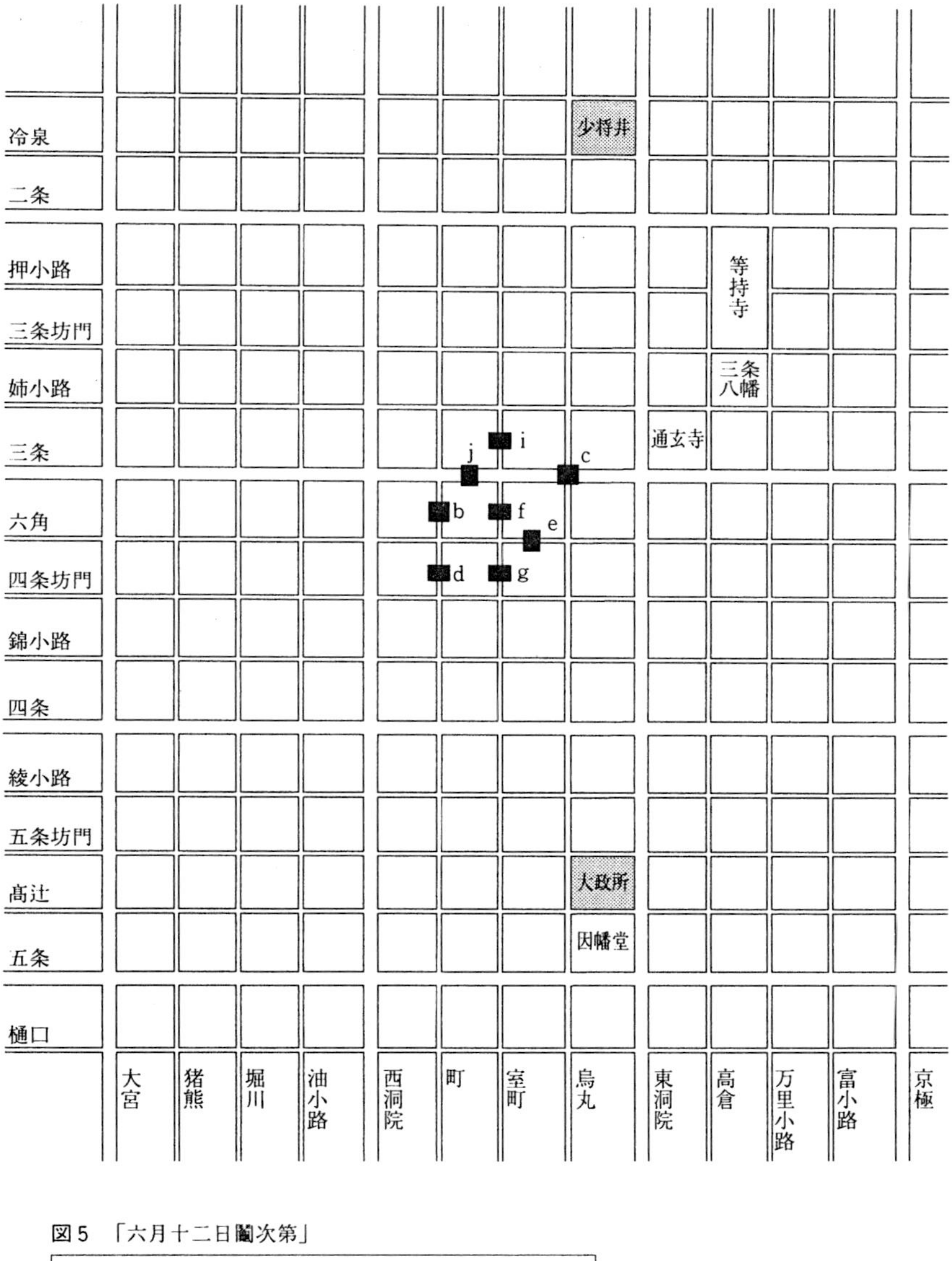

図５　「六月十二日鬮次第」

所在の不明確な山鉾
a　一番　うしわか殿　　四条坊門と烏丸との間也
h　八番　かつら山　　　四条坊門と油小路之間也

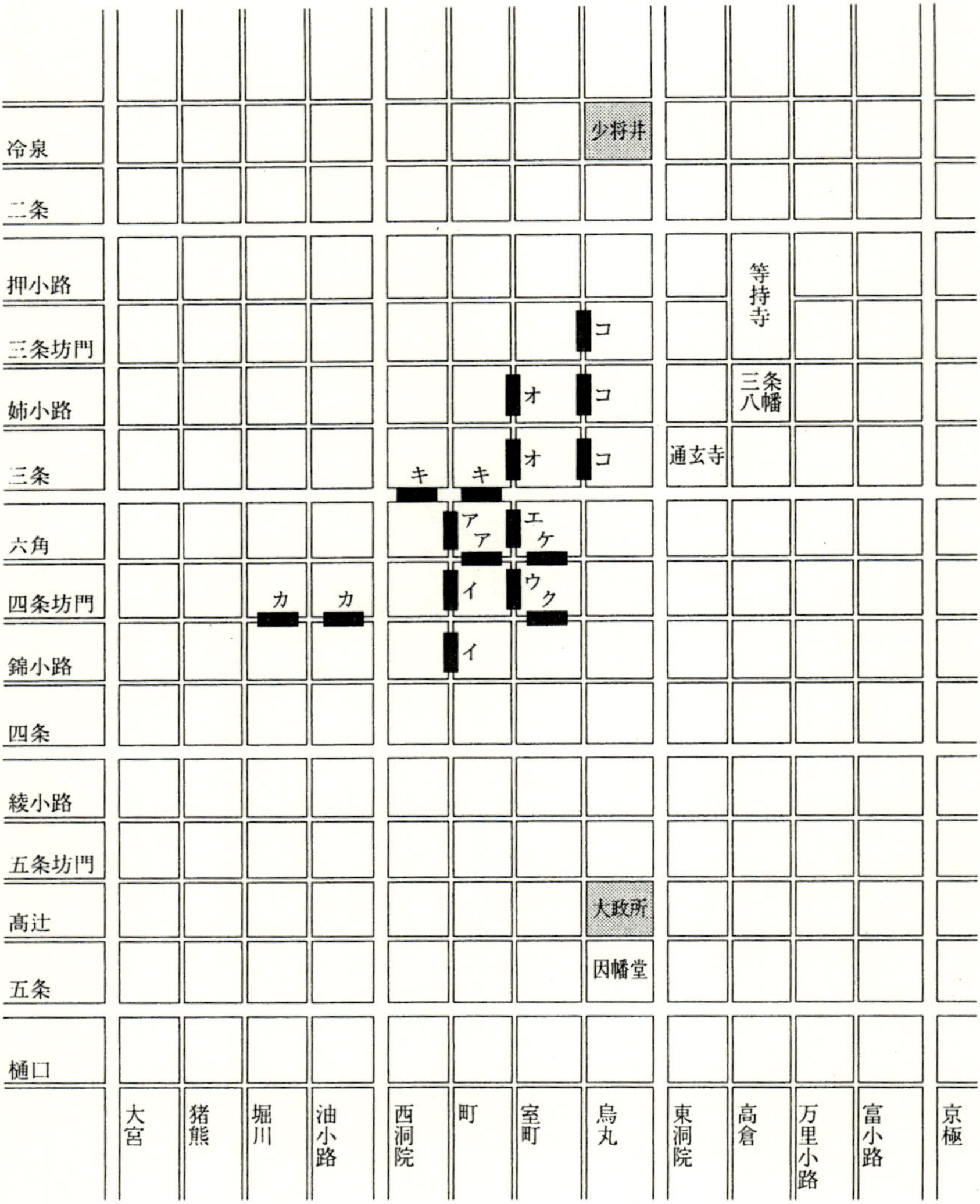
冷泉
二条
押小路
三条坊門
姉小路
三条
六角
四条坊門
錦小路
四条
綾小路
五条坊門
高辻
五条
樋口
大宮
猪熊
堀川
油小路
西洞院
町
室町
烏丸
東洞院
高倉
万里小路
富小路
京極
少将井
等持寺
三条八幡
通玄寺
大政所
因幡堂
ア
イ
ウ
エ
オ
カ
キ
ク
ケ
コ

図6　「明應九六十四」

明の乱前と明応九年再興時の状況との比較が多少なりともしやすくなったのではないかと思われる。
そこで、次節では、この図1～6とさきの引用をもとに、これまで案外なされてこなかった『祇園会山鉾事』をまとまりごとに頭から検討してゆくという作業のほうにすすむことにしよう。

二　『祇園会山鉾事』の内容検討

(1)　神輿渡御と神幸路

まず、「祇園會山鉾事應仁一乱之後再興」と記された表紙を開いて、その冒頭にみられるのが、山鉾巡行とともに祇園会を構成する神輿渡御とその神幸路（祭礼路）にかかわる記載である。実は、中世の神幸路を明記している史料は、この一点しか知られておらず、その点、貴重なものといえるが、ただ、この部分については、すでに本書第一部第三章で検討を加えているので、ここではそれへ譲り、さきにすすむことにしよう。

(2)　「ほくの次第」

そこで、つぎに記されている「ほくの次第」の部分であるが、これまでは、この部分も明応九年に再興された後の山鉾を記したものと理解されてきた。ところが、近年、伊東宗裕氏[10]によって、この部分が「応仁・文明の乱前に巡行していた山鉾の一部を列挙した史料」であったことがあきらかにされている。

実際、この部分の最後には、侍所開闔の松田頼亮が「先規之次第」を「古老之者」である「小舎人新右衛門清次に「相尋」ね、その結果がこの「新右衛門一座注分」であると明記されているからである。

図1をみてもわかるように、また、伊東氏も指摘されているように、「ほくの次第」にみえる山鉾は四条より南側にかたよっており、しかも、「ほく」や「ほこ」とあいまいにしか記されていないものもあるなど、二三年

前の記憶を呼びおこした結果であったことがうかがわれよう。

もっとも、それではなぜ、このようなやや中途半端な情報をここに記す必要があったのかという点については、不思議に思われるが、おそらくそれは、「抑此大會御再興之時、頼亮当職、併為冥加歟」という文言からもわかるように、明応九年の再興にあたって、三三年前の「先規之次第」の調査などを含めその実務に松田頼亮が尽力したということを明記しておく必要があったと考えるほかはないと思われる。

(3)　「祇園會山ほくの次第」

したがって、このあとに「祇園會山ほくの次第」「七日」「應仁乱前分」、そして「應仁乱前分　十四日」と記された部分もまた、松田頼亮が諸方の記憶をたよりにとりまとめたものということになる。

さきにも触れたように、この部分に大きな脱漏があったわけだが、そのことを踏まえて、ここに記された山鉾を整理してみると、七日のほうでは、「ほく」(鉾)が一〇基、山が二〇基、「はやし物」が一基、「舟」(船)が一基の計三二基となり、一四日のほうでは、「ほく」(鉾)が六基、山が二一基、「舟」(船)が一基の計二八基となり、あわせて六〇基となる。

従来は、五八基とされてきたので、二基増えて六〇基となったわけだが、全体を通してみると、六〇基のうち、四一基が山であることからもわかるように、応仁・文明の乱前の祇園会山鉾は、山＝造山が数において多数を占める祭礼であったことが知られる。この造山は、たとえば、中原師守の日記『師守記』(11)康永四年(貞和元＝一三四五)六月八日条に「今日山以下作物渡之云々、昨日依雨斟酌、今日渡之云々」とみえるのがはやい時期のものと考えられるので、おそらくは鉾に遅れて登場したのであろう。

そのためであろうか、これまではどちらかといえば、鉾の存在に隠れてきた感があるが、このように全体に占める比率からいえば、その存在はあらためて注目すべきといえよう。

(4)「祇園會山鉾次第以鬮定之」

さて、このつぎに記されているのが、「祇園會山鉾次第以鬮定之　明應九六六」という文言からもわかるように、応仁・文明の乱後、明応九年（一五〇〇）に再興された山鉾の名称およびその所在である。

ただし、式日の前日にあたる「六六」（六月六日）の日付がみえ、また、「山鉾次第以鬮定之」と記されているように、鬮によって定められた「山鉾次第」＝巡行の順序にしたがって、「一番」から「廿七番」〔六〕まで(A)から(Z)にいたる二六基の山鉾が列記されていることが特徴である。そして、このあとにも「一番」から「十番」まで(a)から(j)にいたる一〇基の山鉾が列記されているが、こちらのほうは、最後の部分に「六月十二日鬮次第」と記されているように、式日の前々日に鬮によって定められた順序であったことがわかる。

これらのことを踏まえて、その内訳をみてみると、まず、六月七日の山鉾が、「ホコ」（鉾）が一基、山が二二基、「はやし物」が二基、「大舟」が一基の計二六基であり、その一方で、一四日が、山のみ一〇基、あわせて三六基であったことが読みとれる。

実は、これらのことは、明応九年に再興された山鉾巡行のようすを見物した近衛政家の日記『後法興院記』[12]の記事とも符合しており、その六月七日条には、「山廿五、鉾一」、六月一四日条には、「山十外、無鉾」とみえる。

ここで注目されるのは、この時期の人々の認識では、「はやし物」も「大舟」もともに山の範疇にあったということであり、また、山の占める比率が圧倒的なものとなっていた点である。しかも、応仁・文明の乱前では、六月七日・一四日にそれほどの差がなかった山鉾数が、明応九年の段階では七日のほうに比重がおかれるような変化をとげていた点も注目されよう。しかし、いずれにしても、乱前の山鉾の総数が六〇基であることからすれば、『後法興院記』六月七日条が「非如一乱以前、最略儀」と記すのも無理はなかったことが知られよう。

ところで、よく知られているように、ここにみえる鬮による「山鉾次第」が、現在の籤取りにつながるものといわれている。それは、この部分の最後に記される「今度御再興已後、山鉾次第町人等諍論之間、鬮取次第也、前々日町人等来愚亭鬮取之」というところから考えられたことだが、おそらくは、ここにみえる「町人」との関連で記されたのが、つぎの「明應九六十四」の部分と思われる。

(5)「明應九六十四」

一見すると、内容が前の部分と一部重なっており、くり返しなぜ、しかも六月一四日の山一〇基だけを「鬮取次第」ではないかたちで記載しなければならなかったのか理解に苦しむが、この部分を図示した図6をみてみると、おぼろげながらもその意図がわかるような気がする。

実は、これと同じような図は、すでに脇田晴子氏[13]が作成されており、この部分に注目された点は卓見といえる。脇田氏は、この図にみえる街区を町共同体とみられているようだが、ただ、図6からも読みとれるように、ここにみられる街区というのは、鍵型もあれば、「二町分」「三町」というものもあり、共同体、あるいは社会集団としての町（個別町・両側町）とはやや違和感を感じざるをえないものとなっている。

しかも、近年の仁木宏氏による一連の研究[14]によって、近世の町につながる町共同体の確立時期がもう少し時期のさがった天文期初頭（一五三〇年代前半）とされている以上、それと同じものとみるには慎重にならざるをえないであろう。

もっとも、その一方で、「山鉾次第」を「諍論」する「町人」の存在が確認できることからもわかるように、図6にみえる街区に住人がいることもまた事実であり、したがって、「明應九六十四」の部分は、このような街区が町共同体へと移行してゆく直前のすがたを示すと同時に、松田頼亮ら幕府側が山鉾をそのような街区とむすびつけて把握しようとしていたことも示すものといえよう。

(6)　奥書

一応、ここまでが神輿や山鉾にかかわる情報の記された部分で、墨付でいえば、一〇丁分となるが、このつぎの一一丁の表に書かれてあるのが、当初の奥書にあたるもの、そして、一一丁の裏に書かれてあるのが、この史料自体の奥書にあたるものと考えられる。

とくに、一一丁の裏からは、永禄三年（一五六〇）九月一八日に松田頼隆が「祖父」松田頼亮の「注置」いた「一冊」を「相写」したうえで、「判形」を加えたことが記されており、したがって、常識的に考えれば、ここまで検討してきた史料自体は、このときに成立したものということができよう。

もっとも、その前にある当初の奥書と考えられるところに、「右山鉾、自御再興之時至永正四年、不易申沙汰之」と「侍所開闔予頼亮」が記している以上、頼亮が書写したもとの史料「一冊」も、実は明応九年ではなく、永正四年（一五〇七）に成立した可能性が高いことになる。

なお、一一丁の裏には付箋があり、そこには、「凡弐百五拾九年ニ至」と記されている。永禄三年から二五九年後であれば、文政二年（一八一九）、また、永正四年からであれば、明和三年（一七六六）、そして、明応九年からであれば、宝暦九年（一七五九）となるが、『祇園社記』第一五の活字本の奥に「行快云、本紙拾一紙」と記した行快は、享保期の祇園執行とされているから、この付箋は行快のときか、あるいはそののちに付けられたものとなろう。

三　『祇園会山鉾事』成立の背景

以上が、史料の表面から読みとれる内容となるが、つぎに、この史料成立の背景についても考えてゆくことにしよう。その際、まず注目しなければならないのは、一一丁の裏表に記されている奥書である。

これまでは、どちらかといえば、内容のほうに注目が集まって、明応九年という年紀にひきつけられる傾向にあったが、史料そのものからいえば、その成立の年紀を検討する必要がある。

(1)　永禄三年をめぐって

そこでまずは、永禄三年という年紀と松田頼隆についてである。この松田頼隆は、室町幕府奉行人としてその存在が確認できる人物であるが、祖父、頼亮のように侍所開闔であったのかどうかについては確認できない。

ただ、奉行人としての活動には、特徴がみられ、たとえば、天文二二年（一五五三）八月に将軍足利義輝（義藤）が三好長慶の軍勢に敗北、近江の龍華（龍花）、そして朽木へ逃れた際にも、多くの奉公衆や奉行人が三好方の手に落ちるなかにあって、それからも逃れたため[15]、「松田九郎左衛門頼隆宿闕所[16]」となったことが知られる。

つまり、このことによって、頼隆は義輝方の忠実な奉行人であったことがわかるが、したがって、義輝と長慶が和睦し、永禄元年（一五五八）一一月に義輝が上洛した際には[17]、頼隆もまた同道した。実際、年があけた永禄二年（一五五九）二月二日には、山科言継のところへ「松田九郎左衛門尉先年預置之雑具取ニ来[18]」たことなどが確認できるからである。

このような頼隆にとって、それでは、永禄三年というのは、いったいどのような年であったのかといえば、それは、この年の正月に義輝を苦しめつづけた長慶が義輝によって相伴衆に列せられ、修理大夫に任ぜられるとと[19]

もに、六月一九日には、勘解由小路室町の武衛邸跡に建設された新御所に義輝が移徙する[20]という、義輝政権にとっては、記念すべき年であったことがわかる。

　ところが、その一方で、この年の祇園会は、式日の六月七日・一四日には執行されなかった。戦国期において祇園会が式日どおりにおこなわれない理由としては、主にふたつ考えられる。そのひとつは、京都における政情不安、そしていまひとつが山門延暦寺大衆による訴訟、つまり山訴であったが、この年、京都の政情はむしろ安定をみていたことからすれば、おそらくは山訴など山門大衆によるなんらかの圧力があったのであろう。

　結局、この年の祇園会は、なんとか一二月一七日と二四日に追行されたことが確認できる[21]が、『祇園会山鉾事』に頼隆が奥書をしたのは、それからほぼ三カ月前の九月一八日のことであった。

　おそらくそのころというのは、幕府内でも、六月に延引された祇園会の追行実現を模索していた時期ではないかと考えられるが、そのような時期に、祖父、頼亮が「右山鉾、自御再興之時至永正四年、不易申沙汰之」と奥書した「一冊」を書写することは、頼隆にとっても期すべきものがあったと推測される。

(2)　永正四年をめぐって

　それでは、その祖父、頼亮がわざわざ年紀を記した永正四年というのは、祇園会にとってどのような年だったのであろうか。実は、この永正四年自体は、式日どおりに祇園会が執行され問題はなかったのだが、その前年、永正三年（一五〇六）のときに、大きなできごとがおこっていたのである。

　というのも、この年は、近衛尚通がその日記『御法成寺関白記』[22]永正三年六月七日条に「有祇園会、山王祭無之間、兼雖有其沙汰、今日細川京兆（政元）見物間、有山ホク祭礼等云々、先規者十二月ニ延引之例有之云々」と記しているように、「山王祭」（日吉祭）が延引されたため、祇園会もまた延引されることになっていたにもかかわらず、

「細川京兆」（細川政元）が見物することによって、「山ホク祭礼等」のみがあったことが知られるからである。

　もし、ここで政元や幕府が、「先規」のように「十二月ニ延引之例」にしたがっていたならば、頼亮は、「自御再興之時至永正四年、不易申沙汰」と記すことはおそらくなかったであろう。ここからは、祇園会と山門大衆に対する幕府の強い姿勢というものが読みとれるが、それは同時に、孫の頼隆が祖父の頼亮の「一冊」を書写することでうけ継ごうとしたものが何であったかが読みとれよう。

　とすれば、「不易申沙汰」の出発点となった明応九年（一五〇〇）の再興というものが、どのようなものであったのかということが気になるが、実は、このときもまた、永正三年のときと同様、五月の段階では、「日吉神事就無執行、当会延引[23]」であったのをひるがえし、政元と幕府は「縦日吉祭礼等雖有遅滞、於当社之儀者、厳密加下知、可被専神事[24]」として、強引に式日どおりに祇園会を再興するにいたったのであった。

　幕府内では、この明応九年と永正三年のときのことを、のちのちまで「明応九年并永正三年御成敗[25]」として先例にしていたことが知られているが、それは裏をかえせば、戦国期においては、祇園会を式日どおりに執行することがいかに困難であったかを示すものにほかならなかったといえよう。

　そして、それを証明するかのように、永正四年の祇園会が執行されてからわずか六日後の六月二三日に政元が被官香西元長らに暗殺[26]、翌永正五年（一五〇八）六月には、その政元によって追放された足利義稙（義材、義尹）が大内義興とともに入京する[27]という混乱にともなって、祇園会も延引、九月二一日に追行されたもの[28]の、それ以後、織田信長によって山門が焼討される元亀二年（一五七一）にいたるまで、式日は迷走と混乱をきわめることとなるのである[29]。

おわりに

以上、本章では、『祇園会山鉾事』について、古文書学的・史料学的な検討を加えてきたが、それを踏まえたうえで、あらためて留意せねばならないのは、本史料が、松田頼亮や頼隆という幕府側の人間の手によって成立したものであるという事実であろう。なぜなら、それは、戦国期の祇園会というものが、これまでいわれてきたような「町衆」の祭礼という側面だけでは、とらえることのできない側面も有していたということを示すにほかならないからである。そこには、あきらかに幕府の強い意志というものが読みとれるわけだが、それでは、なぜ幕府はそれほどまでに祇園会に対して思い入れをもっていたのか、あるいは、なぜ明応九年という年に再興させなければならなかったのかという点となると、わからないことばかりといわざるをえないのが現状である。

この点については、今後とも、慎重に検討を重ねてゆかねばならないと考えるが、ただそのようななかでもヒントになりそうなものをひとつだけあげるとすれば、それは、祇園会が応仁元年（一四六七）に停止されてから二七年後にあたる明応三年（一四九四）に、「先年一乱乃後尓事於倚左右、一度闕能儀遠以天、三十三箇年可停之由越称志天、不行霊会乃旨、最腹立也」という祇園の神の「神勅」がくだったと伝える、九条尚経の日記『後慈眼院殿御記』[30]同年八月一四日条[31]の存在となろう。

とりわけ、そこにみえる「三十三箇年」という年数が重要で、これに注目してみると、同じ『後慈眼院殿御記』明応三年一二月一六日条にも、「今日日吉可有祭礼、去四月延引、是旧条（冬）為土逸（土一揆）起神輿炎上之故也、爰一年闕如者、必卅三ケ年停廃之間、未先如形可勤」という記事が見いだされる。[32]

どうやら、この年、祇園会と日吉祭にかかわっては、「三十三箇年」「卅三ケ年」＝三三年という年数がクローズアップされていたことが知られるが、もっとも、ここで、なぜ三三年という年数がでてくるのか、祇園会や日吉祭にかかわって存在していた言説のひとつであったのかなどついてはつまびらかにはできない。

ただ、日吉祭のほうにみえる、「爰一年闕如者、必卅三ケ年停廃之間、未先如形可勤」＝一年でも祭礼を欠くようなことになれば、かならずそれは三三年停止に追いこまれることになるであろう、だから、なんとしても形式どおり執行されなければならないという言説は、裏をかえせば、いったん停止となった祭礼は、少なくとも三三年以後にはかならず再興される、いなむしろ再興されなければならないと読むことも可能なのではないだろうか。

というのも、祇園会が停止に追いこまれた応仁元年（一四六七）から三三年を加えてみると、明応九年（一五〇〇）、すなわち祇園会再興の年となるからである。もっとも、計算のしかたによっては誤差もでてくるであろうし、これではあまりにも都合がよすぎる。

しかし、さきの「神勅」を九条尚経が「恠異」とも記していることに注目するならば、より信憑性があがってくると思われる。なぜなら、中世の恠異とは、西山克氏が指摘されるように[33]、すぐれて政治性をおびた事象にほかならず、したがって中世の公権力はそれに対するなんらかの対処を常にもとめられたからである。

ただし、ここで問題となるのは、『後慈眼院殿御記』にみられる恠異や言説については、現在のところ、ほかの史料で補強することができていない点で、したがって、右のような考えかたもひとつの仮説以上のものではない。が、いずれにしても、この点も含めて、再興の問題については、さらに史料を探しもとめつつ、検討を重ねてゆく必要があろう。今後の課題としたいと思う。

（1）　広野三郎「解題（一）」（増補続史料大成『八坂神社記録』三）。
（2）　『八坂神社記録』三。なお、文政期に占出山町で作成された『祇園会旧記』（藝能史研究會編『日本庶民文化史料

集成　第二巻　田楽・猿楽』三一書房、一九七四年）にもおさめられているが、これは、『祇園社記』第一五を写したものである。また、東京大学史料編纂所写本「祇園社記」も参照にしたが、その内容は活字本と同じであった。以下、「祇園社記」については、同上写本を、「八坂神社文書」については、京都府立総合資料館写真帳も参照にした。

（3）その成果は、文化庁文化財保護部美術工芸課編『八坂神社文書目録』（一九九〇年）としてまとめられている。

（4）「八坂神社記録」第一六分冊。

（5）たとえば、『看聞日記』（『続群書類従』補遺二）永享八年六月一四日条に「祇園会如例、朝大舎衛梓、北畠笠鷺桙等参」などとみえる。

（6）村井康彦「祇園祭と風流踊」（京都市編『京都の歴史　3　近世の胎動』学芸書林、一九六八年）。

（7）山路興造「祇園御霊会の芸能─馬長童・久世舞車・鞨鼓稚児─」（『藝能史研究』九四号、一九八六年）。

（8）『群書類従』第九輯。

（9）論考として確認できたものをあげれば、以下のようになろう。林屋辰三郎「祇園祭について」（民科京都支部歴史部会『祇園祭』東京大学出版会、一九五三年）、柴田実「祇園御霊会─その成立と意義─」（同『中世庶民信仰の研究』角川書店、一九六六年、同編『民衆宗教史叢書　第五巻　御霊信仰』雄山閣出版、一九八四年）、村井康彦「神社信仰の変化」「祇園祭と風流踊」（前掲『京都の歴史　3　近世の胎動』）、林屋辰三郎・川嶋將生「祇園祭の歴史」（祇園祭編纂委員会・祇園祭山鉾連合会編『祇園祭』筑摩書房、一九七五年）、脇田晴子『中世京都と祇園祭─疫神と都市の生活─』（中公新書、一九九九年）。

（10）伊東宗裕「祇園会山鉾再興に関する史料の「誤読」」（『京都市史編さん通信』二三五号、一九九二年）。

（11）史料纂集。

（12）増補続史料大成。

（13）注（9）脇田氏前掲『中世京都と祇園祭』参照。

（14）仁木宏「戦国・織田政権期京都における権力と町共同体─法の遵行と自律性をめぐって─」（『日本史研究』三一二号、一九八八年）、同「中近世移行期の権力と都市民衆─京都における都市社会の構造変容─」（『日本史研究』三三一号、一九九〇年）、同『空間・公・共同体─中世都市から近世都市へ─』（青木書店、一九九七年）。

(15)『言継卿記』(続群書類従完成会刊本) 天文二二年八月七日条。
(16) 同右、天文二二年一〇月二一日条。
(17)『御湯殿上日記』(『続群書類従』補遺三) 永禄元年一一月二七日条ほか。
(18)『言継卿記』永禄二年二月二日条。
(19)『御湯殿上日記』永禄三年正月二一日条ほか。
(20) 同右、永禄三年六月一九日条ほか。
(21) 同右、永禄三年一二月一七日・二四日条。
(22) 大日本古記録。
(23)(明応九年) 五月二八日付飯尾清房書状 (『八坂神社文書』一八三号)。
(24) 明応九年六月一日付室町幕府奉行人連署奉書案 (『祇園社記』第一六)。
(25) 天文二年五月二二日付室町幕府奉行人連署奉書案 (同右)。
(26)『御法成寺関白記』永正四年六月二三日・二四日条ほか。
(27) 同右、永正五年六月八日条ほか。
(28) 同右、永正五年九月二一日条ほか。
(29) 本書第一部第二章。
(30)『図書寮叢刊　九条家歴世記録　二』。
(31) この史料に注目した研究成果としては、早島大祐「応仁の乱後京都の復興過程—戦国期都市共同体形成の史的前提—」(中世都市・流通史懇話会報告、二〇〇三年八月二五日、於仙台市) がある。
(32) この点は、注(31)も触れられていない。
(33) 西山克「怪異のポリティクス」(東アジア怪異学会編『怪異学の技法』臨川書店、二〇〇三年)。

〔付記〕 史料の閲覧・写真掲載にあたって、宗教法人八坂神社ならびに京都府立総合資料館に格別のご厚情をたまわった。記して感謝申しあげたく思います。また、本章をなすにあたって、八坂神社の五島健児氏ならびに京都市歴史資料館の伊東宗祐氏からさまざまなご教示をたまわった。重ねて感謝申しあげたく思います。

第六章　山門延暦寺からみた天文法華の乱

はじめに

天文五年（一五三六）七月、京都の市街地を中心に山門延暦寺・近江守護六角氏の連合軍と法華一揆とのあいだではげしい戦闘がおこなわれた。いわゆる天文法華の乱である。同時代の史料においてすでに「法家衆《ママ》乱」[1]、「天文五年七月廿七日京中錯乱」[2]などと呼ばれ、また近世前期においても「法華乱」[3]、「洛陽法華乱」「洛中ノ法華乱」[4]と呼ばれたこの乱の戦闘そのものは、わずか四日ほどで決着がついたものの、市街戦が中心であったためであろう、諸記録が「下京ハ悉以焼失、上京三分一程焼了」[5]、「下京大略焼了、上京三分一斗焼也」[6]、「下京悉放火、上京過半炎上」[7]などと伝えるように、下京は壊滅、上京もその過半ないしは三分の一を焼失する大惨事となった。

一般に京都は、応仁・文明の乱によって焼亡したかのようにいわれてきたが、実は市街地部分におけるその被害のようすは意外にも不明確で、むしろこの天文法華の乱による被害のほうが都市京都にあたえた影響ははるかに甚大であったと思われる。

研究史上、天文法華の乱の研究は、山門と法華一揆による「宗教闘争」としての検討から開始された[8]。その後、戦国期京都における都市民の自治・自衛の問題や畿内政治史と交錯することで豊かな研究成果を生みだし、[9]そのため現在ではむしろこちらの領域での関心事とみなされることが多くなっている。しかしながら、法華一揆を壊滅に追いこんだ直接的な対立関係が山門とのあいだにあったことはまちがいなく、したがって、この乱を宗教史的・寺院史的な観点から検討する必要性は少しも減じてはいない。著者もまたこの点を考えて別の機会[10]に検討を加えたが、関心のありようからなお法華宗側に重心をおいたものであるという点は否めないものであった。

そこで、本章では、天文法華の乱を今一度、宗教史的・寺院史的に再検討すべく、視点を山門延暦寺において考えてみたいと思う。とはいうものの、よく知られているように天文法華の乱にかぎらず山門に関する史料というのは、ほとんどまとまったかたちでは残されていない。その証拠に今までこのような視点からの検討がなされてこなかったわけであるが、しかし、かりに無謀な行為に終わったとしても、このような作業も試みなければ、当時の宗教界における天文法華の乱やまた法華宗の正確な位置づけをおこなう道も閉ざされたものとなろう。

この点において、戦国期を展望しつつ、主に室町期における山門延暦寺の実態を構造的に解明された下坂守氏の研究[11]は、本章が依拠すべき地歩として最初に銘記しておく必要がある。下坂氏が解明された事実は多岐にわたるが、中世の山門が、大衆（山徒と衆徒）・門跡（青蓮院・妙法院・梶井など）・寺家を主な構成要素とし、寺社勢力としての運動を展開させていたということを具体的かつ詳細に解明された点は貴重である。

とりわけ、山門全体の動向にもっとも影響力をもっていたのが、三塔（三院／東塔・西塔・横川）一六谷（院々谷々）に分節する大衆で、彼らによって構成される「惣寺」こそが寺社勢力の中核であったということをさまざまな事実からあきらかにされた点は重要であろう。実は天文法華の乱で法華一揆と直接的に戦闘をくり広げたのもこの大衆で、したがって本章でもまた大衆の動向を具体的に追究することが主な作業となる。そして、それと関連しつつ門跡や寺家がどのようにかかわっていたのかについてもみることになろう。

それでは、まず次節では、山門大衆がどのような手順を踏みつつ天文法華の乱に突入してゆくことになったのか、この点についての確認からはじめることにしよう。

一　天文法華の乱への過程

(1)　山門大衆の動向

一般に天文法華の乱の発端とされているのは、天文五年二月におこった、「叡山花王院[12]」ないしは「山門ノ阿闍梨[13]」と目される僧侶と「日蓮宗仁杉《(松ヵ)》本卜云者[14]」との問答、いわゆる松本問答といわれるものである。この松本問答という文言は、『天文法乱松本問答記[15]』という記録に由来するものであるが、この問答記自体は、俗書に近いものとされ、かならずしも一次的史料とはみなしがたいとされている[16]。

ただし、従来あまり関心がむけられてこなかったが、山門側の僧侶をこの問答記が「叡嶽の西塔北尾花王房」と記している点は注目される。というのも、後述するように、法華宗に対する発向にもっとも積極的な姿勢をみせていたのは、実は三塔のなかでも西塔であった可能性が高いからである。

いずれにしても、このとき実際に問答があったのかどうかについては、一次的な史料でつめることができないが、ただ、つとに触れられるように、大坂本願寺の証如がその日記『天文日記[17]』二月二二日条に「日連《(ママ)》宗就雑説之儀」と記していることからすれば、天文五年に入って法華宗をとり巻く状況がにわかに慌ただしさを増していたことだけはまちがいないであろう。

そして、五月には、山門と法華宗のあいだは、もはやぬきさしならぬ状況となっていたようで、『後奈良天皇宸記[18]』五月二一日条に「山上与法華衆取合之有雑説」、『鹿苑日録[19]』同月二三日条でも「山門与法華衆之儀仁法花衆当寺可取陣之由、風聞在之」とみえ、両者の武力衝突が不可避であるという噂も巷間に流布していたことがうかがわれる。

ただし、山門大衆が実際に行動をおこしはじめたのは、翌六月に入ってからであった。六月朔日、山門三塔の大衆が大講堂において衆議をおこない、それにもとづき複数の事書が発せられているからである。

表1は、このときに発せられた事書を一覧にしたもので、『天文五年山徒集会議』[20]「三院衆議集」[21]所収の史料はともにこれまでにも知られているが、「田中穣氏旧蔵典籍古文書」[22]所収のものは、近年、古川元也氏[23]によって紹介された新出の史料となる。

衆議の内容は、一般にはこれら事書の文面を読むことで知ることができるが、ただ、今回の場合、事書ではないものの、このときの衆議の内容を端的に示す、「天文五年六月朔日於大講堂三院衆儀条々」と題された史料[24]の存在が知られている。この史料は、一五カ条からなる箇条書きの文書案で、その第一条に「今般日蓮党充満京都、而致悪逆事、言語道断之次第也」と記されるなど、山門からみた場合に問題視すべき法華宗、法華一揆の行状が列挙されるとともに、「為当山加炳誡」、「不日可有発向」旨が銘記された、いわば複数の事書の要約のようなものとなっているからである。

ところで、表1の番号は、事書の日付がすべて同じであるため便宜上記したものであるが、このうちの1・2の事書によって、衆議の内容が「貫首」（天台座主）を通じて「天聴」（天皇）へと「献覧」される道筋のあったことが読みとれる。ただし、衆議はその行為そのものにもっとも意味があると考えられ、また事書自体も様式からみて文書としての完結性に乏しいので、当然別個の文書も発給された。それがつぎの文書である。

就日蓮衆退治之儀、集会之事書如此候、早被経御　奏聞候様、可令　座主宮（妙法院門跡覚胤）申入給之由候、恐々謹言、

（天文五年）六月二日　　別当代（花押）

西

執行代（花押）
執行代（花押）
執当御房(25)

下坂守氏の研究(26)によれば、差出にみえる「別当代」（横川）・「執行代」（東塔・西塔）というのは、三塔の役職者

表1　山門三院衆議事書一覧

	事書	典拠
1	天文五年六月朔日大講堂三院集会議曰、可早為山務沙汰被献覧天聴事	天文五年山徒集会議 三院衆議集
2	天文五年六月朔日山門大講堂三院集会議曰、可早有令申入貫主献覧天聴事	田中穣氏旧蔵典籍古文書
3	天文五年六月朔日山門大講堂三院集会議曰、可被早為山門奉行沙汰申達公聞事	天文五年山徒集会議 三院衆議集
4	天文五年六月朔日山門大講堂三院集会議曰、可早被為奉行沙汰達上聞事	田中穣氏旧蔵典籍古文書
5	天文五年丙申六月朔日山門大講堂集会議曰、可早被達公武之尊聞、偏相触諸宗事	天文五年山徒集会議 田中穣氏旧蔵典籍古文書 三院衆議集 円教寺長吏実祐筆記
6	天文五年六月朔日延暦寺大講堂三院集会議曰、早可被為山門雑掌沙汰啓達園城寺事	天文五年山徒集会議 田中穣氏旧蔵典籍古文書 三院衆議集
7	天文五年六月朔日延暦寺大講堂三院集会議曰、早可被為雑掌沙汰啓達教王護国寺事	天文五年山徒集会議 三院衆議集

注：『天文五年山徒集会議』（辻善之助『日本仏教史　第五巻　中世篇之四』岩波書店、一九五〇年）・「三院衆議集」（京都大学文学部閲覧室写本）・「田中穣氏旧蔵典籍古文書」（国立歴史民俗博物館所蔵）・『円教寺長吏実祐筆記』（兵庫県立歴史博物館編『総合調査報告書Ⅲ　書写山円教寺』一九九八年）。

（代表者）である「衆僧ノ一老」の代理として「若キ衆徒」が就く役職で、応仁・文明の乱以降における各塔の衆議は、彼らの連署で伝達されるようになったという。

また、宛所の「執当」とは、寺務一般を管轄した山門の執行機関である寺家およびその実務機関である政所の最高責任者のことで、鎌倉後期以降は世襲の職として梶井門跡の被官がこれにあたっていた。

この時期の執当は、坂本の堀池家、言全という人物であったが、つまりは、この文書の存在によって、衆議の内容は、事書に、右のようないわゆる三院執行代連署書状という文書がそえられ、それらが坂本の寺家から天台座主（妙法院門跡覚胤）、そして天皇へと伝達されていたという事実が知られるのである。それを裏づけるように、『後奈良天皇宸記』六月一五日条には、「今朝自座主宮、三院参、御会事書日蓮衆退治事也、御心得之由返答」とみえ、衆議がなされてほぼ一〇日余りを経て後奈良天皇のもとへ正式な連絡が届いたことも認められる。

もっとも、同記五月二八日条には、すでに「叡山衆徒日蓮衆退治之事、一定云々」とみえるし、また六月四日条にも、「従梶井宮山上蜂起治定之由被申」と衆議の内容が梶井門跡彦胤から天皇のもとへ伝わっていたことがうかがえるから、正式ルートとは別個に内々の情報は天皇の耳には入っていたと思われる。

一方、幕府に対しては、表1―3・4から、別奉行たる山門奉行を通して衆議の内容が「申達」せられたことが読みとれるが、ただ、このとき、細川晴元が京都に不在という状況であったので、さきにも触れた「天文五年六月朔日於大講堂三院衆儀条々」の一カ条に「一、於此儀者、早就公方様《(足利義晴)》・細川家《(細川晴元)》并佐々木霜台《(六角定頼)》、可成其届、然者三執行代下向観音寺、有相談事」と記されるように、「三院執行代」がわざわざ六角氏の居城、近江観音寺城まで下向したのであった。

(2)　諸宗寺院への要請

ところで、表2は、現在確認できる、このときに発給された三院執行代連署書状の一覧であるが、表1―6・7にみえる「園城寺」「教王護国寺」（東寺）への「啓達」というのもまた、おそらく表2―2・4・5と類似した文書とともに届けられたと推測される。「天文五年六月朔日於大講堂三院衆儀条々」によれば、表1・表2にみえる寺院を含めて、「南都両寺」「園城寺」「豊原」「平泉寺」「吉野」「多武峰」「東寺」「高雄」「栂尾」「根来」「粉河」「高野」に対しても事書や三院執行代連署書状が届けられたことがうかがわれるが、表3にまとめたように、「園城寺」「粉河寺」「大伝法院」（根来寺）「興福寺」からは三院執行代等へ返牒が届けられており、今回の事態にあたって、顕密寺院の「惣寺」間で広範な文書の往来があったことが知られる。

なお、表2のうち、3・6・7の「平泉寺」「書写山」（円教寺）「祇園社」は、いずれも山門末寺末社であるが、円教寺に表1―5の写が残されていることからすると、末寺末社へは三院執行代連署書状とともに、この5の事書も付されていた可能性は高いであろう。ただし、事書にみえる「相触諸宗」という文言からは、末寺以外に対しても同様の事書が届けられた可能性も考えられる。

さて、このように、三塔大衆が末寺末社を含め諸宗寺院に対して事書や三院執行代連署書状を送り届けたのは、その衆議を伝達するということだけが目的ではもちろんない。「天文五年六月朔日於大講堂三院衆儀条々」に「何以事書有同心、出張砌、同時仁可有上洛旨、可被申送」とみえるように、その目的はむしろ軍事的な合力の要請にあった。

とはいうものの、末寺以外で軍勢を送ってきたことが確認できるのは園城寺だけで[27]、いくつかの記録に「叡山衆本寺末寺都合其勢三萬余騎[28]」、「諸国ノ末寺末山ノ大衆ヲ相語ラヒ山徒大将ト成テ数萬人ヲ引率[29]」とみえるように、結局軍事力たりえたのは、三塔の大衆と末寺末社であった。もっとも、その末寺のうちでも軍勢の一端に加わったことが確認できるのは、現在のところ平泉寺・日光山[30]・円教寺[31]・観音寺不断衆[32]・神宮寺（若狭）[33]などにす

表2　山門三院執行代連署書状一覧

	年月日	文書名	宛所	典拠
1	(天文5)6・2	三院執行代連署書状	執当御房	京都東山御文庫所蔵文書
2	(天文5)6・2	三院執行代連署書状	栂尾山衆徒御中	雨森善四郎氏所蔵文書
3	(天文5)6・2	三院執行代連署書状案	平泉寺衆徒御中	天文五年山徒集会議
4	(天文5)6・2	三院執行代連署書状案	朝倉弾正左衛門入道殿	天文五年山徒集会議
5	(天文5)6・8	三院執行代連署書状	醍醐山寺務代法印御房	田中穣氏旧蔵典籍古文書
6	(天文5)6・8	三院執行代連署書状案	書写山衆徒御中	円教寺長吏実祐筆記
7	天文5・6・8	三院執行代連署書状	祇園社執行御房	八坂神社文書

注．「京都東山御文庫所蔵文書」(京都大学文学部古文書室写真帳)・「雨森善四郎氏所蔵文書」(東京大学史料編纂所影写本)・「八坂神社文書」(京都府立総合資料館写真帳)。

表3　山門大衆宛、顕密寺院事書・返牒一覧

	年月日	事書・文書名	宛所	典拠
1	天文5・6・11	天文五年六月十一日園城寺三院食堂集会議曰、可早被報延暦寺三塔之子細事		田中穣氏旧蔵典籍古文書
2	(天文5)7・6	粉河寺満寺年預善照返牒案	山門三院御報	天文五年山徒集会議
3	(天文5)7・7	大伝法院預沙汰所証秀返牒案	山門三院執行代御返報	天文五年山徒集会議
4	(天文5)7・7	大伝法院行人沙汰所秀範返牒案	山門三院執行代御返報	天文五年山徒集会議
5	(天文5)7・7	大伝法院三綱代融貞返牒案	山門三院執行代御返報	天文五年山徒集会議
6	(天文5)7・13	興福寺供目代盛祐返牒案	山門別当代御房	天文五年山徒集会議

ぎない。

また、西塔末寺の本願寺にも六月一七日に「延暦寺より就日連（蓮）宗退治之儀合力之事被申候」(34)と合力の要請が到来していたことが知られるが、本願寺では結局軍勢を送らず、七月一七日に「三萬疋」を遣しただけであった。「山門へ末寺銭如毎年三千疋」(35)であることを考えると、通常の末寺銭の一〇倍におよぶ額を軍費として提供した

こととなろう。

ところで、三塔大衆の衆議がおこなわれたのは六月朔日のことであったが、大衆が軍事的行動を実際にとったのは、それからさらに二カ月後のことであった。諸記録が一斉に、その七月二三日条に「自山上各出張也(36)」、「自山門出張(37)」、「叡山衆自夜中下山、炬火満山(38)」と記しているからである。

このような時間的な間隔が生れたのはなぜか、その理由はあきらかではないが、ひとつには、三院衆議とはいうものの、横川楞厳院内では、「被存別心、彼等悪逆令贔屓、語便宜等、相訪退治之儀、可令口入手立(39)」、つまり法華宗側に同情的な勢力が存在し、三塔内がかならずしも一枚岩でなかったことがあげられる。横川を説得しようとする右の文書を六月五日付で「楞厳院若輩御中」宛に発給したのは、「西塔政所」であるが、さきにも触れたように松本問答に臨んだ僧侶が「西塔北尾花王房」と伝えられていることとも無関係ではないであろう。

なお、宗門では、今回横川がみせた動きの背景には、横川が日蓮修学の地であったことが影響したとされているが(40)、別の機会(41)にも触れたように、寛正六年（一四六五）、文明元年（一四六九）の両度にわたって法華宗に対して弾圧的行動をおこそうとしたのが、ほかならない楞厳院閉籠衆であったことからすると、多分に検討の余地があると思われる。

また、ふたつとしては、すでに五月二九日の時点で「叡山与法花堂《（党カ）》忩劇無為之調法(42)」、また七月一〇日に「山門と日蓮党扱(43)」、さらには戦闘のはじまった後の七月二六日にも「山徒寺日蓮衆終ニハ可為和睦之由、近江ノ六カク《（六角）》其分也(44)」とみえるように、六角氏が中心となって何度か山門と法華宗間の調停（中分）が試みられていたということも関係があろう。このとき、なにゆえ六角氏がこのような動きをみせたのかその理由をあきらかにできる史料は残されていないが、すぐる天文元年（一五三二）、山科本願寺攻めの際に「江州六角殿と京の法華衆一味(45)」したことに由来するのかもしれない。

もっとも、最後の七月二六日の調停も結局、実をあげなかったためだろうか、翌二七日には下京に、調停者であったはずの六角氏の軍勢が乱入、ために「下京一時ニ焼失[46]」というありさまに陥り、これが法華宗側の敗北を決定づけることとなった。

そして、本能寺に伝わる『両山歴譜[47]』という記録に「当宗諸寺悉焼亡、各諸国散、多分赴泉州堺云々」、また『天文法乱松本問答記』にも「二十一ケ寺の諸本寺各本尊をいたき聖教を負て、皆帝都を去て泉州堺に蟄居す」と記されるように、二一におよぶ本山寺院は京都から堺へと落ちのびることとなるである。

以上、本節では、山門の視点から天文法華の乱の経過についてやや詳細に確認してきた。ここで確認ということばをつかう理由は、史料の多くが一部をのぞいてすでに知られているために、作業としては一種の読みかえに終始したといえなくもないからであるが、ただし、このように事実関係をあらためてみたとき、山門大衆の目的もまた、つとにいわれるように細川晴元や六角氏など武家権力と同様、法華宗、法華一揆を京都から追却することだけにあったということになるのであろうか。

この点について従来の研究では、主に事書の文面を材料に、思想的な側面からか、あるいは法華一揆による自検断など自治的行為に対する反感という側面から考えられることが多かった。たしかに事書の額面にしたがえば、考えられる範囲はおのずと限定されるのかもしれないが、しかしながらはたしてそれだけですべてを説明することができるのであろうか。

そこで、次節では、この点について、この数年後に法華宗が京都へ還住するところまでに時間の幅を広げて検討をつづけてゆくことにしたいと思う。山門大衆と法華宗との関係は、天文法華の乱によって最終的な決着がついたわけではけっしてないからである。

二　末寺化をめぐる相克

(1)　諸法華宗寺院の跡地

ところで、乱からおよそ三カ月経った天文五年閏一〇月七日、細川晴元奉行人である飯尾元運（上野介三善朝臣）の名でだされた定(48)の第三条には、「一、日蓮衆諸党諸寺再興停止事」とみえ、法華宗寺院の再興がかたく禁じられていたことが知られるが、それでは、焼亡した寺院の跡地というのはどのようになっていたのであろうか。

この点、『鹿苑日録』天文六年（一五三七）七月条には、「法花堂跡法花坊主跡職、堅山上江可被仰付云々」（四日条）、「法（花脱）堂跡弁法花坊（主脱）跡事奉行衆へ申分也、仍指出可申付云々」「松崎法花堂跡弁法花坊主跡指出々之云々」（六日条）などとみえ、詳細はあきらかではないが、山門大衆がその跡地になんらかの権限をおよぼそうとしていたことがうかがえる。

ただし、実際には、ことは山門の思うようにはすすまなかったようで、翌天文七年（一五三八）九月には「嗷訴」のことばをちらつかせながら、「一、就日連（蓮）党退治、既被打高札、柄（炳）誡厳重之処、無□□□其旨云々、軽上意、欺山門条、言語道断之至也、早可被加制止、弁彼諸寺敷地等、于今不相窮段、以外之次第也」という条項を含んだ山門三院列参申詞(49)がだされるにいたっている。

どうやら細川晴元も六角氏も、さらには幕府も法華宗が京都へ還住できる余地を多分に残していたと思われ、それを裏づけるように、還住勅許として知られる天文一一年（一五四二）一一月一四日付後奈良天皇綸旨がだされる前に、すでに天文一〇年（一五四一）八月一六日には、「当寺寄宿停止事」を記した細川晴元奉行人飯尾為清の奉書(50)が妙蓮寺に、また天文一一年閏三月一六日にも、「当寺弁境内寄宿被免除、同相懸非分課役事、堅被停止訖」旨を明記した飯尾元運奉書(51)が本能寺にだされたことなどが確認できる。

該当敷地等	典拠
六角以南四条坊門以北櫛笥以東大宮以西方四町敷地	本能寺文書
六角以南四条坊門以北櫛笥以東大宮以西方四町敷地	本能寺文書
六角以南四条坊門以北櫛笥以東大宮以西方四町敷地	本能寺文書
六角以南四条坊門以北櫛笥以東大宮以西	本能寺文書
六角以南四条坊門以北櫛笥以東大宮以西四丁町	本能寺文書
	本能寺文書
六角以南四条坊門以北櫛笥以東大宮以西四町々(除六角面非人風呂敷地)	本能寺文書
六角以南四条坊門以北櫛笥以東大宮以西方四町(除六角面非人風呂敷地)	本能寺文書
六角以南四条坊門以北櫛笥以東大宮以西四町々(除非人風呂敷地)	本能寺文書
	本能寺文書
六角以南四条坊門以北櫛笥以東大宮以西方四町(除六角非人風呂敷地)	本能寺文書
六角以南四条坊門以北櫛笥以東大宮以西方四町(除六角非人風呂敷地)	本能寺文書
六角以南四条坊門以北櫛笥以東大宮以西方四町(除六角非人風呂敷地)	本能寺文書
六角以南四条坊門以北櫛笥以東大宮以西方四町(除六角非人風呂敷地)	本能寺文書
当寺幷境内(寄宿免除)	本能寺文書
本屋敷、旧領六角以南四条坊門以北櫛笥以東大宮以西四丁町	本能寺文書
六角以南四条坊門以北櫛笥以東大宮以西方四町々	本能寺文書

このようなことからも、「諸寺敷地」の権利は、天文五年以降もそのまま法華宗寺院のもとに維持されつづけていたことがうかがえるが、実際、本能寺には本屋敷地である「旧領六角以南四条坊門以北櫛笥以東大宮以西四丁町」にかかわる手継証文的な文書（表4）も伝わっている。しかも、本能寺の場合、天文一四年（一五四五）八月には、酒屋・土倉として著名な沢村から「六角与四条坊門油小路西洞院中間方四町々」の土地を買得し、(52)そこへの移転をも模索しはじめるのである。

おそらくは、このような動きに刺激されたのであろう、天文一五年（一五四六）、山門大衆は、「自今ハ諸法花宗ハ叡山可為末寺」(53)との要求を突きつけるにいたるのである。

(2)　末寺化の要求

これに対する法華宗側の対応については、別の機会(54)に触れたのでくり返さないが、ここで注目すべきは、法華宗「十五ケ寺」と「山門三院執行代」の双方が、門跡や公家(朝廷)、あるいは幕府などではなく、近江守護六角氏を仲介として交渉をおこなっている点である。

表4　中世の本能寺本屋敷地関係文書一覧

年 月 日	文 書 名	宛 所
康暦元・12・23	西坊城言長敷地寄進状	妙峯寺
康暦元・12・23	後円融天皇綸旨	妙峯寺道的上人
応永14・正・18	因幡堂執行覚勝敷地売券	(東岩蔵寺)
永享5・卯・2	中明院賢鎮敷地売券	(如意王丸)
(年未詳) 9・4	室町幕府地方頭人摂津満親書状	本能寺方丈
(年月日未詳)	本能寺敷地指図	
宝徳2・11・28	室町将軍家御教書	(本能寺)
寛正6・7・26	室町幕府地方頭人奉書	当寺住持
文明18・8・17	室町幕府奉行人連署奉書	当寺住持
(年月日未詳)	本能寺敷地永代買得相伝之次第	
長享2・10・23	足利義尚袖判御教書	(本能寺)
延徳参・7・18	足利義材袖判御教書	(本能寺)
文亀元・12・29	足利義澄袖判御教書	(本能寺)
大永5・9・3	足利義晴袖判御教書	(本能寺)
天文11・閏3・16	飯尾元運奉書(折紙)	本能寺雑掌
天文14・8・2	飯尾為清奉書案(折紙)	当寺雑掌
(年未詳) 9・4	細川六郎(晴元)書状(折紙)	本能寺

注．「本能寺文書」(京都大学文学部古文書室影写本)。

歴史的にみても法華宗・山門大衆双方にとってかならずしも良好な関係にあったとはいえない六角氏しか結局、仲介者たりえなかったところに、両者のあいだで意志疎通がおこなえるチャンネルがいかに乏しかったかがうかがえよう。

法華宗側では、この末寺化の要求に対しては条々を山門三院執行代と六角氏に提示して一貫して抵抗をつづけることになるが、翌天文一六年（一五四七）二月から六月にかけての交渉のなかで注目されるのが、二月には「一、為御祭礼用脚千貫文令進納之事[55]」と示された条項が、六月には「一、為　日吉御祭礼料之足付、毎年百貫文宛、三月中ニ永進納事[56]」と変化をみせていることである。

ほかの条項がさほどの変更をみせていないことを考えると、山門側もこの点にはこだわっていたことが知られるが、ここで重要なのは、料足の額もさることながら、「毎年」「永」の文言からもわかるように、その内容が恒久的なものとなった点であろう。

ここにみえる「日吉御祭礼」が実際にどの神事をさすものであったのかという点については不明であるが、ただ、下坂氏があきらかにされたように、中世の山門大衆の祭礼として知られる日吉小五月会の用途（費用）である馬上役が一〇〇〇余貫文（応仁・文明の乱前は二一〇〇余貫文）であったことからすれば、問題の条項が日吉小五月会を多分に意識したものである可能性は高いと思われる。

もっとも、この時期にはすでに日吉小五月会はおこなわれておらず、また法華宗側が毎年一〇〇貫文を進納したかどうかも確認できない。このことと関係するのであろうか、七月にはとりあえず「山門与当宗和談」(57)とみられていたにもかかわらず、閏七月を越えて八月には、つぎのような三院執行代連署書状(58)が六角定頼に送られたということが知られるのである。

就日蓮党類儀衆儀之趣、対右京兆（細川晴元）一帋之墾注如此候、慥預御伝達候者、可為衆悦之由候、恐々謹言、

（天文一六年）八月廿二日　　別当代 判在

西　執行代 判在

執行代 判在

（六角定頼）佐々木弾正少弼殿

右にみえる衆議の内容がどのようなものであったのかについては、今のところ事書が確認されていないのでさだかではないが、ここでもまた山門大衆が六角氏を仲介者として認識していたことが読みとれる。ただし、山門大衆の動きは、このの ちも終息にむかうどころか、むしろ激化していったことがつぎの文書から知られる。

御注進之趣、即時相催集会令披露候処、為霜台（六角定頼）被仰越候趣、尤之儀候へ共、京都之儀、既　上意も被移御座候、従南方軍勢洛中江乱入之由候間、此刻無発向者、日蓮党得勢於南方之勢衆を相語、猶以令興盛時者、惣山手を失候ハん事候哉、然上者、先年既為御合力、山門開名誉候処、今更堅被抑留候へハ、此中三院之憤、都鄙無其隠之処、無面目打置候へハ、先年御忠節之大功も此度無仁被成候と申、三院之瑕瑾、仏法滅亡之儀此節候哉、此等之趣、如何様にも被仰調、一勢も被差上、有御合力、諸末寺・諸山徒中も厳重罷立、如先年

之開喜悦之眉候様可被仰調由候、就其、手遣之儀近々可在之分、議定候間、猶以急度偏御入魂可為衆悦之旨被仰届、早々可有登山候由、衆儀候、恐々謹言、

(天文一六年)九月十四日　　　別当代　在判

西

執行代　在判

(後欠カ)

右の文書では、東塔執行代の差出が欠けているが、これもまた三院執行代連署書状[59]であろう。宛所もまた欠けているが、内容から六角氏宛と推察される。

文面にみえる「御座」を移した「上意」とは、将軍足利義輝（義藤）とその父義晴のことで、それは天文一六年七月一九日にあたるが、その背景には、細川晴元との不和があった。実はその晴元を婿とし、また義輝の加冠の儀に立ち会ったのが六角定頼であったが、「日蓮党」に対する山門大衆の発向を六角氏が「抑留」しようとしたのは、この時期におけるその政治的立場からしても当然の行動であったと思われる。

ただし、ここにみえる「諸末寺・諸山徒中も厳重罷立」という文言は、けっして脅しではなかった。たとえば、東塔末寺である専修寺に対しては、九月一五日付で「京都日蓮党類為発向之、来十八日手遣可在之分、議定事候、然者、得其意、厳密着陣之儀、肝要」との旨の東塔執行代書状[60]が出されていたことが確認でき、いわば第二の天文法華の乱がおこりかねない緊迫した状況にあったことがうかがわれるからである。

このように山門大衆に緊張を走らせたものが何であったのかについては、それをあきらかにする史料にはめぐまれない。ただ、一連のながれから考えれば、やはり法華宗の末寺化が実現しなかったことに対する憤懣にあったと判断せざるをえないであろう。

実際、さきにも触れた六月一七日に六角氏が三院執行代とのあいだで「就日蓮衆還住条々事」に関してまとめあげた条々のうち、「一、為惣分妙伝寺一円放火事」すらも九月二八日の段階で履行されておらず、(61) しかも、この妙伝寺が松本問答の主人公と目される人物の帰依する寺院と門流が同じであったことを考えあわせれば、(62)「日吉御祭礼」の料足一〇〇貫文の進納もまた不履行であった可能性が高いからである。おそらくはこの一〇〇貫文というのを山門大衆は、事実上の末寺銭と認識していたのであろう。

とすれば、山門大衆が法華宗を射程に一貫してもとめつづけていたものとは、実にこの末寺化・末寺銭ということになるが、ここにおいて想起すべきは、南北朝以来、あたかも連動するかのように法華宗とともに山門大衆によって弾圧的行為を加えつづけられてきた真宗のありかたである。

というのも、真宗、とりわけ本願寺は、寛正六年（一四六五）正月のいわゆる寛正の法難によって大谷の地を追われたのち、応仁元年（一四六七）三月に青蓮院門跡の「御口入」によって西塔の末寺となる「契約」、すなわち「新加当院之末寺、釈迦堂奉寄分毎年参仟疋可奉献之由」を結んでいたからである。(63)

さきに触れた末寺銭も、また軍事的な合力要請もすべてここに由来するのであるが、実は、同じ寛正六年一一月、横川楞厳院閉籠衆が衆議でもって法華宗寺院の破却の意向を示した際には、法華宗は本願寺とは異なり、山門奉行や侍所頭人を動かすとともに、「防戦」の姿勢をみせることで沙汰止みに追いやることに成功していたのである。(64)

このような本願寺と法華宗との違いをあらためてみたとき、本願寺を末寺化した山門大衆、とりわけ西塔が法華宗をもその末寺にせんと動きだすのは、むしろ当然のことであったといえるのかもしれない。

その一方で、法華宗がなにゆえそこまで末寺となることをこばみつづけたのか、その理由を速断することもできないが、いずれにしても山門大衆と法華宗との関係が厳しい様相をみせつづけ、ついには天文法華の乱という京中を焼亡に追いこむ戦争にまで進展した根本的な要因のひとつとはこのあたりにあったと考えられる。[65]

おわりに

ところで、法華宗にしろ、本願寺にしろ、法流を異にする、いわゆる「新仏教」（鎌倉新仏教）系の寺院を末寺とすることとは、宗祖以来のたがいの関係を顧みたとき、その存在を認知するという点において、山門大衆にとっては思想的な自己矛盾以外の何ものでもなかったと思われる。

しかしながら、そのような自己矛盾を読みかえてまでそれらを末寺化せんとする目的とは、「日吉御祭礼」の料足が問題となったことでもあきらかなように、経済的な関係の樹立にほかならなかったと推察される。

山門大衆の経済基盤には、ほかの権門寺院と同様、荘園所職などさまざまなものが存在したが、なかでも現銭収入として重要な位置を占めていたと考えられるのが、日吉小五月会馬上役であった。ところが、応仁・文明の乱を境として、日吉小五月会の中断が余儀なくされると同時に、馬上役徴収を請負う馬上一衆の機能も低下、ついには機能不全に追いこまれることとなる。もちろん、それと並行して、荘園所職の不知行も進行していたと考えられるが、かりにそれらが安定していたとしても、毎年、一〇〇〇余貫文、あるいは二一〇〇余貫文におよぶ現銭収入の退転が山門大衆の経済基盤に深刻な影響をあたえたであろうことは容易に想像されよう。

そのようなとき、「京都の半分は法華宗」[66]、「当時法華宗繁昌驚耳目者也」[67]、「文明乱以後、京中充満」[68]といわれるほどに京中で繁栄をみせていた法華宗寺院を末寺とし、そこからの末寺銭徴収を構想するというのはきわめて自然な方策であったと思われる。山門と法華宗のあいだで「日吉御祭礼」の料足が問題となったことが何よりこのことを証左するといえようし、またつとにいわれるように中世における末寺とは、一種の所領にほかならなかったからである。[69]

思想的には認められないが、経済的にはその存在を容認し、みずからの枠組みのなかに組みこまざるをえない、このような山門大衆のすがたを通してみられる、いわゆる「新仏教」系の寺院との関係模索というのは、おそらくこの時期、多くの顕密寺院「惣寺」に共通するものだったのではないだろうか。

と同時に、末寺銭を上納することによって顕密寺院の末寺となるという道は、さまざまな負担を強いられるとしても、一方で保護を得、また公認された寺院としての社会的地位を獲得するという点において、「新仏教」系の寺院にとってもかならずしも悪い選択ではなかったと考えられる。現象的にみれば、いわば相互補完にむかうというのが戦国期における寺院社会のひとつの方向性であったのかもしれない。

しかしながら、法華宗の末寺化は実現をみず、それと並行して山門大衆と法華宗との関係は波乱含みで推移しつづけることとなった。たとえば、永禄六年（一五六三）閏一二月、二一本山のひとつ、本国寺が有力檀徒である松永久秀の力をたのみ将軍義輝を介して門跡勅許を得ようとした際にも、結局、「山もん三ゐんよりれんしょ（山門三院連署）」、つまりは山門三院執行代連署書状が「さす（座主）の宮」に伝達されて阻止されるというような事実がみられるからである。(70)

これよりさき、永禄二年（一五五九）一二月に本願寺が准門跡勅許を得たの(71)と比較すれば、その差は歴然といえようが、しかし、こののち、たがいに補完するような関係にあった山門大衆と本願寺がともに「法敵」織田信長と敵対し、熾烈な戦争へ突入していったことを考えるとき、法華宗が選択した道が果たしてあやまりであったのかどうかというのはむずかしい判断となろう。もっとも、門跡や山門大衆との関係を保持せず、会合という本山寺院の結合組織を形成して贈与経済を媒介に武家権力と対峙する道をとった法華宗も、結局それを逆手にとられ、安土宗論とその後の織田政権による礼金収奪への道をあゆんでゆくこととなるのである。(72)

(1) 天文一一年七月日付阿子禰々申状案（『別本賦引付』四、桑山浩然校訂『室町幕府引付史料集成』上巻、近藤出版社、一九八〇年）。
(2) 天文一六年九月日付東山禅林寺雑掌申状案（『賦引付幷徳政方』、同右、下巻、近藤出版社、一九八六年）。
(3) 『老人雑話』巻下（『改定史籍集覧』第一〇冊）、『足利季世記』巻四（同上、第一三冊）。
(4) 『続応仁後記』巻三（同右、第三冊）。
(5) 『二条寺主家記抜萃』（『続南行雑録』、『続々群書類従』第三）。
(6) 『後法成寺関白記』（『陽明叢書記録文書篇　第三輯』思文閣出版、一九八五年）天文五年七月二七日条。
(7) 『厳助往年記』（『改定史籍集覧』第二五冊）天文五年七月二七日条。
(8) 岩橋小弥太「天文法華乱」（『歴史と地理』第二一巻六号、一九二八年）、辻善之助『日本仏教史　第五巻　中世篇之四』（岩波書店、一九五〇年）ほか。
(9) 林屋辰三郎『中世文化の基調』（東京大学出版会、一九五三年）、藤井學「西国を中心とした室町期法華教団の発展―その社会的基盤と法華一揆を中心として―」（『仏教史学』第六巻一号、一九五七年）、西尾和美「『町衆』論再検討の試み―天文法華一揆をめぐって―」（『日本史研究』二二九号、一九八一年）、今谷明『天文法華の乱―武装する町衆―』（平凡社、一九八九年）ほか。
(10) 拙著『中世京都の民衆と社会』（思文閣出版、二〇〇〇年）。
(11) 下坂守『中世寺院社会の研究』（思文閣出版、二〇〇一年）、同「応仁の乱と京都―室町幕府の役銭と山門の馬上役の変質をめぐって―」（『学叢』二四号、二〇〇二年）。
(12) 注(5)。
(13) 『祐園記抄』（『続南行雑録』、『続々群書類従』第三）。
(14) 注(5)。
(15) 『史籍雑纂』第一。
(16) 注(8)辻氏前掲『日本仏教史　第五巻　中世篇之四』参照。
(17) 『石山本願寺日記』上巻。
(18) 増補続史料大成。

(19) 続群書類従完成会刊本。
(20) 注(8)辻氏前掲『日本仏教史　第五巻　中世篇之四』参照。
(21) 京都大学文学部閲覧室写本。
(22) 国立歴史民俗博物館所蔵。
(23) 古川元也「「天文法華の乱」再考―「山門大講堂三院衆議条々」第一条の検討を中心に―」(『三田中世史研究』四号、一九九七年)。
(24) 「阿刀家文書」(京都国立博物館所蔵)、「田中穣氏旧蔵典籍古文書」。
(25) 「京都東山御文庫所蔵文書」(京都大学文学部古文書室写真帳)。なお、辻善之助氏も注(8)前掲『日本仏教史　第五巻　中世篇之四』で同じ文書を紹介されているが、典拠とされた「京都御所東山御文庫記録」甲一〇九(東京大学史料編纂所写本)が宛所を欠いているために、そのままのかたちでしか記されていない。
(26) 注(11)下坂氏前掲『中世寺院社会の研究』参照。
(27) 注(5)。
(28) 注(5)。
(29) 『続応仁後記』巻三。
(30) 『快元僧都記』(『新校群書類従』第二〇巻)天文五年八月二九日条。
(31) 『円教寺長吏実祐筆記』(兵庫県立歴史博物館編『総合調査報告書　Ⅲ　書写山円教寺』一九八八年)。
(32) 『鹿苑日録』天文五年七月二〇日条、なお、注(11)下坂氏前掲『中世寺院社会の研究』(五六六頁)によれば、百済寺(近江)も合力した可能性が考えられる。
(33) 注(11)下坂氏前掲『中世寺院社会の研究』参照。『神宮寺文書』(『福井県史　資料編9　中・近世七』一九九〇年)。
(34) 『天文日記』天文五年六月一七日条。
(35) 同右、天文五年六月九日条。
(36) 『後奈良天皇宸記』天文五年七月二三日条。
(37) 『厳助往年記』天文五年七月二三日条。

(38)『鹿苑日録』天文五年七月二三日条。
(39)(天文五年)六月五日付西塔院政所折紙案(『天文五年山徒集会議』)。
(40)立正大学日蓮教学研究所編『日蓮教団全史　上』(平楽寺書店、一九六四年)。
(41)注(10)参照。
(42)『鹿苑日録』天文五年五月二九日条。
(43)『天文日記』天文五年七月一〇日条。
(44)『後奈良天皇宸記』天文五年七月二六日条。
(45)『細川両家記』(『新校群書類従』第一六巻)。
(46)『後奈良天皇宸記』天文五年七月二七日条。
(47)『両山歴譜』(日唱本)(藤井學・波多野郁夫共編著『本能寺史料　古記録篇』思文閣出版、二〇〇二年)、東京大学史料編纂所写本も参照にした。
(48)天文五年閏一〇月七日付飯尾元運定条々案(京都大学文学部古文書室影写本「本能寺文書」)。
(49)天文七年九月日山門三院列参申詞(大日本古文書『蜷川家文書之三』五三一号)。
(50)天文一〇年八月一六日付飯尾為清奉書(京都大学文学部古文書室影写本「妙蓮寺文書」)。
(51)天文一一年閏三月一六日付飯尾元運奉書(「本能寺文書」)。
(52)天文一四年八月一八日付室町幕府政所執事加判連署奉書(同右)ほか。
(53)『両山歴譜』。
(54)注(10)参照。
(55)天文一六年二月日付一五ケ寺連署申定条々案(「本能寺文書」)。
(56)天文一六年六月一七日付進藤貞治・平井高好連署条々案(『蜷川家文書之三』六〇五号)。
(57)(天文一六年)七月二九日付六角定頼書状(「本能寺文書」)。
(58)(天文一六年)八月二二日付山門三院執行代連署書状案(同右)。
(59)(天文一六年)九月一四日付山門三院執行代連署書状案(同右)。
(60)(天文一六年)九月一五日付山門東塔執行代書状(『専修寺文書』、平松令三編『真宗史料集成　専修寺・諸派』

同朋舎、一九八二年）。従来、本文書の年紀を天文五年とする場合が多かったが、天文五年九月では、天文法華の乱が終わってすでに二カ月近く経っており、文面との齟齬がみられるので、天文一六年とすべきであろう。

(61) 注(56)。

(62) （天文一六年）九月二八日付平井高好・朽木稙綱連署書状案（「本能寺文書」）。

(63) 谷下一夢『増補　真宗史の諸研究』（同朋舎、一九七七年）。

(64) 注(10)参照。

(65) なお、若干、時期がさがり、また外国語史料ではあるが、一五七一年一〇月四日附パードレ・ルイス・フロイスより印度地方区長パードレ・アントニオ・デ・クワドロスに贈りし書翰（『耶蘇会士日本通信』下巻、異国叢書、改定復刻版、雄松堂書店、一九六六年）に「日本の他の諸宗派を悉く配下に帰せしめんと欲し三十七年前（天文五年）武器を携へて都に下り、殆んど一切を火を以て焼き多数の人を殺したり」とみえることは、以上の考察を一定度史料的に保証するといえよう。

(66) 『妙法治世集並同始末記録』（立正大学日蓮教学研究所編『日蓮宗宗学全書　第一九巻　史伝旧記部二』山喜房仏書林、一九六〇年）。

(67) 『宣胤卿記』（増補史料大成）文明一三年月二六日条。

(68) 『後慈眼院殿御記』（『図書寮叢刊　九条家歴世記録二』）明応三年一〇月一三日条。

(69) 黒田俊雄『寺社勢力―もう一つの中世社会―』（岩波新書、一九八〇年）、注(11)下坂氏前掲『中世寺院社会の研究』参照。

(70) 『御湯殿上日記』（『続群書類従』補遺三）永禄六年閏一二月六日・二一日・二九日条、（永禄六年）閏一二月一四日付松永久秀書状（「京都東山御文庫所蔵文書」）。

(71) 浅野長武「本願寺の准門跡号勅許に関する研究」（『史学雑誌』第三三編九号、一九二二年）、注(63)谷下氏前掲『増補　真宗史の諸研究』ほか。

(72) 注(10)参照。

第七章　都市共同体と人的結合

——法華一揆と祇園会をめぐって——

はじめに—問題の所在—

(1)　町自治重視への疑問

文献史学、とりわけ日本中世史において都市を研究するということは、ながいあいだ、すなわち都市自治をになう共同体や社会集団を発見し解明することであった。いうまでもなく、これは、ヴェーバーの都市論やヨーロッパ中世都市史研究の影響をうけての結果である。自由都市論と呼ばれた議論、またそれの再検討のうえに主張された封建都市論などがそれらに相当するが、これを京都に即していえば、戦後まもなく発表された林屋辰三郎氏による、いわゆる「町衆《まちしゅう》」論なども同様といえよう(1)。

もっとも、佐々木銀弥氏による研究史整理によれば(2)、「町衆」論は、自由都市論を否定するものとして扱われているが、ただしかし、都市自治に対する高い誇りをもつ「町衆」というイメージは、馬田綾子氏が危惧したように(3)、学術的な問題とは別に、一般には広く流布する結果となった。

したがって、「町衆」なるものの実態を検証すべく、「町衆」の依拠する町《ちょう》の生成を実証的に追究した仲村研氏によって、「町衆」の読みは「まちしゅう」ではなく、「ちょうしゅう」であるとくり返し主張されても、[4]一般には容易にうけ入れられることはなかったのである。イメージというものが、いかに強い影響力をもつのかということをあらためて認識させられる事例であるが、ただし、仲村氏の場合もまた、別の種類のイメージに縛られていたともいえる。

そのイメージとは、すなわち中世京都において都市自治をになう都市民衆とは、町という地縁的な共同体・社会集団に依拠しているのが当然であり、したがって、この町の歴史的変遷や実態を解明することが都市自治のありかたや都市民衆の存在形態を解明することにつながるというものである。

もっとも、このイメージは、仲村氏ひとりを縛っていたわけではなく、むしろ戦後日本の中世都市史研究全般に通底するといってもよい。たとえば、一九八九年に「主として前近代日本の都市を素材とするこれまでの歴史学研究の到達点を確認し、さらには近代・現代をも見通しながら、日本都市史の全体像を構築するための橋頭堡を築き、それを共有すること」をねらいとして刊行された『日本都市史入門』全三巻のうちの一巻に[5]「町」があてられたことなどもそれを示すだろうし、より卑近なことでいえば、史料のなかに町という文字を発見しただけで、そこに都市的な要素を読みとることが往々にしてみられるという点もあげられるだろう。

もちろん、近世都市社会における基礎単位のひとつとして町（個別町・両側町）が存在したことは動かしようのない事実であり、したがってその歴史的変遷を追究することが重要であることはいうまでもない。たとえば、中近世移行期の京都における町の生成を実証的に解明した仁木宏による一連の研究が、町研究の到達点として高い評価をうけるとともに、その後の研究の出発点ともなっているようにである。[6]

しかし、京都に即していえば、本来、町という文言そのものは、平安京における坊―保―町といった行政区画の一名称であり、また町尻小路（町通り）との交差点の呼称以上のものでなかったことを考えてみると、[7]問題設定としてもう一方で必要だったのは、町という存在がどのようにして地縁的な結合の拠点となっていったのか、その契機や過程を追究することであったといえよう。

実は、このような、町の存在にだけ注目して中世都市のありかたをみようとする姿勢の問題点については、すでに桜井英治氏が指摘するところであるが[8]、桜井氏は、さらに社会集団や共同体が都市を定義するうえで有効な指標になりうるという考えかた自体にも疑義をはさんでいる。これは、従来の中世都市史研究のありかたそのものに対する疑義でもあり、深刻な問題としてうけ止めなければならないと考える。

しかし、現実に多様な共同体や社会集団が中世京都にも存在していたという事実そのものを否定することはむずかしく、したがって、その点を踏まえて、つぎの研究段階として注目すべきと考えられるのが、それらを成り立たせている人的結合（紐帯）やネットワークというものなのである。実は、この人的結合に注目してみると、従来の中世都市史研究が、なにゆえ町に注目してきたのか、その理由もみえやすくなる。

たとえば、町という共同体・社会集団を成り立たせている主な人的結合は、地縁的な結合であるが、これは、いうまでもなく村の存在をその一方で念頭においていたものにほかならない。このことは、すでに自由都市論や封建都市論においても郷村・惣村などとの対比が常におこなわれていたことからもうかがわれるが、その背景としてもっとも影響をあたえたものとは、おそらく近世・近代の行政村のイメージであろう。

つまり、勝俣鎮夫氏の「村町制」の議論などにみられるように[9]、この行政村に対する視線が無意識のうちに都市にも投影されることによって、町を村と同根の地縁的な共同体・社会集団として発見するにいたったわけである。

もっとも、この点は、近世史研究でも同傾向を指摘でき、たとえば、それは、近世京都における町を「地縁的・職業的身分共同体」と規定し、その後の町研究の出発点を築いた朝尾直弘氏による論考に「惣村から町へ」というものがあることからも読みとれよう[10]。

しかしながら、桜井氏も指摘されるように、実は自由都市論や封建都市論において恰好の題材とされた堺の会合衆や伊勢山田の三方などは、かならずしも町との接点が明確ではない。むしろ、それらは、小西瑞恵氏が実証的にあきらかにされたように、(11) 宮座的な集団の色彩を帯びており、つまりは、地縁的な結合に依拠していたのではなく、信仰や宗教を紐帯とした社会集団であったというほうがより実態に近かったのである。

もちろん、ここで述べていることは、都市を研究するのに村落との関係をまったく無視してよいといっているわけではない。その関係の実態を解明することは、今後さらに重要な作業となってくるし、それは中世社会における都市の位置を考えるためにも不可欠な論点であることはまちがいない。

ただ、中世社会を近代以降のように均質な社会の集合体とみることができないということを考えれば、よりいっそう個々の都市や村落のもつ個性にも注目しなければならないと思われるのである。

(2)　共同体と都市自治

このようにしてみると、中世において都市自治をになう都市民衆の人的結合が、はたして地縁的な結合だけであったのかという基本的な疑問に突きあたらざるをえない。したがって、京都においても、町や地縁的な結合といった呪縛からいったん離れて、都市自治をにないうる多様な共同体・社会集団の存在にも目をむけてみる必要があり、むしろそうすることで従来とは異なった都市像が描ける可能性も浮上すると思われる。

ただし、もう一歩踏みこんで、さらに通説的なみかたに疑問をはさむとすれば、町をはじめとした都市社会に存在した多様な共同体や社会集団は、はたして都市自治をになうことをあらかじめ志向していたのかという点も指摘することができる。もちろん、共同体や社会集団としてかたちをなしている以上、それらが自律性を帯びているることはまちがいないであろうが、しかし、そのことが即、都市自治につながるわけではないと考えたほうがむしろ自然だからである。[12]

実はこの問題に関しては、「町衆」論においてもっとも色濃く影を落としていることが読みとれる。というのも、よく知られているように、「町衆」論は、一九五〇・六〇年代という時代の要請をうけて《市民》の形成史として登場したが、それゆえその初発からすでに近代的な「市民社会」という枠組みから自由ではありえなかったからである。そのなかで林屋氏は、京戸―京童―町衆―町人という《市民》形成史を述べるにいたったが、自由都市論の影響や、またさきに述べた町や地縁的な結合の呪縛にも影響されて、結局は町のみを自治の宿る唯一の存在としてあらかじめ措定し、その町と都市民衆との接点を通してしか、《市民》＝「町衆」の存在を浮かびあがらせることができなかった。

しかし、くり返すように、町の存在そのものに、本来的に自律性や、また自治が宿るととらえること自体に無理がみられる。また、問題の立てかた自体も逆で、むしろ人々がどのようにして町という存在に自律性や自治というものを託したのか、その契機や過程のほうを問うべきであったといえよう。

さらに、《市民》形成史ということばが示すように、そこでつかわれる自治という概念にも、あらかじめ権力と対立するというような固定的な関係が刷りこまれていた可能性は高いと考えられる。しかしながら、都市における共同体や社会集団は、常に権力と対立する関係にあったのであろうか。また、権力と対立しなければ、共同体や社会集団は自治をになうことができなかったのであろうか。

この点に関して仁木氏は、都市自治は、領主権の委任・委譲にあったのではなく、都市民衆の社会的関係のなかから自生的に成長してきた都市共同体の帯びる「公」に体現されたものであったとされている。[13]

仁木氏の語る「公」の内実については、異論もみられるが、個別町としての町が諸権力との関係のなかで成長してきたことを実証的にあきらかにされた点については、ゆらぐことはないであろうし、今後もより詳細に検討が重ねられてゆかねばならないと考えられる。

とはいうものの、その一方で、仁木氏の場合においてもまた町や地縁的な結合の呪縛がみられることも事実で、したがって、つぎの段階として考えなければならないこととは、都市自治という政治的行為が、どのような政治的環境のなかで、またどのような共同体・社会集団がそれをになうことになったのか、その過程をさぐることとなろう。

一応、これまでの研究の問題点を以上のようにまとめるとするならば、つぎにどのような問題提起や方向性を示してゆくことができるのか、この点が課題となるが、本章では、ひとまず天文期（一五三二～五五）という時期と、この時期特有の事象として知られる祇園会や法華一揆に注視して考えてみたいと思う。

というのも、仁木氏が近世につづく町の確立時期として注目したのもこの時期であるし、また、「町衆」論の起点ともいうべき、祇園会山鉾にかかわって知られる「下京ノ六十六町ノクワチキヤチ《（月行事）》共」による「神事無之共、山ホコ渡シ度」[14]という有名なことばが登場したのも、天文二年（一五三三）のことだからである。

しかも、この天文二年は、法華一揆の活動がもっとも昂揚した時期でもあるが、ただその際、留意せねばならないのは、すでに西尾和美氏によってあきらかにされたように、法華一揆と「下京ノ六十六町ノクワチキヤチ共」とが実は併存する別個の存在であったという事実である。[15]

かつては、法華一揆のことを「町衆」の一揆とみなすようなことがなされていたが、それが人的結合の面からみればあやまりであるということを指摘された点は、やはり画期的なものと評価されるからである。

一　都市共同体としての「衆会之衆」

(1)　法華一揆と都市自治

ところで、法華一揆が登場するにいたる政治的環境とは、すでにあきらかにされているように、一言でいえば、細川晴元など細川京兆家を軸とした畿内における武家権力間の抗争にある。

より具体的にいえば、反晴元勢の掃討のため軍事的な利用をはかった一向一揆の暴走を鎮圧するために、同じく軍事的な合力を要請されて起立したのが法華一揆であった。その編成は、「上下京衆日蓮門徒ハ、其寺々ニ所属」(16)とみえるように、また幕府奉行人奉書など文書の宛所として「諸法華衆諸檀方中」(17)、「諸法花宗中」(18)などと記されるように、京都の法華宗（日蓮宗）諸本山寺院とその檀徒を中核とした信仰を紐帯とするものであった。

したがって、地縁を紐帯とする町とは、人的結合という点において異質な存在であったことはあらためるまでもないが、事実としてまず重要なのは、武家権力間の抗争の結果として、法華一揆が起立しているあいだの京都には、晴元や反晴元勢力などいずれの武家権力の中核となる人物も入ることができなかったという点である。

そして、そのような武家権力の不在という政治的な空白が、法華一揆の活動を晴元勢に対する軍事的な合力以上のものへと助長せしめることとなったのである。

公方・管領之御成敗をもとに、洛中・洛外之政道は、一向法花宗のまゝ也

右は、『座中天文記』(19)という記録におさめられた有名な一節であるが、ここにみえる「政道」の内容とは、おそらく、「下京顕本寺（妙顕寺カ）仁付火者両三人、西京へニケ入ヲ召執、即切之」(20)と近衛尚通が伝えたような、いわゆる検断行為であり、また、「日々に大津・山中、其外口々へ、番を出し」(21)とみえるような、いわゆる「洛中警固」(22)であったと考えられる。

このような検断行為こそ、自治の基本要素のひとつにほかならないことを考えれば、軍事的集団であった法華一揆が、都市自治という政治的行為をになう集団へと変貌をとげつつあったことが読みとれよう。

もっとも、その都市自治を保証するものとは、第一義的に法華一揆の保有する軍事力であったことは認識しておく必要がある。可視的いえば、山科言継をして目を驚かせた「兵具以下」や「馬上四百余騎」「一万斗」におよぶ「日蓮宗打廻」などがその具体相といえよう。[23]

と同時に、注意しておかなければならないのは、その都市自治とは、かならずしも武家権力との対立関係のなかで生まれたものではないということである。それは、「公方・管領之御成敗をもとに」という文言があらわすように、京都に不在ながらも足利義晴や細川晴元といった武家権力との連携なしにはありえなかったのである。

しかし、それは、本来的に法華一揆が、晴元の軍事的要請によって起立したという事実を振り返れば、むしろ当然のことであったといえるのかもしれない。

(2)　信仰・宗教と都市共同体

法花宗之諸旦方ニ衆会之衆とて、別而権柄を取輩在之

これもまた、『座中天文記』にみえる有名な一節であるが、検断行為をおこなう法華一揆の中核は、檀徒によって構成された「衆会之衆」であった。この「衆会之衆」とは、別の史料にみえる「日蓮党衆僧並集会輩」[24]の「集会輩」と同じものであり、実はさきの付け火の者を切ることを決めたのもまた「集会」[25]であった。

この「衆会」「集会」というのが会合と同義であることはいうまでもなく、したがって、この意味からすれば、「衆会之衆」もまた堺の会合衆と同様に都市共同体として認めることが自然といえる。すでに小西氏によってあきらかにされているように、堺の会合衆は、「三村宮（開口神社）の祭祀について相談する有力者の寄合から発

達した」[26]、いわば信仰を紐帯とした存在であったが、実は京都においても信仰を紐帯とした都市共同体が、「衆会之衆」として成立していたのである。

この都市共同体の特徴は、会合衆と同様、町に基盤をおかないことはもちろん、またそれゆえ空間的・領域的な規制をあまりうけない広範なネットワークのうえに成り立っていた点にある。というのも、少し時期のさがる事例ではあるが、檀徒と各本山寺院との結びつきというのは、たとえば、寺院と檀徒の居住地など地理的な遠近関係とはほとんど無縁であり、むしろどの寺院のどの僧侶と師檀契約を結ぶかに重点がおかれていたからである。[27]

たしかに西尾氏が指摘するように、これまで通説とされてきた法華一揆と「町衆」とを一体とみる議論というのが実証的にも問題があることはまちがいないが[28]、逆に、「衆会之衆」を都市共同体と認めれば、その問題も解消することができるのではないだろうか。なぜなら、都市共同体を構成する人的結合が、京都だけは地縁でなければならないという理由はどこにもないからである。

ただし、同じように信仰や宗教を紐帯するとはいっても、会合衆と「衆会之衆」のあいだには質的にも大きな違いがあったという点には留意せねばならない。住吉社と深い関係をもつ堺の三村宮がいわば顕密仏教の範疇に入るのに対して、法華宗、法華信仰は、不受不施制法に代表されるように、むしろそのような顕密仏教を相対化すべく登場した存在であったからである。そして、そのことがまたこの都市共同体の結合をより強固にするとともに、他者からの強い拒否反応をおこさせる要因ともなったのである。[29]

そういう意味で、法華一揆と直接的に対決し軍事的衝突にいたったのが、幕府や武家権力ではなく山門延暦寺大衆（衆徒と山徒）であったというのは当然であった。

もっとも、東塔・西塔・横川の三塔（三院）の大衆が大講堂で決した天文五年（一五三六）六月付の条々[30]には、「如風聞者、洛中九重条里小路、号寺構恣掘堀、不受上意之沙汰、諸公事令裁許之、地下人等申懸非分之儀、頻廻無数之巧、引入吾党、又対諸宗及狼藉」と法華一揆による政治的行為を非難の対象とする一方で、「一、於此儀者、早就公方様・細川家幷佐々木霜台、可成其届、然者、三執行代下向観音寺、有相談事」ともみえ、三塔の代表である三人の執行代（横川だけは、別当代）が、将軍足利義晴を支える近江守護六角定頼の居城観音寺城に下向していることからすれば、彼らの背後に武家権力の存在があったことも想像にかたくない。

とはいうものの、山門大衆にとってもっとも問題だったのは、やはり宗教的な意味合いであり、それは、同じ条々に「昔於帝都諸宗張行有之時者、為当山加炳誡事、上古嘉例也」とみえるように、みずからを正統と位置づける、いわゆる顕密体制的な枠組みを意識しているという点からもうかがえる。

しかも、興味深いのは、これにつづいて「今度不加成敗者、洛陽者悉令断絶、自余宗徒皆令退散、王城忽成田舎・茅屋」ともみられることで、法華一揆を「成敗」しなければ、京都は「田舎」となってしまうというそのことばからは、法華一揆や「衆会之衆」が、山門を含めた権門が分割支配する「王城」＝権門都市とは相容れない存在として認識されていたということも示していよう。

もっとも、それはあくまでも山門側の認識であり、むしろそのような認識の尺度でははかることのできない存在として法華一揆が登場したという点にこそ、戦国期の都市京都の特質をみるべきなのかもしれない。

いずれにしても、このような法華一揆と山門大衆との対立関係は、いわゆる天文法華の乱というかたちで法華一揆側の軍事的な敗北として決着をみるが、しかしそれは同時に、京都における都市共同体のひとつの可能性をもつぶす結果となったのである。

二　戦国期祇園会と地縁的結合

(1)　祇園会と山門大衆

ところで、「町衆」論において、町の地縁的な結合の表象として注目されてきた祇園会であるが、実は史料のうえで町との接点がみられるようになるのはそう早くはない。というよりむしろ、現在のところ、「下京ノ六十六町ノクワチキヤチ《（月行事）》共」による「神事無之共、山ホコ渡シ度」という有名なことばで知られる、『祇園執行日記』天文二年（一五三三）六月七日条がその初見と考えられる。

もちろん、これ以前、たとえば応仁・文明の乱後においても、町や町人という文言と祇園会との接点というのはみることはできるが、ただ、それを個別町としての町と同じものと断定するには慎重にならなければならないと考えられるのである。というのも、応仁・文明の乱で中絶した祇園会の再興に尽力したのは、これまでいわれてきたような都市民衆のほうではなく、むしろ幕府のほうで、その幕府が山鉾のにない手を文書などで呼称する際に使用した文言というのが町や町人であったからである。しかも、この場合の町とは、幕府の認識では、地口銭などの徴収にかかわる条坊制の町に近い表現であった(31)。

もっとも、乱前に山鉾をになっていたのが、一条兼良の筆とされる『尺素往来』(32)に「祇園御霊会今年殊結構、山崎之定《シツメ》鉾、大舎人之鵲《カサヽキ》鉾、処々跳《ヲトリ》鉾、家々笠車、風流之造山、八撥、曲舞、在地之所役」とみえるように、大山崎神人・大舎人などといった神人集団や「処々」「家々」といった分散的な人々であったのに対して、乱後は、たとえば、永正八年（一五一一）の幕府奉行人連署奉書(33)の宛所としてみえる「祇園会敷地々下人中」などへと変化をみせていたということはうかがうことができる。

ただしかし、ここにみえる「祇園会敷地」というのは、物理的な土地というよりも宗教的な空間を意味すると考えられているから、[34]逆に、永正八年段階においてもなお町とは接点をもっていなかったことが知られるのである。

そういう意味でも、天文二年段階で祇園会山鉾が、六六町など町とのあいだで明確な接点をみせるようになっていたという事実にはあらためて注意しなければならないが、同時に、町がこののち、都市共同体として全面的な展開をみせてゆくという事実も考えあわせると、法華一揆の場合と同様、その政治的環境についても触れる必要があろう。

そこで、注目しなければならないのが、山門大衆の動向である。というのも、この天文二年、近江に避難を余儀なくされていた幕府が、「祇園会事、雖無日吉祭礼、任去明応九年幷永正三年御成敗旨、来六月式日可被執行之由被仰出也候」という文言をそなえた奉行人連署奉書[35]をだして、祇園会の執行を命じたのに対して異議を唱え、ついにはそれを撤回にまで追いこんだのがほかならない山門大衆だったからである。

山門ヨリ此方を発向シ候ハン由、明日此方神事シ候ハヽ、此方ヲ明日発向シ候ハン由申、

これは、『祇園執行日記』六月六日条の一節であるが、祇園会をおこなえば山門大衆が祇園社へ発向するという、右の一節が記された「山門三塔ノ執行代」の書状が来たのは式日前日の六日、祇園社では、「皆談合シ候テ」、「明日神事延引シ候ハン由」の書状を認めて、「明日近江へ人下候ハン」ことをとり急ぎ決めたところへ、「近江ノ公方（足利義晴）ヨリ奉書是へ付候也、其モン言六角（定頼）申子細候間、先ニ明日ノ神事延引申トノ状也」、つまり山門大衆の圧力に屈した幕府から祇園会延引すべしとの奉書が届いたのであった。

今回のように幕府の強い意向があったにもかかわらず、山門大衆の圧力によって祇園会が延引に追いこまれたというのは、かならずしも多くはないが、ただ日吉小五月会など日吉祭礼の停止や延引にともなって祇園会もまた停止や延引に追いこまれたことはけっして少なくなかった。むしろ、戦国期においては、式日である六月七日・一四日に無事に祇園会が執行できたというほうがめずらしかったからである。[36]そういう意味において、「下

京ノ六十六町ノクワチキヤチ共」による「神事無之共、山ホコ渡シ度」という有名なことばが、実はこのような山門大衆の動向に対応して発せられたものであったということは留意すべきといえよう。

(2) 人的結合と中世宗教

このようにしてみると、この時期、祇園会をになう町もまた、法華一揆と同様、山門大衆の動向に直面していたという奇妙な符合が見いだせる。従来、地縁的な結合といえば、その結合の契機を空間的な接近性や近住性にもとめることが一般的であった。もちろんそれが、もっとも常識的な考えかたであり、また現実にも適合すると考えられるが、ただしかし、戦国期祇園会を通してみえる町の登場のしかたからすれば、それはまた山門大衆との関係において表出した部分もあったとみることが可能といえよう。とすれば、山門大衆との関係においてどのような部分がこの時期、問題となっていたのであろうか。

実は、この点の解明がもっともむずかしいのであるが、その手がかりのひとつとして有効と思われる史料が、『八瀬童子会文書』[37]である。この『八瀬童子会文書』は、現在、社団法人八瀬童子会に所蔵されている文書であるが、その内容からいうと、日吉小五月会の用途（費用）である馬上役（馬上料足、馬上合力銭、馬上公定銭、馬上功程銭）の徴収を請負う、有力山徒によって構成された組織、馬上一衆に伝わった文書と考えられる。

注目されるのは、この馬上一衆が祇園会馬上役の徴収も同時に請負う存在であったことが下坂守氏によってあきらかにされている点で[38]、そのため、『八瀬童子会文書』には、その馬上一衆に合力銭をおさめる日吉神人にかかわる史料も多数残されている。

これによって、従来、ほとんど実態のわからなかった日吉神人と山門大衆との関係もうかがい知ることができるようになったわけだが、実はそのなかに、応仁・文明の乱後に多発するようになった馬上役を忌避する日吉神人の行状にかかわって、つぎのような、「出座停止」という興味深い文言がみられるのである。

御教書ニ出座停止ト候ハ、一度為日吉神人族、他社へ出候事ヲ御禁制事候也、是往古ヨリノ御大法事候也、

これは、文明四年（一四七二）に馬上一衆が山門三院公文所御房にあててだした文書の一節であるが、ここからは、一度でも日吉神人になるということがいかに日吉社や山門大衆と強固な関係を結ぶことであったかが知られる。[39]

「出座」の座が何を意味しているのかについては、『八瀬童子会文書』からは読みとれないが、御教書は、南北朝・室町期に馬上一衆・合力神人制を再編したのが幕府であることから、幕府御教書の意味であろう。実際、『八瀬童子会文書』には、個々の日吉神人の在所を馬上一衆に確認する幕府奉行人の書状や奉書が多数残されているからである。

本来、日吉神人になるということは、日吉社や山門大衆の庇護をうけ、またそれにともなうさまざまな特権を得るということであったはずである。ところが、応仁・文明の乱によって日吉小五月会が中絶し、それと連動するかのように神人の散在や他社神人への転身が多発、それによってさらに馬上役が不足し日吉小五月会が退転におよぶという悪循環をくり返すようになっていた。この状況は、もちろん祇園会でも同様で、『八坂神社文書』においては、およそ文亀二年（一五〇二）を最後に馬上役に関する史料が残されておらず、したがってこの頃には祇園会における馬上役の下行もおこなわれていなかったと考えられる。

このように、馬上一衆・合力神人制というシステムそのものが機能していないにもかかわらず、「出座停止」ということで、これまでの関係の維持のみを強要する山門大衆とのあいだに軋轢がおこっていたであろうことは当然予想される。また、これと連動しておこっていた祇園会式日の混乱が、山鉾に本来そなわっている疫神遷却・御霊信仰といった民俗的な機能を低下させるという点に対しても根強い反感があったにちがいない。[40]

しかし、それでもなお山門大衆との関係を無視できなかったという、いわば目にみえない呪縛のほうがより問

題であったというべきかもしれない。その呪縛とは、山門大衆を存立せしめるところの、「民衆の解放願望の中世的封殺形態」たる中世宗教、[41]すなわち顕密仏教の存在そのものにほかならないが、それを相対化する手段として前面にでてきたのが、祇園会山鉾をになう町における地縁的な結合であり、また法華一揆における信仰という人的結合であったと考えることはできないだろうか。一応ここでは、このような見通しを立てておきたいと思う。

おわりに

(1) 地縁的結合と家屋敷所有

近年、中世都市史研究においては、地縁的な結合による共同体や社会集団以外の人間関係の多様さや豊かな可能性についても注目が集まりつつある。[42]それは、近世都市における町に収斂させるだけではせまることができない数多くの問題を中世都市がはらんでいるということにしだいに気づきつつあるからである。

本章もまた、そのようなながれに身をゆだねつついくつかの問題提起や方向性を示してきたわけだが、かりに本章の見通しに寸分でも妥当するところがあったとしても、それではなにゆえ都市共同体を構成する人的結合のうち、地縁的な結合だけがその主流となっていったのかという素朴な疑問はわいてこよう。

この疑問に対して、本章の作業だけであえて答えをひねりだすとすれば、それは結果としてさまざまな可能性や選択肢のなかから歴史的に残されたとしかいうことはできないと思われる。もちろん、「地縁的ということ」は「日本の中世が達成した成果の一つ」とする朝尾直弘氏の議論[43]に乗っかって説明することも不可能ではないであろうが、「残された」にしろ「達成した」にしろ、それらはいずれも結果論以上のものでないからである。

となれば、この疑問にどのように答えるか、それは今後の実証的な作業にゆだねるしかないというのが実状ではあるが、ただあえてひとつだけ手がかりとなるような点について述べるとすれば、それは、近世の町を地縁的な共同体・社会集団ならしめた、もっとも基礎的な要素である家屋敷所有（家屋の所有と安定した敷地利用）の問題にあらためて注視することだと考える。

というのも、近世京都における家屋敷所有とは、住人にとって「町の正規の構成員として位置づけられ」、「店舗や作業場、さらには、信用の根源である小土地片を自己の手中にすることを意味した」[44]が、その所有がようやく安定をみせはじめるのが、ほかならない戦国期以降と考えられるからである。[45]法華一揆の行状に仮託して語られることの多い、天文期以降に広範にみられる地子銭不払い（地子銭無沙汰）行為もまた、家屋敷所有の安定化の動きが着実に、しかも共同して進行していることの証左とされているが、[46]これと軌を一にして共同体・社会集団としての町が表出してくることを考えるとき、その関係の深さにあらためて気づかされるのである。

その意味でも、家屋敷の共同体的所有こそ、地縁的な結合が広範に支持される大きな要因であったと考えられるが、逆に、法華一揆や「衆会之衆」など地縁的な結合に拠らない都市共同体が後景にしりぞいてゆかなければならなかったのもまた、このような都市生活を支える基盤が安定しつつあったことが背景にあったのではないだろうか。そして、それこそが中世都市と近世都市をわける分水嶺であったのかもしれない。

(2)　都市共同体と空間・領域

ところで、京都は一般に応仁・文明の乱によって焼亡したとされている。しかしながら、戦闘の中心となった上京に関してはそれをうかがわせる史料がみられるものの、下京に関しては、かならずしも史料でおさえることができない。[47]むしろ、下京の焼亡ということでいえば、天文五年（一五三六）におこった天文法華の乱によるものがはるかに激甚であった。諸記録に「京中日蓮衆廿一ケ寺、其外下京悉放火」[48]、「下京大略焼了」[49]、「下京一宇を不残、皆被放火」[50]などとみえるからである。

現在に伝わる橋弁慶山や芦刈山の神体とされる人形の墨書や刻銘に、天文六年（一五三七）という年紀がみられることも、このときに山鉾の多くが焼亡したことを推測させる。

また、かつて長刀鉾の刀身にも「天文丁酉」、つまり天文六年付で「去年日蓮衆退治之時、分捕仁候ヲ買留申、奉寄附感神院江所也」[51]と刻まれたものがつかわれていたが、この事実は祇園会山鉾をになう集団と法華一揆がシンパシーを共有しない存在であったことをあらためて示すものといえよう。

なお、法華宗本山寺院が京都へ還住するには、これから一〇年余りの歳月が必要となるが、ただ、その際、山門大衆より法華宗寺院を山門末寺とする条件がだされたことに対しては、法華宗側は、「一、為日吉御祭礼料之足付、毎年百貫文宛、三月中ニ永進納事」[52]という一文の入った申状を提出することで回避しようとしている。[53]

ここでもまた、日吉祭礼の存在が浮上していることが読みとれるが、このことは、山鉾をになう町と法華一揆とがともに山門大衆との関係を一方の契機として表出してきたのではないかというさきの見通しを裏づけるものといえよう。

もっとも、山門大衆が法華一揆に勝利した以上、祇園会の式日もまた、これ以前と同様に安定をみることはこののちしばらくなかった。ただ、天文法華の乱による下京焼亡によって、状況はそれ以前とは大きく変化をみせたと考えられる。というのも、山鉾の経済基盤としての「寄町」や「出銭」など、家屋敷の共同体的所有を前提とした町やその土地を基準とする新たなシステムが史料のうえでみられるようになるからである。[54]

また、これと並行して注目されるのが、山鉾の名称を冠する町名が史料にあらわれはじめることで、このようにして町は山鉾をになう主体として自己主張をはじめるとともに、下京など惣町を戴きつつ、その集積体として空間的・領域的にも相似形をなす都市共同体への道をあゆみはじめることとなるのである。

(1)　林屋辰三郎『中世文化の基調』(東京大学出版会、一九五三年)、同『町衆―京都における「市民」形成史―』(中公新書、一九六四年)。
(2)　佐々木銀弥「日本中世都市の自由・自治研究をめぐって」(『社会経済史学』第三八巻四号、一九七二年、のちに同『日本中世の都市と法』吉川弘文館、一九九四年)。
(3)　馬田綾子「『町衆論』の検討―概念の拡散をめぐって―」(『新しい歴史学のために』一七四号、一九八四年)。
(4)　仲村研「中世の町と町衆」(『月刊百科』二三三号、一九八二年、のちに同『中世地域史の研究』高科書店、一九八八年)。
(5)　高橋康夫・吉田伸之編『日本都市史入門　II　町』(東京大学出版会、一九九〇年)。
(6)　仁木宏「戦国・織田政権期京都における権力と町共同体―法の遵行と自律性をめぐって―」(『日本史研究』三一二号、一九八八年)、同「豊臣政権の京都支配と「洛中政道」」(『ヒストリア』一二三号、一九八九年)、同「中近世移行期の権力と都市民衆―京都における都市社会の構造変容―」(『日本史研究』三三一号、一九九〇年)、同『空間・公・共同体―中世都市から近世都市へ―』(青木書店、一九九七年)。
(7)　赤松俊秀「町座の成立について」(『日本歴史』二一号、一九四七年、のちに同『古代中世社会経済史研究』平楽寺書店、一九七三年)。
(8)　桜井英治「湊・津・泊―都市自治の系譜―」(『朝日百科日本の歴史別冊　歴史を読みなおす6　平安京と水辺の都市、そして安土』朝日新聞社、一九九三年)。
(9)　勝俣鎮夫「戦国時代の村落」(『社会史研究』六号、一九八五年、のちに同『戦国時代論』岩波書店、一九九六年)。
(10)　朝尾直弘「近世の身分制と賤民」(『部落問題研究』六八輯、一九八一年、のちに同『都市と近世社会を考える―信長・秀吉から綱吉まで―』朝日新聞社、一九九五年)、同「惣村から町へ」(『日本の社会史　6　社会的諸集団』岩波書店、一九八八年、のちに同上書)。
(11)　小西瑞恵「堺都市論―戦国都市堺の形成と自治―」(有光友学編『戦国期権力と地域社会』吉川弘文館、一九八六年、のちに同『中世都市共同体の研究』思文閣出版、二〇〇〇年)。
(12)　注(6)仁木氏前掲『空間・公・共同体』参照。
(13)　同右。

(14)『祇園執行日記』(増補続史料大成『八坂神社記録』二)天文二年六月七日条。
(15)西尾和美「「町衆」論再検討の試み―天文法華一揆をめぐって―」(『日本史研究』二二九号、一九八四年)。
(16)『経厚法印日記』(『改定史籍集覧』第二五冊)天文元年八月二三日条。
(17)天文三年一二月五日付室町幕府奉行人連署奉書(宮内庁書陵部所蔵「土御門家文書」)。
(18)天文二年一二月五日付同右文書案(同右)。
(19)藝能史研究會編『日本庶民文化史料集成　第二巻　田楽・猿楽』(三一書房、一九七四年)。
(20)『後法成寺関白記』(『陽明叢書記録文書篇　第三輯』思文閣出版、一九八五年)天文二年二月一八日条。
(21)『座中天文記』。
(22)今谷明『天文法華の乱―武装する町衆―』(平凡社、一九八九年)。
(23)『言継卿記』(続群書類従完成会刊本)天文二年三月七日条。
(24)天文五年閏一〇月七日付飯尾元運定条々案(京都大学文学部古文書室影写本「本能寺文書」)。
(25)『言継卿記』天文二年二月一八日条。
(26)注(11)参照。
(27)拙著『中世京都の民衆と社会』(思文閣出版、二〇〇〇年)第二部第三章。
(28)注(15)参照。
(29)藤井學「西国を中心とした室町期法華教団の発展―その社会的基盤と法華一揆を中心として―」(『仏教史学』第六巻一号、一九五七年)。
(30)「阿刀家文書」(京都国立博物館所蔵)。
(31)本書第一部第二章・第三章・第五章。
(32)『群書類従』第九輯。
(33)永正八年一二月二四日付室町幕府奉行人連署奉書(『八坂神社文書』一九三号)。
(34)瀬田勝哉「中世祇園会の一考察―馬上役制をめぐって―」(『日本史研究』二〇〇号、一九七九年、のちに同『洛中洛外の群像―失われた中世京都へ―』平凡社、一九九四年)。
(35)天文二年五月二五日付室町幕府奉行人連署奉書案(『祇園社記』第一六、『八坂神社記録』三)。

(36) 本書第一部第二章。
(37) 『叢書　京都の史料4　八瀬童子会文書』『「八瀬童子会文書」補遺・総目録』(京都市歴史資料館、二〇〇〇年、二〇〇二年)。本文書については、京都市歴史資料館写真版も参照にした。
(38) 下坂守『中世寺院社会の研究』(思文閣出版、二〇〇一年)。
(39) 文明四年六月三日付日吉神人在所記録断簡(『「八瀬童子会文書」補遺・総目録』三六号)。
(40) 植木行宣『山・鉾・屋台の祭り—風流の開花—』(白水社、二〇〇一年)。
(41) 平雅行「鎌倉仏教論」(『岩波講座日本通史　第8巻　中世2』岩波書店、一九九四年)。
(42) 仁木宏「荘園解体期の京都」(網野善彦・石井進・稲垣泰彦・永原慶二編『講座日本荘園史　4　荘園の解体』吉川弘文館、一九九九年)。
(43) 注(10)朝尾氏前掲「近世の身分制と賤民」参照。
(44) 吉田伸之「町人と町」(歴史学研究会・日本史研究会編『講座日本歴史　5　近世1』東京大学出版会、一九八五年、のちに同『近世都市社会の身分構造』東京大学出版会、一九九八年)。
(45) 瀬田勝哉「近世都市成立史序説—京都における土地所有をめぐって—」(寶月圭吾先生還暦記念会編『日本社会経済史研究　中世編』吉川弘文館、一九六七年)、脇田晴子『日本中世都市論』(東京大学出版会、一九八一年)、高橋康夫『洛中洛外—環境文化の中世史—』(平凡社、一九八八年)。
(46) 注(45)瀬田氏前掲「近世都市成立史序説」参照。
(47) 下坂守「古都炎上」(佐藤和彦・下坂守編『図説京都ルネサンス』河出書房新社、一九九四年)。
(48) 『厳助往年記』(『改訂史籍集覧』第二五冊)天文五年七月二七日条。
(49) 『後法成寺関白記』天文五年七月二七日条。
(50) 注(21)。
(51) 辻善之助『日本仏教史　第五巻　中世編之四』(岩波書店、一九五〇年)第八章第一一節。
(52) 天文一六年六月一七日付延暦寺・日蓮衆徒媾和文書案(大日本古文書『蜷川家文書之三』六〇五号)。
(53) 注(27)前掲拙著『中世京都の民衆と社会』第二部第四章。
(54) 本書第一部第二章。

第二部　織豊期

第一章　山門延暦寺焼討再考序説

はじめに

織田信長による山門延暦寺焼討は、その鮮烈なイメージも手伝って、信長やそれを継承した統一権力による寺社および宗教勢力に対する弾圧的姿勢を示す恰好の材料として、ことあるごとにとりあげられてきた。

ところが、研究史をひもといてみるとすぐにわかることだが、予想外にこの山門焼討に関する専論が少ないことに驚く。おそらく、唯一の専論にして実証的な研究といえば、辻善之助氏による「山門焼撃」（『日本仏教史第七巻　近世篇之一』岩波書店、一九五二年）のほかに指を屈することができないというのが実状ではないだろうか。しかも、この辻氏の研究によって、さきに触れたイメージというものがかたちづくられたということを考えると、その再検討という作業が必要であることはいうまでもないであろう。

もっとも、そのような作業がながくなされてこなかったというのには、理由がある。というのも、この山門焼討にかかわる史料については、すでに『大日本史料』の該当巻（第一〇編之六）が刊行されており、しかも、辻氏の論考は、そこに所収された史料をもとにしているからである。関連する史料の多くがすでに知られ、新しい史料の発見も簡単にはのぞめない以上、新たな議論を立ちあげることは、むずかしいというのが自然であろう。

しかしながら、辻氏の論考が、その著『日本仏教史　第七巻　近世篇之一』のなかに所収されていることからもわかるように、その分析は、おのずと仏教史の文脈でなされたものであり、また、それゆえ、その結果が、さきのようなイメージとして結実していったということを考えると、仏教史とは別の視角からの分析も可能といえる。いうまでもないことだが、山門焼討という事象のすべてが仏教史の文脈のみで理解できるわけではないからである。

そこで、本章では、以下に述べるふたつの視角から山門焼討について実証的な再検討を試みることにしたい。まず、ひとつめの視角とは、山門焼討を元亀争乱とよばれる、元亀年間（一五七〇～七三）に近江など畿内近国を舞台として広範にくり広げられた戦争の一環としてみるというものである。よく知られているように、山門焼討という事象は、信長と山門とのあいだにおける二項対立的な関係がもとでおこったものではけっしてない。むしろ、それは、越前朝倉氏や江北（近江北郡）浅井氏など諸勢力をまじえた相互の関係性のなかでおこったものだったからである。

もちろん、これにかかわる事実自体は、辻氏の論考においてもすでに触れられてはいる。また、今谷明氏が『新修大津市史　3　近世前期』（大津市、一九八〇年）のなかで「山門焼き打ち」として論述された部分においても、右のような視角による行論が試みられている。しかし、さらに微視的に事実をみてみることで、これまではみえてこなかった、あるいは注目されてこなかった事実に光をあてることができるのではないかと思われる。

ついで、ふたつめの視角とは、下坂守氏の研究(1)によって近年飛躍的に進展をみせた中世山門にかかわる実証的成果に依拠して山門焼討をみるというものである。これまであきらかではなかった中世山門の実態に即しつつ山門焼討をみることで、同じくこれまではみえてこなかった、あるいは注目されてこなかった事実に光をあてることができると思われる。

なお、山門を寺社勢力、宗教勢力としてとらえたとき、山門焼討という事象がおよぼす影響は、山門という一箇の寺院にとどまるものではない。王法仏法相依の片翼たる王法＝公家・武家はもとより、中世後期においては、山門を本寺・本社とあおぐ諸国の顕密寺社をはじめ、本願寺が山門三塔のひとつ西塔の末寺となっていたことに代表されるように、「新仏教」のなかにも山門末寺としてその存立を維持していた教団・寺院が少なからずあったからである。(2)

したがって、山門焼討の全体像を再検討するためには、本来的には、これら広範にわたる点についても加味して作業をおこなう必要があるが、ここでは、とりあえず山門に焦点をしぼって、大きな問題に近づくための一歩としたい。論題に序説ということばを付したのはそのためである。

それでは、以下において具体的な作業をすすめてゆこうと思うが、まず次節では、元亀争乱において山門がこの戦争にどのようにかかわるようになっていったのか、この点についての事実確認をおこなう。ついで、次々節では、前節で確認した事実を踏まえて、山門焼討という事象にいたるにはいかなる契機があったのか、とりわけ山門がなにゆえ反信長方に加わることになったのか、その理由について検討を加えてゆきたいと思う。

一　元亀争乱と山門延暦寺

(1)　元亀争乱と宇佐山城

さて、元亀争乱の発端は、よく知られているように、永禄一三年（一五七〇、四月二三日に元亀元年と改元）四月、信長が越前朝倉氏への攻撃を開始したことにはじまる。このとき、信長の軍勢は、山科言継の日記『言継卿記』(3)四月二〇日条によれば、「一条東へ坂本ニ令下」、「直ニ若州へ罷越」したという。

これによって、信長の軍勢が京都から、おそらくは今道越（山中越）を経て坂本にいたり、そこから湖西を北上して若狭・越前へむかったことがうかがえる。それを裏づけるように、奈良の興福寺多聞院英俊の日記『多聞院日記』[4]卯月二二日条にも、「信長、ワニ《(和邇)》・カタ《(堅田)》、ニ被陣取了」とみえ、和邇や堅田にいったん陣取し、その後、いわゆる西近江路を北上したことが知られる（以下、図1を参照）。

一見すれば、なにげない行路のようにも思われるが、実はこの行路をとったということ自体に重要な問題がかくされている。その重要性については、のちに触れるとして、事実の問題としてまず、信長の軍勢がこの行路をとり得たのには理由があった。というのも、これよりさき、信長の家臣、森可成が、この行路にかかわって湖西に城郭を築いていたという事実が知られているからである。

その築城年代については、残念ながら史料がなくあきらかではないが、「志賀之城」[5]、「志賀要害」[6]とも呼ばれたこの城郭が宇佐山に築かれた宇佐山城であったことは、今谷氏によってすでに指摘されている。

そして、この城郭は、『多聞院日記』三月二〇日条が「今道、北、ワラ坂《(逢坂)》、南、此二道ヲトメテ、信長ノ内森山《(三)》左衛門《(可成)》城用害、此フモトニ新路ヲコシラヘ、是へ上下ヲトヲス、余ノ道ハ堅ト、ムル」と伝えるように、京都と近江をつなぐ主要な山越えの通路である今道越（山中越、志賀山越）と逢坂越を南北におさえるとともに、新たに建設された通路も管理するために築かれたものであった。

この記事が信憑性をもっているのは、記事を書いた英俊自身が、「新路ノ大ナル坂ヲ越ヘテ、山中ト云所ヲ通リ、白川へ出、東山ノ辺ヲ通ル」、つまり近江から京都へと実際に通路をたどっていることからもあきらかであるが、いずれにしても、今回、信長の軍勢が、英俊とは逆の行路で湖西にむかい得たのには以上のような背景があったのである。

ところで、越前へ攻め入った信長の軍勢に驚くべき情報が届いたのは、四月下旬のことであった。その情報と

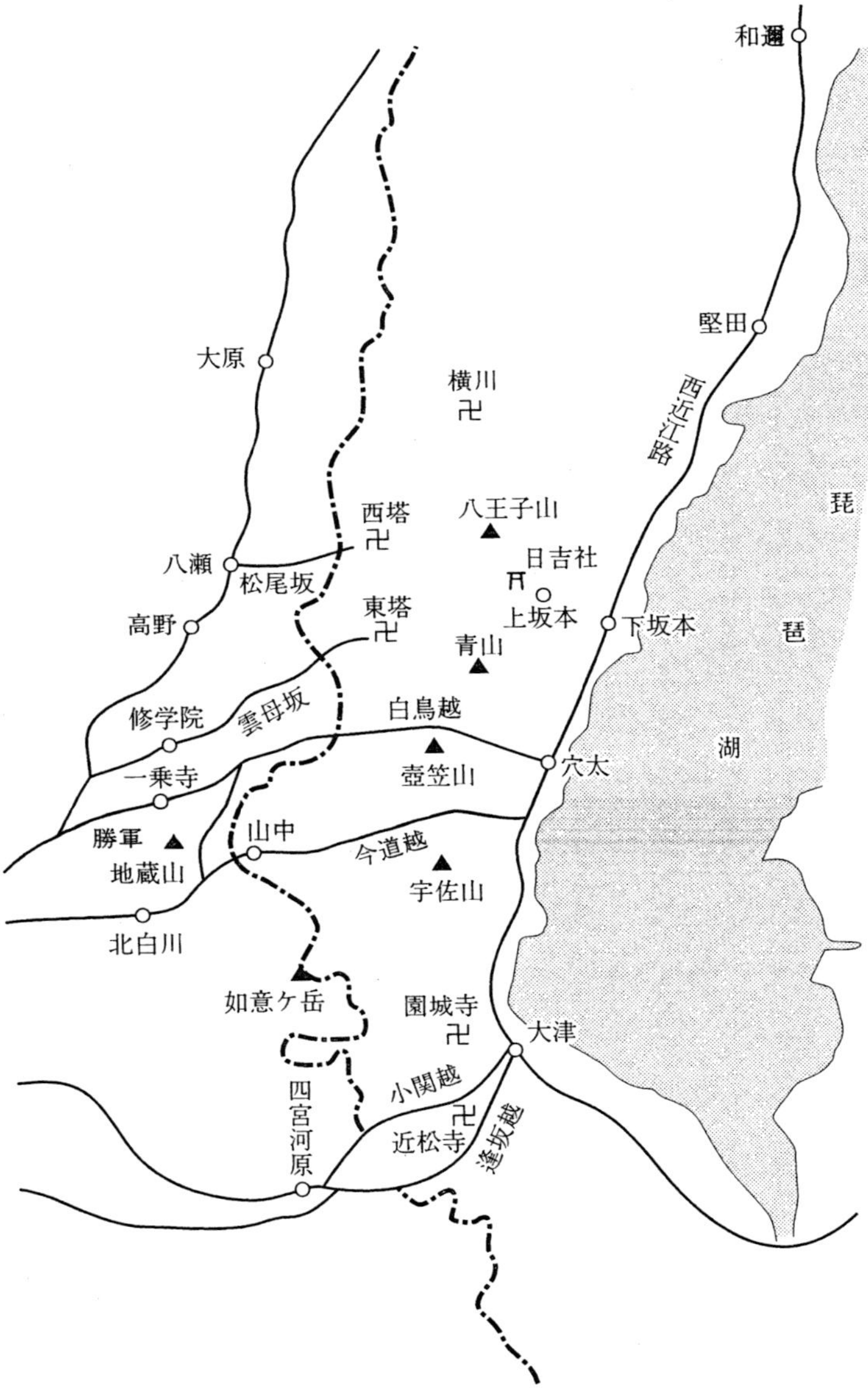

図1　京都と近江をつなぐ山越えの通路

は、いうまでもなく江北浅井氏の「別心」である。『信長公記』[7]巻三によれば、信長自身にわかには信じられず、「虚説たるべき」と述べたとされているが、しかしながら、『言継卿記』四月二九日条に「北郡浅井申合、信長ニ令別心」と記されるように、それはまぎれもない事実であり、そのため越前からの退却を余儀なくされたのであった。

このとき、信長がとった退却路としては、たとえば、『当代記』[8]が「朽木越を経、同月卅日ニ京著」、また、『信長公記』巻三が「朽木越をさせられ」と記しているように、往路であった西近江路ではなく、いわゆる若狭道を経て京都にいたったとされている。しかしながら、今谷氏がすでに指摘されているように、『言継卿記』四月二九日条に「越州よりハ若州西路往還云々」、四月三〇日条では、「信長丹州下田迄帰陣之由」と記されていることから、朽木越、若狭道よりさらに西の丹波を経た可能性も考えられよう。

いずれにしても、その行路は往路の西近江路とは大きく異なるものであった点に留意しておきたい。

(2)「坂本合戦」と山門延暦寺

越前よりの退却から約二カ月後の元亀元年六月、江北の姉川をはさんで信長の軍勢と浅井・朝倉氏の軍勢とのあいだで大合戦がくり広げられた。世に名高い姉川の戦いである。

よく知られているように、戦闘自体はきわめて熾烈なものであったが、しかしながら、信長と浅井・朝倉氏との戦争、あるいは元亀争乱という戦争全体からみれば、むしろこのあと九月におこる、いわゆる志賀の陣、史料では「坂本之合戦」[9]、「坂本合戦」[10]とみえるもののほうがはるかに厳しいものとなった。そして、実はこちらにかかわって山門が動きをみせるようになるのである。

この「坂本合戦」がおこるきっかけもまた、信長にとっては予想外の事態であった。というのも、同じ年の八月、三好三人衆の討伐のため信長が摂津に出陣したところ、興福寺大乗院門跡尋憲がその日記『尋憲記』[11]九月一四日条に「従大坂、来十六日ニ一天下之一キ《(一揆)》可ヲコル由申フレ候」と記しているように、にわかに大坂本願寺が反信長の一翼に加わったからである。

『細川両家記』[12]は、この事態に対して「信長方仰天なり」と記しているが、仰天したのは信長ばかりではなく、同道していた将軍足利義昭も同様であった。そして、その義昭の要請によって、朝廷では柳原淳光と山科言継を勅使として大坂へ下向させようとしたが、その矢先の九月二〇日、さらにそれを上回る事態が勃発することとなる。『言継卿記』同日条では、そのあたりのことをつぎのように伝えている。

午時可発足之処、越州衆・北郡高島衆等、其外一揆共三万計坂本へ打出云々、仍志賀之城之大将森三左衛門《(可成)》取出、千計討取、但小勢六百計之間、三左衛門討死、坂本・四屋《(四ツ谷)》、其外山カミ《(山上)》・西コリ《(錦織)》・大津等放火之間、先今日令延引、

すなわち、大坂本願寺の蜂起に呼応するかのように、「越州衆・北郡高島衆等」(浅井・朝倉氏の軍勢等)が、にわかに湖西を南下し、森可成の守る「志賀之城」(宇佐山城)を攻撃、可成を敗死させたのみならず、坂本・四ツ谷・山上・錦織・大津などを放火したというのである。

しかも、『尋憲記』九月二三日条によれば、浅井・朝倉氏の軍勢は、「其気送《(ママ)》を以、勝軍へ陣取、白川面へ人数打出」、つまり宇佐山城がおさえていた今道越をたどって京都へも立ちあらわれることとなった。

信長も義昭も不在の京都では、たちまち恐慌状態となり、そのため、上賀茂社・清水寺・知恩院・大徳寺・妙心寺・東寺などの寺社や大山崎・上京などの都市共同体は、みずからの安全を確保すべく浅井・朝倉の両氏より禁制を早速手に入れている。[13]しかし、もっとも恐慌状態となったのは信長で、九月二四日には、とりいそぎ義昭とともに「かいちん《(開陣)》」し、「逢坂をこへ[14]」、翌二五日には、「やかて大津まてたち候よし申候」と『御湯殿上日記』[15]

は伝えている。そして、『尋憲記』九月二六日条によれば、「信長ハ三井寺ニ陳《（陣）》取」、その後、二八日条によれば、「大津口より坂本へ御越」し、「敵之惣勢悉山へ取上候て、つほかさ山《（壺笠）》・あお山《（青）》・はちふせニ各陣取候」、つまり浅井・朝倉氏の軍勢を一気に壺笠山・青山などへ追いあげることとなった。

ただし、実際の行動はもっと迅速であったようで、『言継卿記』九月二五日条に「越前衆悉、江州北郡高島衆悉青山へ逐上、穴太・坂本等信長陣取云々、青山・局《（壺）》笠山両所へ逐上置云々」と記されている。この信長の行動は、『尋憲記』九月二六日条が「江州之衆八百計打取、勝軍之後有青山と云山へ、人数五六千をひ《（干）》上テ置候」と記しているように、一種の兵糧攻めをねらったものであった。

実際、これはすぐに効果があがったようで、浅井氏の軍勢は、「色々魂《（懇）》望之由也」、つまり和睦を望んだものの、「然共、信長無同無《（意）》、何もせメコロスヘキ由之説候」という強い姿勢をみせたことが知られている。したがって、このまま状況に変化がなかったならば、信長にとってはきわめて有利な戦争となるはずであった。

ところが、ここでもまた予期しない事態がおこる。『耶蘇会士日本通信』[16]が、「敵は上坂本及び比叡の山の諸山に籠り、坊主等は食物及び家を供して大いに之を助け、悉く信長の敵となりたり」と伝えているように、壺笠山・青山につらなる比叡山・坂本（上坂本）に拠る山門延暦寺が浅井・朝倉氏へ与同をはじめたからである。

山門が浅井・朝倉氏への与同をいつの時点で決めたのかについてはさだかではないが、この事態は、本願寺のときと同様、予想もしていなかったようで、そのため、信長は、「今度信長公の御身方忠節申すに付いては、御分国中にこれある山門領、元のごとく還附けらるべき旨、御金打候て仰聞かせらる、併出家の道理にて、一途の贔屓なり難きにおいては、見除仕候へと、事を分けて仰聞かされ」たと『信長公記』巻三は伝えている。

しかしながら、「山門の僧衆兎角を申上げず」[17]、その結果、「信長は山麓に在りて、既に一ヶ月を経過」[18]、あるいは「厳寒の際約二ヶ月半対陣し、信長が美濃国に通行すること能はず」[19]という状況に陥ることとなるのである。

(3)　山越えの通路をめぐって

結局、この対陣は、約三カ月におよぶことになるが、この間、注目されるのが、両陣営が京都と近江をめぐる山越えの通路にかかわって動きをみせていることである。この点は従来ほとんど気にかけられてこなかったが、たとえば、『信長公記』巻三によれば、信長方は「屋瀬《八瀬》・小原口《大原》には、山本対馬守・蓮養、足懸り陣取り、彼両人案内者の事に候へば、夜々に山上へ忍び入り、谷々寺々焼崩し」ていたことが知られる。

このことは、『言継卿記』一〇月三日条にもみえ、そこでは、「山上西塔六坊焼之、高野蓮養坊・田中之渡辺両人忍入焼云々」と伝えている。信長方が、八瀬、そしてそこへの入口にもあたる小原口（大原口、朽木口）に拠点をかまえる高野蓮養坊等を味方にひき入れていたことが認められるが、これらが山門三塔のひとつ西塔の六坊を焼いたという事実から、八瀬と西塔をつなぐ通路、いわゆる松尾坂（西塔口）の確保をはかっていたことがうかがえる。

ちなみに、高野蓮養坊は、高野に拠点をかまえる山徒のひとりとして、また、室町期より小原口の関を管理する存在として知られているが[20]、山徒でありながら、なぜこのとき信長方に与同したのかについてはつまびらかではない。一方、『言継卿記』のほうにみえる田中の渡辺氏も一乗寺一帯を根拠地とする土豪であるが[21]、この渡辺氏が与同したということは、雲母坂の入口、一乗寺下り松付近を信長方が確保したということを意味しよう。

もっとも、これらの通路は、ともに比叡山内を通過しないと近江にぬけることは不可能であるから、通路の確保としては不十分といわざるをえなかった。一方、『言継卿記』一〇月三日条には、「山中半分計青山之衆焼之云々」とみえ、「青山之衆」（浅井氏の軍勢）が、今道越（山中越）を確保していたことが知られる。

また、青山からは京都へぬける白鳥越（古道越）という通路も知られており、このようなこともあって、「自青山越前・北郡衆下山、一乗寺・試楽寺《修学》・高野・松之崎等放火」と『言継卿記』一〇月二〇日条に記されるように、浅井・朝倉氏の軍勢は京都へ出張ることも可能となっていた。そして、それらを可能にしていたのが、「ひへ《比叡》の山之衆も同意㉒」という事実にほかならなかったのである。

この約三カ月におよぶ対陣中、「信長公は志賀の城宇佐山に御居陣㉓」して、なんとか今道越を確保しようとしていたと考えられる。このとき、信長が宇佐山城に陣取できたのは、これよりさき、浅井・朝倉氏の軍勢が「宇佐山の城端城まで攻上り、放火候といへども、武藤五郎右衛門・肥田彦左衛門両人これあつて、堅固に相抱へ㉔」たためであるが、山門が浅井・朝倉氏に与同した以上、山越えの通路そのものは敵方の手中にあったことになろう。

そのようななか、信長は、一一月になって堅田へ家臣の坂井政尚等を差しむける。ところが、ここでは激しい合戦のすえ、大敗を喫することとなる。この合戦の模様を『言継卿記』一一月二七日条は、「昨日於堅田合戦有之云々、坂井右近《政尚》・氏家陸帯《常陸》弟以下五百計討死云々、越州衆八百計討死云々」と伝えているが、その目的は、「信長人数千余堅田浦へ指入、越州通路可相止造意㉕」と別の史料にみえるように、堅田を経由しての越前との連絡路を遮断することにあった。

結局、このような合戦も影響したのであろうか、「信長方も越前衆も退屈㉖」、とりわけ朝倉氏にとっては、「寒天と云ひ深雪と云ひ、北国の通路続き難き㉗」ということもあって、『言継卿記』一一月二八日条に「武家《足利義昭》今日志賀へ御成云々、和睦御調之義歟」とみえるように、和睦を調えるため将軍足利義昭と関白二条晴良が園城寺（三井寺）㉘に下向することとなった。

そして、翌一二月一〇日から一五日までのいずれかの日に和睦が調い、信長も浅井・朝倉氏も開陣することとなる。実はこのようにややあいまいにいわざるをえないのは、諸記録の記事に日にちの異同がみられるためである。たとえば、『言継卿記』には、一二月一〇日条に「志賀之儀、依無事ニ相調」、一四日条に「今朝早々織田弾正忠信長、江州永原城へ被引」、一五日条に「今朝朝倉左衛門督（義景）越州へ被引」とみえる一方で、『尋憲記』では、一二月一三日条に「朝倉と信長和談」、さらに「中山孝親公記」では、一二月一六日条に「今朝織田弾正忠（信長）、朝倉左衛門督（義景）、浅井備前守（長政）等依和談、志賀・青山・勝軍等為陣払令放火」などとみえるからである。

このうち、もっとも信憑性があるのは、和睦の調整にあたった二条晴良の書状などを記している『尋憲記』と考えられるが、その一二月一三日条によれば、「いつれの御曖も、悉二条殿御調」であったという。

いずれにしても、「坂本合戦」は、このようにしてひとまず終息されることとなった。山門焼討からかぞえれば、およそ九カ月前のできごとであった。

二　元亀争乱と山門焼討

(1)　山門領の押領

前節では、ややくわしく、山門が反信長の一翼に加わるにいたった経過について、その事実確認をしてきたが、そこでの作業を踏まえて本節では、山門がなにゆえ浅井・朝倉氏に与同したのかその理由について検討してゆくこととしよう。『信長公記』巻四が記すように、信長にとって、山門焼討が「浅井・朝倉贔屓せしめ、恣に相働くの条、（中略）其御憤を散ぜらるべきため」であったのだとすれば、この点が山門焼討という事象がひきおこされることになった直接的な契機となるからである。

もっとも、残念というべきか、当然というべきか、その理由を直接語る史料は残されていない。この点、先学は辻氏・今谷氏ともに、信長やその家臣による山門領の押領に注目されている。

たとえば、「信長が山門寺領を収公したのは、当時山徒の濫悪を制せんが為めに、之に圧迫を加へようとしたのである。（中略）山徒怒つて遂に朝倉に通じ、信長攻撃を企てゝゐた。そこで信長が浅井・朝倉と事を構ふるに及び、夙く信長に向つて敵対行動を始めたのである」と辻氏がいい、また、「兼ねてから山門領を織田軍に押領されて大きな不満をいだいていた」と今谷氏がいうようにである。

この信長やその家臣による山門領押領という事実については、たとえば、『御湯殿上日記』永禄一二年（一五六九）一〇月二四日条に「山りやう《（領）》、のふなか《（信長）》おさへ候まゝ、山のものとものほり《（登）》て、そせう《（訴訟）》申候」とみえることなどからも確認ができる。しかも、このとき、山門による「そせう」（訴訟）、いわゆる山訴[29]がおこされていたことも知られるが、この山訴に対しては、正親町天皇の綸旨がだされたことも、『御湯殿上日記』や『朝倉記』[30]によって確認できる。

実はここで留意しなければならないのは、綸旨の文言のなかに「三院衆徒企山訴」とみえること、そして、この綸旨にかかわって山門側にだされた日乗書状の宛所に「山門三執行代」とみえることである。

すでに下坂氏の研究によってあきらかにされているように、中世の山門は、近世的な意味での一箇の寺院とはかなりかけ離れた実態をもっていた。その構造は、きわめて複雑なものであったが、その主な構成要素をあげると、大衆（衆徒と山徒）・門跡（青蓮院・妙法院・梶井など）・寺家となる。

このうち、山門全体の動向にもっとも影響力をもっていたのが、三塔（三院／東塔・西塔・横川）一六谷（院々谷々）に分節する大衆で、彼らによって構成される「惣寺」こそが寺社勢力、宗教勢力としての山門の中核であった。日乗書状の宛所にみえる「三執行代」とは、この三塔の役職者（代表者）で、ともに「衆僧ノ一老」の代理として「若キ衆徒」が就くとともに、応仁・文明の乱以降における各塔の衆議は、彼らの連署で伝達されるようになったという。

つまり、これによって、信長やその家臣による山門領押領に強い危機感をもっていたのが、山門のなかでも大衆、しかも三塔そろってのことであったことが確認される。そして、さきにも触れた、浅井・朝倉氏の軍勢が壺笠山・青山などに追いあげられた際、信長が「今度信長公の御身方忠節申すに付いては、御分国中にこれある山門領、元のごとく還附けらるべき旨、御金打候て仰聞かせらる、併出家の道理にて、一途の贔屓なり難きにおいては、見除仕候へと、事を分けて仰聞かされ」た相手も「山門の僧衆十人」であったと『信長公記』巻三は伝えているから、このとき交渉にあたったのもまた三執行代を中心とするメンバーであったと考えられる。

したがって、先学が指摘されるように、山門大衆が浅井・朝倉氏に与同するにいたった理由としては、まずはこの山門領の押領という問題があったことは認めることができよう。

(2)　宇佐山城と今道越をめぐる攻防

しかしながら、これだけではあまりにも漠然としすぎているし、またこのことと浅井・朝倉氏への与同という事実がどのように結びついているのかという点についてはいまひとつ判然としない。そこで、注目すべきと考えられるのが、『朝倉記』が伝えるつぎのような記事の存在である。

森三左衛門尉長康《可成》、宇佐山ニ城郭ヲ構テ、大津・坂本ヲ成敗シケルカ、山門領ヲ悉押領ス、依之山門ノ大衆等、此時当山ノ破滅也トテ、内裏へ牒状ヲ捧、

この記事によって、実は宇佐山城築城が、山門大衆によって、大津や坂本「成敗」の拠点、あるいは山門領押領の拠点であるかのように認識されていたことがうかがえる。もっとも、宇佐山城を拠点としてどのように山門領が押領されたのかについては、これだけではわからない。

ただ、その一方で留意しなければならないのは、大津や坂本の「成敗」というもので、おそらくこれは都市としての大津や坂本の支配ということではなく、むしろ両地と京都をつなぐ通路をめぐる支配という意味であろう。なぜなら、すでにみたように、宇佐山城とは、京都と近江をつなぐ今道越と逢坂越というふたつの通路を南北に

おさえるとともに、新たに建設された通路も管理するために築かれた城郭にほかならなかったからである。

実は、このふたつの通路のうち、今道越は、はやく鎌倉期に山門によって整備された通路として、[31]あるいは、ここにおかれた関である山中関の「一方給主職」を山徒の有力者にして山門使節でもあった西勝坊栄慶が保持したことでも知られるように、[32]山門大衆の強い影響下にある通路であった。

また、この通路によって京都と坂本は最短距離で結ばれることとなったが、その坂本（下坂本）にも、日吉七ケ関（坂本七ケ関）とよばれた七カ所におよぶ関（本関・導撫関・講堂関・横川関・中堂関・合関・西塔関）がおかれ、そのうちの西塔関が、「堂舎修理」の名目によって、これまた有力山徒であった光聚院猷秀に安堵されたことからも知られるように、[33]山門大衆の強い影響下にあった。

つまり、これらによって、宇佐山城の存在が、中世を通じてつちかってきた今道越および坂本にかかわる山門大衆の支配を真正面からおびやかすものであったことがわかるが、それを裏づけるように、すぐる永禄一三年（元亀元＝一五七〇）四月に信長の軍勢が越前へむかうにあたって、今道越、そして坂本を経て湖西を北上することができたのもまた、このことが一程度、実現していたためであった。

このように、宇佐山城の存在に注目してみると、今度は逆に、元亀元年九月に浅井・朝倉氏がなぜわざわざ長軀、湖西を南下してこの城の攻撃をおこなったのかという点についても理解できるようになる。

なぜならそれは、浅井・朝倉氏にとってというよりむしろ、山門大衆に利する行為にほかならず、そしてそのことがあったために山門大衆は壺笠山・青山などに追いあげられた浅井・朝倉氏に与同し、その援助をおしまなかったと考えられるからである。

このような事態に直面して、信長は松尾坂や雲母坂などの確保をはかるが、浅井・朝倉氏の軍勢が青山から京都へ出張っていることからもわかるように、このとき今道越や白鳥越にかかわる支配はふたたび山門大衆のもとに帰していたと思われる。

もっとも、肝心の宇佐山城自体は、なお信長の手にあり、しかもそのような状態のまま元亀元年一二月に和睦が調うことになった。実は、この和睦に関しては、『尋憲記』一二月二二日条が「山門者不同心申候」と伝えるように、山門大衆が同意していなかったことが知られているが、それもまた、宇佐山城に対する懸念にあった可能性は高いであろう。というのも、和睦にあたって、「中山孝親公記」一二月一六日条に「志賀・青山・勝軍等為陣払令放火」めたとみえるにもかかわらず、翌元亀二年（一五七一）七月三日においてすでに、明智光秀が宇佐山城に在城しており、(34)しかも、ほぼ同時期、信長に反旗をひるがえした六角承禎が京都へ出張ろうと企てた際にも、「山門衆徒此砌可被相働候(35)」という動きもみられるからである。

山門大衆の懸念が現実のものとなっていたということがここからはうかがえるが、一方、信長にとっても、この宇佐山城と今道越の問題は、容易にゆずることのできないものであった。

よく知られているように、元亀三年（一五七二）閏正月には、光秀によって坂本城普請が開始されているし、(36)天正三年（一五七五）には、信長によって今道越が整備、(37)さらに、それより前の天正元年（一五七三）七月に足利義昭が槇嶋城に蜂起した際には、佐和山から大船で琵琶湖を渡って坂本へ着岸、今道越を経てたちまちのうちに上洛できたように、(38)今道越は、この時期、信長にとっては美濃から最短距離で京都に入るには是が非でも確保しておかねばならない、すぐれて軍事的な通路となっていたからである。

これらのいずれもが山門焼討後のことではあるが、しかし逆にこのことによって、山門大衆と信長とがどのような点において対立していたかがうきぼりとなる。すなわち、それは、宇佐山城と今道越をめぐる攻防にあったのであり、それが山門大衆が浅井・朝倉氏に与同した理由であったのと同時に、信長に山門焼討を決意させた理由でもあったのである。

一応、以上が、ここまでの作業から導かれる結論ということになるが、もちろんこれだけが山門焼討という事象をまねくことになった契機のすべてということではけっしてない。ただ、この点に関連して比較として参考となるのが、宇佐山城がおさえていた通路のうち、もうひとつの逢坂越と信長との関係についてである。

実は、今道越が山門大衆の強い影響下にあったのと同様、逢坂越も寺門園城寺（三井寺）の支配下にあった[39]。とりわけ、逢坂越に影響力をもっていたのは、園城寺を構成する北院・中院・南院のうち、南院であったことが知られているが[40]、この南院および園城寺と信長の関係については、残念ながら史料がなく、かならずしもあきらかにすることはできない。ただ、さきにもみたように、元亀元年九月の「坂本合戦」に際して信長が逢坂越をして園城寺に陣取したこと、あるいは、同年一一月の和睦を調えるにあたって足利義昭と二条晴良が下向したのもまた園城寺であったことを思いおこすと、その関係はけっして悪いものではなかったと考えられる。

その際、信長が南院や園城寺の逢坂越にかかわる支配をおびやかしたのかどうかについてはさだかではないが、元亀元年九月に信長が逢坂越をするに際して、南院支配の近松寺内に建立された真宗寺院、顕証寺に対して安堵の朱印状を発給している[41]ことなどからすれば、かならずしもすべてを侵害するものではなかったことが知られる。

その意味では、浅井・朝倉氏の軍勢が壺笠山・青山などに追いあげられた際、信長が山門大衆に対して「今度信長公の御身方忠節申すに付いては、御分国中にこれある山門領、元のごとく還附けらるべき旨、御金打候て仰聞かせらる、併出家の道理にて、一途の贔屓なり難きにおいては、見除仕候へと、事を分けて仰聞かされ」たと伝える『信長公記』巻三の記事は、やはりある程度の真実を含んでいたといわざるをえず、信長との関係において山門大衆もまた、寺門園城寺と同じ道を選ぶことも可能だったことを示している。

そして、それは同時に、山門大衆にとっても、あるいは信長にとっても、山門焼討という事象が唯一の逢着点ではなかったことを意味するものだったといえよう。

おわりに

『言継卿記』によれば、あけて元亀二年（一五七一）九月一一日、信長は園城寺に入り、翌一二日、「従暁天、上坂（本）下被破放火、次日吉社不残、山上東塔、西塔、無童子（動寺）不残放火、山衆悉討死云々」と伝えるように、ついに山門焼討がはじまる。この一二日のうちに、「講堂以下諸堂放火、僧俗男女三四千人伐捨」られたが、翌一三日にいたっても、「叡山横川、ワウギ（仰木）、ミナ上、其辺東塔之焼残等悉放火之」と記され、結局、一五日条に「山上残之坊今日モ放火」とみえるように放火は一五日までつづけられた。

　この放火のすさまじさがきわだっているために、山門焼討にはひときわ鮮烈なイメージがつきまとっているが、ただ、当面の敵である大衆を標的とした場合、焼け残りのところまで放火するというのはやや執拗という印象はぬぐいきれない。実際、『多聞院日記』元亀元年（一五七〇）三月一九日条が伝えるように、「僧衆ハ大旨坂本ニ下テ」、「堂モ坊舎モ一円ハテキレタル躰」であり、九月一二日の攻撃が坂本（上坂本）から開始されたのは、まさにこのことと対応すると考えられるからである。

　にもかかわらず、日吉社をはじめ山上の東塔・西塔・横川にいたるまで放火するにいたったというのは、これまでいわれてきたように当初から信長は全山の焼討を考えていたということになるのであろうか。

　実は、この点について、従来あまりとりあげられてこなかったものではあるが、興味深い内容を伝える史料が残されている。その史料とは、ルイス・フロイスが京都より発した書翰[42]であるが、その一節にはつぎのような記述がみられるのである。

　信長は三万人を引率し居りしが、比叡山諸大学の坊主等に復讐する好機会なりと考へ、之を襲はん為め全軍を集めたり、坊主等は之を聞き、他に手段無きを見て、黄金の判金を贈りたり、各銀四百五十匁の価有るものなり、堅田の町よりは、同二百を贈りたり、信長は毫も之を受納せず、彼の来りしは黄金の富を得んが為めに非ず、厳重に罪を罰せんが為めなりと言明せり、諸大学の長等此返答を聞き、信長の神仏を崇敬する事薄きを知りたるも、偶像山王は頗る尊崇せられ、其罰も畏怖せらるゝ故に、之を破壊する事無かるべしと考へ、他の諸僧院及び其富を捨てゝ、悉く山頂の堂に集まる事に決し、坂本の町民等も亦坊主等の勧告に依りて、妻子等と共に山に登りたり、信長は一同が山頂に在る事を知り、坂本の町に火を放たしめ、其中に在る者を悉く殺戮せしめたり、

外国語史料であること、また、日本側の史料で右の内容を補強するものが少ないことから、そのとり扱いには慎重を期さねばならないが、そのことを踏まえたうえで注目すべきは、後半にみえる「他の諸僧院及び其富を捨てゝ」以下の部分である。

というのも、この部分については、たとえば、『経聞坊旧記』[43]に「坊主共八王子に栖籠も候処、被責崩」、また『信長公記』巻四に「山下の男女老若、右往・左往に廃忘を致し、取物も取敢へず、悉くかちはだしニて八王（子）寺山へ逃上り、社内へ逃籠、諸卒四方より鬨声を上げて攻め上る」などとみえ、類似した事実が知られているからである。このことからも信長の当初の目的がやはり大衆とその拠点である上坂本にあったことがうかがえるが、それと同時に、大衆が八王子山や山上へ立て籠もり、逃げこんだために、焼け残りにいたるまで執拗に放火される結果になったと考えられる。

そして、もしこの後半部分に一定の事実が認められるのだとすれば、史料の前半部分もまた検討に価するということになる。実際、焼討を避けるために信長に対して礼銭（礼銀）を贈ろうとするという行為については、元亀四年（天正元年＝一五七三）四月におこなわれた上京焼討の際にも同様のことがみられるから[44]である。

したがって、山門大衆が「信長の神仏を崇敬する事薄きを知りたるも、偶像山王は頗る尊崇せられ、其罰も畏

怖せらる丶故に、之を破壊する事無かるべしと考へ」たことも十分ありえたということになるが、しかしながら、ここまでみてきた元亀争乱における信長のおかれた状況とこの山門大衆の認識とをくらべたとき、この両者がいかに乖離していたかが知られる。

おそらくは、この乖離こそが山門焼討という事象をおこさせたもっとも重要な契機と考えられるが、それは同時に、元亀争乱という広範な戦争が生みだした産物でもあった。そして、このような戦争を切りぬけてゆくなかから信長やそれを継承する統一権力が立ちあがっていったという事実に注目するならば、元亀争乱が統一権力の宗教政策にあたえた影響もまたきわめて大きなものであったといわざるをえないのである。

(1) 下坂守『中世寺院社会の研究』(思文閣出版、二〇〇一年)。
(2) 注(1)下坂氏前掲『中世寺院社会の研究』、本書終。
(3) 続群書類従完成会刊本。
(4) 増補続史料大成。
(5)『言継卿記』元亀元年三月二〇日条。
(6)(元亀二年)正月二〇日付山崎吉家書状案(『歴代古案』第二、史料纂集)。
(7) 奥野高弘・岩沢愿彦校注『信長公記』(角川文庫、一九六九年)。
(8)『当代記　駿府記』(続群書類従完成会)。
(9)『言継卿記』元亀元年九月二五日条。
(10)(元亀元年)九月二三日付朝倉義景書状案(『寸金雑録』、『大日本史料』第一〇編之四、元亀元年九月二〇日条)。
(11)『大日本史料』第一〇編之四、元亀元年九月二二日条。
(12)『新校群書類従』第一六巻。
(13)『大日本史料』第一〇編之四、元亀元年九月二〇日条。
(14)『信長公記』巻三。

(15)『続群書類従』補遺三。
(16)一五七一年一〇月四日附、都発、パードレ・ルイス・フロイスより印度地方区長パードレ・アントニオ・デ・クワドロスに贈りし書翰（『耶蘇会士日本通信』下巻、異国叢書、改定復刻版、雄松堂書店、一九六六年）。下坂守「宇佐山からの眺望」（『京都国立博物館たより』一〇七号、一九九五年）参照。
(17)注(14)。
(18)一五七〇年一二月一日附、都発、パードレ・ルイス・フロイスよりゴアのコレジヨの某イルマンに贈りし書翰（『耶蘇会士日本通信』下巻）。
(19)注(16)一五七一年一〇月四日附、都発、パードレ・ルイス・フロイスより印度地方区長パードレ・アントニオ・デ・クワドロスに贈りし書翰。
(20)拙著『中世京都の民衆と社会』（思文閣出版、二〇〇〇年）第一部第四章。
(21)川嶋將生「戦国期、地侍の動向」（『京都市史編さん通信』一一九号、一九七九年）。一乗寺の城については、福島克彦「元亀元年「志賀御陣」における朝倉・浅井の陣城について―洛東一乗寺城の紹介―」（『近江の城』二六号、一九八七年）参照。
(22)『尋憲記』元亀元年一一月一二日条。
(23)注(14)。
(24)注(14)。
(25)（元亀二年）正月二二日付山崎吉家書状（『歴代古案』第二）。
(26)『細川両家記』（『新校群書類従』第一六巻）。
(27)注(14)。
(28)「中山孝親公記」（京都大学文学部閲覧室写本）元亀元年一一月二八日条。
(29)山訴については、下坂守「山訴の実相とその歴史的意義―延暦寺惣寺と幕府権力との関係を中心に―」（河音能平・福田榮次郎編『延暦寺と中世社会』法藏館、二〇〇四年）参照。
(30)『大日本史料』第一〇編之三、永禄一二年一〇月二六日条。
(31)『葉黄記』（史料纂集）寛元四年正月一七日条。

(32) 文明七年七月二四日付西勝坊栄慶申状案（『政所賦銘引付』、桑山浩然校訂『室町幕府引付史料集成』上巻、近藤出版社、一九八〇年）。
(33) 永享四年七月日付室町幕府奉行人連署奉書案（『御前落居奉書』、同右、下巻、近藤出版社、一九八六年）。なお、坂本の関については、小林保夫「水陸の交通」（『新修大津市史　2　中世』大津市、一九七九年）参照。
(34) 『元亀二年記』元亀二年七月三日条（『大日本史料』第一〇編之六、元亀二年七月三日条）。
(35) （元亀二年）七月四日付朝倉義景書状（『田川左小五郎氏所蔵文書』、『大日本史料』第一〇編之六、元亀二年七月四日条）。
(36) 『兼見卿記』（史料纂集）元亀三年閏正月六日条。なお、坂本城については、藤井譲治「坂本城の経営」（『新修大津市史　3　近世前期』大津市、一九八〇年）参照。
(37) 『兼見卿記』天正三年二月一五日条ほか。
(38) 『大日本史料』第一〇編之一六、天正元年七月三日条。
(39) 注(33)小林氏前掲「水陸の交通」参照。
(40) 下坂守「庄園の崩壊」（『新修大津市史　2　中世』）。
(41) 元亀元年九月日付織田信長朱印状案（『本願寺文書』、『大日本史料』第一〇編之四、元亀元年九月二三日条）。
(42) 注(19)。
(43) 『大日本史料』第一〇編之六、元亀二年九月一二日条。
(44) 『大日本史料』第一〇編之一五、天正元年四月四日条。

〔付記〕　宇佐山城に信長が籠城せざるをえなくなったこと、そしてそれが信長にとって、危機的な状況にあり、逆に浅井・朝倉氏にとっては最大の好機であったことなどを下坂守先生から折に触れ、お話していただいてきたこと（その一部については、注(16)下坂氏前掲「宇佐山からの眺望」参照）が、本章の着想となっていることをあらためて記しておきたいと思う。

第二章　安土宗論再見
――信長と京都法華宗寺院――

はじめに

(1)　信長と宗教勢力

織田信長と宗教勢力との関係について、という問題を設定したとき、これまでは、どちらかといえば、両者の敵対関係やあるいは信長による弾圧行為などばかりに焦点があてられることが多かった。

これは、当時来日していた宣教師ルイス・フロイスの書翰[1]などが語る、「信長は来世なく、また観るべき物の外存せざることを主張」といった信長像があまりにも鮮烈なため、信長のことをあたかも近代的な無神論者であったかのようにイメージされてきたことに原因があるように思われる。[2]

ところが、近年、このようなイメージにも修正が加えられるとともに、信長と宗教勢力との関係についても少しずつみかたが変わりつつある。たとえば、敵対関係ばかりに目が奪われていたときには注目されてこなかったが、実は信長によって多くの寺社がその所領や特権を保護されていたという事実などがあらためて確認されるようになったからである。[3]

しかしながら、これは冷静に考えれば、当然といえば当然すぎることでもあった。なぜなら、中世の世俗権力のおこなう政策の第一には、かならずといってよいほど仏神事興行というのがとりあげられるのが常だったからである。信長もまた中世に生まれた中世人であり、しかも尾張の大名として世俗権力の一翼をになうことから出発した以上、寺社を保護する必要性は当然あった。

中世、世俗権力と宗教勢力との関係を端的に示すことばとして、「王法仏法相依」というのが知られている。「王法仏法相雙、譬如車二輪鳥二翼」(4)などと史料に記されているように、王法（世俗権力）と仏法（宗教勢力）が車の両輪のように相補いつつならび立つ時代だったことが、世俗権力による寺社の保護ということにつながっていたのである。

なお、中世は、同時に神仏習合の時代であり、神と仏は一体で、むしろ仏の力のほうが強いと考えられていた。王法とならび立つのが仏法とされているのは、そのためである。

この仏法の中核に位置づけられていたのが、南都北嶺と呼ばれた中央の顕密仏教系の寺社である。南都とは、興福寺（および春日社）のことであり、北嶺とは、山門延暦寺（および日吉社）のことであるが、これらの寺社は、全国に数多の所領を領有するとともに、大勢の聖俗をかかえる組織体でもあった。

一見すればそれは、公家（朝廷）や幕府など世俗権力の組織とかわるところはなく、それゆえ政治的にも経済的にも一定の独立性をたもつことができていた。宗教勢力や寺社勢力など、勢力ということばがつかわれるのは、実はこのことを踏まえてのことである。

これら中央の顕密寺社は、一方で全国に数多の末寺・末社もしたがえていた。近江でいえば、中世、長命寺や百済寺など数多くの寺社が山門末寺・末社であったし、京都でも、六角堂（頂法寺）や祇園社（八坂神社）など著名な寺社の多くが末寺・末社であったことが知られている。さらには、戦国時代、山科や大坂を転々としていた本願寺もまた山門西塔の末寺であった。(5) ちなみに、のちに触れる法華宗寺院は、第一部第六章でみたように、山門がたびたび末寺にしようとしたにもかかわらず、その末寺とはならなかった。

このように、中世の仏法世界、あるいは寺院社会は、顕密寺社に視点をすえてみてみると、思いのほか秩序立っていたことがわかる。もっとも、戦国時代の終わりごろになると、本願寺は、一向一揆を組織することを通してしだいに独自の動きをみせるようになっていたし、またその一方で、山門など顕密寺社の所領をささえる荘園制も解体状況にあった。信長が入京をはたしたころ、宗教勢力の内実は大きく変わろうとしていたが、ただこの段階においては、信長と宗教勢力とのあいだに敵対関係を見いだすことはむずかしい。

実はそれが大きく変化するのが、前章でみた、いわゆる元亀争乱を境にしてからであった。

(2) 信長と元亀争乱

この元亀争乱の発端は、すでにみたように、信長と江北（近江北郡）の浅井氏・越前の朝倉氏との熾烈な武家同士の合戦にあったが、ここに山門、そして本願寺・一向一揆が加わることで、信長にとっては、その生涯でもっとも苦しい戦いを強いられることとなったのである。

このときになにゆえ、山門や本願寺・一向一揆がともに浅井・朝倉氏に味方し、信長に敵対したのかについては、はっきりとはわからないが、ただ、この事態が、当初、信長にとっても予想外であったことだけは確実である。

たとえば、元亀元年（一五七〇）九月、信長に敵対する三好三人衆に突如本願寺が通じた際には、「信長方仰天」(6) したし、この本願寺の動きに呼応した浅井・朝倉氏が壺笠山・青山に立て籠もり、それに山門が与同した際にも、信長は「御身方忠節申すに付いては、御分国中にこれある山門領、元のごとく還附けらるべき旨、御金打候て仰聞かせらる、併出家の道理にて、一途の贔屓なり難きにおいては、見除仕候へと、事を分けて仰聞かされ」(7)ているからである。

あくまで信長は、それ以前からの寺社との関係を貫こうとしていたことが読みとれるが、結局それが拒否されたために、山門に対しては焼討、そして本願寺・一向一揆に対しては石山合戦、あるいは皆殺しという結果にまでいたらざるをえなかったのである。それは、元亀争乱の元凶である浅井・朝倉氏が最終的に滅亡させられてしまったことと同一線上の事象とみればわかりやすいと思われるが、ただ、かりにそれが信長にとっては戦の習い、あるいは軍事的な結果だったとしても、彼に対する世間のみかたは大きく変化することとなった。

というのも、山門焼討を京都側から目のあたりにした公家の山科言継が、その日記『言継卿記』(8)元亀二年（一五七一）九月一二日条に「仏法破滅不可説々々、王法可有如何事哉」と記しているように、信長はそれまでの王法から逸脱した存在とみられるようになったからである。

もっとも、この元亀争乱という経験は、信長自身の寺社観、あるいは仏法観も大きく変化させたと考えられる。ルイス・フロイスの書翰(9)によれば、焼け落ちた山門および日吉社の再建を考えていた甲斐の武田信玄が信長に書状を送った際、信玄がその署名に「テンダイノザス・シャモン・シンゲン（天台座主沙門信玄）」と認めたのに対して、信長は「ドイロクテンノ・マウオ・ノブナガ（第六天魔王信長）」「諸宗の敵なる信長」と署名したと伝えられているからである。

外国語史料でもあるのでそのまま信用するわけにはいかないであろうが、宗教勢力との関係において、信玄と信長との経験がいかに隔絶したものになっていたかを示すエピソードとしては興味深いものといえよう。

いずれにしても、元亀争乱は、信長とその家臣団にとって、頼るべきものがみずからの武力以外にはないということをあらためて認識させる結果となったのである。

まえおきが少しながくなってしまったが、本節では法華宗（日蓮宗）寺院に焦点をしぼって、信長と宗教勢力との関係について具体的にみてゆくことにしよう。のちにも触れるように、信長の城下町安土では、有名な安土宗論がおこっているからである。

一　安土宗論への伏線

(1)　第一の伏線

ところで、元亀二年（一五七一）九月一二日に山門が焼討された直後、この時期京都でもっとも有名な法華宗信者が、信長によって近江永原で処刑された。その信者の名は、竹内季治。正三位という位ももつ人物で、真滴入道とも称していた。[10]

宮中の女房が記した日記『御湯殿上日記』[11]元亀二年九月一九日条には、「しんてき《（真滴）》さんそう《（讒奏）》により、のふなか《（信長）》しやうかい《（生害）》させ候」とみえるから、信長のことを公方（将軍）やあるいは天皇に対して讒奏したことが処刑の原因であったことがわかる。はたして、ルイス・フイロイスの書翰[12]にも、「彼は公方様の面前に於て信長を侮蔑する戯言を吐き、信長の勝利、勢力及び地位は既に其極に達したれば、熟したる無花果の如く木より地上に落つるの外なしと云へり」と記されているからである。

時期が時期だけに、信長にとって山門や本願寺・一向一揆と同様に法華宗もまた敵対する存在として映った可能性は否定できないであろう。安土宗論への第一の伏線ともいうべきできごとであった。

もっとも、この時期の京都の法華宗寺院は、竹内季治のように、けっして信長と敵対していたわけではなかった。むしろ、寺々はみずからとその信徒や檀徒を守るために会合という組織を結成して、分裂する世俗権力、とりわけ武家権力に対して多方位外交につとめていたからである。

法華宗（日蓮宗）は、鎌倉時代の僧、日蓮を宗祖とする点では共通しても、その内部は教義の理解のしかたなどによって複雑に分かれていた。この時期、京都においては、本禅寺・本法寺・妙顕寺・妙蓮寺・本隆寺・立本寺・本国寺・本能寺・妙満寺・頂妙寺・要法寺・妙泉寺・妙伝寺・本満寺・妙覚寺の一五カ寺が存在していたが、おのおのが全国に数多の末寺をかかえる本山寺院としても教線を競っていた。したがって、そのようなライバル同士が会合という組織を結成していたというのは、実は法華宗の歴史のなかでも画期的なことであったのである。

なお、本山寺院は、江戸時代になって寂光寺が加わって一六カ寺となったので、会合のことを一般に十六本山会合と呼んでいる。(13)

(2) 第二の伏線

この十六本山会合がとっていた多方位外交というのは、具体的には、分裂する武家権力の一方に肩入れするのではなく、おのおのに対して音信や礼銭・礼物を贈ることで良好な関係をとり結ぶことであった。

一見すると、消極的な方法のようにもみえるが、これは、かつて京都の法華宗寺院も法華一揆を組織して分裂する武家権力の一方に肩入れしたことがあり、そのため天文五年（一五三六）に寺々がことごとく焼かれ、多くの僧や信徒・檀徒が戦死するという、天文法華の乱を経験していたためであった。

史料でわかる範囲では、信長やその家臣に対しても、天正四年（一五七六）前後に銭で都合一五〇〇貫文余りにおよぶ莫大な費用をかけて音信や礼銭・礼物を贈っていることが知られるが、(14)その莫大な費用をまかなっていたのが、おのおのの寺々、僧々に帰依する信徒や檀徒たちからの募財であった。

法華宗寺院は、山門など顕密寺社とは異なり、荘園など所領をほとんどもたなかったが、そのかわりとして、宣教師ガスパル・ビレラの書翰(15)が驚きをもって伝えているように、「彼等の収入は大なるが、主たるものは檀家の寄進にして、彼等は之に依りて支持せられ、之に依りて贅沢に衣食す。其家の建築と修復は一切檀家之を負担し、必要に応じ家を建て装飾をなし、又清掃」していたのである。

天正四年前後に信長やその家臣に対して贈った音信や礼銭・礼物の額は、おそらくはそれ以前とくらべてもけた違いのものであったと考えられるが、近年、本山寺院のひとつ、頂妙寺で発見された『頂妙寺文書・京都十六本山会合用書類(16)』という新史料によって、この莫大な費用を十六本山会合がどのように集めていたのかについてもかなりわかるようになってきた。

たとえば、『頂妙寺文書・京都十六本山会合用書類』には、「諸寺勧進帳(17)」「洛中勧進記録(18)」という史料がおさめられているが、それらをみてみると、その記載のしかたから、京中の檀徒たちの居住する各町ごとに檀徒同士が募財をとりまとめていたことが知られる。

もっとも、この時期の檀徒のありかたは、のちの江戸時代のように家単位ではかならずしもまとまっておらず、師檀関係といって、むしろ個人個人で別々の寺院や僧侶に帰依していたから、「諸寺勧進帳」では、檀徒の名前やその募財額とともに、帰依する寺院や僧侶の名前も記されている。

しかし、その寺々が十六本山会合としてひとつにまとまっていたので、結局は、檀徒たちの募財は、各町単位ですべて十六本山会合の共有財政としてながれこむしくみになっていたのである。

ちなみに、この時期、京都にどれほどの数の法華宗檀徒がいたのかについてはあきらかではないが、「洛中勧進記録」によれば、鷹司町という町では、「一町五拾八間、内、当宗二十五間」と記されているから(19)、町内の約半数が法華宗檀徒だったことになる。このようなケースが多かったのかどうかまではわからないが、かなりの人数の檀徒が京中にいたことだけはまちがいないであろう。しかも、法華宗檀徒の中心には、本阿弥光悦で知られる本阿弥家のような富裕な商工業者も多かったのである。[20]

このようにしてみると、この時期の法華宗寺院は、京都の都市民衆の多くをしっかりとしかもきわめて組織的におさえていたということがいえる。公家（朝廷）や武家など世俗権力によらない都市民衆の把握や編成というすがたがそこにはあったが、これを目のあたりにして、天下統一をめざす信長がなんらの危惧もいだかなかったとはいえない。これが安土宗論への第二の伏線であった。

二　安土宗論と京都法華宗寺院

(1)　安土宗論

さて、問題の安土宗論とは、天正七年（一五七九）五月二七日に安土の浄厳院仏殿において、頂妙寺の日珖・久遠院の日淵ら法華宗僧四人と西光寺の聖誉貞安・最憖寺の霊誉玉念ら浄土宗僧四人とのあいだでくり広げられた宗論のことをさす。宗論とは、宗派間の教義上、宗義上の争論のことであるが、法華宗では、宗祖日蓮以来、折伏といって、他宗の僧侶や檀徒に対する問答や宗論を通してみずからの教えへと導くという布教のしかたをとってきた。安土宗論がもたれるにいたった発端もまた、この同じ月の中旬、安土で霊誉玉念が法談をしていたところへ、建部紹智と大脇伝介というふたりの法華宗檀徒が問答をしかけ、それが拡大して十六本山会合の中心人物でもある日珖[21]までが登場することとなったのである。

このように、宗論自体は、法華宗の得意とするところであるから、法華宗側に有利にはたらいたのかと思うと、事実はまったく逆で、判定者である禅僧の因果居士が意図的に浄土宗側の勝利とし、日珖らは袈裟をはぎとられ、負けと決められた。この宗論に参加した日淵は、のちに寂光寺の開山となる人物だが、彼が残した『安土宗論実録[22]』という記録でも宗論自体は法華宗側に理があったことがうかがわれるから、内容のいかんに問わず最初から結論は決められていたのである。

しかも、同じく『安土宗論実録』によれば、法華宗側は、宗論前に「罷下ル所ノ法華宗寺々住持幷代僧連判イタシ、問答負ケ申ニ於テハ京都幷ニ分国中寺々破却アルベキ由一札」も提出していたという。そのため、安土宗論の結果が伝わると京都では大騒動となり、新在家という町に居住する法華宗檀徒たちなどは、強奪をおそれ家財道具を公家の山科家へ避難させたことも知られている。[23]

結局、十六本山会合は、寺々の破却のかわりに、いわゆる「詫証文」[24]に署名し、「向後、対他宗、一切不可致法難事」など、これまでの布教のしかたの大転換を誓約することになった。もちろん、この「詫証文」も信長側が事前に用意したものだったのである。[25]

(2)　宗論後の法華宗

ところで、安土宗論で法華宗側の代表とされた日珖は、十六本山会合の中心人物でもあったから、法華宗内でもどちらかというと穏健派に入るほうであった。[26]その一方で、宗論の発端をつくった大脇伝介は、即日、処刑され、堺へ逃れた建部紹智もさがしだされて処刑されている。

そして、法華宗僧侶のなかで唯一、処刑された人物がいた。それが、大脇や建部を檀徒にとりこんだ普伝院日門という僧である。彼こそ、さきの竹内季治とならんでルイス・フロイスら宣教師たちにもっとも恐れられた法華宗関係者のひとりであったが、ただ日珖や日淵のように特定の寺院には属さず、活発な折伏によって檀徒を獲得するという活動をおこなっていた。[27]しかし、それだけにその言動はときに刺激的なものになったのであろう。

信長は、竹内季治のときと同様、そのような言動、あるいはそれを生みだす折伏という布教のしかたを敵対するものとして嫌ったのである。これが、第一の伏線のゆきつくところであった。

それでは、第二の伏線は、どこへつながっていったのであろうか。それが、宗論後に十六本山会合に課された莫大な礼金であった。宣教師オルガンチノの書翰[28]によれば、「信長は三日前に矢部の七殿《(善七郎)》を都に派遣し、法華宗の檀徒一同に対し従前の通再起せんことを望まば金二千六百ゼシマイ《(枚)》を主要なる十三の僧院に分担せしめて納付すべし」と命じたという。ここにみえる「十三の僧院」とは、十六本山会合を意味するが、日本側の史料によれば、賦課された金は二〇〇枚であったことがわかる。

この金二〇〇枚がどれほどの価値をもっていたのかについては、当時、金や米の相場がめまぐるしく動いたのではっきりしたことはいえないが、ただ同じ時期に琵琶法師の常見検校から没収した金二〇〇枚で、信長は宇治川平等院の前の橋を建造したことが知られているから[29]、かなりの額であったことはまちがいないであろう。

さすがの十六本山会合も、このような額を京中の檀徒だけではまかないきれないと考え、一〇〇枚分を堺のおのおの末寺とその檀徒に分担させようとした。十六本山会合では、これを「堺勧進」[30]と呼んでいるが、『頂妙寺文書・京都十六本山会合用書類』には、「諸寺取納帳」[31]など、これに関係する史料も残されている。

よく知られているように、この当時の堺は、九州の博多とならぶ日本有数の貿易港として、その名はヨーロッパにも聞こえた中世都市であった。当然、京都と同様、あるいはそれ以上に富裕な商工業者たちがいたが、法華宗はここでも彼らの多くを信徒や檀徒としてとらえていた。そのため、堺は、法華宗にとっては、京都についで西日本における重要な拠点として多数の法華宗寺院が林立し、さきにも触れた天文法華の乱後の十数年間などは、京都を追放された本山寺院のすべてが堺の末寺に避難生活を送っていたほどでもあったのである。

このような背景をもっていたので、堺にある末寺は、末寺といっても、江戸時代の末寺とはかなりイメージが異なるものであった。実際、日珖が建立した妙国寺などは、その規模といい、由緒といい、京都の本山寺院にけっしてひけをとるものではなかったからである（ちなみに、本能寺の変のとき、徳川家康が堺で宿泊していたのが、この妙国寺である)。

(3)　礼金の影響

ところが、十六本山会合による「堺勧進」は、結果として堺の法華宗寺院から京都の法華宗寺院へという一方的な金銭のながれをつくることとなった。たとえば、日珖の日記『己行記』[32]天正七年条に「冬十月十二日、為堺勧進京五ケ寺之使僧下向、当津諸寺ヨリ金廿枚勧進」とみえるように、京都からは使僧がやってきて、金を直接集めていたことなどが知られるからである。

しかも、一度つくられたながれは、くり返しつかわれる可能性ももっていた。そして、実際、こののち天正一三年(一五八五)七月、さきの「詫証文」が豊臣秀吉によって破棄されるにあたって、十六本山会合は、豊臣政権に対する礼金・礼銭の助成を堺の法華宗寺院へ要請することとなる。

このような京都の本山寺院への一方的な助成というすがたは、実はこれ以前にはみられなかったことで、それはむしろ江戸時代の本末(本寺・末寺)制度のすがたを予感させるものであった。

一方、「堺勧進」と並行して、十六本山会合が京中でおこなっていたのが、檀徒の再編であった。たとえば、天正七年一二月に十六本山会合は、衆議でもって三カ条にわたる定条々をとり決めている[33]が、その第一条に「就被相懸今度一宗江金子弐百枚、諸寺之旦《檀》方衆其寺々へ啓相互不届旨、向背本寺令参詣他寺之輩、曾以不可有許容事」と記しており、檀徒の所属をおのおのの寺院に固定化しようとする動きが認められるからである。

したがって、より多くの檀徒をかかえたほうが寺院にとっては経済的にも有利となるが、しかし、そのことも見越して、第二条では、「以隠密檀那令誘引寺於有之者、科料百貫文可被出、於其上可被放諸寺之門徒事」という厳しい罰則も決められていた。

さきにも触れたように、この時期の檀徒と寺院との関係というのは、師檀関係といって、どの寺院に所属するのかというよりむしろ、どの寺院のどの僧侶に帰依するのかということのほうに関心がおかれていた。だから、ひとつの家のなかでも各人が帰依する寺院や僧侶が異なるということも普通で、しかも、帰依する寺院や僧侶を変えてゆくことすら少なくなかったのである。

このことを背景に、十六本山会合は、檀徒の寺院への固定化をはかろうとしていたわけだが、このような、いわば師檀関係から寺檀関係へという、このようなながれもまた江戸時代のすがたを予感させるものといえよう。誤解をおそれずにいえば、本末制度や寺檀関係のうえに世俗権力が乗っかるかたちでその支配を浸透させてゆくというのが、近世、江戸時代における宗教と世俗権力との関係であるが、このように、信長が課した金二〇〇枚をまかなう過程のなかで、京都の法華宗寺院は、結果的に近世的なありかたを先取りしてゆくこととなったのである。山門焼討や石山合戦などのように、けっしてドラスティックなことではないが、世俗権力に対して政治的にも経済的にも独立性を失ってゆくという点において、安土宗論もまた中世の宗教勢力を変容させてゆく大きな画期だったといえよう。

なお、十六本山会合から巻きあげた金二〇〇枚は、『信長公記』巻一二によれば、「伊丹表・天王寺、播州三木方々御取出に在番候て、粉骨の旁へ、五枚、十枚、二十枚、三十枚宛下され候」というように、毛利氏との合戦に奮闘する信長家臣団への軍資金としてつかわれたようである。その意味では、ルイス・フロイスの書翰[34]が伝える「殆ど一切の僧院の収入を奪ひて、之を兵士に与へ、新に城を造らんとする主将等には、僧院を破壊し、坊主を放逐し、其材料を以て之を築かしめたり」という記事はけっして誇張ではなかったのである。

おわりに

以上、本章では、十六本山会合や安土宗論を中心に信長と京都の法華宗寺院との関係をみてきたが、このようにしてみると、十六本山会合の対応のしかたは、世俗権力との関係においてあまりにも現実路線に過ぎるような印象をうける。しかし、中世から近世へと大きく時代が変わってゆこうとする激動期に寺院や檀徒、そして教団を守ろうとする立場からいえば、それはやむをえないことであったのかもしれない。

ただし、このような現実路線に対して教団内でまったく異論がでなかったわけではないであろう。おそらくそのような異論のひとつが、のちに妙覚寺の日奥によってうち立てられる法華宗不受不施派という一派などにつながっていったと思われるが、しかしながら、江戸幕府は、この不受不施派を危険視し、キリスト教とともに厳しくとり締まり、弾圧の対象としてゆく。そのため、不受不施派は、これまたキリスト教と同じく「かくれ不受不施」として、その教えを地下にひた隠しにしつつ近代まで伝えるほかはなかったのである[35]。

(1)　一五六九年七月一二日附、都発、パードレ・ルイス・フロイスより豊後のパードレ・ベルショール・デ・フイゲイレドに贈りし書翰（『耶蘇会士日本通信』下巻、異国叢書、改訂復刻版、雄松堂書店、一九六六年）。
(2)　辻善之助『日本仏教史　第七巻　近世篇之一』（岩波書店、一九五二年）第九章第一節に代表される。
(3)　朴秀哲「織田政権における寺社支配の構造」（『史林』第八三巻二号、二〇〇〇年）、伊藤真昭「中近世移行期における寺社と統一政権」（『日本史研究』四五二号、二〇〇〇年、のちに同『京都の寺社と豊臣政権』法藏館、二〇〇三年）、同「織田信長の存在意義」（『歴史評論』六四〇号、二〇〇三年）。
(4)　天喜元年（一〇五三）七月美濃国茜部庄司住人等解（『平安遺文』七〇二号）。
(5)　下坂守『中世寺院社会の研究』（思文閣出版、二〇〇一年）。
(6)　『細川両家記』（『新校群書類従』第一六巻）。

(7)『信長公記』巻三（奥野高弘・岩沢愿彦校注『信長公記』角川文庫、一九六九年）。
(8)続群書類従完成会刊本。
(9)一五七三年四月二〇日附、都発、パードレ・ルイス・フロイスよりパードレ・フランシスコ・カブラルに贈りし書翰（『耶蘇会士日本通信』下巻）。
(10)藤井學「日蓮宗徒の活躍」（京都市編『京都の歴史　4　桃山の開花』学芸書林、一九六九年）。
(11)『続群書類従』補遺三。
(12)一五七一年一〇月四日附、都発、パードレ・ルイス・フロイスより印度地方区長パードレ・アントニオ・デ・クワドロスに贈りし書翰（『耶蘇会士日本通信』下巻）。
(13)中尾堯「寺院共有文書と寺院結合―『京都十六本山会合種類』をめぐって―」（『古文書研究』三五号、一九九一年、のちに同『日蓮真蹟遺文と寺院文書』吉川弘文館、二〇〇二年）。
(14)古川元也「天正四年の洛中勧進」（『古文書研究』三六号、一九九二年）、拙著『中世京都の民衆と社会』（思文閣出版、二〇〇〇年）第二部第三章。
(15)一五七一年一〇月六日附、ゴア発、パードレ・ガスパル・ビレラよりポルトガル国アビスの僧院のパードレ等に贈りし書翰（『耶蘇会士日本通信』下巻）。
(16)頂妙寺文書編纂会編『頂妙寺文書・京都十六本山会合用書類』一・二・三・四（大塚巧藝社、一九八六～八九年）。
(17)『頂妙寺文書・京都十六本山会合用書類』四。
(18)同右、三。
(19)同右、三、二一九頁。
(20)藤井學「近世初頭における京都町衆の法華信仰」（『史林』第四一巻六号、一九六三年、のちに同『法華文化の展開』法藏館、二〇〇三年）。
(21)日珖については、拙稿「戦国末期畿内における一法華宗僧の動向―日珖『己行記』を中心に―」（『戦国史研究』三六号、一九九八年）参照。
(22)『大日本仏教全書　97　宗論叢書　第一』。

(23)『言経卿記』（大日本古記録）天正七年五月二七日条。
(24)同右、天正七年六月二日条ほか。
(25)注(14)前掲拙著『中世京都の民衆と社会』第二部第四章。
(26)高木豊「安土宗論拾遺」（『日本歴史』一六八号、一九六二年）、注(21)拙稿参照。
(27)中尾堯「安土宗論の史的意義」（『日本歴史』一一二号、一九五七年）。
(28)一五七九年六月、パードレ・オルガンチノが都よりパードレ・ルイス・フロイスに贈りし書翰（『耶蘇会士日本通信』下巻）。
(29)『信長公記』巻一二。
(30)「堺勧進」については、本書第二部第三章参照。
(31)天正七年一〇月二六日付諸寺取納帳（『頂妙寺文書・京都十六本山会合用書類』四、一二一～七頁）。
(32)立正大学日蓮教学研究所編『日蓮宗宗学全書　第一九巻　史伝旧記部二』（山喜房仏書林、一九六〇年）。東京大学史料編纂所写本・京都大学文学部閲覧室写本も参照にした。
(33)天正七年一二月一六日付京都諸寺条々（『頂妙寺文書・京都十六本山会合用書類』二、二七頁）。
(34)注(9)。
(35)藤井學「江戸幕府の宗教統制」（『岩波講座日本歴史　11　近世3』一九六三年、のちに同『法華衆と町衆』法藏館、二〇〇三年）。

第三章　中世末期堺における法華宗寺院
——天正七・八年の「堺勧進」を中心に——

はじめに

中世堺は、「泉南仏国」(1)と呼ばれるにふさわしいほどに諸宗諸寺院が林立していた。『開口神社文書』で知られる大寺（念仏寺、開口神社・三村宮の神宮寺）はもとより、浄土宗・真宗・時宗・禅宗など、そして、法華宗（日蓮宗）もまたこれらの一翼をになう存在であったが、ところが、従来、この法華宗については、あまり多くが語られてこなかったように思われる。

実際、現在においてもなお、一番まとまった研究として知られているのが、三浦周行監修『堺市史　第七巻別編』『堺市史　第四巻　資料編第一』（堺市役所、一九三〇年）や、あるいは、豊田武『堺—商人の進出と都市の自由—』（至文堂、一九五七年）であるということ自体がその証左といえる。

このような状態に陥っている最大の要因とは、いうまでもなく、関係史料の少なさにある。たとえば、『堺市史　第四巻　資料編第一』が採録している史料もわずかであるし、また、稿本として知られる「堺市史史料」（堺市立中央図書館蔵）や影写本（東京大学史料編纂所蔵・京都大学文学部古文書室蔵）の類もけっして多いとはいえないのが実状だからである。油屋伊達一族の出身で妙国寺住持（京都頂妙寺住持も兼帯）となった日珖の日記『己行記』[2]が、わずかにこのすきまを埋める存在とはいえるものの、しかしそれでもなお日珖や妙国寺関係以外の法華宗寺院の状況を知るということは困難といわざるをえないのである。

おそらくは以上のことを反映してであろう、戦前の『堺市史』を補充すべく刊行された、『堺市史　続編』の第五巻（堺市役所、一九七四年）においても、新たな史料が採録されるということはなされなかったのである。

ところが、近年、思いもかけず中世堺の法華宗寺院に関する新たな史料が京都で発見された。昭和五七年（一九八二）に京都頂妙寺で発見された、いわゆる『京都十六本山会合用書類』[3]がそれである。

『十六本山会合用書類』というのは、永禄八年（一五六五）に成立した京都法華宗本山寺院の結合体である会合（ただし、当時の史料文言としては「諸寺」としてあらわれる）の共有文書のことであるが[4]、そのなかの一部に関連の史料が含まれていたのである。

もっとも、内容としては、かぎられた時期のかぎられた事象にかかわるという限界もみられるが、それでもなお注目されるのは、いままでの史料ではみることのできなかった、堺の法華宗寺院全体にかかわる状況というのがうかがえる点である。

なお、かぎられた時期とは、主に天正七・八年（一五七九・一五八〇）、かぎられた事象とは安土宗論のことで、結論をさきにいえば、今回の史料とは、天正七年の安土宗論直後に京都の会合によってはじめられた「堺勧進」にかかわるものなのである。

それでは、その「堺勧進」とは一体いかなるものであったのか、本章では、このことの検討を通して、これまでほとんど知られることのなかった中世末期堺における法華宗寺院の実態にせまりたいと思う。

一　「堺勧進」の具体相

(1)「堺勧進」の経過

ところで、織田信長の居城、近江安土城城下で、安土宗論がおこなわれたのが天正七年（一五七九）五月二七日、法華宗側で宗論に参加したのは、妙覚寺日諦・頂妙寺日珖・久遠院日淵等であったが、このうちのひとり日珖の日記『己行記』によれば、宗論で敗者とされた彼らは、「廿九日ヨリ六月十二日マテ安土正覚院ニ籠居」させられたのち、一二日に「御赦免」され帰京、日珖だけは「廿二日暁、出京、其ノ夕」に堺へ帰ったことが知られる。

この間、「信長は三日前に矢部の七郎《(善七郎)》殿を都に派遣し、法華宗の檀徒一同に対し従前の通再起せんことを望まば金二千六百ゼシマイ《(枚)》を主要なる十三の僧院に分担せしめて納付すべし」と命じているが、これはいわば戦国の作法でいうところの侘言につらなる礼銭で、実際、右の記事を伝える『耶蘇会士日本通信』[5]でも「罰金」と記されている。

ちなみに、右の『耶蘇会士日本通信』では、礼金（礼銭）の額を「金二千六百ゼシマイ」と伝えているが、同じ外国語史料であるフロイスの『日本史』第二部二九章[6]では「黄金二百枚」、また、日本側の史料である『己行記』や『信長公記』巻一二[7]、さらには『京都十六本山会合用書類』[8]でも「金二百枚」「黄金二百枚」「金子弐百枚」などと記されている。別の機会[9]にも触れたように、実際に課せられた礼金は一度とかぎられたわけではなかったようだが、ただ少なくとも一度は金二〇〇枚を織田政権が要求したことはまちがいないであろう。

このような金二〇〇枚というものが当時どれほどの価値をもっていたのかという点については、さだかではないが、『信長公記』巻一二には、安土宗論とほぼ同時期、織田政権が、座頭の最高職である検校を買得した摂津兵庫の分限者「常見」から「黄金二百枚」を巻きあげ、それでもって「宇治川平等院の前に橋」をかけたと記されているので、相当の財であったことがうかがえる。

ちなみに、法華宗が拠出した「黄金二百枚」は、『信長公記』巻一二によれば、その後、「伊丹表・天王寺、播州三木方々御取出に在番候て粉骨の旁へ、五枚・十枚・廿枚・三十枚宛下され」たとされている。

いずれにしても、京都の会合はただちにこの礼金二〇〇枚の工面に奔走せざるをえなかったわけであるが、その負担は会合にとってもかなりのものであったらしく、京都だけではとうていまかないきれないと判断、[10]堺の経王寺以下五カ寺に宛ててつぎのような書状（案）を送ることとなるのである。

史料1[11]

今度一宗就御免許、御礼物金子弐百枚之通被仰出候、迷惑雖不及是非候、上意にて候間、先百枚去八日進上令申候、然者、相残百枚之儀、於爰元難相調候間、其津へ勧進儀被申越候、此度之事、別而五ケ寺被成御内談、京都へ宗旨相続候様ニ御馳走奉頼存候、巨細使僧衆申含候、

経王寺
妙国寺
成就寺
顕本寺
妙法寺

右からは、礼金「金子弐百枚」のうち、「先百枚」は「去八日進上」したが、「相残百枚」が「爰元」（京都）では「相調」いがたいので、「其津」、つまり堺の法華宗寺院へ「勧進」を要請するという、文字どおり「堺勧進」にいたる経過がつぶさにみてとれる。

文中にみえる「去八日」がいつのことであったのかについては、当文書が案文のうえ、年月日にも欠けるため確定しがたいが、『己行記』天正七年条に、「一、同冬十月十二日、為堺勧進、京五ケ寺之使僧下向、当津諸寺より金廿枚勧進」とみえることからすれば、天正七年の七月から一〇月までのあいだであったと考えられる。実際、『京都十六本山会合用書類』には、つぎのような文書案も残されているからである。

史料2(12)

両度之御報、諸寺江令披露候、各祝着被申候、就其御礼物過分被仰出候、衆檀種々雖馳走申候、難相調候之条、其津勧進之儀被申越候、可然之様御調談候而、此度一角被顕懇志候者、可為仏法再興候、猶使僧江申渡候、恐々謹言、

(天正七年)
九月廿八日

諸寺代本満寺
日順
本法寺
日ー

堺
諸寺衆檀御中

これもまた案文ではあるが、「衆檀種々雖馳走申候、難相調候之条、其津勧進之儀被申越候」という一文からも、その内容が史料1と通じるものであることはあきらかで、このことから、この九月二八日からそう遠くない時期に、京都の会合がまかないきれなかった金一〇〇枚分の助成という名目で、「堺勧進」は開始されることになったと考えられる。

なお、さきの『耶蘇会士日本通信』には、「堺は最も富裕なるが故に更に大なる罰金を課せん為め」、信長家臣

の矢部家定が堺にまでおもむいたと伝えているが、実際には、『己行記』にみられるように、「京五ケ寺之使僧」、つまり会合の使僧が堺に下向し勧進の指揮にあたっていた。
もっとも、それでは、この勧進に織田政権がまったくかかわっていなかったといえば、そういうわけではなかったようで、『京都十六本山会合用書類』には、つぎのような文書案も残されている。

史料3(13)

追而令申候、縮羅三ツ令進入候、表祝義計候、
就南北勧進之儀、従諸寺以使僧被申候、仍其津之衆且馳走之儀、兎角尊老様、可有御才覚候条、万事貴意所仰候、恐惶謹言、

十月十日
人々御中
宮内卿法印様（松井友閑）

宛所にみえる「宮内卿法印」とは、堺政所の松井友閑のことであるが、『京都十六本山会合用書類』には、このほかにも勧進に関して「相心得」(14)とか、「申付」(15)などという文言をそなえた京都の会合宛の松井友閑書状が複数残されている。具体的な状況は不明ながらも、これらのことから、松井友閑もまた「堺勧進」となんらかの関連をもっていたことがうかがえよう。

(2)　諸寺院の分担

「堺勧進」が開始される経過というのが、おおよそ以上のようなことであったとすれば、それでは、問題の金一〇〇枚を堺の諸寺院はどのように分担していったのであろうか。そのことをうかがわせる史料も残されている

ので、つぎに二点引用しよう。

史料4(16)

勧進之渡申注文

顕本寺
支配分六《ヒタ》拾弐貫五百文
頭別分内上銀子百目

経王寺
支配分六《ヒタ》拾弐貫五百文
頭別分内上銀子百目

成就寺
支配分六拾弐貫五百文
頭別分内上銀子百目

本光寺
支配分内上廿貫文
頭別分内上五貫文

興覚寺
支配分卅七貫五百文
頭別分内上五貫文

本教寺
支配分卅七貫五百文
頭別分内上五貫文

天正七己卯十一月十六日

当番
本光寺役者（花押）

史料5(17)

天正七年霜月廿七日

堺勧進頭別方料足請取分

九貫文　但七文銭　月蔵寺

拾八貫七百五十文　本敬寺

六拾貫文　妙国寺

同銀子百目

拾三貫三百九十文　弘経寺

八貫百三十文　妙慶寺

弐貫六百七十八文　本住寺

弐貫六百七十八文　成福寺

拾貫七百十二文　照光寺

拾八貫七百五十一文　本曜寺

弐十九貫四百六十文　法花寺

弐十四貫百十二文　本成寺

八貫卅四文　本受寺

拾貫七百十二文　頂源寺

参拾弐貫文　調御寺

四拾貫文　妙法寺

壱貫文　妙福寺

壱貫文
以上
妙禅寺
当番本満寺（花押）

史料4は、堺の諸寺院のうちの六カ寺が京都の会合に差しだした注文、一方、史料5は、会合側の請取となるが、これらによって堺の諸寺院による分担のありかたがある程度あきらかとなる。

たとえば、金一〇〇枚を集めることが目的であったにもかかわらず、これらの史料からは、「堺勧進」によってとり集められた財が、実際には銀や「ヒタ」（鐚銭）を含めた銭であったこと、すなわち直接には金を集めたわけではなかったことがわかる。残念ながら、どこの段階でそれらが換金されたのかについてまではわからないが、募財の実態がわかるという点では貴重な事実といえよう。

また、史料4から読みとれるように、各寺院ごとの分担のしかたは、「支配分」「頭別分」という二頭立てであったこともわかる。このうち、「支配分」とは、各寺院ごとの分担額を意味するようで、おそらくは各寺院の規模や経済力に応じてであろう、顕本寺・経王寺・成就寺が六二貫五〇〇文、興覚寺・本教寺が三七貫五〇〇文とさだめられている。一方、「頭別分」とは、文字どおり頭割りのことで、各寺院に属する、住持を含めた僧侶の員数に応じた分担額という意味だったのだろう。

したがって、史料4の冒頭にみえる顕本寺を例にとれば、その分担額は、「頭別」が、のちにもみるように一七人であったので、この一七人に「銀子百目」＝四貫文を乗じた六八貫文が「頭別分」となり、それにさだめられた「支配分」六二貫五〇〇文をあわせて一三〇貫五〇〇文となったわけである。

顕本寺一寺だけでも一三〇貫文におよぶその分担額には驚かされるが、その募財を実際にになうことになったのが、史料2の宛所に「堺諸寺衆檀御中」とみえる、各寺院およびそこに属する僧侶に帰依する檀徒たちにほかならなかった。残念ながら、『京都十六本山会合用書類』には、このときの募財をになった堺の檀徒の実態をうかがうことのできる史料は残されていないが、檀徒という点だけにかぎっていえば、堺の諸寺院からもたらされた募財の授受に京都の檀徒が参画していたということが、つぎの史料から読みとれる。

史料6(18)

従堺運上金子日記

一、金子　参枚　但、此内壱匁五ふん不足

一、金子　参拾匁

以上

同銀子

一、銀子四百目

一、銀子四十四匁六ふん　但、此内三ふん不足

以上

右之分、本阿三郎殿、後藤源四郎殿江渡申也、

天正七年卯霜月廿七日　諸寺より

史料7(19)

堺南北渡方

一、四百弐十六貫文　此内金百参拾弐文壱ふん

同百九十六貫文

一、五拾貫文　下京四条町切付屋次郎五郎

一、弐十五貫文　　本阿新九郎
一、七拾貫文　金ニテ渡之
一、弐貫文　銀ニテ渡之　蓮智院
一、七貫文　銀ニテ渡之　但、本教寺
一、四貫三百四十六文　上り路物弁在津之間、小夫迄
以上
天正七卯　十一月廿七日

史料6・史料7の両方にみえる「本阿三郎」「本阿新九郎」とは、京都本法寺の開基檀越で、のちに本阿弥光悦を生みだす本阿弥一族のことであり、また、史料6にみえる「後藤源四郎」とは、同じく京都妙覚寺の有力檀徒で、彫金で有名な後藤一族のことである。

本阿弥や後藤が、これよりさき京都でおこなわれた天正四年の洛中勧進にも深く関係していたということについては別の機会(20)にも触れたが、ここにみえる「三郎」「新九郎」「源四郎」にあたる人物については今なお特定できていない。ただ、三郎兵衛・四郎兵衛がともに本阿弥家・後藤家の嫡流の名乗であること(21)を考えれば、両家の中心にいるような人物が、天正七年の「堺勧進」にもかかわっていた可能性は高いであろう。

ちなみに、『京都十六本山会合用書類』には「菱後藤」「円後藤」などといった文字の記された天正二〇年（文禄元＝一五九二）頃の金子覚(22)が残されている。若干時期が前後するものの、「堺勧進」においても、集められた銀や銭を換金したのちに、後藤一族がそれらを金子に加工したりする作業にかかわっていたのかもしれない。

ところで、『京都十六本山会合用書類』には、表紙に「天正七己卯暦拾月廿六日」「諸寺取納帳」と記された帳簿(竪帳)(23)が残されている。史料4や史料5がそのまま写されるなど、一見して、「堺勧進」にかかわる史料である

ことがわかるが、ただそこには、「天正八年辰五月廿一日勧進堺より運上請取日記」という史料もみられ、「堺勧進」が実は天正七年内では終わらなかったことが知られる。

しかも、同帳簿によれば、天正八年五月段階においても、月蔵寺・妙光寺・本住寺・成福寺・円明寺・妙福寺・妙善寺・本伝寺が「未納」、調御寺・本受寺・本成寺・妙慶寺が「半納」と記されており、さきの分担額をまかなうことも実は容易でなかったことがわかる。このこととどのように関係するのかはわからないが、この帳簿を含め現在残される史料からは、結局、当初の目的である金子一〇〇枚分を集めることができたのか、それともそれを上回る募財が集まったのかという、もっとも肝心な点については未詳といわざるをえないというのが実状である。残念ながら、このあたりにも、今回の史料の限界というのがみられるようである。

以上、本節ではまず、「堺勧進」にいたる経過やそれにかかわる京都や堺の諸寺院の動向、さらには堺の諸寺院の分担のありかたなどについてみてきた。そこで、つぎに、節をあらためて、この「堺勧進」に応じた堺の諸寺院の実態のほうに焦点をしぼってみてゆくことにしよう。

二　「堺勧進」と諸寺院

(1)　天正七年時点の諸寺院

ところで、さきにも少し触れた「頭別」に関しては、実は『京都十六本山会合用書類』(24)のなかに、表紙に「天正七卯十一月廿七日」「堺頭別方指出」と記された帳簿一冊（横帳）と、表題はないものの、これと一連のものと考えられる帳簿一冊（横帳）(25)が残されている。

表1は、この二冊の帳簿の内容を一覧表にしたものだが、これによって、天正七年時点における堺の法華宗寺院ならびにそこに属する僧侶の実態がみてとれる。もちろんこの表にみえるものだけが、当時、堺にあった法華

宗寺院というわけではないだろうが、これらの史料が発見される以前、堺の法華宗寺院について一番まとまった記述をおこなっている『堺市史　第七巻　別編』にみられる寺院（妙国寺・妙光寺・円明寺・本伝寺・本要寺・妙慶寺・本成寺・妙法寺・顕本寺・調御寺・本光寺・法華（花）寺・住本寺（本住寺ヵ）・養寿寺・本教寺・真如庵・妙満寺・興覚寺・弘経寺・櫛笥寺・法王寺・本受寺・成就寺・経王寺・月蔵寺・本行寺・長（頂）源寺）とくらべても、新たに本敬寺・成福寺・本曜（耀）寺・妙福寺・妙禅寺・円湊寺の存在が確認できる点は貴重といえよう。

　また、同じく『堺市史　第七巻　別編』では、妙光寺は、慶長年間（一五九六～一六一五）に法華宗に改宗したとされているが、表1(A)にみえる妙光寺が同じのものであるならば、すでに天正七年にはその存在が確認できることになる。同様に、天文法華の乱以降に寺号を妙満寺に改称したとされる照光寺もまた、この時期においてもなお照光寺と称していたことも確認できよう。

　さらに、天正七年時点の「頭別」が判明することで、これまで知られていた坊号などとの異同も確認することができる。たとえば、享禄三年（一五三〇）一一月六日付法華寺学文領法度条々[26]にみえる坊号のうち、法華（花）寺「乗（浄）円坊」の一致が確認できるし、また『妙法寺中興之末興隆古老所伝幷日遙現見記録』（慶安三年〈一六五〇〉一〇月二三日付）[27]にみえる妙法寺「報恩坊」や、『己行記』の『行功部分記』[28]にみえる妙国寺「常縁（演）坊」「十地坊」も一致するからである。もっとも、坊号の一致が数としてそれほど多くないのは、僧侶の移動のはげしさとともに、塔頭・子院がいまだ確立していなかったことと関係しているのかもしれない。

　実はこれと関連して留意しなければならないのは、この時期の檀徒のありかたが近世のように寺院に所属する、いわゆる寺檀関係になかった点である。たとえば、さきの『妙法寺中興之末興隆古老所伝幷日遙現見記録』にも、「革屋近藤」が「妙雲坊檀方」、「石津屋一門」が「報恩坊檀方」、数寄者で有名な「北向道陳」や「京屋道寿」が「円輪坊檀方」と記されているように、同じ妙法寺内であっても、個々の僧侶や坊に帰依する師檀関係にあった

表1　「頭別」の一覧
(A)

寺名	頭数	員数
妙法寺	法泉院・十如院・玄報院・光勝坊・花光坊・真像坊・宝種坊・栄像坊・本住坊・報恩坊・玄林坊・宮内卿・少将・侍従・少弐	15人
法花寺	本乗院・成勝院・堯住院・養善院・本乗坊・真法坊・浄円坊・浄泉坊・円住坊・侍従・中将	11人
調御寺	法泉院・本住坊・蓮養坊・養泉坊・浄光坊・玉泉坊・真浄坊・本誓坊・泉慶坊・大夫・治部卿・少納言	12人
本成寺	蓮成院・本乗院・蓮行坊・千如坊・成就坊・中将・左京・式部卿・大弐	9人
本敬寺	玉泉院・法林坊・法光坊・蓮養坊・治部卿・清順・右京	7人
本耀寺	十地院・仏性院・善住坊・十乗坊・円林坊・一要坊・大納言	7人
弘経寺	安住坊・正善坊・現寿坊・大妙坊・円蔵坊・法性坊	6人
頂源寺	円光坊・常楽坊・玉渕坊・少学	4人
照光寺	円住院・実報坊・仏乗坊・左京	4人
本受寺	三妙院・妙本坊・真隆坊	3人
妙慶寺	成唱院・巽養坊・大徳坊	3人
円明寺	住持・少弐・一位	3人
本伝寺	相授坊・正行坊・蓮教坊	3人
成福寺	吉祥坊・清好	2人
本住寺		1人
妙福寺		1人
妙禅寺		1人
妙光寺		1人
円湊寺		1人
妙国寺	龍雲院・十地坊・花徳坊・菊仙坊・円実坊・玉林坊・常演坊・南林坊・仁寿・三恵・好学・玉鳳・真要・承慶・学恕・恵雲・台円・善怪・以忠・慶学	20人
月蔵寺	極林坊・学乗坊・本能坊・教林坊	4人

ということが読みとれるからである。このような点は、別の機会に検討した天正四年の洛中勧進のときでも同様で、つまるところ、「堺勧進」が寺院ごとの「支配分」とならんで「頭別分」も設定しなければならなかった理由もまたここにあったのである。

(2)　月蔵寺の所在

さて、表1によって、のべ二七カ寺の法華宗寺院が、少なくとも天正七年時点には堺に存在していたということが確認できたわけだが、それでは、それらは堺南北(南庄・北庄)のどこに所在

(B)

寺名	頭数	員数
顕本寺	本堯院・真浄坊・住泉院・妙光院・究竟院・本法院・瓔泉坊・蓮承坊・本泉坊・蓮実坊・光林坊・円林坊・本住坊・中将公・大蔵卿・小侍従・中将公	17人
本光寺	住持・東勝院・歓喜院・寿量院・本乗坊・快乗坊・恵命坊・蓮承坊・等覚坊・円珠坊・宝樹坊・兵部卿公・大理卿公・民部卿公・中将公・宰相公	16人
本教寺	住持・善勝坊・泉蔵坊・泉栄坊・蓮行坊・円乗坊・持妙坊・宰相公・長門公・少将公・宮内卿公	11人
興覚寺	教行院・世尊院・宝住坊・善光坊・円如坊・円海坊・善法坊・宮内卿・六位・真要・民部卿	11人
経王寺	住持・教蔵院・妙徳院・喜多院・円住院・正乗院・善如坊・円乗坊・善蔵坊・円如坊・善住坊・円教坊・教光坊・浄蔵坊・円如坊・泉陽坊・定林坊・立蔵坊・教蔵坊・金蔵坊・教学坊・花徳坊・妙行坊・右京・中将・大蔵卿・存能・民部卿・少将・小宰相・弐位・三位・紀伊・小右京	34人
成就寺	住持・善光院・妙行院・円乗院・円定坊・十行院・玉蔵坊・保任坊・本住坊・来栄坊・尊龍坊・善栄坊・実如坊・乗栄坊・宰相公・右京公・大弐公・加賀公・中将公・左京公・大納言公・伊勢公・中将公・一位公・少将公・紀伊公・卿公・小侍従公	28人

注．(A)は、「堺頭別方指出」(『頂妙寺文書・京都十六本山会合用書類』四、130〜7頁)、(B)は、「堺諸寺頭別分支配分控」(同左、137〜41頁) より作成したもの。

していたのであろうか。この点については、残念ながら、『京都十六本山会合用書類』におさめられる史料には寺院の所在が記載されておらず、あきらかにすることができない。

中世堺を壊滅させた慶長二〇年（一六一五）の大坂の役にともなう焼亡やその再建としての元和町割以前の史料でありながら、この点は残念であるが、ただそのようななかでも唯一、月蔵寺に「庄之外桜町」という記述がみられるのは重要である。なぜなら、これによって、少なくとも天正七年時点においては、月蔵寺が北庄の外の桜町にあったということになるからである。

このことが意味をもつのは、『堺市史　第七巻　別編』における月蔵寺に関する記述、すなわち月蔵寺はもともと桜町にあったが、天文一二年（一五四三）に柳町に移転したとされることと齟齬をきたすからである。

史料の質からいって、『堺市史　第七巻

別編』が依拠するものよりも、「堺頭別方指出」のほうが良質であることはあきらかで、したがって少なくとも天正七年時点においては、月蔵寺は「庄之外桜町」に所在したことになろう。

しかも、この月蔵寺のある桜町が北庄の外にあったということの記述は、元和町割のなかで町割の傾斜がほかの区域と異なることで常に問題視されてきた北辺部が、天正七年時点では、実は庄外（もしくは環濠の外）であったという可能性を浮上させる点でも重要である。

この傾斜の問題について、朝尾直弘氏は、「街道の見通しを避けるため」[30]といった軍事的・防衛的な要素を読みとっているが、むしろこの傾斜は、桜町を含めた北辺部が中世堺では文字通り「庄之外」であったという事実に引きずられた結果と考えられはしないであろうか。

よく知られているように、桜町には、永禄一二年（一五六九）時点において鉄砲製造の吹屋が立て置かれていたが、[31]このような工房もまた、庄内よりむしろその外にあったほうがより自然と考えられるからである。

(3)　諸寺院の集団・組織

ところで、月蔵寺の名がみられる「堺頭別方指出」（表1Ⓐ）と史料5とを比較してみると、その寺院の構成が円明寺・本伝寺・妙光寺・円湊寺をのぞくとほぼ一致する。また、残りの一冊（表1Ⓑ）と史料4にいたっては完全に一致することがわかる。どうやら史料4・史料5と二冊の帳簿にみられる区分には密接な関係が想定できそうであるが、残念ながらその区分のしかたについてはあきらかにすることができない。

前節で触れた「支配分」「頭別分」を念頭におけば、史料4の寺院群が「支配分」「頭別分」の両方を分担するのに対して、史料5と円明寺ほか三カ寺は「頭別分」だけを分担するといった区分も考えられよう。もちろん、門流や由緒などによる区分といった可能性も考えられるが、今のところそれを史料でつめることはできない。

なお、この点と関連して考えておかねばならないのが、「堺勧進」に対応した堺の諸寺院にも、京都の会合のような集団や組織があったのかという点である。たとえば、史料1にみえる「五ケ寺」や、いくつかの書状にみえる「六ケ寺当番顕本寺[32]」、「堺六ケ寺当番本教寺[33]」などの文言からは、表1のうちの五カ寺ないしは六カ寺が一定のイニシアチブをもっていたという可能性も考えられるからである。

ここでいう五カ寺とは、経王寺・妙国寺・成就寺・顕本寺・妙法寺の五寺院であり、また六カ寺とは、史料4にみえる顕本寺・経王寺・成就寺・本光寺・興覚寺・本教寺の六寺院と考えられるが、ただ両者にはくい違いもみられ、重なっているのは顕本寺・経王寺・成就寺の三寺院にすぎない。

しかも、「堺諸寺代照光寺[34]」、「当番頂源寺[35]」、「堺津当番本耀寺[36]」と記された史料も残されており、かならずしも五カ寺・六カ寺の優位性を支持するわけにもいかない。場合によっては、重層的な構成や南北といった地域ごとの編成ということも考えられるが、残念ながらそれを史料であきらかにすることはできないのである。

ただ、とはいうものの、「当番」や「諸寺代」という文言からもわかるように、堺の諸寺院がある一定の集団や組織をもっていたであろうことはまちがいない。たとえば、少し時期はさがるが、慶長二年（一五九七）の京都東山大仏千僧会[37]への出仕を拒んだ「堺南庄観乗坊」（京都妙伝寺末寺）を追放するにあたって、「南北諸寺之掟[38]」があったことが知られるし、また、さらに時期はさがって江戸後期、明和八年（一七七一）に京都の会合が発給した文書[39]にも、「其地会合」「従往古是迄無退転致相続来候」という文言がみえるなど、堺にもまた京都と類似した集団や組織（それを当該期に「会合」と呼んだかどうかは未詳）のあったことがうかがえるからである。

もちろんその実態については、まだまだ不明な点も少なくないが、いずれにしても、このような集団や組織が「堺勧進」の客体として機能していたことだけはまちがいないといえよう。

(4)　京都の会合と「堺勧進」

さて、前節の最後に、当初の目的である金子一〇〇枚分を集めることができたのか、それともそれを上回る募財が集まったのかという、もっとも肝心な点については、未詳といわざるをえないと述べたが、実はその一方で、「堺勧進」で集められた募財が当初の目的とは別の用途につかわれていたという形跡を見いだすことができる。

というのも、『京都十六本山会合用書類』[40]には、表紙に「従天正七己卯十一月至天正九辛巳五月日」「諸寺下行方堺之勧進之内、参拾貫文」と書かれた帳簿（竪帳）が残されており、そこに「堺之勧進之内、参拾貫文」の使途が、天正八年正月一八日から天正九年四月三〇日にいたるまでこと細かに記載されているからである。

しかも、そこには金子一〇〇枚についてなんら触れられることがない一方で、たとえば、

上様（織田信長）御屋敷御普請ニ付而諸寺より春長軒（村井貞勝）へ御樽被遣候、（天正八年三月二三日）

諸寺より宮法（松井友閑）へ御音信ノ扇之代（天正八年四月一六日）

猪子兵介（高就）殿、是ハ於勝龍寺之御樽代也、（天正九年四月三〇日）

というように、「上様御屋敷」（信長御座所）としての本能寺「普請」をおこなっていた村井貞勝（春長軒）や堺政所の松井友閑（宮内卿法印）、あるいは長岡（細川）藤孝が丹後へ封ぜられたのち、「勝龍寺」城御番手城代となっていた猪子高就ら信長家臣に対する「御音信」「御樽代」に募財がつかわれていたり、また、

舟橋ノ於弘通所ニ諸寺之御談合酒料（天正八年四月二六日）

堺へ飛脚之路物（天正八年五月一〇日）

安土へ飛脚之路物（天正八年五月二三日）

のように、「諸寺之御談合酒料」など京都の会合の経費として募財がつかわれていたりしたということが読みとれるのである。

一見するとこれらは金子一〇〇枚の余剰分をつかっていたかのようにもみえるし、あるいはそのようであったかもしれないのだが、実はこのような募財のつかわれかた自体に、「堺勧進」やそれをおこなう京都の会合のありかたが端的に示されている。

というのも、会合とは、中世最末期の京都において、交替著しい武家権力の動向に対して、教団の保全をはかるべく、個別の門流や寺院の枠を越えて本山寺院が一宗として惣的に結合した組織であったが、その対応のしかたとは、天文法華の乱のときのように武力による合力ではなく、音信・礼物・礼銭・礼金など贈与経済を媒介とするものであったからである。実は、安土宗論直後の礼金二〇〇枚も、また、それに先行する天正四年の洛中勧進も、この対応の延長線上に位置づけられるものであり、したがって、そのような対応の助成としてはじめられた「堺勧進」によって集められた募財が右のようにつかわれたとしても、何の不思議もなかったのである。

しかし、それは同時に、堺の諸寺院が、「堺勧進」を境として、会合財政の一部に組みこまれたということも意味したが、そのことを裏づけるように、これよりのち、天正一三年（一五八五）にも、安土宗論の際に提出した、いわゆる「詫証文」を破棄するため京都の会合は、豊臣政権への「御礼」の「御助成」を「南北之諸寺」に要請する[41]こととなる。その意味において、さきにも触れた堺の諸寺院によって形成されていたであろう集団や組織というのは、どちらかといえば自律性に乏しい、いわば会合の請負機関のような存在であったといわざるをえないであろう。

実際、ここまでみてきたような経済的な助成以外にも、『京都十六本山会合用書類』には、「妙法院殿出仕」、つまり文禄四年（一五九五）以降に開始される東山大仏千僧会出仕にかかわって、「当津諸寺、無別儀、御請申候[42]」とか、「当津諸寺異体同心[43]」といった文言をもつ会合宛の書状が残されているし、また、その一方で、「大仏出仕不参」の「堺南庄観乗坊」などに対しては、「任南北諸寺之掟」せてその身を追放するといった事実[44]も知られているからである。

残念ながら、『京都十六本山会合用書類』におさめられた史料では、これ以後の会合と堺の諸寺院との関係をうかがうことはできないが、いずれにせよ、「堺勧進」をきっかけにかたちづくられた、堺の諸寺院と京都の会合との関係というのは、これまでのものとは大きく異なり、近世的な本末関係へとつながってゆく可能性をはらむものであったということはまちがいないのである。(45)

おわりに

以上、本章では、「堺勧進」がいかなるものであったのか、そのことの検討を通して、中世末期堺における法華宗寺院の実態にせまってきたが、最後に、『京都十六本山会合用書類』におさめられながらも、「堺勧進」とはかかわらない、したがって表1にはあらわれなかった法華宗寺院についてもみておきたいと思う。

実はそのほとんどは、時期的にも天正七・八年以後のものとなるが、たとえば、東山大仏千僧会の出仕・不出仕にかかわる史料(46)のなかで「諸寺代」としてあらわれる「具覚寺」や、また、さきにも少し触れた「堺南庄観乗坊」、さらには、この「堺南庄観乗坊」追放にかかわる史料(47)のなかで「諸寺代」としてあらわれる「本陽寺」などがそれらにあたる。

もっとも、これらの寺院もなんらかの理由で寺号が異なっているようにみえるだけで、すでに表1にみえる寺院と同じものである可能性も否定できない。

たとえば、「本陽寺」は「本曜（耀）寺」と同じかもしれないようにである。したがって、『堺市史　第七巻別編』において天正七年以前にその開基伝承をもつ寺々、たとえば永禄一〇年（一五六七）に創立されたとされる養寿寺や大永元年（一五二一）に開創された真如庵などもまた、表1のなかの寺院と重なる可能性もあろう。

実際、明応元年（一四九二）に櫛笥大納言隆朝によって創建開基されたという櫛笥寺は、『堺市史　第七巻別編』では別名「本教寺」とされているが、実はこれはあやまりで、寛永九年～一〇年（一六三二～三三）に江戸幕府に提出された『諸宗末寺帳』[48]に「堺櫛笥本敬寺」とみえることからもわかるように、表1の本敬寺と同じと考えられるからである。

しかしいずれにしても、中世堺における各寺院の寺号や所在地、あるいは門流・本末関係など基本的なことがらも含めてまだまだ解明しなければならない問題は、数多く残されている。[49] さらなる史料の精査とともに、今後の課題としたいと思う。

（1）特賜正覚普通国師塔銘（『堺市史　第四巻　資料編第一』）。
（2）立正大学日蓮教学研究所編『日蓮宗宗学全書　第一九巻　史伝旧記部二』（山喜房仏書林、一九六〇年）。東京大学史料編纂所写本・京都大学文学部閲覧室写本も参照とした。なお、安土宗論以前の『己行記』および日珖については、拙稿「戦国末期畿内における一法華宗僧の動向―日珖『己行記』を中心に―」（『戦国史研究』三六号、一九九八年）参照。また、油屋伊達氏については、泉澄一『堺―中世自由都市―』（教育社、一九八一年）にくわしい。
（3）頂妙寺文書編纂会編『頂妙寺文書・京都十六本山会合用書類』一～四（大塚巧藝社、一九八六～八九年）。ただし、本章においては、文字の読みや年代の比定などに関して若干の訂正をおこなった部分もある。
（4）拙著『中世京都の民衆と社会』（思文閣出版、二〇〇〇年）第二部第四章。
（5）一五七九年六月、パードレ・オルガンチーノが、都よりパードレ・ルイス・フロイスに贈りし書翰（『耶蘇会士日本通信』下巻、異国叢書、改訂復刻版、雄松堂書店、一九六六年）。
（6）松田毅一・川崎桃太訳『フロイス日本史　5』（中央公論社、一九七八年）。
（7）奥野高広・岩澤愿彦校注『信長公記』（角川文庫、一九六九年）。
（8）天正七年一二月一六日付京都諸寺定条々（『頂妙寺文書・京都十六本山会合用書類』二、二七頁）。
（9）注（4）参照。

(10) 同右。
(11) (年月日未詳) 一宗免許御礼勧進状案 (『頂妙寺文書・京都十六本山会合用書類』三、二一一頁)。
(12) (天正七年) 九月二八日付諸寺代本満寺日順・本法寺某連署状案 (同右、一、一四一頁)。
(13) (年未詳) 一〇月一〇日付某書状案 (同右、一、一四二頁)。
(14) (年未詳) 五月一二日付松井夕閑書状 (同右、一、一一三頁)。
(15) (年未詳) 五月一四日付松井夕閑書状 (同右、一、一三六頁)。
(16) 天正七年一一月一六日付勧進渡注文 (同右、二、二三頁)。
(17) 天正七年霜月二七日付堺勧進頭別方料足請取 (同右、二、二四頁)。
(18) 天正七年霜月二七日付従堺運上金子日記 (同右、二、二五頁)。
(19) 天正七年一一月二七日付堺南北渡方覚 (同右、二、二六頁)。
(20) 注(4)前掲拙著『中世京都の民衆と社会』第二部第三章。
(21) 藤井學「近世初頭における京都町衆の法華信仰」(『史林』第四一巻六号、一九五八年、のちに同『法華文化の展開』法藏館、二〇〇三年)。
(22) (年月日未詳) 金子覚 (『頂妙寺文書・京都十六本山会合用書類』二、三一頁)。
(23) 天正七年一〇月二六日付諸寺取納帳 (同右、四、一一二～一一七頁)。
(24) 天正七年一一月二七日付堺頭別方指出 (同右、四、一三〇～七頁)。
(25) (天正七年) 堺諸寺頭別分支配分控 (同右、四、一三六～一四一頁)。なお、本史料と『頂妙寺文書・京都十六本山会合用書類』二の三七号 (四九～五三頁) はまったく同一のものである。
(26) 『堺市史　第四巻　資料編第一』(堺市役所、一九三〇年)。
(27) 注(26)参照。
(28) 同右。
(29) 注(20)参照。
(30) 朝尾直弘「元禄二年堺大絵図を読む」(『元禄二己巳歳堺大絵図』前田書店、一九七七年、のちに同『都市と近世社会を考える―信長・秀吉から綱吉の時代まで―』朝日新聞社、一九九五年)。

(31)『今井宗久書札留』（『堺市史　続編　第五巻』堺市役所、一九七六年）。
(32)（年未詳）六ケ寺当番顕本寺日雅書状（『頂妙寺文書・京都十六本山会合用書類』一、一四三〜四頁）。
(33)（年未詳）極月一日付堺六ケ寺当番本教寺日建書状（同右、一、一四七頁）。
(34)（年未詳）一二月朔日付堺諸寺代照光寺日能書状（同右、一、一四八頁）。
(35)（年未詳）一二月七日付当番頂源寺役者日賢書状（同右、一、一四九頁）。
(36)（年未詳）五月一五日付堺津当番本耀寺日慶書状（同右、一、一三八頁）。
(37)この法会については、注(4)前掲拙著『中世京都の民衆と社会』第二部第五章。
(38)慶長二年一〇月二三日付妙音院日現・妙伝寺役者日忍連署状（『頂妙寺文書・京都十六本山会合用書類』二、六八頁）。
(39)明和八年八月付京本山会本妙伝寺申渡書（同右、二、二一九頁）。
(40)天正七年〜天正九年付諸寺下行方（同右、四、一四二〜四頁）。
(41)（天正一三年）七月二五日付日禛等連署状案（同右、一、一五五頁）、『己行記』天正一三年条。
(42)（年未詳）六月二一日付諸寺代妙法寺日超・本敬寺日銑連署状（同右、一、一七五頁）。
(43)（年未詳）九月二〇日付諸寺代本受寺日尊・法花寺日運連署状（同右、一、一七三頁）。
(44)注(38)。
(45)もっとも、実際の近世的な本末関係は、本山と末寺の個々の系列を基本とするものであり、また京都の会合に属する寺院だけが本山となったわけではない。ちなみに、寛永九年〜一〇年（一六三二〜三三）に江戸幕府に提出された最古の末寺帳である『諸宗末寺帳』（大日本近世史料）に記載される本末関係を一覧表にすると表2のようになるが、これらはほぼ中世の関係を踏襲したものと推察される

表2　本寺・末寺関係

本寺(京都)	末寺(堺)
要法寺	住本寺(本住寺と同一か)
本隆寺	調御寺・**大巧寺**
妙蓮寺	法華寺
本満寺	本耀寺
立本寺	本敬寺(堺櫛笥)
本国寺	成就寺・本光寺・本教寺・円明寺
妙満寺	照光寺
妙顕寺	妙法寺・妙慶寺・弘経寺・妙光寺
本能寺	顕本寺・本受寺
本法寺	本成寺
妙覚寺	経王寺・興覚寺
頂妙寺	妙国寺・頂源寺

表３　「堺寺院表」にみえる法華宗寺院

寺院名	派別	所在地	本山	創立年日	開基
妙国寺	一致派	材木町東三	無本寺	永禄５年３月５日	日　珖
成就寺	同	宿屋町東三丁	本圀寺	応永14年10月	日　験
経王寺	同	九間町東二	妙覚寺	永享元年８月	日　延
櫛笥寺	同	車町東四	立本寺	明応元年	日　深
本成寺	同	寺地町東三	本法寺	嘉吉２年	日　親
妙法寺	同	中之町東三	妙顕寺	貞和２年	日　祐
本要寺	同	新在家町東三	本満寺	宝徳２年５月	日　秀
妙光寺	同	南旅籠東三	妙慶寺	慶長３年４月	日　普
円明寺	同	新在家東四丁	本圀寺	文明13年12月	日　弁
妙慶寺	同	新在家東二	妙顕寺	長享元年６月	日　英
本光寺	同	大町東四	本圀寺	応仁２年	日　雄
弘経寺	同	櫛屋町東四丁	無本寺	応永17年	日　譽
本教寺	同	甲斐町東四丁	本圀寺	永享12年	日　長
興覚寺	同	櫛屋町東四	妙覚寺	不詳	日　忍
養寿寺	同	甲斐町東四丁	久遠寺	寛永13年	日　相
妙行寺	同	戎町東四	妙覚寺	不詳	日　印
宗善寺	同	南旅籠西壱丁	妙国寺	不詳	日　俊
月蔵寺	同	柳町東二	妙国寺	永禄４年	日　了
顕本寺	勝劣派	宿院東三	本能寺・本興寺	宝徳３年	日　浄
調御寺	同	宿院東三	本隆寺	応永19年	日　乗
法華寺	同	甲斐町東三丁	妙蓮寺	応永４年	日　輪
妙満寺	同	櫛屋町東四	妙満寺	永正９年	日　誠
住本寺	同	甲斐町東三	要法寺	正和２年４月	日　導
本受寺	同	宿屋町東三	本能寺・本興寺	明応３年	日　陽
本伝寺	同	新在家丁東二	大石寺	寛文２年	日　乗
真如庵	同	市町東五	本能寺・本興寺	大永元年	日真尼
要行寺	同	市町東六	妙満寺	寛永２年	日　堯
大巧寺	同	甲斐町東三丁	本隆寺	慶安４年	日　僚
法王寺	同	車町東四	上行寺	元和元年	日　秀

注１．「堺寺院表」（「堺市史史料」59、寺院(一)、堺市立中央図書館蔵）より作成。ただし、妙国寺境内は省略した。その所在地については、元禄２年（1689）付「堺大絵図」（小葉田淳・織田武雄編『元禄二年己巳歳堺大絵図　戸別位置番号図』前田書店、1977年）によってすべて確認することができる。

２．ゴシックは、本章で分析の対象とした寺院と同一と考えられるものである。なお、妙満寺を照光寺、本要寺を本耀寺、住本寺を本住寺と同じのものと仮定した。ただし、表１(A)にみえる成福寺・妙福寺・妙禅寺・円湊寺と一致するものは確認できない。

３．「一致派」「勝劣派」とは、法華経28品のうち、前半14品（迹門）と後半14品（本門）の価値に勝劣をみるか、それとも一致するものとみるかという教義の見解にもとづく派別を示すものである。

（ただし、ゴシック文字の寺は、表1にみえないもの）。

なお、参考のため、明治初年に作成されたと考えられる「堺寺院表」（「堺市史史料」五九、寺院（一））のうち、法華宗寺院の関連記事を一覧表にしたのが表3である。記載内容に関して、『堺市史　第七巻　別編』と異同もあるが、どちらが正しいのかについては判断がむずかしいのでそのままかかげることにする。

ちなみに、堺に関する初期の地誌として知られる、『堺鑑』（天和三年〈一六八三〉成立、『続々群書類従』第八）には、経王寺・顕本寺・櫛笥寺・妙国寺・妙慶寺・本成寺、また、『全堺詳志』（宝暦七年〈一七五七〉成立、『泉州史料』第一輯）には、妙国寺・成就寺・本光寺・円明寺・本教寺・経王寺・興覚寺・妙行寺・法華寺・妙法寺・弘経寺・妙光寺・妙慶寺・本成寺・妙満寺・本要寺・南王寺・要行寺・顕本寺・本受寺・真如庵・櫛笥寺・宗宅庵・調御寺・大行寺・住本寺・法泉寺・本伝寺・養寿寺・法王寺・月蔵寺・宗善寺に関する簡単な記述がみられる。
(46)（年未詳）六月二三日付諸寺代調御寺日超・具覚寺日孝連署状（『頂妙寺文書・京都十六本山会合用書類』一、一七六頁）。
(47)（慶長二年）霜月一九日付諸寺代本陽寺日祐・顕本寺日根連署状（同右、一、一六七頁）。
(48)大日本近世史料。
(49)なお、表1(A)にみえる本伝寺に関しては、佐藤博信氏が、日向国出身の法華宗僧日我を中心に富士門流の安房妙本寺との関連で新事実をあきらかにされているが（佐藤氏「安房妙本寺日我の歴史的位置」『歴史学研究』六八四号、一九九六年、のちに同『中世東国日蓮宗寺院の研究』東京大学出版会、二〇〇三年）、残念ながら本章でとり扱った史料の範囲では今のところ新しい知見を得ることはできていない。ただし、視点を門流のネットワークに移して材料をもとめてゆけば、本伝寺のように他地域に残された史料からの新知見も期待できよう。
（補注）中世堺の法華宗寺院に関しては、三好政権との関連で、天野忠幸「大阪湾の港湾都市と三好政権―法華宗を媒介に―」（『都市文化研究』四号、二〇〇四年）、同「三好氏の畿内支配とその構造」（『ヒストリア』一九八号、二〇〇六年）が発表され、ふたたび注目を集めるようになってきている。

第四章　東山大仏千僧会と京都法華宗

はじめに

近世、江戸幕府によって、キリスト教とともにきびしく禁断された宗派があった。法華宗（日蓮宗）不受不施派である。不受不施とは、謗法（他宗）からの布施・供養を法華宗僧侶は「受」けず、また、謗法の僧侶や寺院に法華信者は布施・供養を「施」さないという意味で、宗祖日蓮以来、中世法華宗内部では、宗教上の制法として存在していた。もっとも、実際は、「時代により地域により、また宗内の各門流によって、謗法供養の受・不受の可否はなお多くの論争があり、問題の存するところであった」[1]ともされている。

この不受不施の問題があらためて問い直されるきっかけとなったのが、文禄四年（一五九五）に豊臣秀吉によってはじめられた京都東山大仏千僧会（以下、大仏千僧会）への対応である。法華信者ではない秀吉の主催する法会には出仕すべきでないと主張する妙覚寺日奥ら（不受不施派）と国主（秀吉）への供養は特別であると主張する本満寺日重ら（受不施派）の二派に京都法華宗が分かれ、はげしく対立することとなったからである。

結局、この対立は、この後もつづき、慶長四年（一五九九）の大坂対論（大坂城内においておこなわれた、妙顕寺日紹・堺妙国寺日統と妙覚寺前住日奥・本国寺前住日禛との問答）や寛永七年（一六三〇）の身池対論（江戸城内でおこなわれた、受不施を主張する身延久遠寺と不受不施を主張する池上本門寺との問答）を経たうえ、寛文の惣滅とよばれるはげしい弾圧によって不受不施派が成立することで、最終的な決着をみることとなる。

このような経過が知られているので、大仏千僧会と京都法華宗という問題を考える場合には、これまでの研究では、おのずと不受不施派やその開祖と仰がれることとなった日奥のほうに視点がおかれることが多かった。もちろんそれは、思想史、あるいは宗派史の立場からすれば、自然なながれというべきではあったが、しかしながら、その一方で、大仏千僧会の実態解明や多数として受不施派にかたむいた京都法華宗から問題を考えるということについては、十分な検討がなされることはなかったのである。

本章では、このことを念頭に、大仏千僧会と京都法華宗という問題について考えてゆきたいと思うが、ただ、大仏千僧会の実態については、すでに別の機会[2]に検討を加えているので、ここでは、そこでの成果を踏まえながら、受不施派にかたむいた京都法華宗のほうに視点をおいて問題にせまってゆくことにしよう。

一　大仏千僧会の実像

(1)　大仏千僧会の会場と名目

ところで、不受不施の問題があらためて表面化するきっかけとなった大仏千僧会は、史料でも、「大仏千僧会」「大仏斎会」「大仏毎月法事」などとみえるため、豊臣秀吉が天正一四年（一五八六）に建立を開始した大仏の前や大仏殿においておこなわれたと一般に理解されている。

しかし、その「会場」は、「大仏之奥、妙法院殿経堂」[3]や「大仏経堂」[4]と呼ばれた、妙法院にあった経堂であり、それは、中央仏壇の本尊に釈迦三尊が安置された東西二一間におよぶ[5]巨大な建物であったことにまずは注意しなければならない。つまり、大仏千僧会は、大仏殿のなかや大仏の前でおこなわれた法会ではけっしてなかったのである。

妙法院といえば、天台座主に任ぜられる山門延暦寺の三門跡（青蓮院・妙法院・梶井）のひとつとして知られているが、この時期に限定していえば、「大仏妙法院」(6)とも史料にはみえ、大仏という寺院の一部としての機能もはたしていたと思われる。

また、一般によく知られている方広寺という寺名も、この時期にはみることができず、寺名としても「大仏」としかいいようがなかったようであるが、実はこのこと自体が、この寺院の複雑さを物語るものでもあった。

というのも、大仏千僧会は、さきにも述べたように妙法院の経堂でおこなわれたが、大仏の住持は、同じ天台宗でも寺門園城寺の門跡、聖護院（照高院）道澄がつとめているし、また伽藍の造営・修繕には、高野山の木食応其が「本願」(7)としてその力をふるったことなどが知られているからである。

妙法院門跡が大仏住持となり、この寺院全体を支配するようになるのは、豊臣家の滅亡後であり、したがって当初はきわめて複合的なかたちで成り立っていたということには注意が必要であろう。

ところで、問題の大仏千僧会は、どのような名目ではじめられたのであろうか。これも一般には、秀吉がその実母である大政所（天瑞院）の菩提を弔うためにはじめられたと理解されてきた。

たしかに大仏千僧会がはじめられようとしていた文禄四年（一五九五）当初は、大政所の月命日である二二日に法会をおこなうことを豊臣政権は諸寺院に命じている。しかし、実際に法会がおこなわれる九月直前になって、大きな変化がおこっていたという事実は案外知られていない。

というのも、公家の山科言経がその日記『言経卿記』文禄四年九月二五日条に書き記しているように、実際に大仏千僧会の対象となったのは、大政所本人ではなく、「故大政所御父母」の「栄雲院道円」と「栄光院妙円」

という、秀吉にとっては母方の祖父母にあたる人物たちだったからである。

よく知られているように、秀吉の出生自体が議論の的であるのに、その祖父母の実態についてまではほとんど知るよしもないが、しかしながら、こののち、大仏千僧会は、この「栄雲院道円」の月命日とされる二五日と「栄光院妙円」の月命日である二九日を軸におこなわれることとなり、しかも、祥月命日である四月二五日と六月二九日には盛大に法会がおこなわれることとなるのである。

このように大仏千僧会の対象が大政所からその父母へと変化するにいたった理由が何であったのかについては、今のところ回答を得ることはできていないが、ただ、秀吉の祐筆として知られる大村由己が記した『関白任官記』（『天正記』[8]）の伝える、秀吉の祖父が禁中に仕えた「萩の中納言」という人物で、その娘である大政所もまた天皇の側に仕え、その落胤として誕生したのが秀吉であるという話とはおそらく無関係ではないだろう。もしかすると秀吉は、祖父母の菩提を弔うことで、この天皇落胤説を広めようとしたのかもしれない。

(2) 新儀の八宗

それでは、法会自体は、どのようにおこなわれたのであろうか。豊臣政権は、この大仏千僧会への出仕を八宗に仰せ付けたとさきの山科言経はその日記に記している。

一般に八宗といえば、南都六宗（三論宗・成実宗・法相宗・倶舎宗・華厳宗・律宗）と天台宗・真言宗の二宗をさしていうが、言経の日記には、「昔ヨリ八宗都ニ無之分有之間、新儀ニ先真言宗東寺・醍醐寺・高山、天台宗七十人、加三井寺三十人、・律僧・五山禅宗・日蓮党・浄土宗・遊行・一向衆等也、一宗ヨリ百人ツヽ也」とみえ、昔から京都に八宗がそろっていないので、「新儀」に真言宗・天台宗・律宗・禅宗・日蓮宗（法華宗）・浄土宗・遊行（時宗）・一向宗（真宗）の各宗に一〇〇人ずつの出仕を命じたとされている。千僧会は、文字どおりでいえば一〇〇〇人の僧侶による法会であり、一宗で一〇〇人だと八〇〇人となり一〇〇〇人に満たないことになるが、結局のところ、今回の大仏千僧会はこの八〇〇人の僧侶の出仕によってはじまることとなった。

ちなみに、南都六宗のほうはどのようになったかというと、『義演准后日記』文禄五年(慶長元＝一五九六)正月二九日条に「南都遠路難渋之由懇望歟」とみえ、遠路のために出仕しなかったようではあるが、その実態はわからない。むしろ、日奥がその著『宗義制法論』(9)で「妙法院門跡において千僧供養の事は、ただ京中の諸寺に課せて他国に亘らず」(原文漢文)と語るように、京都にある諸宗・諸寺院に対して出仕を命じたというのが実状だったのかもしれない。

ところで、右のこととも関係があるが、今回の大仏千僧会を豊臣政権は、「国家之祈禱」と「同事」とも位置づけていた。(10)これ以前において国家の祈禱や法会に対してその責務をになっていたのは、真言宗や天台宗、あるいは南都六宗など、いわゆる顕密仏教(旧仏教)であったが、今回は、法華宗や真宗などそれ以外の「新仏教」(鎌倉新仏教)系の諸宗に対しても出仕を命じており、この点は、実は画期的なできごとであった。

実際、この時期の真言宗を代表する僧侶、醍醐三宝院門跡の義演が露骨に不快感をその日記『義演准后日記』文禄五年正月二九日条に「浄土宗以下八宗与同日同請、当時為躰応威命計也」と記していることなどが、なによりこのことを示している。そういう意味では、新儀の八宗とは、豊臣政権が創出したといっても過言ではなかったのであり、大仏千僧会は、このような新儀の八宗を生みだす重要な機会ともなったのである。

もっとも、秀吉自身がこのようなことをどこまで意識していたのかについてはつまびらかにすることはできないが、ただ結果としては、中世では想像すらできなかった顕密仏教と「新仏教」の同座という事態が現実のものとしてあらわれたことだけはまちがいないのである。

ただし、同座とはいっても、最初の段階では、それは同列を意味するものではなかった点には注意が必要である。たとえば、さきほどの義演がその日記の同日条に、「最初真言宗、第二天台宗、第三律宗、第四禅宗、第五浄土宗、第六日蓮衆、第七自衆《(時宗)》共、第八一向衆共[11]」というような序列を書き記していることからもわかるように、新儀の八宗の序列は厳正なものであったからである。

おそらくこの序列というのは、当時の宗教界における通俗的なそれとして認められていたものと考えられるが、具体的には法事の順番としてもみることができる。というのも、早朝からおこなわれていた大仏千僧会を、文禄五年（慶長元＝一五九六）の二月二五日に見学しようとした山科言経が、経堂に到着したのが「四時分過」であったため、「日蓮党・時衆・門跡ノ衆等」、つまり法華宗・時宗・真宗の法事しか聴聞することができなかったと、その日記『言経卿記』二月二五日条に記しているからである。

(3)　八宗の同列化と法事の内容

ところが、このような序列も慶長四年（一五九九）五月を境に一変することとなる。実は、これまで毎月、八宗がそろって出仕していた大仏千僧会が、この五月以降、秀吉の祖父母「栄雲院道円」「栄光院妙円」の祥月である四月と六月をのぞいて、ひと月に一宗ずつという、月番制のようなかたちへと変更されたからである。なぜ、この時期にこのような変更がおこったのか、その経緯についてはあきらかではない。

おそらくは、前年の慶長三年（一五九八）八月に秀吉が死去したことなどが大きく影響しているのだろうが、しかし、それ以上に注視しなければならないのは、これによって法事の順番として機能していた八宗の縦系列の序列が横系列に並べかえられ、その結果、新儀の八宗が同列化してしまったという事実である。

実際、これ以降、担当の月においては日蓮宗や真宗も導師をたてて大仏千僧会を主催しており、この事態に衝撃をうけた義演は、ここでもまたその日記に「末世末法アサマシキ次第也[12]」との嘆きのことばを書き散らしているからである。

結局、これ以降、大仏千僧会は、豊臣氏が滅亡する慶長二〇年（元和元＝一六一五）にいたるまで、四月・六月は八宗で、それ以外は各月一宗で継続されることとなったが、実は、そこでおこなわれた各宗の法事の内容については思いのほかわからない。恒例の行事となっていったためであろうか、義演などもあまりくわしく日記に記していないからである。

もっとも、この大仏千僧会は、当初から「千僧供養」とも、「斎会」とも呼ばれていたように、法事をおこなった多数の僧侶に斎することが重要な目的でもあった。大仏千僧会の会場、経堂のあった妙法院には、この斎に関する費用として一人分で米に換算して五升七合七夕、八〇〇人で四六石一斗六升、それが一二カ月で五五三石九斗二升、これに諸費用を合わせて都合七九九石四斗四升必要であるという試算の史料も残されている。(13)

おそらくは、これらの費用をまかなうためであろう、豊臣政権は慶長元年（一五九六）に妙法院に対して「毎月千僧供養為法事料」一六〇〇石もの知行を寄附しているのである。(14)

(4)　大仏千僧会の歴史的意義

以上が大仏千僧会のおおよそのあらましであるが、この法会は、確認できる範囲でも文禄四年九月から慶長二〇年三月にいたるまでおよそ二〇年あまり絶えることなくほぼ毎月つづけられた。

その間には、大きなことだけでも、地震による大仏の大破（慶長元年＝一五九六）、秀吉の死（慶長三年＝一五九八）、大仏殿の焼失（慶長七年＝一六〇二）と再建開始（慶長一四年＝一六〇九）、そして大坂の役の発端とされる鐘銘事件（慶長一九年＝一六一四）など、激動というべきほどに数多くの変化がまわりをとりまいている。にもかかわらず、大仏千僧会のほうはかわることなくおこなわれており、その継続性にはあらためて驚かされる。

とりわけ、この大仏千僧会を発願した秀吉自身が死去したのちにおいてもなお継続されていたという事実からは、大仏千僧会が秀吉個人の意向を越えて、統一権力の宗教政策の一環としても機能していたことをうかがわせる。その宗教政策とは、新儀の八宗の序列が縦系列から横系列に転換されたことに端的に示されているように、諸宗が世俗権力のもとに相互に対等でしかも分立した宗派として同列化しているというすがた[15]、すなわち近世的なありかたを目に見えるかたちで諸宗に認識させることにあったのである。

戦国期というのは、一向一揆や法華一揆など宗教一揆はもとより、顕密仏教諸寺院の大衆も武力でもって世俗権力と、あるときには対立したり、あるときには同盟したりと、宗教勢力の運動がもっとも活発な時期であった[16]。その点では、秀吉の主君であった織田信長が統一事業をすすめた頃というのは、世俗権力と宗教勢力との関係がもっとも熾烈な時期であったが、これをうけ継いだ秀吉、そして家康などは、その安定化をすすめるとともに、戦国期を含めた中世とはまったく異なるかたちで相互の関係を模索しなければならなかった。

大仏千僧会とは、そのような模索の一環として実現したのであり、京都法華宗と日奥とが対峙したものとは、実は以上のような歴史的意義をもつ存在でもあったのである。

二　京都法華宗の対応と日奥

(1)　本国寺での会合

さて、京都の法華宗に対して豊臣政権から大仏千僧会への出仕が命ぜられたのは、文禄四年（一五九五）九月一〇日付の所司代前田玄以の書状[17]によってであった。このときの前田玄以書状の文面は、他の諸宗に対するものと同じであったが、法華宗では、これへの対応をめぐって各本山の住持が本国寺に集まって会合をもつこととなった。

この頃、京都の法華宗本山寺院一六カ寺（本禅寺・本法寺・妙顕寺・妙蓮寺・本隆寺・立本寺・本国寺・本能寺・妙満寺・頂妙寺・要法寺・寂光寺・妙泉寺・妙伝寺・本満寺・妙覚寺）は、戦国最末期の永禄八年（一五六五）以降、いわゆる十六本山会合と呼ばれる結合組織を結成し、重要事を衆議で決していた。(18)

会合がもたれるのは、かならずしも定期的ではなかったとみられるが、おそらくはこのとき、本国寺が順番として会合の場所（会本という）となっていたのであろう。

妙覚寺住持であった日奥は、この会合に若干遅参したようだが、会合での衆議は、『宗義制法論』によれば、「今度の大仏出仕、一宗不祥の義なりといへども、今、国主機嫌悪しき時分、偏へに制法の趣を宣べて出仕を遂げずんば、諸寺破却に及ぶ義も出来せしめんか。しかる間、ただ一度、貴命に応じてかの出仕を遂げ、即ち翌より公儀を経て宗旨の制法を立つべきに議定せしめ畢んぬ」、つまり、宗祖日蓮以来、不受不施の制法は重要ではあるけれども、大仏千僧会への出仕をこばめば、諸寺が破却されてしまうかもしれず、したがってただ一度だけ出仕をして、翌日からは不受不施の制法を守ればよいというものであった。

この衆議は方便といえばいえなくもないが、世俗権力との関係においてもっとも熾烈な戦国最末期を乗りきることができたのもまた、このような会合の現実路線であったことを考えると、(19)苦渋の選択ととらえることも可能であろう。しかし、このときの会合は、今回の大仏千僧会のもつ意味を実はよく理解していなかった。

この点、日奥のほうが、さきにみた大仏千僧会の意義を敏感に感じていたのであろう。その結果、「衆義もつともしかるべしといへども、愚意は爾らず。それ公儀の重き事は、いづれの時も同じなるべし。しかるに今、強ひて制法の趣、上表に及ばず、祖師の時より堅く立て来たる制法を、一度もこれを破らば、永代宗義は立つべからず」と述べ、不受不施制法を楯にはげしい反駁を加えることとなるのである。

結局、衆議の大勢は、「ただ一たび上意に応じて供養を受け、已つて次の日より先規の如く宗義を立つべしと、決定せられ畢んぬ」と出仕へ傾いたため、日奥は妙覚寺を退出し、丹波小泉などに蟄居することになるが、この日奥自身の行動や言動については、すでにこれまでにも多くが語られてきているので、ここでは、会合の動きのほうに目をそそいでみることにしよう。

(2)　会合の対応と危機感

ところで、近年、一六本山のひとつである頂妙寺において、『京都十六本山会合用書類[20]』と呼ばれる新史料が発見された。この史料がおさめられていた木箱には、慶長四年（一五九九）に大坂城でおこなわれた不受不施派と受不施派との対論、いわゆる大坂対論の結果はぎとられた日奥の衣や袈裟もおさめられていたとされているので、日奥とは反対の道をとった会合の動きを知るのには恰好の材料といえよう。

たとえば、この史料におさめられている慶長二年（一五九七）付「大仏出仕人数帳[21]」をみてみると、法華宗に課せられた僧侶一〇〇人という数が、各本山にある比率で配分されていたことがわかる。

もっとも、この一〇〇人をまかなうことも相当むずかしかったようで、それを地方の末寺に転嫁してゆこうとしていた事実も知られる。わかる範囲では、若狭・大坂・堺などがその対象となっていたようだが、とりわけ京都から至近距離にある大坂・堺に対しては、使僧がしばしば督促におとずれていたことが確認できる。

堺といえば、和泉国と摂津国の国境に成立し、その名はヨーロッパにまで聞こえた有数の中世都市であったが、同時に、「泉南仏国」とも呼ばれた寺院の林立する場所でもあった。法華宗寺院もまたはやくから数多く建立されており、畿内では京都とならぶ法華宗の拠点として、天文五年（一五三六）の天文法華の乱で諸本山が京都から追放された際には、避難先となったほどであったのである[22]。

その堺の法華宗寺院では、京都の会合の意をうけて一致してこれに対応しようとしていたことが知られるが、しかしながらここでもまた、日奥と同じように大仏千僧会への出仕に異を唱えるものも存在した。というのも、京都妙伝寺の末寺である「堺南庄観乗坊」などが、「大仏出仕不参之儀」によって堺を追放されているからである。[23]これによって、京都の会合や堺の諸寺院など法華宗全体が強固に大仏千僧会への出仕をとげようとしていたようすが読みとれるが、そのことは同時に、日奥の行動を支持する信者・檀徒や末寺もまた少なからずいたということを意味した。

実際、このような動きに対する会合側の危機感は、慶長三、四年（一五九八、九九）頃に豊臣政権に提出されたと考えられる言上状[24]からも読みとれる。それによれば、日奥やそれに与する本国寺の前住日禛などが、「辺土遠国をまはり、宗門中大仏出仕之者をそしり、諸旦那をまねきとり、諸末寺之者ニ申含め悉之本寺をそむかせ、一人もまいらさるやうに」したため、「京・堺にも大旦那なとも彼者に力をあはせ、わめきまはり候て、諸寺を悪口仕」、「京都諸本寺、いつれも旦那・末寺をうはいとられ候によりたちまちに及衰微」ぶと記されているからである。

ここからは、現実路線をとった会合の姿勢をかならずしもよしとしない勢力が教団内でもけっして小さくなかったことが知られるが、それは同時に、宗教一揆などに代表されるように、みずからの信仰や宗教のためには一命をもなげうつこともいとわなかった、かつての息吹がいまだ生きつづけていたということも意味した。

実は統一権力がもっとも恐れていたものとは、このような思潮であり、したがって、こののち、近世を通じて日奥の思想や行動を継承した不受不施派が、徹底的に弾圧されるようになるのもまた無理はなかったのである。

(3)　大坂対論以後

さて、現実的対応として一度だけの出仕を決めた大仏千僧会であったが、実際には、さきにもみたように豊臣家が滅ぶ慶長二〇年（元和元＝一六一五）まで継続され、結局、法華宗も最後まで出仕をつづける結果となった。

このことについて、日奥は、「その星霜を勘ふれば、全く二十年なり。その間、みな、謗法供養を受けて敢へて制法を立つる人なし。衆座において堅約の義すべて違す」と『宗義制法論』において非難のことばを浴びせているが、おそらく同様の意見をもつような人々は宗内にも少なからずいたことであろう。

しかしながら、世俗権力側が、このような意見を考慮することは当然なかった。また、会合側も日奥らの動きにより神経をとがらせることになり、その結果、慶長四年（一五九九）に大坂城内で、不受不施派の日奥・日禛と受不施派の妙顕寺日紹らとの問答、いわゆる大坂対論がおこなわれることとなったのである。

もっとも、対論とはいえ、実際にここで両者が理路整然と議論を交わしあえたわけではけっしてなく、「この上においてなお同心せしめずば、天下政道の手始め、万人見せしめのために、厳重の御成敗あるべし」(25)と徳川家康がいったとされることからもわかるように、もはや秀吉の祖父母の供養という当初の名目すら後景にしりぞき、世俗権力の意向にそうか否かという決断をせまる場となっていた。ことここにいたって、日奥が直感的に感じとっていた大仏千僧会の本質がようやくむきだしのかたちとなったといえよう。

当然、日奥は、これにしたがうことはなく、衣と袈裟をはぎとられたうえ、対馬へ流罪と決せられることとなった。さきにも触れた『京都十六本山会合用書類』の木箱に入れられていたという衣と袈裟が、これにあたるものであろう。

これによって、日奥は、権力によっていわば「異端」として扱われることとなり、その思想に系譜をひく不受不施派もまた同様の扱いをされてゆくこととなるが、それならば、対論の相手である会合側が、逆に「正統」としてその地位に安定をみることができたのかというとかならずしもそうとはいえなかった。

というのも、『京都十六本山会合用書類』には、各本山寺院の住持の代替わりごとに提出されたという、大坂対論での家康の裁許に異議をもたない旨の誓約状が数多く残されているからである。その誓約状のうち、もっとも古いものでも寛永六年（一六二九）となっているが、この時期においてはすでに大仏千僧会がおこなわれていなかったことを考えると、会合もまた大仏千僧会の影にながく呪縛されつづけたことが知られよう。

そして、この翌年、寛永七年（一六三〇）には江戸城内において、不受不施派の池上本門寺と思想的には会合に系譜をひく身延久遠寺との問答、身池対論がおこなわれ、ふたたび政治的な決着がはかられるとともに、不受不施派の僧侶たちが流罪に処せられる。日奥は、この対論にも参加せず、また裁決のでる前にすでに死去していたにもかかわらず、ふたたび流罪をいい渡されることとなったのである。

おわりに

このようにしてみるとわかるように、大仏千僧会とは、法華宗全体からしても、いくどにもわたってみずからの体を傷つけるいばらにほかならなかった。それは、日奥にしても、また会合にしても同様であり、したがって、大仏千僧会に対する対応をめぐってどちらが正であり邪であったのかという評価は実はむずかしく、また酷なようにも思われる。

たしかに日奥の主張は、正論であり、その思想や行動は純化されたものとして高く評価すべきとは考えられるが、同様に、会合のとった対応ももっと評価すべきなのではないだろうか。戦国最末期の永禄八年の成立以来、めまぐるしく交替をくり返す世俗権力に対応すべく試行錯誤をつづけた会合の存在がなければ、おそらく京都の法華宗は近世という時代を迎えることができなかったと考えられるからである。

中世から近世へ移行してゆく激動の時代にどのように対応して信仰や教団を存続させてゆくのか、それはすべての寺院・教団にとって共通の課題であったと思われるが、法華宗の場合は、以上のような苦闘のなかから近世仏教としての新たなあゆみをはじめることとなったのである。

(1) 藤井學「不受不施思想の分析」(『岩波思想大系　57　近世仏教の思想』岩波書店、一九七三年、のちに同『法華衆と町衆』法藏館、二〇〇三年)。
(2) 拙著『中世京都の民衆と社会』(思文閣出版、二〇〇〇年) 第二部第五章。
(3) 『言経卿記』(大日本古記録) 慶長二年正月二九日条ほか。
(4) 同右、文禄四年九月二五日条ほか。
(5) 『義演准后日記』(史料纂集) 文禄五年正月二九日条。
(6) 文禄四年九月二五日付豊臣秀吉朱印状 (妙法院史研究会編『妙法院史料　第五巻　古記録・古文書一』吉川弘文館、一九八〇年)。
(7) 『言経卿記』天正一九年六月一一日条ほか。
(8) 桑田忠親校注『戦国史料叢書1　太閤史料集』(人物往来社、一九六五年)。
(9) 注(1)前掲『岩波思想大系　57　近世仏教の思想』に所収。日蓮宗不受不施派研究所編『不受不施史料』第一巻(平楽寺書店、一九八三年) 所収の『宗義制法論』も参照にした。
(10) (文禄四年) 九月二四日付前田玄以書状案 (京都大学文学部古文書室影写本「妙顕寺文書」)。
(11) 注(5)。
(12) 『義演准后日記』慶長五年正月二五日条。
(13) 文禄四年一〇月一五日付大仏八宗御供養膳部入用帳 (『妙法院史料　第五巻　古記録・古文書一』)。
(14) 慶長元年一〇月一日付豊臣秀吉朱印知行目録 (同右)。
(15) 黒田俊雄『日本中世の国家と宗教』(岩波書店、一九七五年)。
(16) 本書終。
(17) (文禄四年) 九月一〇日付前田玄以書状案 (『宗義制法論』)。
(18) 中尾堯「寺院共有文書と寺院結合—『京都十六本山会合用種類』をめぐって—」(『古文書研究』三五号、一九九九一年、のちに同『日蓮真蹟遺文と寺院文書』吉川弘文館、二〇〇二年）、注(2)前掲拙著『中世京都の民衆と社会』第二部第四章。

(19) 注(2)前掲拙著『中世京都の民衆と社会』第二部第四章。

(20) 頂妙寺文書編纂会編『頂妙寺文書・京都十六本山会合用書類』一～四（大塚巧藝社、一九八六～八九年）。

(21)『頂妙寺文書・京都十六本山会合用書類』四、一四七～八頁。

(22) 本書第二部第三章。

(23) 慶長二年一〇月二三日付妙音院日現・妙伝寺役者日忍連署書状（『頂妙寺文書・京都十六本山会合用書類』二、六八頁）。

(24)「本能寺文書」（京都大学文学部古文書室影写本）。

(25)『京師の信徒に賜う書』（『不受不施史料』第一巻）。

（補注一）　大仏千僧会については、近年、法華宗以外の個々の宗派における実態が解明されつつある。たとえば、風間弘盛「近世初頭における真言宗―京都東山大仏千僧会出仕を通して―」（『豊山教学大会紀要』二九号、二〇〇一年）や安藤弥「京都東山大仏千僧会と一向宗―戦国期宗教勢力の帰結―」（『大谷大学史学論究』一一号、二〇〇五年）などがその主なものであるが、両論文は、ともに新史料も紹介しつつ、各宗における実態を解明した論考として注目される。

（補注二）　安藤氏前掲「京都東山大仏千僧会と一向宗―戦国期宗教勢力の帰結―」において紹介されている、『法流故実条々秘録』（『真宗史料集成』第九巻、同朋舎、一九八三年）第五三条は、寛文九年（一六六九）編集されたものというが、その内容は、非常に興味深いものである。

すでに安藤氏によって指摘されているが、たとえば、大仏千僧会がおこなわれた「会場」（大仏経堂）について、同史料は、「其法事ノ所ハ豊国ノ内櫛《(ママ)》馬場ノ北カワ、門ヨリ卅間計東也」、「堂ノ大サ東西廿四五間計、南北十五六間計歟、北ニ仏壇有、本尊ハ座像釈迦、南向也」と記しているからである。これまでは、「会場」については、『義演准后日記』文禄五年正月二九日条でしか知られていなかったが、これによって、南北の大きさや、建物が南面していたこと、また、本尊の釈迦が座像であったことがうかがえる。さらに、その位置が、豊国社の「門」（南門か）より三〇間ほど東側で、「楄馬場」（豊国ノ馬場か）の北側であったとすると、かりに『京都東山豊国神社古図』（『舜旧記』第二所収）を参考にしても、大仏からもかなり東側にあったことがわかる。まさに「大仏之奥」であったといえよう。

同史料には、真宗による法事もくわしく記されており、そこには、簡略ながら、「会場」の内部の図も記されている。建築史の専門家であれば、ある程度の復元が可能なのかもしれない。なお、同史料には、「此堂南光坊被申請、今ハ坂本ニアリ歟」とみえ、豊臣家滅亡後であろうか、「会場」が「南光坊」（天海か）によって近江坂本へ移されたという。

第五章　近世移行期の権力と教団・寺院

——豊臣政権と京都法華宗を中心に——

はじめに

近世移行期における権力と教団・寺院という問題を設定したとき、これまでの研究では、どちらかといえば、権力側の視点にたち、その宗教政策を通して議論されることが一般的であった。それは、この時期に立ちあがってくる統一権力に近世的な要素を見、その一方で、山門延暦寺の焼討や石山合戦に象徴されるように、これに抵抗する教団や寺院を前時代的な存在としてみる、いわば二項対立的な考えかたが原因のひとつにあったように思われる。

しかしながら、これまで、統一権力である織田・豊臣政権に関する研究成果の膨大さにくらべて、この時期の教団や寺院についての研究、とりわけ実証研究の蓄積がきわめてこころもとない状態であったということは案外知られていない。その結果、教団や寺院の視点にたって、問題を考えるというようなこともおのずとなされてこなかったのである。

近年になってようやく、顕密寺院や五山等のうち、権力と対立的な様相をみせないものに視点をおいて、この時期の問題にせまろうという、伊藤真昭氏による研究(1)などが登場するようにはなってきたが、しかしそれでもなお、その空白は大きいといわざるをえず、さらなる蓄積がのぞまれるところといえよう。

本章では、以上のような問題関心にたって、京都の法華宗（日蓮宗）を素材にこの時期の問題について考えてみたいと思う。この点、著者はすでに、従来、宗門史を含め思想史的な側面の強かった京都法華宗の歴史について、社会的な存在としての側面に光をあてつつ、室町期から豊臣政権期にかけて再検討をおこなってきた(2)。したがって、ここではその成果がまずは基礎となろう。

また、本章では、近世移行期のうち、とくに豊臣政権期を中心に検討を加えたいと思うが、同時に、中世史との連続性も考慮したいと思う。そのため、まず次節では、前史としての織田政権期までについての検討をおこない(3)、そのうえで、次々節以降で、豊臣政権期について検討を加えてゆきたいと思う(4)。

なお、全体にかかわることだが、本章では、宗教史的・仏教史的観点についても配慮ができればと思う。論題に教団・寺院と記したのは、本章が法華宗を扱うというのが第一の理由だが、同時に、教団や寺院を漠然とした存在としてではなく、宗教（仏教）や信仰を紐帯とする社会集団としてとらえたいためでもある。

以上を踏まえたうえで、本章では、世俗権力（ないしは国家権力）と法華宗との関係をこれまでのように二項対立的にみるのではなく、そこに顕密寺院との関係も組みこんで相互の関係性というものに注目したいと思う。

具体的にいえば、世俗権力とは、公武権力のうち、のちの幕藩権力につながる統一権力など武家権力であり、また顕密寺院とは、しばしば京都において法華宗に対して弾圧を加えたことで知られる山門延暦寺、とりわけその中核を構成する大衆（衆徒と山徒）となる。本章では、法華宗とこれらとの相互の関係性の歴史的展開を通して豊臣政権期の問題にせまりたいと思う。

一　豊臣政権期以前―前史としての室町期から織田政権期―

(1)　室町期から戦国期

鎌倉末期、日蓮の孫弟子、日像が京都において本格的に布教をはじめて以来、また、南北朝期にその日像によって妙顕寺が創建されて以来、法華宗がたびたび山門大衆による弾圧にみまわれつづけたことはよく知られている。その内容は寺僧の追放であり、また寺院の破却などであるが、ただその過程においては、少なくとも世俗権力としての室町幕府が介在したという形跡を確認することはできない。つまり、この時期においては、山門大衆との関係性が法華宗にとっては焦眉だったのである。

この関係性に変化がみられるようになるのは、応仁・文明の乱の直前、寛正六年（一四六五）一二月のことである。このとき、法華宗寺院は集会し、「当宗御信仰」と伝える侍所頭人京極持清に働きかけることによって山門奉行布施貞基を動かし、山門大衆の弾圧を停止させることに成功したからである[5]。

それは同時に、幕府との一定の関係性の構築により、山門大衆との関係性を相対化させることにも成功したといえるが、それを裏づけるように、これ以降、法華宗に対して山門大衆が弾圧の動きをみせるあたっては、並行して山門奉行に対しても事書を発給するようになるのである。

一方、法華宗は、このとき、弾圧にともなう暴力に対しても、「京都半分為法華宗上、信心檀那等捨身命而防戦者、洛中以外可乱[6]」というように、「防戦」の姿勢、つまり一定の武力の留保というすがたもみせはじめている。そして、このようなすがたは、文明元年（一四六九）八月にふたたび山門大衆による同様な動きを阻止したのち[7]、天文期にいたって全面に表出することとなる。二一本山寺院に附属する僧俗によって形成された、いわゆる法華一揆がそれである。

この法華一揆が、分裂をはじめた武家権力の一方である細川晴元政権の要請により起立したことはよく知られているが、それと同時に、「カノ一向宗、都ノ日蓮宗退治候ハン由風聞候トテ、法華宗謀反企テ」[8]とみえるように、一向一揆という宗教一揆に対抗するかたちで表出したという事実にも注目しておく必要があろう。結果的に法華一揆は晴元政権の障害とみなされ、天文五年（一五三六）七月には山門大衆ならびに近江守護六角氏の武力の前に敗退、いわゆる天文法華の乱を迎えることになるが、ここで留意すべきは、この法華の乱が法華一揆と武家権力との直接的な対決というかたちではなく、「日蓮宗退治」[9]ということばに示されているように、これまでの山門大衆による弾圧というかたちを踏襲している点である。

実はこのようなことは、こののち、天文一六年（一五四七）に法華宗寺院が京都へ還住する際にも、山門大衆およびその仲介者としての六角氏のすがたからも認められるが、[10]それはつまり、この時期の武家権力が山門大衆と法華宗との関係性を十分に認識していたということを示すと同時に、それを利用していたということも意味しよう。

もっとも、天文法華の乱を通してみられる山門大衆と法華宗との関係性の実体とは、諸史料に「山門与日蓮衆相剋」[11]、「法花衆与山衆戦」[12]等と記されるように、これまでのように一方が一方を弾圧するというようなものではなく、むしろ並立する存在へと変化をとげていたと考えられる。

ところで、京都における武家権力は、政治史が語るように晴元政権から三好政権、そして三好三人衆・松永氏へと分裂と混迷を深めてゆくことになるが、そのなかでも永禄八年（一五六五）五月におこった将軍足利義輝暗殺事件は、そのひとつのきわみといえよう。

実は、その直後に法華宗一五本山寺院は、史上はじめて寺院や門流等の枠を越えた一宗としての惣的な結合体である会合（史料上では、「諸寺」とみえる）を成立させるが、その際、注目されるのが、成立した会合の共有財政が、暗殺事件後に衝突の恐れのあった三好三人衆や松永氏、六角氏といった武家権力諸方への組織的かつ均分の音信・礼銭・礼物等に消費されているという事実である。それはつまり、法華宗が、かつての法華一揆のときのように、一方の勢力に武力によって合力するのではなく、むしろ贈与経済を媒介として両属・多属的に対応する方向へと転換していたということを意味するにほかならないからである。[13]

(2)　織田政権期

このような贈与経済を媒介とした対応が多様なコミュニケーションのひとつにすぎないこと、また、その効力が時限的なものであったことは容易に想像されるが、ただ、会合の共有文書である『京都十六本山会合用書類』[14]からは、この後まもなく登場する織田政権に対しても、法華宗が同様な対応をとりつづけていたという事実を読みとることができる。

たとえば、そのひとつが、天正四年（一五七六）の洛中勧進[15]というものである。この勧進の目的については、残念ながら史料文言としてそれを見いだすことはできないが、ただ、これによって集められた募財のほとんどが、信長や矢部家定・武井夕庵・長雲軒・村井貞勝・羽柴秀吉などその家臣への音信や礼銭に消費されていることから[16]、織田政権に対する贈与資金の調達にあったことはまちがいないであろう。

なお、この勧進の対象となったのは、洛中の檀徒にかぎられており、天正四年付「諸寺勧進帳」四冊[17]には、それに応じた檀徒名、居住する町名（ただし、上京分のみ残存）、募財額、帰依する寺院・僧侶名が克明に記されている。ここからは、法華宗の経済基盤が奈辺にあったかが読みとれると同時に、懇志をもって法華信仰に結集する檀徒のすがたをみてとることができよう。

そして、いまひとつは、天正七年（一五七九）の安土宗論直後にみられた礼金というものである。この礼金というのは、『耶蘇会士日本通信』に、宗論に敗れた「法華宗の檀徒一同に対し従前の通再起せんことを望まば金二千六百ゼシマイ《(枚)》を主要なる十三の僧院に分担せしめて納付すべし」[18]とされた「金二千六百ゼシマイ」であり、また、『フロイス日本史』に「生命を許した恩恵に対して〔もし敗北した場合には彼らを殺してもよいと述べた署名入りの文書を渡していたので〕黄金二百枚を差し出すべきであると付言した」[19]という「黄金二百枚」のことである。

天正七年一二月一六日の年紀をもつ会合の定条々の冒頭[20]に、わざわざ「就被相懸今度一宗江金子弐百枚」と記されていることからも、この礼金がいかに深刻なものであったかがうかがわれるが、それは同時に、贈与経済を媒介とした対応が、安土宗論を境に織田政権によって逆手にとられてしまったということも意味しよう。

結局、会合はこの礼金をみずからの力ではまかないきれず、堺の末寺・檀徒へも助成をたのむ「堺勧進」をおこなうことになるが、事態はそれだけにとどまらず、翌天正八年（一五八〇）以降にいたっては、「京都諸寺へ公儀奉行衆ヨリ御礼ノ金催促」[21]、「礼銭催促ニ付而平与御行事衆来」[22]、「九右《(菅屋)》御行之衆礼物催促ニ来」[23]、「矢善《(矢部家定)》より礼銭催促」[24]などとみえるように、奉行衆や行事衆からの礼金・礼銭・礼物の催促までみられるようになる。

そして、ついには、『耶蘇会士日本通信』が伝えるように、「法華宗徒が略奪に依りて失ふ所は黄金一万を越え、其困却の極此の如く繁栄せる呪うべき宗派は殆ど倒るゝに至るべく」[25]というありさまに陥ることとなるのである。

なお、『フロイス日本史』にみえる「もし敗北した場合には彼らを殺してもよいと述べた署名入りの文書」とつながりをもつのが、宗論後に法華宗が提出した、いわゆる「詫証文」（史料上では、「誓紙」と「一行」とみえる）[26]である。この文書の存在が意味するところとは、法華宗が宗論の敗北を認めたということ以上に、織田政権と法華宗との関係性が文書によって規定されたという事実にある。

もっとも、その関係性は、宗論というものが媒介となったことでもわかるように、いまなお武家権力と法華宗とが対峙するというかたちになっているわけではないが、「詫証文」の宛所に政権関係者がならび、その成敗を法華宗がうけ入れることを明言している以上、より直接的なものへと傾斜していたことだけはまちがいないであろう。

以上みてきたように、室町期以降、とりわけ戦国期から織田政権期にかけての法華宗と武家権力および山門大衆との関係性の推移とは、端的にいえば、法華宗がしだいに武家権力と直接対峙せざるをえない状況へと変わりつつあったものといえよう。それは同時に、法華宗の台頭と山門大衆の影響力の低下といった、両者の関係性の変化とも密接に連動するものであったと思われる。

おそらくは、山門焼討や「諸宗派の共闘した宗教戦争のごとき」(27)石山合戦など、この時期にみられる事象もまた、法華宗の場合と同様、各寺院や教団が分裂・混乱をきわめながらも統一権力を志向する武家権力とのあいだでくり広げた関係性の模索ととらえることもできるのではないかと思われる。そして、京都の寺院の多くがみせた、状況の静観といったような対応もまたそのひとつとみることができよう。

このようにしてみると、従来、この時期の仏教史において常につかわれてきた対立・抵抗・弾圧などといったことばが、いかにことの一面を強調したものであったかがわかる。と同時に、そのような関係性の模索の先には、「旧仏教」「新仏教」といった範疇にかかわらず、個々の寺院や教団が統一された武家権力と直接対峙せざるをえないという、新たな局面が待ちうけていたであろうことも容易に想像されるのである。

二　豊臣政権期―近世の基調としての―

(1)　法華宗にとっての天正一三年

さて、天正一〇年（一五八二）の本能寺の変ののちに、その統一事業を継承した豊臣政権と法華宗との関係性において、ひとつの画期というべき年にあたるのが、秀吉が関白に任官した天正一三年（一五八五）である。というのも、秀吉が関白に任官してまもなく、「以秀吉御義、彼一筆被取返、相破云々」[28]、つまり「詫証文」破棄のうわさが伝わってきているからである。

はたして、「今度誓紙以下被相破」の文言をもつ七月一八日付の前田玄以書状案[29]が「法花宗中」宛に発給されており、法華宗はようやく「詫証文」の呪縛から解き放されることとなった。

しかし、このような「起請破り」は、同時に、これまでの関係性の更新とも評価できる。なぜなら、これによって豊臣政権と法華宗との関係性は、山門大衆はもちろん、宗論や浄土宗といった媒介も、さらには「詫証文」といった文書も必要としないものへと更新されたといえるからである。

ところで、この天正一三年、豊臣政権は、「京廻」の公家領・寺院領等の検地をおこない、一一月二一日付でもって公家・寺院等に対して一斉に朱印状を発給している。[30]この検地に対して、法華宗が統一的な動きをみせたという形跡は今のところ確認できていないが、会合を構成するいくつかの寺院にはこのときの朱印状が残されている。

具体的にいえば、それらの寺院とは、本能寺・本国寺・頂妙寺・本法寺の四カ寺である。[31]妙蓮寺に対しては、翌天正一四年（一五八六）に朱印状が発給されているが、[32]その理由はつまびらかではない。この時期の本山寺院の員数は一五、ないしは一六であるから、全体の三分の一に満たないこの状況をどのように理解するかが問題である。

表1は、このことを考えるために、『諸宗末寺帳』[33]、『寛文朱印留』[34]、『京都御役所向大概覚書』[35]の関連記事をまとめたものである。この表でまずわかることは、秀吉朱印状に記載された石高・在所が近世の「寺領」にそのままひき継がれているということ、にもかかわらず、半数の寺院が徳川将軍のものを含めた朱印状によって認めら

表Ⅰ　法華宗寺院宛朱印状一覧

	天正13年11月21日付豊臣秀吉朱印状	寛永10年『諸宗末寺帳』	寛文5年『寛文朱印留』「日蓮宗地領留」	享保3年頃『京都御役所向大概覚書』「山城国中御朱印寺院之事」
本国寺	一七七石(菱川内)	一七七石(菱川村内)	一七七石(菱川村内)	一七七石
本能寺	四〇石(鴨川村)	四〇石(鴨川村内)	四〇石(鴨川村内)	四〇石
頂妙寺	二一石(田中郷内)	二一石(田中村)	二一石(田中郷内)	二一石
本法寺	一一石(田中村内)	一二石	一一石(田中村内)	一一石
妙蓮寺	一〇石(西岡寺戸内) 天正14年5月11日	一〇石	一〇石(西岡寺戸村内)	一〇石
妙顕寺			一石(一乗寺村内)	一石
本隆寺				御免地
本禅寺				御免地
立本寺				御免地
要法寺				御免地
妙伝寺				御免地
本満寺				御免地
妙満寺				御免地
妙覚寺				年貢地無年貢地入組
寂光寺(久遠院)		四石(一乗寺村)寂光寺	四石(一乗寺村内)久遠院	四石　寂光寺
妙泉寺		四石(西院村西七条内)	四石(西院村内)	四石

注1. 『寛文朱印留』によれば、妙顕寺・寂光寺・妙泉寺に元和元年7月27日付徳川家康朱印状が発給されたことが読みとれる。
2. 本法寺の『諸宗末寺帳』の記載は、おそらくは誤記と思われる。
3. 出典は以下の諸本による。
秀吉朱印状(『大日本史料』第一一編之二二)、『諸宗末寺帳』(大日本近世史料)、『寛文朱印留』(史料館叢書2)、『京都御役所向大概覚書』(清文堂史料叢書第6刊)。

れた「寺領」を保持していないという事実である。

また、在所としてみえる菱川村・鴨川村・田中村・西岡寺戸村・一乗寺村・西院村など京郊村落と各法華宗寺院のあいだには、少なくとも豊臣政権以前においては直接的な関係を見いだすことはできない。たとえば、「本能寺文書」(36)に残される土地関係の史料をみてみると、それらは京中の寺地・巷所・弘通所に関する証文類にかぎられており、しかもそのほとんどが買得地だからである。

したがって、天正一三年の検地が「京廻」でしかおこなわれなかったことを考えると、それらの替地と判断することもできない。可能性としては、祠堂銭など金融活動によって保有することとなった土地について目録（指出）を提出し、それを基準に朱印状が発給されたということであろうが、いずれにしても、法華宗寺院の経営が中世においても、また近世においても土地経済に立脚していなかったということだけはあきらかといえよう。

それならば、土地経済に立脚しない法華宗寺院に対して発給された朱印状の意味とは、いったい何だったのであろうか。ひとつにそれは、つとにいわれるように豊臣政権にとっては、公家・門跡・寺院の土地にかかわる経済力を把握したうえで、それらを「宛行」ことによって公権力としてみずからを位置づけるためには不可欠な作業であったと考えられる。また、ふたつには、寺院側にとっては、朱印寺院、すなわち近世的領主の一員としての位置づけを得たということを意味しよう。

ただし、朱印状が発給されていない寺院でも、中世においては祠堂銭など金融活動をおこなっていたことが確認できるから、土地を保有していた可能性は考えられる。したがって、法華宗寺院にとっての秀吉朱印状の有無とは、天正一三年時点に目録を提出したか否かという積極性にもとめられるのかもしれない。

また、徳川将軍のものも含めて朱印状の有無や朱印寺院であるか否かは、会合内での地位とは無縁であった。たとえば、近世の会合では、「上五ケ寺」「頭五ケ寺」と呼ばれた寺院の存在が知られているが、それらとは妙顕寺・本国寺・妙覚寺・本能寺・立本寺であり、そこには朱印状をもつ頂妙寺・本法寺・妙蓮寺は入っていないからである。このようなありかたは、実は豊臣政権期においても確認でき、たとえば、慶長四年（一五九九）の

「自公儀御拝領之八木」一〇〇石もこの五カ寺に二〇石ずつ配当されただけで、「余寺ハ無配当」であったのである。(37)

このように、顕密寺院や五山に対して深刻な影響をあたえたとされる天正一三年の検地も、また朱印状も、法華宗や法華宗寺院には包括的な政策とはなりえなかったことが知られる。ただしその一方で、公家や顕密寺院・五山とならんで一斉に法華宗寺院にも同系統の文書を発給しようとする豊臣政権の政策意図のほうは、明確といえよう。それはすなわち、寺院というものを、顕密・五山・法華宗などといった、中世的な範疇で区別することなく、検地や朱印状で公認された「寺領」を保持する領主として一律に把握しようとするものであったからである。

その意味において、この天正一三年は、法華宗のみならず京都の教団・寺院にとっても世俗権力との関係性において、やはりひとつの画期というべき年だったといえよう。

ところで、さきに「詫証文」が破棄された際、法華宗は「参大坂、秀吉へ御礼」(38)、「玄以へ礼」(39)とみえるように、秀吉や玄以に対して音信や礼銭を贈っていることが知られる。実際、『京都十六本山会合用書類』には、「先年〇《江州》浄厳院之誓紙、今度従関白殿様一宗江被返下候」について、「御礼之儀、如形申上」、それにかかわって「堺諸寺」に相当の「御助成」を依頼している史料(40)が残されているからである。また、織田政権期にみられた礼銭等の催促という状況は見いだせないものの、豊臣政権に対しても前代と同様の対応をみてとることができる。

ただし、織田政権期と大きく異なるのは、贈与の対象が、秀吉は別格としても、前田玄以や松田政行・尾池定安・梅軒など(41)所司代関係者に収斂・集中していることであろう。もちろん、それは、この時期の所司代が前代とくらべて格段に系統化されつつあったことを反映したものにほかならない。

ちなみに、法華宗にとっての政権側の窓口は、たとえば、妙満寺と妙泉寺との本末相論にかかわって両寺が松田政行に文書を提出していることからもうかがえるように、松田政行であった可能性は高い。実際、会合は、松田本人のみならず、その「内儀」に対しても音信を贈っていることが確認できるからである。(43)

このように、豊臣政権期においてもなお、法華宗が贈与経済を媒介とした対応を重視していたということは、この時期に会合が衆議した定の冒頭にも、「一、上様幷諸大名御礼事」（巳一二月一八日付）(44)、「一、公儀之御音信不可油断事」（文禄二年〈一五九三〉一二月二〇日付）(45)などという一文がすえられていることからも、あるいは、『京都十六本山会合用書類』をおさめた箱を「銭箱」とも呼んでいたことからも知られる。

ところが、すでに中尾堯氏(46)によって指摘されているように、この「銭箱」という呼びかたは、文禄・慶長期を境に「帳箱」へと変化してゆく。このことはすなわち、『京都十六本山会合用書類』の性格が、この時期急速に変化したということを意味するものであるが、もちろん、これによって贈与がまったく消滅したというわけではない。しかし、『京都十六本山会合用書類』において贈与関係の史料の比重がこの時期を境としてさがってゆくという事実を前にしたとき、そこに豊臣政権と法華宗との関係性の変化を読みとることは当然必要とされよう。

(2)　東山大仏千僧会をめぐって

そこで、注目されるのが、「本能寺文書」に残される文禄三年（一五九四）四月の年紀をもつ「諸寺中」宛の前田玄以条々（案）(47)の存在である。これと同じものが「妙心寺文書」(48)にも残されているが、宛所の「諸寺中」とは、文中に「異他王城之諸寺」とみえることから、本能寺や妙心寺のみならず他の京都の諸寺院も含みこんだものであろう。

本条々は、その第一条にみえる「一、其宗躰々の学問を嗜、勤行等弥不可懈怠事」から、豊臣政権が諸寺院に対して学問・勤行を奨励した法令として知られているが、その画期性は、つとにいわれるように、統一権力がはじめて京都の寺院一般に対して、しかも宗教活動そのものに触れた点にある。そして、そのながれは、翌文禄四年（一五九五）八月にだされた御掟追加[49]の第二条「一、諸寺社儀、寺法社法如先規相守、専修造、学問勤行不可致由《（油）》断事」へとひき継がれてゆくこととなるのである。

右の条々にみえるように、寺社に対して世俗権力が学問・勤行を奨励するということ自体は、とりたてめずらしいことではない。むしろ、当然というべきであるが、ただし、それを法華宗や林下に属する寺院に対しても命じるということは、おそらく中世では考えられなかったことであろう。

そして、権力が学問・勤行を奨励する以上、その成果を発揮できるような場も当然用意されていた。実は、その場こそが、文禄四年九月に開始された、「大仏経堂」と呼ばれた妙法院経堂における「故大政所御父母栄雲院道円」「栄光院妙円」の「御吊」のため「八宗ニ被仰付法事」[50]、すなわち東山大仏千僧会にほかならなかったのである。

この大仏千僧会を豊臣政権がいかに重視していたかは、法会自体が慶長二〇年（元和元＝一六一五）にいたるまで毎月継続されていたこと、また、政権みずからが「国家之祈禱」と「同事」[51]と語っていることからも読みとれるが、それ以上に注目されるのは、「昔ヨリ八宗都ニ無之分有之間」、「真言衆」「天台宗」「律僧」「五山禅宗」「日蓮党」「浄土宗」「遊行」「一向衆」を「新儀ニ」「八宗」として設定し[52]、それらに直接、しかも同日に出仕を命じた点であろう。つまり、これによって、中世の顕密八宗とはまったく異なった「八宗」が豊臣政権によって新たに創出されたこととなるからである。

なお、この「八宗」の序列（実際には法事の順番としてあらわれる）は、この時期の通俗的なそれに準拠したものと思われるが、それだけに天台宗と真言宗、法華宗と浄土宗などの座次相論は熾烈さをきわめることとなった。それは同時に、世俗権力たる豊臣政権との関係性の遠近を争うことにもほかならなかったが、しかし、それも、慶長四年（一五九九）五月に「故大政所御父母」の祥月である四月・六月以外は毎月一宗ずつに転換され[53]、「八宗」の序列が同列化されて以降は、ほとんど意味を失うこととなる。

その結果、豊臣政権と「八宗」との関係性は、統一権力と「相互に対等で自立した宗派として分立[54]」した教団・寺院とのそれとして、大仏千僧会を通して可視化されることとなったのである。

『京都十六本山会合用書類』に贈与関係の史料の比重がさがってゆくのも、おそらくはこのようなこととも連動すると考えられるが、それとともに、法華宗の場合は、それ以上に深刻な問題がおきていたことにも留意せねばならない。その問題とはすなわち、のちの不受不施派の源流となる妙覚寺日奥らによる大仏千僧会の出仕拒否という問題である。

従来、宗門史においては、大仏千僧会が法華信者でない秀吉が主催する法会であり、しかも、その布施を斎としてうけなければならないことに対して、日奥が異議を唱えたとされてきた。もちろん、その事実自体はあやまりではないが、本章のような観点からすれば、それは、一応のかたちをなした世俗権力との関係性とみずからが依拠する寺院・教団の現状とのあいだに生じた一種のジレンマと評価することもできよう。

実際、日奥は、会合の豊臣政権に対する対応のありかたに痛烈な批判を加えるとともに、浄土宗との座次をはじめ、諸宗との同列化をも問題にしているからである。

このようなジレンマは、おそらく日奥一人だけにかぎられたことではなく、対立した会合においても、また他宗においても同様であったと考えられるが、ここでより留意すべきは、そのジレンマが僧侶など宗教家にかぎられたものではなかった点である。というのも、慶長三年（一五九八）頃のものと思われる会合の言上状[55]に、「京・堺にも大旦那なとも彼者に力をあはせ、わめきまはり候て、諸寺を悪口仕候、所詮これと申も旦那ともか取もち申」とみえるように、日奥の主張や行動をうけ入れ支持する檀徒の存在を広範に確認できるからである。

よく知られているように、こののち、豊臣政権は日奥に対して弾圧を加えてゆくようになるが、それは日奥個人の思想のみが問題だったのではなく、いまだ人的結合の紐帯たりうる教団や寺院、あるいは宗教や信仰に対して権力側がいだいていた苦い記憶や畏怖というものがあったとみるべきであろう。

一方、『十六・七世紀イエズス会日本報告集』が伝えるように、「伴天連方の法は日本の諸宗派とは非常に異なっていて、キリシタンたちにはその法によって、仏僧たちのとは何ら一致したるものをもっていなかったから」(56)という理由で前田玄以がキリスト教を大仏千僧会から排除したのだとすれば、一応のかたちをなした関係性とは、けっして確立したものではないことはあきらかで、統一権力がこれ以降も教団や寺院、あるいは宗教や信仰に対する政策を継続してゆかねばならない理由もまたここにあるといえる。

そして、近世移行期に生きた日奥が対峙し苦悩したものとは、この世俗権力との関係性そのものだったのであり、それは同時に、豊臣政権期が近世につながる関係性の基調を示しえた時期だったということも意味するといえよう。

おわりに

豊臣政権期に一応のかたちをみせた権力と教団・寺院との関係性は、これまでみてきたように、かならずしもどちらかが一方的に形成したというものではなく、むしろ近世移行期における相互の模索のなかから立ち上がってきたものとみるべきと考える。本章で強調したいのもこの点であり、その点からすれば、今までの説明が統一権力の宗教政策をいかに予定調和的にとらえてきたかがわかる。

ただ、にもかかわらず、その関係性を規定する要素をひとつあげなければならないとすれば、それは統一権力の教団・寺院、あるいは宗教や信仰に対するスタンスのとりかたというものになろう。

なぜなら、中世を通じて一定の自立性をたもちつつも国家権力と癒着することで存立していた顕密寺院・五山はもちろん、信者の内面に訴えかけることによってその教線を拡大してきた法華宗や真宗においても、中世末期には「釈尊御領」や「仏法領」のような独自の国土観が展開されるように、教団や寺院という存在は、常に社会的にも宗教的にも世俗権力や国家権力といかに対峙すべきかを問いつづけてきたはずだからである。

それならば、豊臣政権のスタンスとは、いったいいかなるものだったのだろうか。もちろん、中世の権力から継承した部分も多くあったではあろうが、ここでは前代ともっとも異なり、しかも近世へ継承された部分に注目したいと思う。その部分とは、ほかならない、統一権力者そのひとを神として祝うということ、つまりは秀吉神格化である。

その具体的な過程は、秀吉のいわゆる「遺言」を発端とし、大仏鎮守としての新八幡社（宮）の造営、そして豊国社の成立という手順としてすすむことになるが、注目されるのは、一見異なってみえる新八幡と豊国に共通する神威の由来である。というのも、「往昔のローマ人のもとでの（軍神）マルスのように、日本人の間では軍神として崇められていた」「新八幡」[57]と「振兵威於異域之外比、施恩沢於卒土之間須」「豊国乃大明神」[58]とのあいだには、「軍神」「兵威」、すなわち「武威」[59]が通底しているということが読みとれるからである。

このように、秀吉神格化とは、宗教的というよりむしろ武力の優越性＝「武威」の体現者そのひとの神格化にほかならなかったのであり、このことはまた、みずからが建立した大仏が地震によって崩壊したのを目のあたりにして秀吉が述べたとされる、「仏力柔弱」[60]や「か様に我身をさへ保不得仏体なれは衆生済度は中々不思寄」[61]という言説にもつながってこよう。そして、それを延長すれば、豊臣政権が、大仏や大仏千僧会、そして「八宗」に対しても中世的な王法仏法相依につながるようなものを期待してはいなかったということにつながろう。

もっとも、このとき、秀吉神格化にいたった現実的なきっかけとしては、朝鮮侵略破綻直後における政権の動揺や国内外の環境の変化というものがあったと考えられるが、それでも対峙する世俗権力が権力者そのひとを

「武威」でもって神格化しようとする志向をもつということを感得したときの影響は、教団や寺院にとっては大きなものがあったにちがいない。たしかに、大仏建立や豊国社の成立にいたるまでには、木食応其や三宝院門跡義演、西笑承兌や吉田兼見・梵舜など、伝統的な宗教権威や教養をそなえた数多くの宗教家がかかわってはいる。しかし、それはいわば外皮の装飾に参画したのにすぎないのであって、その根幹部分にあたる「武威」そのものに触れることはおそらくできなかったのではないだろうか。

ただし、このことは同時に、豊臣政権においてもなお、大仏や大仏千僧会、あるいは新八幡・豊国などといった既存の記号をかりなければ、みずからのスタンスを具体化できなかったという事実を露呈するものでもあった。

その意味では、この時期の統一権力もまた、いまだ寺院や教団、そして宗教や信仰からは完全に自由ではありえなかったといえよう。しかしそれだからこそ逆に、統一権力は、こののち、その関係性の制度化に着手、宗教統制[62]や寺院行政[63]としてそれを具体化してゆくとともに、民衆支配へもそれを応用してゆくこととなるのである。

（1）伊藤真昭「京都の寺社と統一政権」（今谷明・高埜利彦編『中近世の宗教と国家』岩田書院、一九九八年）、同「中近世移行期における寺社と統一政権―所司代の展開を中心に―」（『日本史研究』四五二号、二〇〇〇年、以上、のちに同『京都の寺社と豊臣政権』法藏館、二〇〇三年）、朴秀哲「織田政権における寺社支配の構造」（『史林』第八三巻二号、二〇〇〇年）、同「豊臣政権における寺社支配の理念」（『日本史研究』四五五号、二〇〇〇年）。

（2）拙著『中世京都の民衆と社会』（思文閣出版、二〇〇〇年）第二部第二・三・四・五章、本書第二部第三・七章。

（3）第一節にかかわる主な成果は、注(2)前掲拙著『中世京都の民衆と社会』第二部第二・三・四章、本書第二部第三章となる。

（4）第二節・おわりににかかわる主な成果は、注(2)前掲拙著『中世京都の民衆と社会』第二部第五章、本書第二部第六章となる。

（5）『妙法治世集並同始末記録』（立正大学編『日蓮宗宗学全書　第一九巻　史伝旧記部　二』山喜房仏書林、一九六〇年）。
（6）同右。
（7）『大日本史料』第八編之二、文明元年八月一八日条。
（8）『祇園執行日記』（増補続史料大成『八坂神社記録』二）天文元年七月二八日条。
（9）『天文日記』（『石山本願寺日記』上巻）天文五年六月一七日条。
（10）天文一六年六月一七日付延暦寺・日蓮衆徒媾和文書案（大日本古文書『蜷川家文書之三』六〇五号）ほか。
（11）『厳助往年記』（『改定史籍集覧』第二五冊）天文五年七月一一日条。
（12）『鹿苑日録』（続群書類従完成会刊）天文五年七月二五日条。
（13）なお、教団・寺院によるこのような贈与経済を媒介とする対応については、細川晴元政権と和解した本願寺が天文期におこなっていたことがすでにあきらかにされている（石田晴男「『天文日記』の音信・贈答・儀礼からみた社会秩序―戦国期畿内の情報と政治秩序―」、『歴史学研究』六二七号、一九九一年）。また、中世における贈与関係の研究動向については、桜井英治「日本中世の贈与について」（『思想』八八七号、一九九八年）にくわしい。
（14）頂妙寺文書編纂会編『頂妙寺文書・京都十六本山会合用書類』一～四（大塚巧藝社、一九八六～八九年）。
（15）古川元也「天正四年の洛中勧進」（『古文書研究』三六号、一九九二年）、注（2）前掲拙著『中世京都の民衆と社会』第二部第三章。
（16）（天正四・五年頃）諸寺勧進之内遣方（『頂妙寺文書・京都十六本山会合用書類』四、一〇六～一一頁）。
（17）『頂妙寺文書・京都十六本山会合同用書類』四、一〇～九七頁。
（18）一五九七年六月、パードレ・オルガンチーノが都よりパードレ・ルイス・フロイスに贈りし書翰（『耶蘇会士日本通信』下巻、異国叢書、改訂復刻版、雄松堂書店、一九六六年）。
（19）『日本史』第二部二九章（松田毅一・川崎桃太訳『フロイス日本史　5』中央公論社、一九七八年）。
（20）天正七年一二月一六日付京都諸寺定条々（『頂妙寺文書・京都十六本山会合用書類』二、二七頁）。
（21）「己行記」（京都大学文学部閲覧室写本）天正八年五月条。
（22）天正七年～九年付諸寺下行方（『頂妙寺文書・京都十六本山会合用書類』四、一四二～四頁）天正八年三月一九日条。

(23) 同右、天正八年七月二七日条。
(24) 同右、天正九年七月七日条。
(25) 注(18)。
(26) 『言経卿記』(大日本古記録) 天正七年六月二日条。
(27) 金龍静「宗教一揆論」(『岩波講座日本通史　第10巻　中世4』一九九四年、のちに同『一向一揆論』吉川弘文館、二〇〇四年)。
(28) 「己行記」天正一三年七月一四日条。
(29) (天正一三年) 七月一八日付前田玄以書状案 (『頂妙寺文書・京都十六本山会合用書類』一、八七頁)。
(30) 下村信博『戦国・織豊期の徳政』(吉川弘文館、一九九六年)、同「公家・寺社領と天正一三年検地」(本多隆成編『戦国・織豊期の権力と社会』吉川弘文館、一九九九年)。
(31) 『大日本史料』第一一編之一二、天正一三年一一月二一日条。
(32) 天正一四年五月一四日付豊臣秀吉朱印状 (京都大学文学部古文書室影写本「妙蓮寺文書」)。
(33) 大日本近世史料。
(34) 「日蓮宗地領留」(国立史料館編『寛文朱印留　下　史料館叢書2』東京大学出版会、一九八〇年)。
(35) 「八　山城国中　御朱印寺院之事」(岩生成一監修『京都御役所向大概覚書』下巻、清文堂、一九七三年)。
(36) 京都大学文学部古文書室影写本。
(37) 『両山歴譜』(日唱本) (藤井學・波多野郁夫共編著『本能寺史料　古記録篇』思文閣出版、二〇〇二年)、東京大学史料編纂所写本も参照にした。慶長三年付諸寺請取帳 (『頂妙寺文書・京都十六本山会合用書類』四、一四九〜五二頁)。
(38) 「己行記」天正一三年七月二三日条。
(39) 同右、天正一三年八月一七日条。
(40) (天正一三年) 七月二五日付日禛他四名連署書状案 (『頂妙寺文書・京都十六本山会合用書類』一、一五五頁)。
(41) 所司代前田玄以配下の人物については、伊藤真昭「豊臣期所司代下代衆と寺社」(大阪大学文学部日本史研究室編『近世近代の地域と権力』清文堂、一九九八年、のちに注(1)前掲『京都の寺社と豊臣政権』)。

(42) (年未詳) 本承坊日亮書状案 (『頂妙寺文書・京都十六本山会合用書類』四、一五二頁) ほか。
(43) (年月日未詳) 諸方音信控 (同右、三、四一頁)。
(44) (年未詳) 巳二月一八日付京都諸寺覚 (同右、三〇頁)。
(45) 文禄二年一二月二〇日付京都諸寺定条々 (同右、二、三二頁)。
(46) 中尾堯「寺院共有文書と寺院結合―『京都十六本山会合用書類』をめぐって―」(『古文書研究』三五号、一九九一年、のちに同『日蓮真蹟遺文と寺院文書』吉川弘文館、二〇〇二年)。
(47) 文禄三年四月付前田玄以条々案 (「本能寺文書」)。
(48) 東京大学史料編纂所影写本。
(49) 文禄四年八月三日付御掟追加 (大日本古文書『浅野家文書』二六六号)、三鬼清一郎「御掟・御掟追加をめぐって」(尾藤正英先生還暦記念会編『日本近世史論叢』上巻、吉川弘文館、一九八四年)。
(50) 『言経卿記』文禄四年九月二五日条。
(51) (文禄四年) 九月二四日付前田玄以書状 (京都大学文学部古文書室影写本「妙顕寺文書」)。
(52) 注(50)。
(53) 『義演准后日記』(史料纂集) 慶長四年五月二四日条。
(54) 黒田俊雄『日本中世の国家と宗教』(岩波書店、一九七五年)。
(55) (年月日未詳) 法花宗門中言上状案 (「本能寺文書」)。
(56) 一五九六年一二月一三日付、長崎発信、ルイス・フロイス師の一五九六年度・年報 (松田毅一監訳『十六・七世紀イエズス会日本報告集』第Ⅰ期第2巻、同朋舎、一九八七年)。
(57) フランシスコ・パシオ師の「太閤秀吉の臨終」についての報告 (『フロイス日本史　2』)。
(58) 『壬生家官符留』(『古事類苑　神祇部三』)。
(59) 朝尾直弘「鎖国制の成立」(歴史学研究会・日本史研究会編『講座日本史　4　幕藩制社会』東京大学出版会、一九七〇年、のちに同『将軍権力の創出』岩波書店、一九九四年)、藤井學「近世初期の政治思想と国家意識」(『岩波講座日本歴史　10　近世2』、一九七五年、のちに同『法華文化の展開』法藏館、二〇〇二年)、高木昭作「秀吉・家康の神国観とその系譜―慶長十八年『伴天連追放之文』を手がかりとして―」(『史学雑誌』第一〇一編一〇号、一九九二年、のちに同『将軍権力と天皇―秀吉・家康の神国観―』青木書店、二〇〇三年)。
(60)『鹿苑日録』慶長二年七月一八日条。
(61)『当代記』(『当代記　駿府記』続群書類従完成会)慶長元年夏の比条。
(62) 藤井學「江戸幕府の宗教統制」(『岩波講座日本歴史　11　近世3』一九六三年、のちに注(59)前掲『法華文化の展開』)。
(63) 杣田善雄「近世前期の寺院行政」(『日本史研究』二二三号、一九八一年)、同「幕藩制国家と門跡―天台座主・天台門跡を中心に―」(『日本史研究』二七七号、一九八五年)、同「近世の門跡」(『岩波講座日本通史　第11巻近世1』、一九九三年)。以上、のちに同『幕藩権力と寺院・門跡』(思文閣出版、二〇〇三年)。

(補注)　本章は、一九九九年度日本史研究会大会近世史部会共同研究報告の伊藤真昭報告に対する関連報告を成稿したものである。伊藤真昭氏は、大会報告をおさめた著書『京都の寺社と豊臣政権』(法藏館、二〇〇三年)刊行後も着実にその研究を深化させている。その代表的な論考をあげておくとつぎのようになる。伊藤真昭「鹿王院と豊臣政権」(鹿王院文書研究会編『鹿王院文書の研究』思文閣出版、二〇〇〇年)、同「豊臣政権における寺社政策の理念」(『ヒストリア』一七六号、二〇〇一年)、同「織田信長の存在意義―特に京都の門跡・寺社にとって―」(『歴史評論』六四〇号、二〇〇三年)。

第六章　豊国社の成立過程について
――秀吉神格化をめぐって――

はじめに

信長・秀吉・家康という、近世統一権力における絶対的な第一人者のいずれもが、自らの意志によって神となった。

これは、倉地克直氏の著書『近世の民衆と支配思想』[1]におさめられた論考「「公儀の神」と民衆」の冒頭の一節である。倉地氏によれば、右に記された内容は、「近世統一権力の一つの性格」であり、また、これらの神は「公儀の神」であるともされている。

右の文章が、朝尾直弘氏の有名な「信長神格化」論[2]を踏まえたものであることはいうまでもない。しかしながら、信長神格化については、それが外国語史料にしかみられないという点から史料的な問題が残されていることはよく知られている。[3]また、家康神格化についても、中世天台思想史の観点から曽根原理氏[4]が研究を深化させてはいるものの、事実関係についてだけいえば、秀吉神格化をその先例とするとしか言及されてはいないのである。

こうしてみるとわかるように、倉地氏がいう、信長・秀吉・家康とつらなる「近世統一権力における絶対的な第一人者」の神格化を考えるにあたっては、実は、その中間にあたる秀吉神格化の問題、とりわけその事実関係の検討というのが重要な意味をもつことがうきぼりとなってくる。

ところが、研究史をひもといてみるとすぐにわかることだが、その研究蓄積は思いのほか少ない。実際、その先学の名をあげたとしても、戦前においても、宮地直一氏[5]や魚澄惣五郎氏[6]など、また、戦後でも、千葉栄氏[7]、三鬼清一郎氏[8]、北川央氏[9]、西山克氏[10]、そして倉地氏など、十指にたらずというのが現状だからである。

それは、すでに三鬼氏が指摘されているように、ひとえに関係史料の少なさという点に原因がもとめられるが、ただ、そうはいいつつも、先行諸研究が、秀吉神格化にかかわる重要な論点をいくつもあきらかにされてきたこともまた事実である。たとえば、秀吉を神として祀る社がきわめて短期間に成立したこと、また、その社が豊国社と呼ばれるまでに、大仏鎮守、大仏之社、新八幡社という複数の呼び名があったことなどがそれらである。

このうち、秀吉を神として祀る社に複数の呼び名があったということについては、宮地氏は、豊国社以外は俗称・仮称であるとされ、この理解がながく通説として支持されてきた。しかし、近年、西山氏によって、秀吉の望むところが、実は新八幡にあったということがあきらかにされている。

この西山氏の研究は、先行研究を踏まえたうえで、秀吉神格化の問題を豊臣家における「天照大神―天皇の神話を凌駕する新たな「始祖」神話」として読み解こうとするスケールの大きなもので、たいへん興味深いものと考えられるが、ただ、不思議なことに、新八幡社をのぞいたところの大仏鎮守や大仏之社という呼び名のほうにはあまり関心が示されていないように思われる。

それは、西山氏の責任というよりむしろ、これまでの研究が、大仏鎮守や大仏之社に共通するところの大仏との関連で秀吉神格化の問題を扱ってこなかったという点にその原因がもとめられる。

しかし、すでに大桑斉氏[11]や三鬼氏[12]によってあきらかとされているように、豊臣秀吉やその政権にとって大仏の存在はきわめて重要な意味をもつものであった。また、豊国社のおかれた阿弥陀ケ峰とその麓は、大仏の東部、至近距離にあり、豊国社の社地選定が大仏の存在とまったく無縁なものと考えるほうがむしろ不自然であろう。

したがって、秀吉神格化の問題を大仏との関連で考えるということは、新たな視角として有効と考えられるが、もっとも、このような視角がこれまでまったくなかったかといえばそうではない。たとえば、西山氏は、さきに触れた研究のなかで、大仏殿に遷座された善光寺如来とのかかわりのなかで若干触れられてはいる。

しかし、西山氏の場合、問題が善光寺如来との関連にかぎられており、また、別の機会[13]にも触れたように、大仏にかかわる事実関係の理解についても問題が残されていると考えられるのである。

そこで本章では、以上のような問題関心にたって、秀吉の死去から豊国社成立にいたるその具体的な過程について、大仏との関連を視角に再検討をおこないたいと思う。そして、その作業を踏えたうえで、秀吉神格化をめぐる問題についても考えてみたいと思う。

なお、別の機会にも指摘したように、一般によく知られている「方広寺」という寺号は、本章が扱う時期には史料のうえで確認することはできない。したがって、本章では、「方広寺」ではなく、大仏、あるいは東山大仏ということばをつかってゆくことをあらかじめことわっておきたい。

一　大仏鎮守・大仏之社・新八幡社

(1)　秀吉の死と大仏鎮守

文禄五年（慶長元＝一五九六）閏七月一三日に京畿を襲った大地震によって崩壊した、大仏にかわって遷座した善光寺如来がにわかに帰座した日の翌日、慶長三年（一五九八）八月一八日、豊臣秀吉は伏見城内で六二歳の生涯を閉じた。

「此善光寺如来上り給て後、太閤(豊臣秀吉)無程病気之間、不吉之兆とて如斯」とは、『当代記』[14]にみえる記事であるが、この秀吉の死という重大事はおそらく極秘にされたにもかかわらず、その日のうちにすでにその一報が漏れだしていたことが、神龍院梵舜の日記『舜旧記』[15]八月一八日条に「太閤御死去云々」とみえることからうかがえる。実際、醍醐三宝院門跡義演の日記『義演准后日記』[16]慶長四年（一五九九）正月五日条にも、「旧冬迄ハ隠密」とみえ、また、「御葬礼モ可有之歟云々、于今伏見ノ御城御座云々」ともみえるように、その死は、数カ月のあいだ「隠密」にされ、秀吉の遺体も伏見城内に安置されていたということが知られるからである。

ちなみに、右の記事からは、「葬礼」についても取り沙汰されていたことがうかがえるが、三鬼氏は、秀吉の死後、八月二二日に大仏殿でおこなわれた法会のことを「異様なほど物々しいもので、秀吉の葬儀とは示されていないものの、あきらかにそれと分る儀式である」[17]とされている。

しかしながら、この法会とは、「義演准后日記」[18]慶長一七年（一六一二）閏一〇月二一日条に「大仏御供養古今及三ケ度」のうち、天平勝宝四年（七五二）および建久六年（一一九五）の東大寺大仏供養と並べて記されていることからもわかるように、また、山科言経の日記『言経卿記』[19]慶長三年八月二二日条に「大仏堂供養有之」と記されていることからもあきらかなように、延々とのばされてきた大仏殿の堂供養であって葬礼ではけっしてない。

しかも、興味深いことに、この供養の呪願をつとめた義演が、その日記の八月二四日条に「為供養呪願御礼、伏見御城へ罷向了、段子一巻・杉原十帖、太閤御所へ進之」と記していることからすれば、義演ですら秀吉の死という事実を知らなかった可能性も高いのである。

それはともかくとして、この法会がおこなわれて一〇日あまり経った九月初頭、『義演准后日記』は、九月二日条に「今日奉行衆大仏本尊造立之儀ニ被遣云々」、九月七日条に「大仏東山ニ八棟作ノ社頭建、如北野社云々、徳善院(前田玄以)昨日罷越ナワハリ云々」という記事を載せている。ここからは、この時期、政権内で大仏再建の計画がすすめられるとともに、「大仏東山仁八棟作ノ社頭」の建立もはじまっていたことが読みとれる。

実はこの「社頭」こそ、のちの豊国社につながる社の初見でもあるが、ただ、義演は九月一一日になって、大仏の「本願」である「興山上人」木食応其より、この社が「大仏山寺ニ鎮守」、つまり大仏の鎮守であることを聞かされている。大仏再建のことといい、徳善院前田玄以や木食応其という関係者といい、この段階ではのちに豊国社となる社が、大仏と一体であり、それゆえ大仏鎮守であるという認識が共有されていたことが知られる。

このの ち、義演は、木食応其よりこの大仏鎮守の地鎮をおこなうよう要請され、九月一五日にそれを滞りなくすませている。また、「十六日柱立云々、同十二坊建立、諸大名トシテ被建之」という記事も『義演准后日記』にはみられ、地鎮の翌日には柱立の儀式がおこなわれ、社の建立が、十二坊という坊舎も含め、かつての大仏・大仏殿普請と同様に諸大名の普請役によるものであったことがわかる。もっとも、その具体的な普請の実態については、さだかではないが、ただ、「如北野社」という記事や地鎮を義演がおこなっていることなどからすれば、当初建立がすすめられていた社が顕密仏教の色彩を帯びるものであったことはまちがいないであろう。

一二月になると、『義演准后日記』には、一二月七日条に「大仏鎮守遷宮来十八日云々」とみえ、すでに遷宮が可能なほどに社の建立がすすんでいたことがうかがわれる。実際、一二月一八日条には、「大仏鎮守へ家康《(徳川)》始テ諸大名参詣、今日大閤御所御忌日歟、于今無披露故、治定不知」とみえ、徳川家康以下諸大名が参詣したことが記されている。参詣という以上、なんらかの神事がおこなわれていた可能性も考えられるし、また、記事の後半からは、秀吉の死という事実が公然の秘密として流布していたこともうかがわれる。

(2)　大仏之社と新八幡社

ところで、この家康以下諸大名による参詣を境として、実は、社の性格に微妙な変化がおこりつつあったことが史料のうえで読みとれるようになる。たとえば、それは、「徳善院、大仏之地社之事ニ付、二位(吉田兼見)処へ入来」というようなものであるが、これはのちに豊国社神宮寺別当となる梵舜の日記『舜旧記』一二月一九日条にみえる記事である。二位とは、梵舜の兄、神祇大副吉田兼見のことであり、右の記事からは前田玄以が「大仏之地社」にかかわって吉田兼見と会合をおこなっていたことが知られる。また、二四日には、梵舜自身も伏見へ行き、家康から「大仏之社之事」に関して「尋」をうけている。

「大仏之地社」「大仏之社」と呼ばれていることからもわかるように、この段階においてもなお、社と大仏との関係が密接であることはまちがいないが、しかし、その一方で、兼見や梵舜など吉田神道の影響も序々にみられるようになっていたことが右の事実からは知られる。

実際、『言経卿記』一二月二五日条においても、言経が社の「神職」を望む「楽人備前守」こと、多忠季のために「吉田二位弟神龍院ニ談合」したり、あるいは「吉田・神龍院等へ書状」を調えたりしていることが読みとれ、大仏鎮守・大仏之社にかかわって兼見や梵舜らの影響力がしだいにあきらかとなってくるからである。

なお、言経は、このとき、大仏鎮守・大仏之社のことを「東山新八幡社」と記しているが、これが現在のところ、新八幡社という呼び名の初見である。

言経のところへは、多忠季のほか、「新八幡社々僧」を望む「東寺少納言」なる僧侶が来訪し談合を重ねているが[20]、このような記事を含め『言経卿記』では、ほぼ一貫してある時期までは、「新八幡社」「東山新八幡社」、あるいは「東山新社」「新社」の呼び名がつかわれている。一方、『義演准后日記』では、「大仏鎮守」が、また、『舜旧記』では「大仏之社」、あるいは「大仏之新社」がほぼ一貫してつかわれている。

おのおのの情報源の違いか、記主によってその呼び名が異なっているようにもみえるが、ただしかし、義演が慶長四年二月二五日に社を見物に行った際には、「新八幡宮見物」と記していることからすれば、実態としては、大仏鎮守・大仏之社・新八幡社は同じものであり、むしろその呼び名がいまださだまっていなかったとみたほうが自然であろう。

ところで、あけて慶長四年の正月の『義演准后日記』には、重要な記事を見いだすことができる。その記事とはすなわち、「大閤御所御遠行、（中略）大仏ニ鎮守建立、神ニ奉祝云々、（中略）秀頼《(豊臣)》卿諸大名奉崇也」というものである。これは正月五日条の記事だが、これによって大仏鎮守・大仏之社・新八幡社と呼ばれてきた社の神霊が、秀吉自身であったことがあきらかとなるからである。

このことが秀吉の遺言にもとづく行為であったことについては、すでに諸先学が指摘するところであるが、たとえば、フランシスコ・パシオ師の「太閤秀吉の臨終」についての報告(21)にみられる、「太閤様は、以後は神〔(中略)〕の列に加えられ、シンハチマン、すなわち、新しい八幡と称されることを望みました」や、あるいは『当代記』にみえる「太閤秀吉公を奉崇神に、号八幡大菩薩堂也、併依彼遺言如斯」という記事などが、その史料的根拠とされている。

さきにも触れた西山氏の研究もまた、以上の史料を根拠としたものであるが、これらとあわせて、『御湯殿上日記』(22)慶長四年三月五日条にみられる「ゆいこん《(遺言)》に、あみた《(阿弥陀)》のたけに大しや《(社)》にいわ《(祝)》られたきとのことにて、とくせんゐん《(徳善院)》、てんそうしゆ《(伝奏衆)》してひろう《(披露)》申」という記事も有力なものとして知られている。

もっとも、これまで、ここにみえる「大しや」を規模の大きな神社や社格の高い神社のようにとらえてきたが、大社には、とくに伊勢神宮や八幡宮をさしていうともされており(23)、したがって、この点からしても、秀吉の遺言が、新八幡として祝われたいというものであったことは動かないように思われる。

ただし、その遺言が、実際に秀吉の口から発せられたものであったのかという点については、残念ながら史料のうえであきらかにすることはできない。が、少なくとも、それが「秀頼卿諸大名」＝豊臣政権の意向であったことだけはまちがいないであろう。

それなら、なぜ、それが新八幡であったのか。この点について西山氏は、八幡神の本地である阿弥陀仏と阿弥陀ケ峰との連想や豊臣政権による天皇第二の「始祖」神の略奪という点などを指摘されている。

また、さきの「太閤秀吉の臨終」についての報告には、「なぜなら八幡は、往昔のローマ人のもとでの（軍神）マルスのように、日本人の間では軍神として崇められていたからです」という記事がつづけて記されており、八幡神が武家の尊崇を集めた神であったこともその理由として考えられよう。実際、『当代記』によれば、秀吉は、天正一七年（一五八九）に誕生した鶴松（棄松）を「八幡太郎」と号したともされており、その信仰の一端をかいまみることもできるのである。

おそらくは、以上の理由にはそれぞれに重要な意味があるとは考えられるが、しかしながら、さきにも触れたように、大仏鎮守・大仏之社・新八幡社が実態として同じものであったということに注目したとき、いま少し異なった理由も考えることができよう。その理由とはすなわち、東山大仏の鎮守としての東山新八幡社に対する、東大寺大仏の鎮守としての手向山八幡宮というアナロジーである。

よく知られているように、手向山八幡宮は、天平勝宝元年（七四九）に東大寺の大仏建立を助けたとされる宇佐八幡神をその守護神として勧請したものであるが、この時期、当の東大寺大仏のほうは、永禄一〇年（一五六七）一〇月の三好三人衆と松永久秀との合戦によって焼かれ無残なすがたを曝していた。

そして、この東大寺大仏のかわりとして建立されたのが、実は東山大仏にほかならなかったということは、たとえば、ルイス・フロイスの『日本史』第二部一一六章[24]に、「暴君（関白）は、その再建を企てることに決め、（しかも）それを、当初あった奈良においてではなく、都の他の多くの古い大寺の付近に（建てることにした）」と記されていることからも知られよう。

このように、東大寺大仏のかわりとして東山大仏が建立されたのであれば、その鎮守として八幡の名が浮上するのはむしろ当然であったといえる。また、東山大仏は、その創建当初より「新大仏」とも呼ばれていたことが知られているが[25]、新八幡の「新」とは、まさにこの「新大仏」に対応するものにほかならなかったのである[26]。

すでに大桑氏や三鬼氏が説かれるように、東山大仏とは、鎮護国家を祈願する「国家的」寺院であった。また、これに属する妙法院経堂でおこなわれた大仏千僧会が、豊臣政権、ひいては統一権力の宗教政策にとって重要な位置を占めたことについては別の機会に触れたようにである。このように、東山大仏は、豊臣政権をめぐる宗教の問題にかかわっては、常に基軸をなす存在であったといえ、したがって、秀吉神格化という構想が浮上してきた際にもリンクされざるをえず、それが新八幡へ祝われたいという遺言へとつながっていったと考えられよう。

「国家的」寺院である大仏の鎮守としての神格化、これが秀吉神格化の当初の構想であり、それゆえ、社は大仏鎮守・大仏之社・新八幡社と呼ばれることになったと理解できるのである。

二　豊国社の成立と大仏

(1)　新八幡から豊国大明神へ

ところが、慶長四年の四月、社の遷宮が目前にせまってくると事態はまたまた微妙に変化をみせるようになる。『義演准后日記』によれば、四月一三日の夕刻、「大閤御所、伏見御城ヨリ大仏阿弥陀カ峯仁奉移之、隠密也」と記され、九カ月ぶりに秀吉の遺体が伏見城を出て、阿弥陀ケ峰の頂上に移されたことがわかる。また、四月一六日には「大仏鎮守遷宮」、つまり仮殿遷宮がおこなわれ、翌一七日には宣命使の正親町季秀によって「仮殿前ニテ」「微音」で宣命[27]が読まれた。

これだけであれば、とりたてて変化は読みとれないのだが、しかし、実は、その宣命のなかで、大仏鎮守の神号が新八幡ではなく、「豊国大明神」であるということがはじめて公にされたのである。これによって、神となった秀吉は豊国大明神と呼ばれることになり、そして、四月一八日には正遷宮、一九日には神位正一位が授けられて、名実ともに豊国社が成立することとなった。

もっとも、この部分だけをみてると、事態はなにやら急に変化したようにもみえるが、実際は、たとえば、『御湯殿上日記』四月一六日条に「とよくに」の文字がみえ、また、『舜旧記』四月一六日条にも「豊国社仮殿遷宮」と記されているから、仮殿遷宮がおこなわれた時点では、すでにその神号が決められていたと思われる。

ちなみに、このような変化がおこった背景について、諸史料はつぎのように伝えている。たとえば、『伊達日記』(28)においては、「秀吉公新八幡ト祝可申由御遺言ニ候ヘドモ、勅許ナキニヨッテ豊国ノ明神ト祝申候」、また、『本阿弥行状記』(29)では、「新八幡宮と祝はれ度よし、御内々御願ひ有之といへども、日月地に落ず、勅許なく」、そして、『当代記』では、「大菩薩は可有如何とて、其後改豊国大明神」というようにである。

これらの史料は、いずれも後世に編纂されたものであるから、共通してみえる「勅許」をそのまま信じてもよいのかという点については判断に迷うところだが、このことについて、西山氏は、「服属の瀬戸際にあった天皇—朝廷の、秀吉の遺骸に対する反撃であった。秀吉の後継者たちがこれに妥協したため、豊国大明神は新たな補弼家の「始祖」神に位置づけられ、位階制的な神々のパンテオンに編入されてしまったのである」と理解されている。

なるほどそれもひとつの解釈として成り立つではあろうが、しかしながら、さきにも触れたように、吉田神道の影響力がしだいに強くなっていたという事実や、あるいは、『豊国大明神臨時御祭礼記録』(30)に「任御遺言之旨、東山阿弥陀峯、地形平、建立社壇、鏤金銀、甍並、継軒巍々堂々、奉移御身体於宮内、吉田神主二位兼見奉而、号豊国大明神」とみえる記事、さらには、こののち、豊国社全般を吉田神道が掌握してしまうことなどを考えあわせるならば、神号が新八幡から豊国大明神へと変化した背景には、やはり吉田兼見や梵舜の影響があったとみるほうが自然であろう。

ただし、ここで注目しておかなければならないのは、新八幡から豊国大明神への神号の変化というのが、同時に、社と大仏との一体性をも薄めることになったという事実である。たとえば、『豊国大明神臨時御祭礼記録』によれば、豊国大明神という神号の由来は、秀吉が「和朝之主」であり、その「和朝」が「日本之惣名豊葦原中津国ト云ヘル」ためであるというが、これによって、神格化された秀吉には、「国家的」寺院である大仏を介さず、いわばストレートに体制や国土の守護神となる道も開かれることとなったからである。

よく知られているように、外国語史料にしかその事実がみられないとされる織田信長の神格化においてすら、安土城内に建立された総見寺（摠見寺）という寺院を介してのものであったのに対して、豊国大明神や豊国社の場合は、大仏といった「国家的」寺院とも切り離された、これまでにない独立した存在として成立するにいたったといえよう。実際、これを裏づけるように、豊国社には、こののち神宮寺が建てられるようになるし、また、豊国大明神や豊国社だけが諸国・諸大名によって勧請・分祀されるようにもなるからである。

(2)　豊国社と大仏

もっとも、その一方で、成立した豊国社とつり合いをとるかのように、大仏の再建や拡充もまた、はかられていたという事実には注目しなければならない。たとえば、『義演准后日記』によれば、慶長四年一〇月一九日条に、「大仏昨日ヨリ銅ヲ鋳カクル」とみえ、また、慶長五年三月一八日条には、「大仏ニ七重塔并講堂・廻廊以下ノナワハリ」ともみえる。「七重塔并講堂・廻廊」というのは、まさにかつての東大寺と同様の伽藍を再建することにほかならず、東山大仏が東大寺大仏のかわりであったということがここからも読みとれよう。

残念ながらこのような拡充計画は実現をみなかったようだが、『義演准后日記』慶長五年五月一二日条には、「今度大仏ノ築地ヲ卅三間ノ西方ニ被築、大仏与一所ニ成」、すなわち三十三間堂をいわゆる太閤塀でとり込む計画もなされていたということが知られるのである。

ところが、慶長七年（一六〇二）一二月四日、「平安城大仏殿炎上、本尊鋳カケニ付、本尊内火出、本堂付焼了」と『舜旧記』が伝えるように、失火によって再建途上の大仏が大仏殿とともに焼失してしまう。

この後しばらくは、大仏再建にかかわる史料を見いだすことはできないが、慶長一四年（一六〇九）になると、「此春、東山大仏従大坂秀頼公可有建立とて有其用意」と『当代記』が伝えるように再建の鎚音がふたたび聞こえだし、慶長一六年（一六一一）には、「東山大仏殿漸出来」、そして、慶長一九年（一六一四）四月には、鐘銘問題につながる「大仏殿之鐘鋳」もはじまることとなるのである。

このように、豊国社が成立したのちにおいてもなお、大仏のほうも飽くことなく再建がつづけられており、それはまさに豊国社とつり合いをとるかのようにみえる。そして、このような両者の関係がもっとも象徴的にみられるのが、慶長九年（一六〇四）に秀吉七回忌を期して盛大におこなわれた豊国臨時祭[31]のようすを伝える屏風が、いずれも当時は焼失して存在しない大仏と豊国社とを対比して描いているという事実であろう。

とりわけ、現在、京都の豊国神社に所蔵される狩野内膳筆の屏風は、慶長一一年（一六〇六）八月一三日に豊臣家より豊国社に奉納されたことが『舜旧記』からも読みとれ、豊国社と大仏との関係が、豊臣家など当事者をしてなお意識されつづけていたという事実を知ることができるのである。

しかしながら、このような関係も、結局、慶長二〇年（元和元＝一六一五）五月の豊臣家滅亡、同年七月の豊国社破却によって、終止符がうたれることになる。『駿府記[32]』慶長二〇年七月九日条によれば、「遷置大仏廻廊裏、太閤可為大仏鎮主」とみえ、秀吉はふたたび大仏鎮守（主）の座にひき戻されることとなるからである。

ただ、実際には、豊国社の神体は、梵舜によってひそかに吉田神龍院に遷され、「鎮守大明神」として祀られたとされている。(33)また、秀吉の遺体を埋葬した阿弥陀ケ峰頂上の廟所も、朽ちはてるにまかされ、その遺体が改葬されたのは、実に明治三一年（一八九八）のことであった。その結果、秀吉を神の座からひきずりおろし、仏として祀るべく大仏裏に建てられた巨大な五輪塔には、なんら納められることもなく、現在にまでそのすがたをとどめることになったのである。(34)

一方、残された大仏も寛文二年（一六六二）の地震によってふたたび大仏が破損、寛文四年（一六六四）には木像にとりかえられ、(35)さらには、寛政一〇年（一七九八）の落雷によって、大仏・大仏殿ともに完全に地上からすがたを消すこととなるのである。(36)

以上みてきたように、秀吉の神格化は、事実関係からみれば、当初より大仏との関連で構想されていたと考えられる。しかし、その神号が新八幡から豊国大明神へと変化することによって、大仏との一体性も薄れ、それとともに独立した神として体制・国土の守護神となる道をあゆみはじめることとなった。

ただし、その一方で、大仏との関係も依然として豊臣家滅亡、豊国社破却にいたるまでつづくが、それは裏をかえせば、秀吉神格化という構想が、本来的に大仏とのあいだに密接な関連をもって成り立っていたということを示すものにほかならなかったのである。

おわりに―豊国と新八幡―

それでは、最後に、前節までの作業を踏えつつ、神格化された秀吉の神号である豊国大明神、とりわけ豊国という文言について検討を加えることで、秀吉神格化の問題についても考えてみることにしよう。とはいうものの、この問題について直接的な回答をあたえてくれるような史料は残されていない。一般には、豊臣の姓との連想が思いうかぶが、史料に即していうならば、やはりさきにもみた『豊国大明神臨時御祭礼記録』の記事がほぼ唯一のものといえよう。ただし、この記事と同じ内容を記す史料が今のところ発見されていないので、多少の躊躇は残らざるをえない。

そこで、ここでは、これまであまりとりあげられることのなかった、仮遷宮の翌日に正親町季秀によって読まれた宣命にみえる文言に注目したいと思う。その文言とは、「振兵威於異域之外比、施恩沢於卒土之間須、行善敦而徳顕留、身既没而名存勢利、崇其霊氏、城乃南東尓大宮柱広敷立氏、吉日良辰平、撰定氏、豊国乃大明神止上給比治賜布」というものであるが、その文意は、おおよそ、「兵威」を異国にまで振るい、「恩沢」を地の果てまで施したその徳をもって、「豊国乃大明神」の神号を「撰定」するということになる。

一見すると、この文意と豊国という文言が結びつかないようにも思われるが、ここに古代中国の政治論のひとつである『管子』覇言第二三、内言六[37]にみえる「夫豊国之謂覇」という文章をひきつけてみると多少とも理解がしやすくなる。すなわち、「豊国」＝「覇」≒「兵威」という関係である。

もっとも、宣命と『管子』を直接的につなぐ史料は今のところ発見されていない。しかし、かりに『管子』との関連がなかったとしても、豊国という文言の底意に、「覇」に通じる「兵威」が大きな位置を占めていたことだけはあきらかであろう。そして、この「兵威」に代表される宣命の内容が、いわゆる「武威」を下敷きにしたものであったこともまちがいないと思われる。

ここでいう「武威」とは、みずからの武力によって天下統一をはたした統一権力が拠って立つ正当性の根源であると同時に、対外的にもその国家意識の内実を表象するイデオロギーのことであるが[38]、豊国という文言にこのような「武威」が含意されていたという事実は注目すべきといえよう。

そして、もしこのような理解が許されるとするならば、「勅許」によって阻止されたと伝えられる新八幡と豊国大明神という神号のあいだにも、表面的な違いにくらべて、その含意においては通底するものがうけ継がれていたともいえる。なぜなら、八幡といえば、武神であると同時に、応神天皇、仲哀天皇、神功皇后、そして三韓征伐が連想されるし、また、実際、名護屋にむかう秀吉一行が長門国府で仲哀天皇・神功皇后の社祠を拝したことや朝鮮へ渡った武士のあいだにも神功皇后伝説が浸透していたことなど、この時期の八幡信仰にかかわる諸事実がすでに指摘されているからである(39)。

しかも、現実に目をむけたとき、秀吉によってはじめられた朝鮮侵略の破綻は時間の問題といえ、東アジア世界における豊臣政権の対外的な先行きは予断を許さない状況にあった。もちろん、その影響が国内にもおよぶこともまた必至であり、さらには秀吉自身が死の床にあったことも考えあわせれば豊臣政権の威信が内外を通じて危機的な状況にあったことはまちがいないであろう。

そして、このような状況下において政権によって選択されたのが、大仏の再建であり、また、その大仏の鎮守として秀吉その人を神として祀ることであったということは、つまり、秀吉神格化という構想が、この時期の豊臣政権にとって現実かつ緊要な要請にもとづくイデオロギー政策でもあったという可能性を指摘することができよう。

実際、史料のうえでは遺言を含め秀吉神格化の動きは秀吉死後にしか確認できないし、また、社がきわめて短期間に成立したことなどもこのような事情に対応すると思われる。この点において、著者は、秀吉の神格化を「自己」神格化や「自らの意志によって」という、これまでのみかたにはやや懐疑的である。

また、従来、秀吉神格化をめぐる議論というのは、ややもすれば静態的であったり、内向きなものが多かったように思われるが、このようにこの時期の豊臣政権をとり巻く内外の環境に注目したとき、それが、すぐれて動態的かつ時宜にかなった対応であったということも了解できると思われる。

いずれにしても、以上のような意味において、本章では、「武威」の体現者である秀吉を八幡信仰とからめつつ新八幡＝大仏鎮守として祀るということは、豊臣政権にとってはもっとも現実的な選択であったと考えるものであるが、ただその一方で、このような意図が一般にどれほど知られていたのかという点については、判断のむずかしいところである。たとえば、さきに触れた『豊国大明神臨時御祭礼記録』の記事のような解釈や、あるいは、『京都冷泉町文書』にみられるような「惣町」による「豊国まいり」「とよ国参花見」[40]といったことをみていると、豊国の文言をそのまま「国家豊饒に納り」[41]などと解釈している可能性も考えられなくもないからである。

その意味からすれば、横田冬彦氏の指摘[42]されるように、豊国大明神を「都市京都の守護神」と評価することも可能かもしれないが、しかし、巨視的にみれば、やはりそれは列島をとり巻く対外的な環境や国内政情の推移といった、いわば「武威」の内実の変化に連動して変容していった結果とみたほうが妥当なのではないだろうか。

もちろん、いうまでもないことだが、秀吉神格化の問題は、「武威」のみで説明しきれるわけではけっしてない。さきに触れたように、豊国社成立にあたってみられた顕密仏教や吉田神道の動きはもとより、神国思想や三教一致思想、あるいは日輪受胎神話など、宗教的・思想的な背景があったこともまた事実だからである。

しかしそれでもなお、その背景の重要な部分として「兵威」や「武威」というものがあったこともまちがいなく、このようにして秀吉神格化をめぐって蓄積された事実の多くは、こののち、取捨選択をくり返しながら、また、「武威」の内実の変化にも対応しながら先例となって、「八州之鎮守」[43]を望んだ家康の神格化へとうけ継がれてゆくこととなるのである。

（1）　柏書房、一九九六年。
（2）　朝尾直弘「将軍権力の創出」（『歴史評論』二四一・二六六・二九三号、一九七一・一九七二・一九七四年、のち

に同『将軍権力の創出』岩波書店、一九九四年）。
(3)三鬼清一郎「戦国・近世初期における国家と天皇」（『歴史評論』三二〇号、一九七六年）。
(4)曽根原理『徳川家康神格化への道―中世天台思想の展開―』（吉川弘文館、一九九六年）。
(5)宮地直一「豊太閤と豊国大明神」（同『神祇と国史』古今書院、一九二六年）。
(6)魚澄惣五郎「豊国社破却の顚末」（同『古社寺の研究』星野書店、一九三一年）、同「江戸時代における洛東豊国廟」（同『京都史話』章華社、一九三六年）。
(7)千葉栄「豊国社成立の意義」（『東洋大学紀要』第七輯、一九五五年）。
(8)三鬼清一郎「豊国社の造営に関する一考察」（『名古屋大学文学部研究論集　史学33』一九八七年）。
(9)北川央「神に祀られた秀吉と家康―豊国社・東照宮―」（佐久間貴士編『よみがえる中世　2　本願寺から天下一へ　大坂』平凡社、一九八九年）、同「江戸時代の豊国分祀」（『ヒストリア』一四二号、一九九四年）。
(10)西山克「豊臣『始祖』神話の風景」（『思想』八二九号、一九九三年）。
(11)大桑斉「天正寺の創建・中絶から大仏造営へ―天正期豊臣政権と仏教―」（『大谷学報』第六三巻二号、一九八三年のちに同『日本近世の思想と仏教』法藏館、一九八九年）。
(12)三鬼清一郎「方広寺大仏殿の造営に関する一考察」（永原慶二・稲垣泰彦・山口啓二編『中世・近世の国家と社会』東京大学出版会、一九八六年）。
(13)拙著『中世京都の民衆と社会』（思文閣出版、二〇〇〇年）第二部第五章。以下、別の機会とはこれをさす。
(14)『当代記　駿府記』（続群書類従完成会刊）。
(15)史料纂集。
(16)同右。
(17)注(8)参照。なお、秀吉の葬礼は、西山氏が指摘するように、史料のうえで確認することはできない。実際、フランシスコ・パシオ師の「太閤秀吉の臨終」についての報告（松田毅一・川崎桃太郎訳『フロイス日本史　2』中央公論社、一九七七年）にみえる「遺体を焼却することなく、入念にしつらえた柩に収め、それも城内の遊園地に安置するようにと命じました」という記事やのちの家康の例、「前大樹様神ニ祝申候ハ、御葬礼ハ不可有之」（『言緒卿記』元和二年四月一七日条、『大日本史料』第一二編之二四）から考えれば、葬礼はおこなわれなかった可能性が高い。もっとも、その一方で、「豊臣秀吉公御葬送行列次第」と題される史料が、いくつか残されていることも知られている。ただ、これらはすべて、時代がかなりさがるものであり、おそらくは太閤記人気や秀吉遠忌など、近世以降における秀吉観とかかわるかたちで作成されたと考えられる。

(18) 東京大学史料編纂所写本。
(19) 大日本古記録。
(20) 『言経卿記』慶長三年一二月二六日条。
(21) 松田毅一・川崎桃太訳『フロイス日本史　2』。
(22) 『続群書類従』補遺三。
(23) 『日本国語大辞典　第六巻』（小学館、一九七四年）。
(24) 注(21)。
(25) 『多聞院日記』（増補続史料大成）天正一六年五月一五日条ほか。
(26) 柳田国男氏（「人を神に祀る風習」『民族』第二巻一号、一九二六年、『定本柳田国男集　第十巻』筑摩書房、一九六二年）が指摘するように、民俗学では、一般に新八幡・若宮八幡に祀られるのは、「遺念餘執といふものが、死後に於てもなほ想像せられ、従って屢々タタリと称する方式を以て、怒や喜の強い情を表示し得た人」であるとされている。この点について柳田氏は、「豊太閤の如き幸福なる武将をして、死して新八幡にならうといふ希望などを抱かしむるに至ったか。甚だ解し難い問題である」と述べられているが、たとえば、『当代記』慶長三年（一五九八）条にみえる「此春、下京の神明堂にて、人ならは二三十人聲にて、卅日餘踊けるか、後には泣けると也、又八月十日時分に、将軍塚鳴動不斜、是等は太閤の凶兆也」という記事や、また、秀頼が再建した大仏を破損させた寛文二年（一六六二）の地震を「豊国大明神之祟」として「諸人豊国へ参」ということ（「忠利宿禰記」〈宮内庁書陵部蔵〉寛文二年五月一四日条）などの解釈によっては、このような見地からの考察も可能かもしれない。
(27) 『壬生家官符留』（『古事類苑　神祇部三』）。
(28) 『群書類従』第二一輯。
(29) 正木篤三『本阿弥行状記と光悦』（中央公論美術出版、一九八一年）。
(30) 神道大系編纂会編『神道大系　神社編四　宮中・京中・山城国』（一九九二年）。

(31)　この祭における都市民衆の風流踊の様相については、注(13)前掲拙著『中世京都の民衆と社会』第三部第二章、参照。

(32)　注(14)。

(33)　津田三郎『北政所―秀吉歿後の波瀾の半生―』(中公新書、一九九四年)。

(34)　大仏裏に建てられた五輪塔や秀吉廟所は、いくつかの洛中洛外図屏風に描かれている。管見では、五輪塔については、大阪市立美術館本、廟所については、池田本・佐渡妙法寺本、そして、両者を描いたものとしては、奈良県立美術館本が確認できる。

(35)　『堯恕法親王日記』一(『妙法院史料　第一巻』吉川弘文館、一九七六年)寛文四年三月二九日条。

(36)　『仏光寺御日記』第七巻(本山仏光寺、一九九二年)寛政一〇年七月朔日条。

(37)　柿村峻『中国古典新書　管子』(明徳出版社、一九七〇年)、『古事類苑　神祇部三』豊国神社。

(38)　朝尾直弘「鎖国制の成立」(歴史学研究会・日本史研究会編『講座日本史　4』東大出版会、一九七〇年、のちに前掲同『将軍権力の創出』)、同「東アジアにおける幕藩体制」(朝尾直弘編『日本の近世　1　世界史のなかの近世』中央公論社、一九九一年)、藤井學「近世初期の政治思想と国家意識」(『岩波講座日本歴史　10　近世2』一九七五年、のちに同『法華文化の展開』法藏館、二〇〇二年)。近年のものとしては、山本博文「武威の構造」(『歴史評論』五三九号、一九九五年)参照。

(39)　奈倉哲三「秀吉の朝鮮侵略と『神国』」(『歴史評論』三一四号、一九七六年)、北島万次「秀吉の朝鮮侵略における神国思想」(『歴史評論』四三八号、一九八六年)、塚本明「神功皇后伝説と近世日本の朝鮮観」(『史林』第七九巻六号、一九九六年)。なお、この時期の国際環境については、北島氏『豊臣政権の対外認識と朝鮮侵略』(校倉書房、一九九〇年)、村井章介『アジアのなかの中世日本』(校倉書房、一九八八年)、荒野泰典『近世日本と東アジア』(東京大学出版会、一九八八年)参照。なお、移行期の外交問題については、橋本雄氏よりさまざまなご教示をいただいた。

(40)　慶長一二年一月～寛永七年七月付『大福帳』(京都冷泉町文書研究会編『京都冷泉町文書』第一巻、思文閣出版、一九九一年)。

(41)　『豊国大明神臨時御祭礼記録』。

（42）　横田冬彦「城郭と権威」（『岩波講座日本通史　第11巻　近世1』一九九三年）、同「秀吉の都市政策と町衆」（『朝日百科日本の歴史　別冊　歴史を読みなおす　12　洛中洛外　京は〝花の都〟か』一九九四年）。

（43）　『本光国師日記』（続群書類従完成会刊本）元和二年四月四日条。

（補注）　本章では、従来、あまり注目されてこなかった大仏と豊国社（新八幡社）の関係を重視したが、近年、その関係が、秀頼によって再興された大仏にいたっても同様であったことがあきらかとされた。このことをあきらかとされた吉田洋子氏（「豊臣秀頼と朝廷」『ヒストリア』一九六号、二〇〇五年）によれば、のちに大坂の役のきっかけともなった慶長一九年（一六一四）予定の大仏供養会は、新史料の発見によって、朝廷内では、「東大寺大仏供養」とすることや、あるいは、「豊国社の奥の院を象徴させる名称」を考える方針もあったという。前者がもし実現していれば、東山大仏は、「東大寺大仏」となっていたことになるが、いずれにしても、後者にあきらかなように、大仏と豊国社の一体性は、常に意識されつづけたということが知られるようになった。

第七章　天下人の「死」とその儀礼
――信長・秀吉・家康の比較の視点から――

はじめに

宗教史・寺院史にとって、統一権力とはどのような存在であったのか。このわかっているようで、実はよくわかっていない問いに対しては、一般には、山門延暦寺焼討・石山合戦・安土宗論などいくつかのトピックとともに、寺社・教団を弾圧・統制する主体として語られることが多い。これは、辻善之助氏の『日本仏教史　第七巻近世篇之一』(1)の影響によるものであることはよく知られているところであるが、ところが、不思議なことに、この辻説に関してはながく実証的な再検討がなされてはこなかった。

近年になってようやく、伊藤真昭氏(2)や朴秀哲氏等(3)によって実証的な再検討がはじめられ、著者(4)もまたその驥尾につきつつ不十分ながらも検討作業をおこなってきたものの、目下においてはなお多くの成果が積み重ねられねばならない状況にあると思われる。

ところで、統一権力とひとくちにいっても、織田・豊臣・徳川のあいだにおいては、連続する側面もあれば、また連続しない側面も存在する。そして、この両側面をめぐっては、古くから研究が重ねられてきたこともよく知られているが、ただ、そのようななかでも不思議と共通しているのは、統一権力者たる信長・秀吉・家康の三人を天下人として、前代の室町殿、そして後代の徳川将軍とも画した存在と認めている点である。もっとも、この点は、たとえば、秀吉の死後、家康が伏見城本丸に入ったとの報に接して、興福寺多聞院英俊が「天下殿ニ被成候、目出候」(5)と評したことでもわかるように、当時からすでにみられた認識であったことが知られている。

この天下人の特徴として、つとに注目されているのが、天下人その人、つまりその身体と天下の一体性が強く意識されていたという事実である。(6)このことは、とりわけ信長に顕著で、それは、「天下之儀、何様ニも信長ニ被任置之上者、不寄誰々、不及得上意、分別次第可為成敗之事」(7)とか、「天下被棄置上者、信長令上洛取静候」(8)という信長文書にみられる文言として知られているが、この事実がもしある程度妥当性をもつのであるとすれば、天下人の身体が消滅したとき、すなわち死という現象を迎えたとき逆に、天下人＝統一権力者のありかたがうきぼりになると考えることも可能であろう。しかも、死という現象にともなっては、当然さまざまな宗教史的、あるいは寺院史的な儀礼との接点もみられる。

以上の点から本章では、信長・秀吉・家康という天下人三人の死とそれをめぐる宗教的な儀礼に注目することによって、冒頭にかかげた問題にむかうためのひとつの作業を呈示しようと思う。実は、このような作業は、すでになされているようで案外なされていない。(9)

したがって、定石としては、可能なかぎりの一次史料によって、天下人の死とそれをめぐるさまざまな儀礼について検討を加えることが必要とされるが、ところが、天正一〇年（一五八二）一〇月におこなわれた信長のいわゆる葬礼に関しては、すでに『大日本史料』第一一編之二が、また元和二年（一六一六）四月の家康死去に関しても、『大日本史料』第一二編之二四が関係史料を網羅している。

慶長三年（一五九八）八月に死去した秀吉についてだけは、該当部分の『大日本史料』が未刊であるものの、ただ、この点について著者はすでに史料を呈示するとともに検討を加えている。[10]

このように、素材としての史料の多くが出揃っているという状況のなかで新たな論点を見いださなければならないとすれば、おのずとそれは、個別の作業をくり返すというよりも、むしろそれらではみえてこない論点や見通しをひきだすというのが一計となろう。

そこで、本章では、信長・秀吉・家康の死とそれをめぐる儀礼について、比較という視点から検討を加えることで、個別の事象からでは見いだしにくい、いわば俯瞰的な論点や見通しをひきだしてみたいと思う。

このような観点から作業を試みようとするとき、留意すべきなのが、近年、歴史学においても注目されている、王など権力者めぐる自然的身体と政治的身体というふたつの身体の存在である。[11]本章でもまた、この点に配慮しながら作業をすすめてゆこうと思うが、そのことを踏まえるという意味もこめて、以下、天下人の死にかぎっては、その死を「死」と記すこととする。

一　信長の「死」とその儀礼

(1)　信長の自然的身体

ところで、天正一〇年（一五八二）六月二日、京都本能寺において、信長は突然、「死」を迎えることとなる。いわゆる本能寺の変であるが、このとき、信長の自然的身体がどのようになったのかについては、これまであまり関心がもたれてこなかったように思われる。それは、本能寺の変に関する部分の『大日本史料』が未刊であることも影響しているのかもしれないが、それはそれとしても、この点について明記した史料をあげるとすれば、おそらく『当代記』[12]同日条にみえる、「奥の間へ入給て後焼死玉ふか、終に御死骸見へ不給、惟任(明智光秀)も不審存、色々相尋けれとも無其甲斐」というのが唯一となろう。

もっとも、『当代記』自体にどれほど信用がおけるのかという問題は残されるが、同日に死を迎えた嫡男、織田信忠にかかわって『信長公記』巻一五が伝える「御死骸を隠置き、無常の煙となし申し[13]」たのと同じ状況が信長の場合にもみられた可能性は高いと考えられる。

それでは、「無常の煙」となったその自然的身体＝遺体はどこへいったのか。この点については、「本能寺文書」に残される七月三日の日付をもつ信長の三男、織田信孝書状[14]に、本能寺の「御屋敷之事、今度成御墓所」と記されているので、本能寺に建立される予定の墓所へとゆく手はずになっていたようにもみえる。

しかしながら、七月一一日の段階で、公家の山科言経が、当時、上京芝薬師町にあった阿弥陀寺に「今度打死衆前右府（織田信長）御墓已下」を拝している[15]ことからすれば、『阿弥陀寺由緒書[16]』が伝えるように、信長の自然的身体は同寺の開山、清玉の手によって阿弥陀寺へ移された可能性が高いと思われる。

実際、九月一二日には、この阿弥陀寺において、儀礼としての「御百ケ度日御追善[17]」がおこなわれ、言経もそれへも参ったことがその日記『言経卿記』に記されているからである。

このような動きのなか、明智光秀を討ち滅ぼした羽柴秀吉は、七月の段階では、毛利輝元宛の七月一七日付の書状[18]において、「於山崎我等普請申付候故、弔之儀、先令延引候」と述べて、山崎宝積城築城に忙殺され、信長にかかわる「弔之儀」にとりかかれないかのようすを伝えている。

もっとも、一〇月八日には、朝廷において、「故前右府贈官贈位宣下陣儀[19]」がもたれ、一〇月一二日には舟橋国賢が「明日大徳寺へ勅使宣命使[20]」と決まったことが伝わり、しかも、「大徳寺、同長坂葬所等」「故右府之葬所」を言経が見物している[21]ことからすれば、七月から一〇月のある段階で秀吉が迅速に行動をおこしたことが知られる。また、橋本政宣氏[22]が指摘されるように、さきの毛利輝元宛の書状のなかで信長を「大相国」と記していることからすると、七月の段階において、すでに太政大臣贈官の手はずもとられていた可能性は高いであろう。

(2)「上様御仏事」

ところで、この一〇月一五日に大徳寺でおこなわれた仏事が、従来より信長の葬礼として注目されてきたものである。しかしながら、仏事自体は、「去十一日ヨリ来十七日マテ法事有之」と『言経卿記』一〇月一五日条が伝えているように、一七日《いちしちにち》におよぶものであった点には注意を要する。

また、その内容についても、『大日本史料』にはおさめられていない、つぎにかかげる天王寺屋津田宗及の筆になる『宗及他会記』[23]の記事のほうがむしろ簡にして要を得たものといえる。

同十月十一日ヨリ　上様(織田信長)御仏事アリ、
十一日ニハ、テンキヤウ(転経)　十二日ニ、トンシヤ(頓写)、セカキ(施餓鬼)、
十三日ニハ、セン法(懺法)　十四日、入室也、古渓(宗陳)御行候、
仙岳(宗洞)ノ首座　惣首座侍者
十五日、御送葬也、
ソカン(鎖龕)　怡雲(宗悦)和尚　クワシン(掛真)　玉仲(宗務)和尚
キカン(起龕)　古渓和尚　御影
テンタウ(奠湯)　明叔(宗誓)和尚
引道(導)　咲嶺(宗訢)和尚　テン茶(奠茶)　仙岳、
ネンシュ(念誦)　春屋(宗園)和尚
ソウシュ(葬主)　タンリャウ　コキヤウ(挙経)　太崇(太素宗謁)
シュコツ(拾骨)　チクカン(竹簡宗汶)
十七日当日、ネンカウ(拈香)　春屋和尚

（陞座）シンソ　　玉仲和尚

右によれば、「上様御仏事」とは、一一日「テンキヤウ」（転経）、一二日「トンシャ」（頓写）「セカキ」（施餓鬼）、一三日「セン法」（懺法）、一四日「入室」、一五日「御送葬」、一七日「ネンカウ」（拈香）「シンソ」（陞座）であったことが読みとれるが、これに、『秀吉事記』[24]にみえる一六日の「宿忌」を加えることで、仏事がすべて禅宗によるものであったことが知られる。

　仏事の中心をになっていたのは、右の史料でもあきらかなように、古渓宗陳以下の大徳寺僧であったが、ただ、一一日の転経にあたっては、「於大徳寺転経、五山之大衆悉出頭」[25]、一五日には、「信長葬送之儀、於蓮台野而在之、五山其外諸寺諸山不残一人罷出」[26]、そして一七日にも、「於大徳寺五山之大衆半斎云々、五百余人在之」[27]と諸史料にみえることからすると、五山十刹以下の大衆もかかわっていたことが認められよう。

　ところで、この大徳寺での仏事の評価として、これまで通説かのようにされてきたのが、七日間の仏事のうち、一五日におこなわれた葬礼（「御送葬」）を秀吉が主催することで権力の継承を誇示したというものである。

　たしかに、今回の仏事にかかわって秀吉が経済的な負担をになったことは事実であるが、しかしながら、この時期、室町将軍家においても、また、天皇家においても、後継者が葬礼を主催することで権力の継承を誇示したという事実などはおそらく耳にすることはないだろう。なぜなら、権力の継承や正当性にかかわってこの時期重視されていた仏事といえば、たとえば、室町殿という政治的地位の継承を可視的に示すとされた「武家八講」[28]に代表されるように、葬礼ではなくむしろ追善仏事のほうであった可能性が高いからである。

　したがって、この時期に葬礼を主催したからといって、それによって秀吉に権力が継承されてゆくと当時の人々が認識したとは考えにくく、かりに秀吉がそれを意図していたとするならば、それはむしろ異例、あるいは新儀の部類に入るのではないだろうか。

その意味でも、事実としてまずここであきらかなのは、信長の自然的身体が阿弥陀寺にあることが周知にもかかわらず、一五日に「カンニハ木像ヲ入[29]」、それを「やき申[30]」すという、つまりはあらためて天下人信長の自然的身体に「死」を宣告するとともに、その政治的身体の「死」をも葬礼という儀礼を通して確定させたことにあったと考えられる。死者＝仏としての信長の院号が「天徳院」から、よく知られている「総見院」へと今回の仏事を境に変更されたのも、また同名の寺院、総見院が位牌所として大徳寺内に創建されたことなども同じ文脈で理解することが可能であろう。

従来、今回の仏事が大徳寺でおこなわれた理由としては、秀吉と古渓宗陳との個人的な関係などが注目されてきたが、このようにしてみると、むしろ、中世において葬送をになうことのできた禅宗寺院、大徳寺が葬送地である蓮台野とも至近距離にあったということのほうが重要であったと思われる。

いずれにしても、葬礼によって信長の自然的・政治的身体の「死」が確定されることによって、一体化すべき身体を失った天下人の地位は、いわば宙に浮くことになったといえるであろう。

その意味において、葬礼を含めた今回の仏事は、きわめて重要な意味をもつ儀礼であったといえるが、しかしながら、その一方で注意しなければならないのは、これらの葬礼や仏事は、たとえば、天下人といった権力者の地位と一体化すべきつぎの身体を決めたり、保証する効力までもつわけではなかったという点である。

実際、秀吉においても、翌天正一一年（一五八三）には、「信長仏事於大徳寺法事、（中略）筑州（羽柴秀吉）早々為焼香向大徳寺[31]」うものの、天正一六年（一五八八）になると、「信長去二日第七廻、指タル追善之聞モ無之[32]」となり、文禄三年（一五九四）にいたっては、「信長公ノ第十三廻也、（中略）追善ノ沙汰無之[33]」というありさまとなってゆくからである。

このように、信長の場合、儀礼としての葬礼や仏事は天下人信長の自然的・政治的身体の「死」を確定する意味をもったという、あらためてみれば、きわめて当たり前の事実を確認するにいたったが、それでは、宙にういた天下人の地位と一体化することに成功した秀吉の「死」とそれをめぐる儀礼とはどのようなものであったのであろうか。信長の場合を念頭におきつつ、つぎにそれをみてゆくことにしよう。

二　秀吉の「死」とその儀礼

(1)　秀吉の自然的身体

『当代記』によれば、「同年春(慶長元年)、太閤以の外御悩、三月俄御平癒、諸人成安堵の思、惣別未年(文禄四年)より常御悩気、自三月御息災奇特々々」とみえるように、秀吉は文禄四年（一五九五）頃より病が常態となり、そののち、再発と平癒をくり返して慶長三年（一五九八）を迎えていた。

しかしながら、この年の病状は深刻で、七月二五日には、「為御遺物、公家・門跡へ金銀支配之」[34]、八月七日には、「浅野弾正(長政)・増田右衛門尉(長盛)・石田治部少輔(三成)・徳善院(前田玄以)・長束大蔵(正家)五人ニ被相定、日本国中ノ儀申付」[35]などと、醍醐三宝院門跡の義演がその日記『義演准后日記』に記すように、「死」を覚悟した動きを秀吉やその周辺がとっていたことがうかがわれる。

そして、ついに八月一八日、秀吉は伏見城内で病「死」するが、その「死」は、四カ月後の一二月の段階でも「于今無披露」[36]、翌慶長四年（一五九九）の正月にいたっても「旧冬迄ハ隠密」[37]であったにもかかわらず、神龍院梵舜の日記『舜旧記』[38]八月一八日条に「太閤御死去云々」と記されているように、その日のうちに外部に漏れだしていたことが知られる。

このように、外部には一応、秀吉の「死」は隠密にされていたため、その自然的身体＝遺体は、慶長四年正月、その「死」から半年にいたっても「于今伏見ノ御城御座」[39]という状況であった。

このことは、のちに宣教師の耳にも入っており、それによれば、「遺体を焼却することなく、入念にしつらえた柩に収め、それも城内の遊園地に安置するようにと命じました」[40]とみえ、秀吉の自然的身体が荼毘にふされることもなく、また葬礼もおこなわれることもなく伏見城内に安置されつづけたことが認められる。

一般に、秀吉の遺体は、その「死」後すぐに、のちに豊国社のおかれる阿弥陀ケ峰に移されたかのように語られてきたが、それがあやまりであることをここでは確認しておく必要があろう。

(2)「死」後の儀礼と遺言

秀吉の自然的身体を伏見城内にとどめるのと並行し、天下人を失った豊臣政権がすすめていたのが、前章でも触れたように、東山大仏の鎮守を阿弥陀ケ峰に建立することであった。この鎮守の社がきわめて短期間に完成したこと、また、その社の管轄のありかたや神号をめぐってさまざまな紆余曲折があったことなどについては、すでに触れたのでくり返さないが、慶長四年四月一三日に、「太閤御所、伏見御城ヨリ大仏阿弥陀カ峰ニ奉移之」と『義演准后日記』同日条が伝えるように、秀吉の自然的身体は、「神ニ奉祝」[41]るため、その「死」後およそ九カ月を経てようやく阿弥陀ケ峰の頂に移された。自然的身体は、いわば「神体」に転換されたわけである。

そして、儀礼として、四月一六日に仮遷宮、一七日には宣命によって神号が豊国大明神と決せられ、一八日に正遷宮、一九日に神位正一位が贈られることで、結果として、当初の大仏鎮守という構想とはやや異質な性格をそなえた豊国社として社は成立することとなった。

このように、前節でみた信長との比較でいえば、仏に落ち着いた信長に対して秀吉が神となった点がもちろん大きな違いではあるが、儀礼という点でいっても、秀吉の場合、神に祝うために、火葬も、また葬礼もおこなわれなかったということは注目される。しかしながら、それ以上に注目されるのが、秀吉の場合、「死」後の儀礼にかかわって遺言が残されていたという事実である。

その遺言の内容を伝える史料を列挙するとすれば、

(A)ゆいこん《遺言》に、あみた《阿弥陀》のたけに大しや《社》にいわ《祝》られたきとのことにて(42)

(B)太閤秀吉公を奉崇神に、号八幡大菩薩堂也、併依彼遺言如斯（中略）大菩薩は可有如何とて其後改豊国大明神(43)

(C)太閤様は、以後は神（中略）の列に加えられ、シンハチマン、すなわち、新しい八幡と称されることを望みました(44)

(D)秀吉公新八幡ト祝可申由御遺言ニ候ヘドモ、勅許ナキニヨッテ豊国ノ明神ト祝申候(45)

(E)新八幡宮と祝はれ度よし、御内々御願ひ有之といへども、日月地に落ず、勅許なく(46)

のようになるが、つまりは、秀吉は当初、その「死」後、新八幡（八幡大菩薩）として祝われたいとの意向をもっていたことが知られる。それが、史料(D)(E)の文言にしたがえば、「勅許」がなかったために豊国大明神に変更されたということになるのである。

もっとも、すでに触れたように、右にみられる遺言を伝える史料のすべてが、秀吉の「死」後にしかみられないこと、また、新八幡と豊国大明神という神号の違いほどにそれにこめられた含意には、実はさほどの差はなかったということなどが指摘できるが、それはそれとしても、遺言にもとづいておこなわれたとされる一連の儀礼を通して、秀吉の自然的・政治的身体の「死」は読みかえられ、いわば「死」なない神として永遠の命があたえられたとみることはできるだろう。

それを裏づけるように、豊臣家滅亡後、徳川政権は豊国社を破却するにあたって、豊国大明神の神号を廃するとともに、「神体」となった秀吉の自然的身体を「遷置大仏廻廊裏、太閤可為大仏鎮主」(47)き計画をたて、そして、死者＝仏としての院号「国泰院」をあらためてあたえるというようなことをおこなっているからである。ただし、どういうわけか自然的身体の移動については実行されず、明治にいたるまで阿弥陀ケ峰の頂に捨ておかれる結果となってしまうが、いずれにしても、秀吉の「死」をめぐって、天下人の地位は、一体化すべき自然的・政治的身体を「死」なない神として担保しながらも、現実には物理的な身体をふたたび喪失するという奇妙な状況に陥ることとなったのである。

とはいうものの、これはあくまで宗教的かつ観念的な次元の話であり、さきにも触れたように、慶長四年閏三月、家康が伏見城本丸に入ったことで「天下殿ニ被成候」と認められたことからもわかるように、儀礼によって築きあげられた既成事実だけでは、現実の政治的・軍事的な力関係を左右することなどはけっしてできなかったのである。

それでは、その現実の政治的・軍事的な力関係によって、秀吉についで天下人の地位についた家康の「死」とそれをめぐる儀礼とは、どのようなものであったのか、信長・秀吉の場合を踏まえつつ、時間のコマを少しすすめてみてみることとしよう。

三　家康の「死」とその儀礼

(1)　家康の自然的身体と遺言

秀吉の「死」からおよそ一七年後の元和元年（一六一五）に豊臣家を滅ぼした家康は、翌元和二年（一六一六）四月、病を得て「死」の床にあった。四月一一日より「一切御食事無之、御湯なと少参候躰候、もはや今明日之躰ニ候」と以心崇伝がその日記『本光国師日記』(48)四月一六日条で伝えているように、もはや快復のめどはなく、はたして翌一七日の巳刻、家康は駿府城内で病「死」する。

その自然的身体＝遺体は、「十七日之晩時際ニ久能へ奉渡之」[49]、すなわち即日、久能山へ移されたことがわかるが、よく知られているように、これは家康の遺言によるものであった。その遺言とは、『本光国師日記』四月四日条に記されるつぎのようなものである。

御終候ハヽ、御躰をハ久能へ納、御葬礼をハ増上寺ニて申付、御位牌をハ三川之大樹寺ニ立、一周忌も過候て以後、日光山ニ小キ堂をたて勧請し候へ、八州之鎮守に可被為成との御意候、

秀吉の場合と異なり、こちらの遺言はたいへん有名なものであるが、その内容をあらためて整理すればつぎのようになろう。

(a)臨終後、「御躰」（遺体）は「久能」山（駿河）におさめる。
(b)「御葬礼」は「増上寺」（武蔵）でおこなう。
(c)「御位牌」を「大樹寺」（三河）に立てる。
(d)「一周忌」ののちに「日光山」（下野）に「八州之鎮守」としての「小キ堂」を建てる。

(a)から(d)のうち、もっとも有名なのが、(d)であり、ここを起点として日光東照社（宮）が創立されてゆくわけだが、その一方で、従来あまり注目されていない点としてみのがせないのが、実は(b)の存在である。なぜなら、これを額面どおり読みとるならば、家康は増上寺においてみずからの葬礼実施を考えていたこととなるからである。[50]

(2)　儀礼間の矛盾

ところが、信長・秀吉の場合でもわかるように、儀礼としての葬礼がおこなわれてしまえば、神として祝うことはできない。そのため、『本光国師日記』四月一六日条に、「任御遺言旨、御躰をハ久能ニ納、神ニ御祝可被成

由」、「於増上寺御弔、御中陰可被仰付ニ付而、頓而増上寺江戸へ可被返遣候旨候、御葬礼ハ有之間敷由ニ候」と記されるように、増上寺では、葬礼ではなく「御中陰」（中陰仏事）をおこなうこととして読みかえられることとなった。このことは、京都へもすぐに伝わっており、たとえば、『言経卿記』四月一七日条においてすでに、「前大樹様《徳川家康》神ニ祝申候ハ、御サウ礼《葬礼》ハ不可有之」という記事も認められる。

もっとも、葬礼を中陰仏事にかえたからといって、神に祝うことと仏事とのあいだの矛盾というのは簡単に解消できるものではなかったと考えられる。また、大樹寺に立てる位牌といい、鎮守という文言といい、家康の遺言が、秀吉を豊国大明神として祝った吉田神道のめざすところとは齟齬をきたす内容に満ちたものであったことも読みとれよう。しかし、それは、逆からみれば、家康が吉田神道にそうようなかたちでの神格化をかならずしも当初から意図していなかったことを意味する。むしろそれは、東山大仏の鎮守として新八幡に祝われたいという意向を示した秀吉の遺言との共通性を見いだすことができよう。

おそらくは、このような遺言と現実におこなうことのできる儀礼との矛盾や齟齬というものが、秀吉の場合には、大仏鎮守から豊国社、新八幡から豊国大明神へという変化に、家康の場合には、神事と仏事との混乱に結果したと思われる。また、家康の遺言とその「死」をめぐる儀礼というのは、葬礼や位牌所、あるいは神格化もみられるなど、信長・秀吉の「死」をめぐる儀礼の要素を段階的に、しかもすべてそなえたものになっていたと評価することもできよう。

しかし、いずれにしても、家康もまたかつての秀吉と同様に、その自然的・政治的身体の「死」が読みかえられるとともに、翌元和三年（一六一七）には天台教学を基盤とする神、東照大権現として永遠の命があたえられた。「相国様《徳川家康》神ニ被為祝候ニヨリ、禁中様触穢無之ニ付而、賀茂競馬、深草祭も在之」と伝えるのは、『本光国師日記』元和二年五月一一日条の記事であるが、自然的・政治的身体の「死」が宗教的に否定された以上、当然、触穢が問題となることもなく、祭礼もおこなわれることになったことが知られよう。

　ところで、この家康の「死」の場合、信長・秀吉の場合とくらべて決定的に異なる点があったということを忘れてはならない。すなわちそれは、家康の「死」後、その後継者、秀忠やその政権を深刻におびやかす人物や武家勢力が存在しなかったという事実である。

　そのため、宗教上、あるいは観念上、天下人の地位は、東照大権現として「死」なない自然的・政治的身体を保つ家康と一体化・固定化することになったと考えることができよう。その意味において、秀忠が神として祝われる必要性がなくなったというのも、むしろ当然であったのかもしれない。

　そして、このの ち、問題は、徳川宗家の家督や征夷大将軍の官職を家康・秀忠の子孫のうち誰が継承してゆくかに収斂し、家督者や征夷大将軍の官職者の死をめぐる儀礼というものが話題となるようなことも、二度とおこることはなかったのである。

おわりに

　結果として、信長・秀吉・家康へと血縁をともなわないかたちでうけ継がれていった天下人の地位であるが、もちろん信長・秀吉もまた、家康同様に、その地位をみずからの子孫へ継承させたいという意向は強くもっていた。たとえば、信長も最晩年の天正一〇年（一五八二）の段階で「天下の儀も御与奪なさるべき旨仰せらる」(51)、「此冬可被譲天下之由」(52)と史料にみえるように、嫡男、信忠への継承を現実に考えていたからである。しかしながら、不幸にもその信忠までが本能寺の変において命を落とす結果となり、実現をみることはなかった。

　もっとも、信長には信忠以外にも子や孫がいたが、個別の身体と一体化するものと信長自身がつくりあげてきた天下人の地位は、皮肉なことに、その身体の「死」が葬礼を含めた仏事によって確定されたため宙にうくこととなったのである。

一方、秀吉は、この信長の轍を避けんがため、遺言を残して、「死」後に新八幡として神に祝われることによって身体の「死」を読みかえると同時に、みずからの子孫への天下人継承の道を開こうとしたとも考えられる。たとえば、『当代記』天正一七年（一五八九）四月条には、「於淀秀吉公若君誕生、是号八幡太郎」、つまり早世した鶴松（棄丸）の別名として八幡太郎というのがあったことが知られているし、その弟、秀頼の自筆による「豊国大明神」の一行書が数多く残されていることなども、神の子孫が天下人の地位を継承するという意識が伝えられていたと考えることも可能だからである。

本章でおこなってきた作業を下敷きにすれば、天下人の「死」とそれをめぐる儀礼の問題は、あるいはこのように評価することも可能かもしれない。

しかしながら、このような評価は、あくまで宗教上、あるいは観念上の解釈にすぎないのであって、すでにみたように、現実はかならずしもこれらに拘束されることもなく、むしろ乗り越えた。しかし、実はこの事実こそ、宗教史における統一権力の存在を端的に示すものとして重要なのではないかと考えられる。

中世、世俗権力は、みずからの正当性を宗教のうちにもとめ、宗教勢力もまた世俗権力を相対化、あるいは護持することでみずからとその教説の存在意義をもとめた。いわゆる王法仏法相依論といわれるものであるが、その点において、かつて藤井學氏が、中世における王法仏法相依論の展開など宗教史の成果を踏まえたうえで、「近世の統一権者が、自己の権力の統治の正当について、かくも強烈な自己確信をもつ根拠はなにか。それはかれらの徹底した武威主義、すなわち、権力が権力として正当たるの根源は、権力側みずからが内部に保持する武力にあるという、鋭い現実主義にもとづく思弁である(53)」と語られた一文は、あらためて見直される必要があると思われる。

たしかに、天下人である信長・秀吉・家康の「死」やそれをめぐる儀礼、あるいは神格化にかかわる事実や史料には、本章で垣間みただけでもわかるように、さまざまな宗教者や宗教的な言説が散りばめられている。そこに中世の王法仏法相依論でみられたものと同じようなものを見いだすことは不可能ではないし、また、本章でおこなった作業も、みかたによれば王法仏法相依論的に解釈することも可能ではある。

しかしながら、そのような解釈を真正面から打ち破るような事実、たとえば、天下人の地位が血縁で継承されず、現実の政治的・軍事的な力関係によって認知され、決していったという、いわば宗教との一定の距離感こそが重視されなければならないと考えられるのである。

その点において、「東照大権現がその本質において特定の政治権力の神格化に他ならない以上、いかなる装いをとって神威を荘厳しようとも、神威の究極的基盤がその政治権力自体にあることは論を俟たない」[54]という杣田善雄氏の指摘はやはり正鵠を得たものと思う。

もちろん、この時期においても、宗教者や宗教的な言説を丹念に読みとってゆく作業の重要性は少しもゆらぐものではない。ただ、その一方で、宗教関連ゆえの特有な言辞や現象に惑わされない細心の注意も必要とされるのではないだろうか。そして、そのためにも、ここまで述べてきたような論点や見通しについて、今一度確認、あるいは検討をおこなう必要があるが、その際、留意すべきは、統一権力と宗教との距離感というものをこれまでのように所与のものとしてとらえるのではなく、むしろ統一過程における軍事行動、とりわけ宗教勢力との軍事衝突のなかで形成されたものとしてとらえることにあると思われる。

その意味でも、今後は、本章で得られた論点や見通しにかかわる実証的な作業を深めてゆくと同時に、このような視点からの軍事行動の再検討もおこなう必要があろう。今後の課題としたいと思う。[55]

(1) 岩波書店、一九五二年。
(2) 伊藤真昭「京都の寺社と統一政権」(今谷明・高埜利彦編『中近世の宗教と国家』岩田書院、一九八九年)、同「中近世移行期における寺社と統一政権—所司代の展開を中心として—」(『日本史研究』四五二号、二〇〇〇年、以上、のちに同『京都の寺社と豊臣政権』法藏館、二〇〇三年)。
(3) 朴秀哲「織田政権における寺社支配の構造」(『史林』第八三巻二号、二〇〇〇年)、同「豊臣政権における寺社支配の理念」(『日本史研究』四五五号、二〇〇〇年)。
(4) 拙著『中世京都の民衆と社会』(思文閣出版、二〇〇〇年) 第二部第五章、本書第二部第五・六章。
(5)『多聞院日記』(増補続史料大成) 慶長四年閏三月一四日条。
(6) 朝尾直弘「「将軍権力」の創出」(『歴史評論』二四一・二六六・二九三号、一九七一・一九七二・一九七四年、のちに同『将軍権力の創出』岩波書店、一九九四年)、永原慶二「天下人」(『日本の社会史　第3巻　権威と支配』岩波書店、一九八七年)、藤井譲治「一七世紀の日本」(『岩波講座日本通史　第12巻　近世2』一九九四年)。
(7) 永禄一三年正月二三日付足利義昭・織田信長条書(『成簣堂文庫所蔵文書』、奥野高広著『増訂織田信長文書の研究』上巻、吉川弘文館、一九八八年、二〇九号)。
(8)(天正元年) 七月一三日付織田信長書状(『太田荘之進氏所蔵文書』、同右、三七七号)。
(9) なお、近年の成果としては、信長の葬礼に関する橋本政宣「贈太政大臣織田信長の葬儀と勅錠」(『書状研究』一四号、二〇〇〇年、のちに同『近世公家社会の研究』吉川弘文館、二〇〇二年) が注目される。
(10) 本書第二部第六章。
(11) エルンスト・H・カントーロヴィチ、小林公訳『王の二つの身体』(平凡社、一九九二年)。日本古代史では、堀裕「天皇の死の歴史的位置」(『史林』第八一巻一号、一九九八年)、同「死へのまなざし」(『日本史研究』四三九号、一九九九年) が注目される。
(12)『当代記　駿府記』(続群書類従完成会刊)。
(13)『信長公記』(奥野高弘・岩沢愿彦校注『信長公記』角川文庫、一九六九年) 天正一〇年六月二日条。
(14)「本能寺文書」(京都大学文学部古文書室影写本)。
(15)『言経卿記』(大日本古記録) 天正一〇年七月一一日条。

(16)『阿弥陀寺文書』(水野恭一郎・中井真孝編『京都浄土宗寺院文書』同朋舎、一九八〇年)。
(17)『言経卿記』天正一〇年九月七日・一二日条。
(18)(天正一〇年)七月一七日付羽柴秀吉書状(『毛利家文書』、『大日本史料』第一一編之二)。
(19)『言経卿記』天正一〇年一〇月八日条。
(20)『兼見卿記』(史料纂集)天正一〇年一〇月一二日条。
(21)注(19)。
(22)注(9)参照。
(23)『茶道古典全集』第七巻(淡交社、一九五九年)。
(24)『秀吉事記』惟任退治(『大日本史料』第一一編之二)。
(25)『兼見卿記』天正一〇年一〇月一一日条。
(26)同右、天正一〇年一〇月一五日条。
(27)同右、天正一〇年一〇月一七日条。
(28)大田壮一郎「室町幕府の追善仏事に関する一考察—武家八講の史的展開—」(『仏教史学研究』第四四巻二号、二〇〇二年)。
(29)『言経卿記』天正一〇年一〇月一五日条。
(30)『晴豊記』(増補続史料大成)天正一〇年一〇月一五日条。
(31)『兼見卿記』天正一一年六月二日条。
(32)『多聞院日記』天正一六年六月四日条。
(33)同右、文禄三年六月二日条。
(34)『義演准后日記』(史料纂集)慶長三年七月二五日条。
(35)同右、慶長三年八月七日条。
(36)同右、慶長三年一二月一六日条。
(37)同右、慶長四年正月五日条。
(38)史料纂集。

(39)　注(37)。
(40)　フランシスコ・パシオ師の「太閤秀吉の臨終」についての報告（松田毅一・川崎桃太訳『フロイス日本史　2』中央公論社、一九七七年）。
(41)　注(37)。
(42)　『御湯殿上日記』（『続群書類従』補遺三）慶長四年三月五日条。
(43)　『当代記』慶長三年四月一九日条。
(44)　注(40)。
(45)　『伊達日記』（『群書類従』第二一輯）。
(46)　『本阿弥行状記』（正木篤三『本阿弥行状記と光悦』中央公論美術出版、一九八一年）。
(47)　『駿府記』慶長二〇年七月九日条。
(48)　続群書類従完成会刊。
(49)　『本光国師日記』元和二年四月一七日条。
(50)　家康の神格化と仏事との矛盾については、すでに杣田善雄氏（「幕藩制国家と門跡―天台座主・天台門跡を中心に―」、『日本史研究』二七七号、一九八五年、のちに同『幕藩権力と寺院・門跡』思文閣出版、二〇〇三年）が指摘されている。
(51)　『信長公記』天正一〇年三月二六日条。
(52)　『当代記』天正一〇年三月二三日条。
(53)　藤井學「近世初期の政治思想と国家意識」（『岩波講座日本歴史　10　近世2』一九七五年、のちに同『法華文化の展開』法蔵館、二〇〇二年）。
(54)　注(50)参照。
(55)　なお、本書第二部第一・二章において、その作業の一端を呈示している。

終　宗教勢力の運動方向
——中近世移行期における——

はじめに

本章に課せられた課題は、中近世移行期、すなわち戦国・織豊期における宗教勢力の方向性を概括的に論じることである。どの分野史にかかわらず中世史と近世史の断絶がさけばれて久しい。宗教史、仏教史においても同様で、よく知られているように、当該期に関しては、ながく一向一揆や法華一揆、あるいは山門焼討・安土宗論・石山合戦等いくつかのトピックがクローズアップされるのみで、その相互関係についても、前後史を踏まえたうえで実証的に検討することすらほとんどなされてこなかった。

当然、それ以外の事象に関する実証的な研究の蓄積もきわめて乏しいといわざるをえないのが実状である。したがって、そのような乏しい実証研究のうえにたって、本章が論を展開しなければならないとすれば、おのずと構造的な議論を試み、それによって今後の実証研究の活性化をうながすということがひとつの役割になるのではないかと考えられる。

この構造的という点において念頭におかねばならないのが、顕密体制論・寺社勢力論(1)であることはいうまでもない。しかしながら、目下、実証レベルで顕密体制論・寺社勢力論が検証されているのは、中世前期が中心で、当該期に関してはほとんど手つかずというのが現状である。また、顕密体制論・寺社勢力論自身も当該期については、「解体」「衰退」「没落」という見通しを述べるにすぎない。さらには、顕密体制論・寺社勢力論が当該期にも妥当であるのかという重大な問題についても、今後さらに実証的な作業が蓄積されたうえで議論される必要があるが、構造的な議論を試みようとする本章においては、当面、顕密体制論・寺社勢力論が考察の中心にすえた顕密寺社、とりわけ寺院に視点の重心をおくというのがひとつの方法になるのではないかと考えられる。

とはいうものの、中世後期以降、とりわけ当該期においては、顕密寺社をめぐる事象のみを論じることが、すなわち、構造的な議論につながるというわけではないこともいうまでもない。

そのため、近年、寺社勢力をその一類型としつつも世俗権力に対し政治的にも経済的にも一定の自立を保ち、しかも「百姓」勢力を含んで民衆化する要素を有するものとして、「中世宗教勢力」(2)という用語が提起されている。本章の論題としてあたえられた宗教勢力という文言もまた、含意するところは同様となろう。

ところで、寺社勢力論では、寺社勢力を「主として現実の人間の組織＝集団の一形態」、「究極人間の組織であり社会的結合の特殊な形態」と定義づけされているが、本章ではこの点を積極的に継承し、これら社会集団によって寺院内に形成された社会を寺院内社会、そしてその寺院内社会を単位に形成された、より広範囲の社会を寺院間社会とかりにとらえて行論してゆこうと思う。

おそらく、この寺院間社会の構造的な方向性を少しでもあきらかにすることができれば、宗教勢力の行方、つまりは運動方向を垣間みることができるのではないだろうか。したがって、この時期に劇的な変貌をみせたであろう宗教的・信仰的な思惟のありかたや神祇・神社については触れる余裕がないことをことわっておきたい。

さて、すべての分野史にかかわって中近世移行期における画期というべきできごととは、あらためるまでもなく統一権力の登場である。そして、その統一権力は、京都を主な政治的舞台にして列島の社会統合をはかってゆく。以下、本章が扱う事象の多くが京都の寺院であるのは、もちろん史料の残存状況にも影響されてはいるが、同時に、京都での事象が、中近世移行期における宗教勢力と権力との関係を限界をはらみつつも先進的に規定していったという見通しを踏まえてのことである点もことわっておきたい。

なお、本章では、寺院内社会・寺院間社会ということばをつかうが、これらによって新たな概念などを呈示しようというのが意図ではもとよりない。これらは、あくまで個別の事実の数々を見通しやすくするためのものであり、さらに適当なことばや概念があれば、代替しうるものであることもことわっておきたい。

一 寺院内社会の一構造—寺僧と本願を中心に—

(1) 清水寺と清涼寺

応仁・文明の乱によって、京都の寺院の多くが焼亡したことはよく知られている。舞台造りの本堂で有名な清水寺もその例外ではなく、文明元年（一四六九）に付近の雲居寺・珍皇寺・建仁寺とともに兵火によって焼亡する。(3) さいわいにも本尊はその被害をまぬがれたものの、本格的な寺院の再建は、乱後の文明九年（一四七七）まで待たねばならなかった。

清水寺の再建に尽力したのは、乱前すでに勧進聖として、また「十穀坊主」として名の知られていた願阿弥と「其徒」(4) である。願阿弥が「七条時衆」(5) とみられていたように、彼らは、元来、清水寺とは無縁のいわば外在的存在である。この点が、寺内遁世僧と評価されるこれ以前の聖とも、また同じく勧進活動をおこなっていた禅律僧とも異なる点であるが、しだいに、彼らは寺内に「願阿庵刹」「願坊」「願所」(6) などと呼ばれる庵室を設け、そこを拠点に再建事業に従事する。そして、願阿弥の死後も「其徒」のなかから後継者があらわれ、事業はひき継がれてゆくこととなった。

中規模で有力な顕密寺院（近世の一山寺院）としての清水寺の本寺は、興福寺一乗院門跡であったが、願阿弥の後継者たちは、この門跡の院家が任じられる清水寺別当より本願職に補任、その庵室も本願成就院、成就院と呼ばれ、堂舎の再建・修造に従事してゆくこととなる。(7)「当寺修造事、寺家一向不存知、願阿上人七条時衆也、去年給上人号、以勧進造営也、仍彼上人悉皆申沙汰也」(8)とみえるように、清水寺の再建・修造はまったく願阿弥や本願成就院によっておこなわれ、顕密の寺僧集団である寺家は、「以外無力、如無」(9)というありさまであった。

寺家は、こののち、執行・目代を世襲化する宝性院・慈心院とそれをのぞいたところの六坊（光乗坊・義乗坊・義観坊・智文坊・蓮養坊・真乗坊）と称されるようになるが、ところが、復興がすすむにつれて、元来、外在的存在であった成就院の内在化に対して六坊などが排除の姿勢をみせると同時に、両者の対立関係もあらわになる。その端的な例が本堂などにおける仏事からの成就院の排除であるが、一般に中世後期、寺社の本願は仏事・神事より排斥されていた(10)とされているから、同じ構図が清水寺でもみられたということになろう。

もっとも、これに対しては成就院も独自の動きをみせる。この点がこの時期の特色ともいえるが、たとえば、開山延鎮のほか行叡・坂上田村麻呂・高子夫妻を祀った田村堂（本願院、開山堂）に本尊として阿弥陀仏をすえたり、また、朝倉貞景の奉加によって建立された朝倉堂（法華三昧堂）に本堂を模し舞台をそなえて、そこで「公武御祈禱」の仏事を執行したりするようにである。本願成就院が寺院内に定着化をはかるべく、宗教的・思想的な理論武装を模索するさまをみてとれるが、それがさらに両者の対立を激化させてゆくこととなるのである。

このように、戦国期の清水寺を通してみられる顕密寺院内における寺僧と勧進聖、本願との対立は、実は清水寺にかぎられたものではない。たとえば、応仁二年（一四六八）に兵火に罹災した嵯峨釈迦堂、清涼寺の再建をおこなったのも「十穀」「木食」と称された堯淳とその後継たる本願であったが、その本願と寺僧である地蔵院・宝泉院・明王院・歓喜院・宝性院などとの相論が知られているからである。

清凉寺の場合、史料のうえで両者の対立が表面化するのは、くだって慶長一四年（一六〇九）であるが、もちろんその端緒が堯淳による勧進活動の開始と連動したものであろうことはうたがいない。その慶長一四年の寺僧申状案[11]は「大覚寺様御奉行中」宛にだされたものであるが、そこに「抑当寺本堂者、真言之道場ニテ御座候」、「先之本願堯淳・堯海まて、真言を申付」とみえるように、清凉寺は元来、真言宗の寺院として戦国期には大覚寺門跡の末寺であった。そこへ本願の内在化が進行し、対立の様相をみせることとなったのである。

なお、本願がいわばひとつの寺院として体をなしていたのが、この時期、上京芝薬師町に所在した阿弥陀寺である。開山は清玉とされているが、『阿弥陀寺文書』[12]には、永禄三年（一五六〇）のほぼ同時期、同内容の禁制が「本願人清玉」と「北野経王堂」に宛てて残されていること[13]からしても、北野経堂における千部経会を興行し、そこにおいて勧進活動をおこなっていた可能性が考えられる。

このような千部経にかかわる禁制は、実は『清凉寺文書』[14]にも「嵯峨清凉寺千部経中」宛に残されており[15]、さらに、『清水寺文書』[16]にも案文であるが「清水寺千部経中」宛にだされたもの[17]を見いだすことができる。清水寺でおこなわれた塔供養の千部経会は、「貴賤群集、商売之市、往還不心安也、読経僧衆不見」[18]とまでの賑わいをなしていたが、本願、勧進聖がおこなう勧進活動と千部経会とのあいだに密接な関係があったことをうかがわせる。また、清玉は、「東大寺再興」[19]「大仏殿再興」[20]の勧進にもかかわっており、その勧進能力が高く評価されていたことも知られよう。

(2) 寺僧・本願・門跡

このように、戦乱によって荒廃した京都の寺社再建が実現をみることができたのは、勧進聖、本願の旺盛なる活動のたまものであった。しかし、皮肉なことにその活動の旺盛さゆえに寺僧との溝を深めることにもなったのである。これは、ひとつには本願が造営事業を請負う一過性の存在とみられていたためと考えられるが、それと同時に、たとえば、願阿弥が「七条時衆」と目されていたということなども無関係ではないであろう。

成就院が本堂における仏事から排除されていたという事実もそれに起因するものにほかならないが、もっとも、願阿弥自身は、この違いをよく承知しており、文明一六年（一四八四）の本尊遷座の際にも、その御厨子をみずからが舁ぐことをせず、六角堂の先例を示してまで寺僧に舁かせようとしている。[21]

しかしながら、寺僧側がその違いをより強調したとき、本願側もみずからの立場を主張せざるをえなくなったと考えられる。その際、特徴として指摘できるのは、その立場の重心をいわゆる「新仏教」（鎌倉新仏教）系の念仏においたことである。

成就院の場合、願阿弥が「七条時衆」と目されていたので、そのながれをくむかたちとなったのはいうまでもないが、清涼寺の場合、堯淳自身の宗派はつまびらかではないものの、次代の堯仙が金戒光明寺琴誉盛林の弟子となるとともに、千部経会を別時念仏会に変化させていることなども知られているからである。[22]

また、興味深いのは、近世には浄土宗寺院として知恩寺末寺となる阿弥陀寺の開山、清玉が清水寺成就院で剃髪したと伝えられている点で、[23]さらにいえば、大永三年（一五二三）に清水寺に参籠した知恩寺住持伝誉慶秀がその祈願文に「清水寺沙門伝誉」[24]と記すなど、念仏による密接なネットワークが認められるのである。

もっとも、このように時宗や浄土宗など「新仏教」系の念仏との接点をもつということは、同時に、たとえば、阿弥陀寺が「無縁所」として「檀那之輩土葬等」のためのに寺内墓地をそなえ、[25]また織田信長の遺骸を火葬、埋葬したことなどに象徴されるように、[26]死穢との接点をもつこととして寺僧側の非難の焦点ともなりつづけた。

とはいいつつも、寺僧には、本願のような再建・修造をになう経済的な能力や手段はそなわっていなかったし、学僧としてそのような行動原理ももちあわせていなかったであろう。

寺僧が忌避しつつも本願を完全には排除できず寺院内に温存せざるをえなかった理由がここにあるが、逆にそのことによって本願も寺院内に定着し一定の社会的地位を得ることができたのである。いわば宗教的・思想的には対立しつつも、経済的・社会的には相互補完しているというのが、この時期の両者の関係であった。

ところで、このような寺僧と本願の関係のうえに本寺として位置していたのが、一乗院や大覚寺などの門跡である。ただ、この時期の門跡は、本願や執行・目代などの補任権を保持してはいたものの、寺院内の問題に積極的に介入することはなく、またそのような実効的な強制力や調停能力ももっていなかったと思われる。

もっとも、補任とはいってもその実態は追認であり、たとえば、弘治二年(一五五六)の清水寺本願の場合のように、「大別当へ五貫文、少別当へ弐貫五百文、奉行分弐貫五百文、山林預置之礼分三貫文、都合十三貫文」[27]など補任料やそれにともなう礼物を確保する存在として映っていたのである。

このように、本節での検討を通してみえる寺院内社会の構造をおおよそまとめれば、つぎのようになろう。すなわち、門跡を本寺として頂き、顕密僧(集団)である寺僧と「新仏教」系の僧(集団)である本願が競合しつつもひとつの寺院内社会を形成するというものである。

実は同様の構造は、京都以外、たとえば吉野山金峰山寺・当麻寺・熊野那智山などでも確認されており、[28]おそらくはこの時期の寺院内社会の構造のひとつとしてみてとれることができるのではないかと考えられる。

二　寺院間社会の一構造―山門延暦寺を中心に―

(1)　山門延暦寺と惣寺

清水寺の本寺は、南都興福寺一乗院門跡であったが、中世京都においてもっとも影響力を保持していた存在が山門延暦寺である。そこで、本節では、この山門を中心に寺院間社会について考えてゆくこととするが、近年、中世の山門が近世的な意味での一箇の寺院とはかなりかけ離れた実態をもつ存在であったことがあきらかにされている。[29]その構造や組織の実態はきわめて複雑なものであるが、その骨格というべき構成要素をあげれば、門跡・寺家・大衆ということになろう。

門跡とは、「山門三門跡者、梶井・青蓮院・妙法院是也、此外ノ門跡モ亦拝任座主跡是多シ、浄土寺・竹内・岡崎・東南院・檀那院・積善院・毘沙門堂等也[30]」とみえるように、いわゆる三門跡・脇門跡によって構成され、天台座主に任ぜられる資格を有する門主を頂点に独自の財産と法脈をもつ私的性格が濃厚な組織であった。

それに対して、僧伽和合の精神によってあらゆることを衆議で決するという点において、山門内で公的な性格を帯びていたのが大衆である。山門大衆は、妻帯した僧である山徒とそれ以外の衆徒によって構成されるが、それらがさらに三塔（東塔・西塔・横川）一六谷に分節しつつも、山門運営の基本をなす惣寺として結集する点に特徴があった。

そして、この惣寺の執行機関として機能したのが寺家である。ここでいう寺家とは、寺院一般をさし示すそれではなく、近江坂本に所在し、執当という世襲の役職僧を擁する機関のことであるが、この寺家は、惣寺の執行機関であると同時に、天台座主の執行機関でもあるため、惣寺と天台座主とを結ぶ要の存在ともなっていた。

よく知られているように、中世、南都北嶺など中央の権門寺社・顕密寺社を中核に公家・武家に対抗する政治的・社会的な勢力のことを寺社勢力と呼んでいるが、近年、その実態を大衆によって構成された惣寺を基礎単位とする広がりとしてとらえるみかたが提起されている。[31]

さきにも述べたように、この寺社勢力という概念が当該期においても妥当するのかという問題自体については、今後実証的な検証が積まれたうえで議論されるべきであるが、ただ事象としては、たとえば、天文五年（一五三六）のいわゆる天文法華の乱の際、法華一揆を「退治」するにあたって山門三塔の大衆が大講堂において衆議し、その衆議を「南都両寺・園城寺・豊原・平泉寺・吉野・多武峰」「東寺・高雄・栂尾・根来・粉河・高野」[32]をはじめ、祇園社・書写山・日光山などの惣寺へ通達するとともに、その合力を要請していることが知られている。[33]
実際に軍勢を寄越したのは、確認できる範囲では園城寺・日光山・平泉寺・書写山・観音寺・若狭神宮寺などかぎられたものではあったが、ついで天文一〇年（一五四一）にも根来寺覚鑁への大師号授与阻止にあたって園城寺・高野山などに対して同様の行為をおこなっていることからすると、[34]この時期においてもなお惣寺の交流が広範に存在していたことだけはまちがいないであろう。

(2)　山門延暦寺と末寺

山門大衆が衆議を通達し、合力を要請した諸寺社のうち、興福寺や園城寺などはいわば同格の存在といえるが、天文法華の乱時に軍勢を送ってきた日光山・平泉寺・書写山・観音寺・若狭神宮寺などは山門末寺に相当する。諸記録には、「叡山衆本寺末寺都合其勢三万余騎」[35]、「諸国ノ末寺末山ノ大衆ヲ相語ラヒ山徒大将ト成テ数萬人ヲ引率」[36]などとみえるから、実際にはさらに多くの末寺が軍勢に加わっていたと考えられる。

中世の山門が多数の寺社と本寺末寺関係を保持していたことはよく知られているが、実際にはその関係も大衆の分節する三塔一六谷ごとに成立していたことがあきらかにされている。[37]
とりわけ、京都において数多くの寺社を末寺・末社としていたのが三塔のうちでも横川で、その末寺・末社のなかには、町堂として著名な革堂（行願寺）や六角堂（頂法寺）をはじめ、北野社や祇園社などこの時期の都市住人の信仰をあつめる寺社も含まれていた。

ところで、天文五年・天文一〇年ともに山門大衆は、本願寺へも衆議を通達し合力を要請している。両度ともに本願寺は軍勢を動かすことはなかったが、天文五年のときには、「三万疋[38]」、天文一〇年のときにも「矢銭万疋[39]」を送っている。もちろんこれは、この時期、本願寺が三塔のうち、西塔の末寺となっていたためであった。

本願寺が西塔の末寺となったのは、いわゆる寛正の法難とその事後処理の結果である。[40] 蓮如によるいわゆる近江流寓と吉崎占拠、さらには本願寺が戦国期教団へと発展する契機ともなったこの法難は、寛正六年（一四六五）正月に西塔院勅願不断経衆の衆議にもとづき公人・犬神人等による大谷本願寺破却に結果した。ところが、応仁元年（一四六七）には、思いのほかはやく「為青蓮院門跡御口入」「三院寛宥之儀[41]」がはかられている。

その際、蓮如の引退とともに「彼末孫光養丸」、つまり実如への継職が安堵されたが、そのいわば条件として「新加当院之末寺、釈迦堂奉寄分毎年参仟疋可奉献」「契約[42]」が結ばれたのである。そして、これ以降、本願寺は、「山門西塔院へ末寺銭如毎年遣之[43]」しつづけることとなった。

もっとも、真宗のうちで山門大衆の末寺となっていたのは、本願寺だけではなく、専修寺もまた東塔末寺となっており、天文一六年（一五四七）には、「日蓮党類為発向」「厳密着陣」を要求されている。[44]

このような本願寺・専修寺のありかたと好対照といえる存在が、実は法華宗寺院である。南北朝以来、山門大衆によって仏光寺や本願寺が弾圧の危機にみまわれる際には、あたかも連動するかのように法華宗寺院も弾圧の危機にさらされてきたが、寛正六年もまた同様の動きがみられた。ただし、このときにかぎってはその結果が本願寺とまったく異なるものとなる。

というのも、この年の一二月、横川楞厳院閉籠衆の衆議により公人・犬神人が発向することが決せられたものの、法華宗寺院は山門奉行布施貞基、つまりは幕府を動かすとともに、「京都半分為法華宗上、信心檀那等捨身命而防戦者、洛中以外可乱[45]」と「防戦」の姿勢をみせることによって、その発向を中止に追いこんでいるからである。当然のこと、法華宗寺院は、山門末寺とはならなかった。[46]

このときの「防戦」がのちの法華一揆の濫觴とみなされていることはよく知られているが、実は本願寺門徒も寛正の法難にあたって「防戦」し、これがはじめての一向一揆になったとみられている。[47] 戦国期京都を席巻した宗教一揆は、ともに山門大衆の動向を契機として起立したことがここからはうかがえよう。

ところで、山門大衆にとって、天文法華の乱にいたる要因として重要な部分を占めていたものとは、いうまでもなく法華一揆による自治的行為に対する反感やその宗教的・思想的な対立点にある。[48] しかし、それ以外として法華宗寺院を末寺化することにも眼目があったのではないかと当時からみられていたふしがある。[49]

たとえば、外国語史料ではあるが、『耶蘇会士日本通信』[50]に「日本の他の諸宗派を悉く配下に帰せしめんと欲し三十七年前（天文五年）武器を携へて都に下り、殆んど一切を火を以て焼き多数の人を殺したり」とあるからである。

一般に蓮如時代の本願寺やその教団も経済的にも零落していたかのように語られることが多いが、実際には寛正の法難の際にも「山門ニハ問答ニ及ズ、礼銭ヲ欲シガルナレバ、国ヨリ料足ヲバ足ニフマセン」[51]というように、本願寺を支える経済力、とりわけ現銭の保持力はけっして微弱なものとはいえなかった。

そして、それ以上に戦国期の法華宗寺院が経済力を保持していたことは、京中の酒屋・土倉など有徳人の厚い信仰を集めたという事実をあげるまでもなく、「当時法華宗繁昌驚耳目者也」[52]、「文明乱以後、京中充満」[53]という文言からも容易にうかがわれよう。

そういう意味では、かりにそれが結果だとしても本願寺の末寺化に成功した山門大衆が、膝下の京都において繁昌をみせる法華宗寺院をあわせて末寺にせんと考えたとしてもけっして不思議ではなかったのである。

もちろん、山門大衆自身も中世後期、たとえば、大衆の祭といわれた日吉小五月会の用途調達のために京中の酒屋・土倉を日吉神人として編成し、その日吉神人より毎年二一〇〇余貫文におよぶ馬上役（馬上料足・馬上合力銭・馬上公定銭・馬上功程銭）を徴収できる馬上一衆・合力神人制などを幕府と共同で構築してはいた。[54] しかし、その馬上一衆・合力神人制も応仁・文明の乱以後は退転に追いこまれており、(55)これに荘園制社会が最終的な解体にむかう戦国期という時代状況をも重ねあわせれば、権門としての山門大衆が本願寺や法華宗寺院の末寺化を志向することはむしろ自然の運動といえよう。けだし、中世の末寺とは、一種の所領にほかならないからである。

もっとも、山門大衆と本寺末寺の契約を結ぶということは、本願寺や専修寺など、いわゆる「新仏教」系の寺院にとってもかならずしも悪い選択であるとはいえなかった。たしかに末寺銭や合力の提供など一定の負担は覚悟しなければならなかったが、その一方で、たとえば、本願寺の場合、西塔末寺となることで西塔以外の大衆と対立状況となった際には、「西塔院事ハ本末之儀候間、惣山之儀可申破(56)」として西塔による庇護を得ることができるなど、(57)寺院として認知をうけると同時に、一定の社会的地位も保証されたからである。

いわば、宗教的・思想的には対立しつつも、経済的・社会的には相互補完してゆくというのが、この時期の山門大衆と本願寺との関係であったといえよう。その意味からいえば、法華宗寺院はこの関係の受容をこばんだのであり、したがってその関係の外において独自に運動する道を選んだということとなるのである。

(3)　惣寺・末寺・門跡

この時期の山門大衆と本願寺・法華宗寺院など、いわゆる「新仏教」系の寺院との関係を以上のようにみたとき、その関係において、山門という顕密寺院の上層部として天台座主就任の資格を有する門跡の立場は微妙かつ不明確といえる。

たとえば、応仁元年（一四六七）に本願寺が西塔の末寺となった際、その仲介をおこなったのが青蓮院門跡であったが、これは一般に本願寺が青蓮院門跡の院家（「外様之院家(58)」）になっていたからとされている。しかし、本願寺末寺化に関する一連の史料の段階では、それを確認することができず、むしろ「依為青蓮院境内之候仁、自御門跡重々御籌策」[59]とみえるように、いわば個別の主従制的な関係のほうが当初は影響したように読みとれる。

また、専修寺の場合、参内や僧官を得んがために青蓮院門跡に接近したものの功を奏さず、ついで大覚寺門跡に接近して権僧正を得、さらに妙法院門跡の院家となるなど[60]、その関係性に一貫性を読みとることはむずかしい。

さらに、大永三年（一五二三）、知恩院と知恩寺とのあいだで浄土宗総本寺の相論がおこった際には、青蓮院門跡は、「知恩院之儀被執申」[61]たものの、公家（朝廷）は幕府の推す知恩寺を本寺とする決定をくだしたため、門主が高野山へ逐電するという事態にまでいたっている。これに対しては、山門三塔の大衆が衆議をもって公武へ訴え、そのため決定がひっくり返り門主も還御することとなったが、その衆議事書に「法然上人、仰当御門跡之教光、建立浄土一宗」[62]「扇青蓮院御門葉、卜居東山之衢」[63]とみえるように、本願寺の場合と同様、知恩院が青蓮院門跡と個別的な関係をもっていたということが知られるのである。

なお、天文六年（一五三七）、時宗、四条道場金蓮寺の「四足門」「停廃」を要求する山門三塔の大衆に対して、座主妙法院門跡がその調停にあたっているが[64]、その関係性についてはつまびらかではない。

この時期、宗派をまたがって関係を結ぶということは、本末関係などを含めてけっして特別なものとはいえなかったが、いずれにしても、以上からは、この時期の門跡の存在が公武との有力な仲介役として映っていたことを示す一方で、宗教的・思想的には「新仏教」系の寺院に異和感をもちつづける大衆から多分に遊離していたということがうかがえよう。

(4) 寺院間社会の一構造

このように、山門延暦寺を中心に寺院間社会の構造をみてみると、おおよそつぎのようなものになろう。すなわち、門跡を頂点に頂き、顕密僧たる大衆の惣寺が他の惣寺と交流をもつ一方で、本願寺・専修寺など「新仏教」系の寺院と宗教的・思想的に対立しつつも本末関係を結んで、経済的・社会的に相互補完し社会を形成するというものである。おそらくは、清水寺や清凉寺などもまた、一乗院門跡や大覚寺門跡をおのおの一方の核とする同じような構造のなかに位置づけられると予想される。

この構造は、不思議とさきにみた寺院内社会と類似しているが、ただ、寺院内社会と異なる点は、その外にさらに、これらと対抗しつつ独自な運動を展開する法華宗寺院のような存在が措定できることである。おそらく禅宗・律宗・時宗・浄土宗の諸寺院もまた同様の存在と思われるが、これらに共通する点は、すでに指摘されているように顕密寺院と比較したとき、葬送とのあいだに密接な接点をもっているということであろう(65)。

しかも、このうち、律宗・時宗・浄土宗の寺院はかなりの部分でさらに交錯する状況にあったと思われる。たとえば、それは、さきにみた清水寺成就院や清凉寺・阿弥陀寺の本願との関係からもうかがわれるし、また、幕府の年中行事書における僧侶の参賀において知恩院・知恩寺がともに「律家法中」として扱われていたということも知られているからである(66)。

この点、禅宗、とりわけ五山は、室町将軍家の菩提寺として顕密を中心におこなわれた重要な追善仏事、「武家八講」の場を提供すると同時に、対外関係においてほぼ独占的に主導権を発揮するなど、その独自の運動の実態がよりあきらかにされている(67)。

もちろん、さきにもみたように法華宗以下の諸寺院が山門を中心としてみたときの構造と没交渉であったというわけではけっしてなく、それらを含めてより広範な寺院間社会の構造が存在していたのであるが、ただ、その内にあるのと外にあるのとでは大きな差がみられたこともまちがいない。

たとえば、それは、永禄二年（一五五九）に本願寺が門跡となってゆくのに対して、法華宗寺院の本国寺門跡化が山門大衆によって永禄六年（一五六三）に阻止されたことなどに端的にみられる(68)。本願寺や本国寺などによる門跡志向は、いわばその社会的実体に見あうかたちでの上昇志向といえるものであるが、それは同時に、さきの構造も内外の運動によって急速に変容をとげつつあったことを意味しよう。

寺院内社会にしろ、寺院間社会にしろ、それを成り立たせている人的結合、社会的結合は宗教や信仰にほかならないが、その意味において、以上のような構造をかりに聖なる秩序、もしくは仏法ととらえるとすれば、これに対して室町幕府や武家権力、公家（朝廷）など王法たる戦国末期の世俗権力は、慣例にまかせて上層部分の人事権を行使したり、文書主義的判断で相論を裁決したりするほかは直接的な介入をおこなうことはなく、いわばあるがままに認容していたといってもよいであろう。[69] したがって、この時期に両者が真正面から衝突するというような深刻な対立がおこらなかったのもむしろ当然であった。

しかし、その一方で、一向一揆や法華一揆など宗教一揆が、その軍事力ゆえに分裂をきわめる武家権力と直接的な関係、交渉をもちだし、それと連動して個々の寺院が聖なる秩序から逸脱し、自力救済の戦国社会にまきこまれてゆかざるをえなくなったと思われる。[70] そして、それがもっとも先鋭的にあらわれた状況こそ、元亀元年（一五七〇）のいわゆる織田信長包囲網の一翼として三好三人衆・浅井氏・朝倉氏等武家権力と同列に与同する山門大衆と本願寺のすがたにほかならなかったのである。

三　宗教勢力の行方と近世的再編

(1)　寺院内社会・寺院間社会の解体

元亀元年の包囲網を自力によってかいくぐった信長は、翌元亀二年（一五七一）、坂本・日吉社、そして三塔を残らず焼討する。これらの地こそ、ほかならない大衆・寺家の根拠地であったことからすれば、信長が山門という顕密寺院のどの部分と対立していたかは明白といえる。

この焼討を目のあたりにした公家のひとりは、「仏法破滅不可説々々、王法可有如何事哉[71]」と述べているが、「浅井・朝倉贔屓せしめ、恣に相働くの条（中略）その御憤りを散ぜらるべきため[72]」、つまり焼討自体が政治的・軍事的な結果だったとしても、統一権力を模索する織田政権は、もはや仏法と相依するこれまでの王法とは異質な存在として認識されるにいたったといえよう。

その意味で、織田政権がその初発から寺社と対立する存在ととらえてきた従来の考えかたには検討の余地がある。実際、織田政権による、いわゆる弾圧的政策がとられるようになるのは、これ以降とされており[73]、元亀年間の状況が統一権力と宗教との関係にもたらした影響はきわめて深刻なものであった[74]。

この焼討によって、山門を中心とした寺院間社会は当然、解体に追いこまれることになったが、たとえば、それは、この直後にはじまった明智光秀による寺領押領に対して、かつて「洛中の叡山」とも称した盧山寺が「一かう《（向）》かくへち《（格別）》、りつけ《（律家）》の事にて」「まつ《（末）》寺のさた《（沙汰）》も候ハす候[75]」とされ、また、三門跡にいたっては「諸門跡領之儀者」「不可混山門[76]」などと述べていることからも読みとれよう。

そして、それは同時に、山門大衆とともに反信長に立ちあがった本願寺にとっても、片翼を失った仏法とみずからのそれを重ねつつ、その護持を標榜して、自力救済的に織田政権と激突する道、すなわち石山合戦しか残されていなかったということを意味した。この意味において、これまでになされてきたような山門大衆と本願寺・一向一揆のいずれがもっとも織田政権と深刻に対立していたのかという二者択一的な議論はほとんど無意味と思われる。

ところで、一〇年余りにおよぶ石山合戦の特徴として、近年、注目されているのが、「一向衆が主体ではあるものの、在地の顕密寺社勢力や地侍勢力をも糾合した、共同戦線としての戦い[77]」という点である。実はこの点で興味深いのが、清水寺の顕密僧たる六坊のひとり真乗坊が、「大坂籠城中江、方々廻文を以、入城をからめ被取[78]」、つまりは本願寺へ呼応したという事実が知られていることである。

真乗坊がいかなる理由でこのような行動をみせたのかについてはつまびらかにはできないが、石山合戦が寺院内社会・寺院間社会にとって、もっとも深刻な「宗教戦争」としてひろく認識されていたということをうかがわせるものといえよう。史料には残されてはいないが、おそらく元亀元年から天正期にかけては、すべての寺院がみずからの方向性に逡巡したにちがいなく、それが織田政権の寺社に対する「保護と弾圧[79]」という姿勢に反映していったと考えられる。

しかし、しょせん、戦争というものが物理的な軍事力の勝敗によって決着をみるものであることからすれば、山門大衆にしろ、本願寺にしろ、結局はその物理的な事象によって勢力としての地位を放擲する結果となってしまったといえる。それは同時に、これまでの寺院間社会・寺院内社会の解体を意味するが、ただし、解体は再編の端緒ともなった。

(2)　修造・学問・勤行

たとえば、本願寺に呼応した清水寺の真乗坊は、織田政権によって成敗され、その「坊屋敷・銭箱以下不残[80]」本願成就院へ寄進されたが、逆にこれによって外在的存在であった成就院は、六坊のひとつを継承することで寺内により安定した地位を獲得することとなった。

ここにみえる銭箱とは、本堂内外陣におかれた散銭（賽銭）箱のことであるが、残りの「清水寺本堂銭箱五ケ所」も、天正一七年（一五八九）には豊臣政権が六坊から召しあげ、すべて成就院へ寄附してしまっている[81]。

豊臣政権が銭箱を六坊から召しあげた理由は、「妻帯之僧共」、つまり六坊がそれによって「育女子候仁付而、今度被成御改」たためであったが、この時期の寺僧が妻帯すること自体は、とりたたて特別なことではないし、また本当にこの理由だけで銭箱が召しあげられたのかどうかについては検討の余地がある。ただ、この時期の顕密僧たち、たとえば、焼討直前の山門の「僧衆ハ大旨坂本ニ下テ、乱行不法無限、修学廃怠ノ故如此、一山相ハテタル式也」[82]と記されたような状況にあったことは、やはり否定しがたいであろう。それにくらべて本願が「十穀」「木食」と呼ばれる清僧として、この時期、民衆とともに統一権力からも畏敬され、認知されていたということは可能である。

しかし、それ以上に統一権力が問題視していたのは、実は顕密寺院における堂舎の荒廃とそれに対する寺僧の無力にあった。実際、山門においてもさきの記事の直前に、「堂モ坊舎ヲ一円ハテキレタル躰也」[83]と語られているし、また、本願の活動がこの時期にクローズアップされるようになったこと自体がなによりの証左といえよう。そして、それを裏づけるように、さきの清水寺本堂の銭箱も、「当寺造営之為」「本願令執沙汰、修造可仕」として豊臣政権によって寄附されたのであった。

もっとも、戦国期以降において堂舎の修造がままならなかったのは、戦乱による破壊はもとより、顕密寺院の経済基盤たる荘園制が解体的状況であったという点に加え、それを助成する世俗権力に余裕がなかったという点に根本的な理由があった。他方において、法華宗寺院など「新仏教」系の寺院では、経済基盤を荘園制におかず、強信かつ特定の檀徒による懇志や募財などによって多くがまかなわれていたために、堂舎の再建・修造は比較すればすみやかなものであったのである。

このようななか、豊臣政権は、天正一三年（一五八五）、山城国検地を敢行し、その一一月に公家・寺社に対して一斉に知行給付の判物や朱印状を発給する[84]。その際、注目されるのが、泉涌寺・大徳寺・長福寺・東寺・東福寺・天龍寺などに宛てた文言にほぼ共通して、「勤行等無懈怠、堂舎修理以下事、聊不可由《（油）》断」と記されている点で、「堂舎修理」にかかわる一定の経済的裏づけを政権が保証したものととらえられよう。ただし、同時に注意しなければならないのは、この文言につづいて、「若於無沙汰者、可悔還」ともみえることで、[85]判物や朱印状による寺領の保証は、そのまま統一権力に対する経済的従属へと連動することとなったのである。

清水寺に対しては、確認される範囲で、天正一七年（一五八九）と天正一九年（一五九一）に朱印状が発給されているが、ここで注目されるのは、日代である慈心院領二〇石をのぞいた、寺領一三三石にかかわる「清水寺」宛の朱印状を「願為一身可被知行」べく成就院がうけとっている点である。[86]

この点は、実は清涼寺でも同様で、[87]これによって本願が寺領の大部分を支配すると同時に、新たな寺院内社会の代表のように認知されるにいたったといえよう。実際、清水寺では江戸時代以降も成就院が継目の朱印状をうけつづけ、六坊は朱印状を拝見するだけで触れることすらできなかったのである。

なお、朱印状は顕密寺院以外にも発給されているが、たとえば、法華宗寺院である妙顕寺に対する宛行がわずか一石であるなど、[88]「新仏教」系の寺院に対する知行高は概して少ない。もちろんこれは、これらの寺院の経済基盤が荘園制になかったことに起因するが、ただ、その知行高のみによって寺院経営がなされるとは考えられない以上、この場合の朱印状の意味とは、豊臣政権にとっては、「新仏教」系の寺院も朱印地をもつ領主として把握することで、かたちのうえであれ経済的な従属をもとめることにあったといえよう。

逆に、「新仏教」系の寺院にとっては、顕密寺院と同質・同等の朱印地を保持する一箇の寺院として、ようやく社会的実体にみあうかたちで国家的な認知をうけることができたという点において意味をもつことであった。近年、豊臣政権の寺社政策には、寺社側の要請に対応した側面があったということが指摘されているが、[89]このような「新仏教」系の寺院のとり扱いもまた同じような背景にあったのかもしれない。

ところで、天正一三年に発給された判物や朱印状には、文言として、寺社に対して、「堂舎修理」とともに「勤行」の励行ももとめているが、文禄期頃よりこのうえに「学問」も加えられてゆくとされている。[90]

そして、それは、所司代前田玄以の名で京都の「新仏教」系も含めた「諸寺中」に対してだされた文禄三年（一五九四）の条々[91]にみえる「一、其宗躰々の学問を嗜、勤行等弥不可懈怠事」を経て、翌文禄四年（一五九五）八月、徳川家康等年寄衆の名でだされた御掟追加[92]にみえる「一、諸寺社儀、寺法社法如先規相守、専修造、学問・勤行不可致由《油》断事」へとつながってゆくこととなるのである。

(3)　東山大仏千僧会

中世後期以降、とりわけこの時期の顕密僧が勤行や学問を怠っていたというのは、さきにもみた山門の姿や、同じく山門大衆に対して、「むかし《昔》くしやう《公請》もしけく《繁》、御いのり《祈》のらう《労》もつもりたる世にハ、かうそ《嗷訴》をいたし、むり《無理》を申入候も、山もんのならひ《習》にて候へとも、いまの世には、何のらうもなくて、心ハむかしのまゝ」「けんみつ《顕密》のつとめ《勤》もおこたり《怠》候」[93]という公家側のことばからもうかがわれるが、しかしそれは同時に、顕密寺院が勤行や学問の成果をひろく発揮できるような、公請をともなう顕密法会や祈禱という場が退転していることにも大きな原因があった。

そして、その場を準備するようなかたちで登場したのが、文禄四年九月、大仏の奥、妙法院経堂で「国家之祈禱」と「同事」として秀吉母方の祖父母供養のためにはじめられた京都東山大仏千僧会であったのである。[94]

この法会の最大の特徴は、「浄土宗以下八宗与同日同請、当時為躰応威命計也」[95]と門跡のひとりが嘆いたように、国家的な法会に顕密寺院とならんで「新仏教」系の寺院も召請するとともに、同質の行為を要求することで、真言宗・天台宗・律宗・禅宗・法華宗（日蓮宗）・浄土宗・時宗（遊行）・真宗（一向宗）を「新儀」の八宗として豊臣政権が認知した点にある。

世俗権力たる統一権力を結節点として再編された新たな宗教秩序というものを目のあたりにすることができる

が、同時に、法事の順序をめぐっては真言宗と天台宗、また浄土宗と法華宗という宗派単位ではげしく座次相論が惹起、それがそのまま宗派内でいずれの寺院がどの順序で出仕するかという相論に波及することで、これまでのような寺院ではなく、宗派という単位がより前面にあらわれる結果ともなった。

しかも、慶長四年（一五九九）には、大仏千僧会が各月に一宗ずつという月番制に変更され、座次そのものが意味を失ってしまったために、宗派の同列化へと向かうことにもなる。いわゆる「相互に対等で自立的な宗派として、分立(96)」した近世的な宗教秩序の原型をここにみることができるのであるが、いずれにしても、以上のように世俗権力に対して政治的・経済的な自立性を弱めた宗派のありかたをながめたとき、それらをかりにも勢力と呼ぶことはむずかしいであろう。宗教勢力の行方のひとつをここにみてとることができるのである。

おわりに

文禄四年にはじまった大仏千僧会は、その後二〇余年にわたって、ほぼ途絶えることなく毎月おこなわれつづけた。この間、清水寺や清涼寺の出仕はともに確認されていない。

清水寺が出仕しなかったのは、「法相・三論・花(華)厳既召請之有増有之、雖然南都遠路難渋之由懇望歟(97)」とあるように、本寺である興福寺が出仕していなかったからであるが、清涼寺の場合は、慶長期にかけて寺僧と本願との対立が顕在化していたということも影響していたのかもしれない。

実は、清水寺でも同時期、本願と六坊との対立が顕在化している。この慶長期に顕密寺院内で相論が頻発し、それに対応して徳川政権、江戸幕府が個別寺院法度を制定したということが知られているが、その際の基本方針とは、寺院内の「上層部」の意向にそうものであったとされている(98)。

この場合の「上層部」とは、門跡や顕密僧たる寺僧などのことであるが、おそらくはこのような潮流に乗って寺僧側がおこしたのが、この時期の相論であったと考えられる。

本願を非難する寺僧側の言い分の基本というのは、たとえば、清水寺の六坊や執行・目代が「本願先祖なり立之儀、遊行流之坊主」、「七条白蓮寺之坊主ヲ寺家として願人ニ申付」、「執行・目代ハ高野山ニ而学侶、本願者行人ニ似タル者」などと述べるように、それ以前と同傾向を示すものであったが、ただその一方で注目されるのは、「太閤様（豊臣秀吉）御時、修理料のそみ、御朱印を申受、十六年このかた数千貫取りこみ、一切修理不仕[99]」などとこの時期の本願が堂舎の修造を怠っていると指摘している点である。

くり返すまでもなく、外在的存在である本願が顕密寺院に内在化できたゆえんとは、堂舎の再建や修造をになってきたという一点につきる。したがって、寺僧のいうところが、もし事実であったするならば、統一権力との意向とも不一致し致命的な問題となりえたであろう。

おそらくは、史料にその名をとどめていない本願のいくつかがこの時期を境にすがたを消していったと推測されるが、そのようななかでも、清水寺や清涼寺の本願は生き残ることができたのみならず、より力を増していった。彼らが六坊や寺僧によってくり返しおこされる相論に勝ちえたのは、もちろん個別の事情にもよるが、共通してみられるのは、朱印状の保持という事実を全面に押しだしつづけたという点である。

「御朱印ニ清涼寺と御座候故、本願一人之御朱印ニ可仕[100]」とみえるように、みずからが保持する朱印状の宛所にすえられた「清水寺」や「清涼寺」という文言とみずからを一体化させることで、寺院内における地位の正当性を主張しつづけたわけである。

また、清涼寺の本願は、同時に浄土宗という宗派性も強調したが、これはいうまでもなくこの時期、急速に強まる浄土宗と徳川将軍家、幕府との密接な関係を意識してのことである。清涼寺では、そのため、寺僧の宝性院（池坊）・宝泉院（中坊）・地蔵院が追放されるまでにいたっている。[101]

朱印状にしろ、宗派性にしろ、いずれもすぐれて近世的な事象といえるが、このことからも、清水寺や清凉寺といったかつての顕密寺院をかたちづくっていた構造原理が、移行期を境として、根本的な変化をとげていたという事実の一端を垣間みることができるのである。

（1）黒田俊雄『日本中世の国家と宗教』（岩波書店、一九七五年）、同「寺社勢力論」（『岩波講座日本歴史 6 中世2』一九七五年、のちに『黒田俊雄著作集 第3巻 顕密仏教と寺社勢力』法藏館、一九九五年）。
（2）大石雅章「寺院と中世社会」（『岩波講座日本通史 第8巻 中世2』一九九四年、のちに同『日本中世社会と寺院』清文堂出版、二〇〇四年）。
（3）『経覚私要鈔』（清水寺史編纂委員会編『清水寺史 第三巻 史料』法藏館、二〇〇〇年）文明元年七月一二日条ほか。
（4）『碧山日録』（増補続史料大成）寛正二年二月一七日条ほか。
（5）『親長卿記』（増補史料大成）文明一六年六月二七日条。
（6）『蔭凉軒日録』（増補続史料大成）長享二年九月一〇日条ほか。
（7）清水寺史編纂委員会編『清水寺史 第一巻 通史(上)』（法藏館、一九九五年）、下坂守「中世的『勧進』の変質過程―清水寺における『本願』出現の契機をめぐって―」（『古文書研究』三四号、一九九一年、のちに同『描かれた日本の中世―絵画分析論―』法藏館、二〇〇三年）。
（8）注(5)。
（9）『親長卿記』文明一六年六月一九日条。
（10）吉井敏幸「近世初期一山寺院の寺僧集団」（『日本史研究』二六六号、一九八四年）。
（11）慶長一四年一一月一五日付宝性院良雄等連署申状案（『清凉寺文書』、水野恭一郎・中井真孝編『京都浄土宗寺院文書』同朋舎出版、一九八〇年）。
（12）『京都浄土宗寺院文書』。
（13）永禄三年八月七日付室町幕府奉行人連署禁制（『阿弥陀寺文書』）、永禄三年一二月一八日付同上文書（同上）。

(14) 注(12)。
(15) 天正六年三月一三日付村井貞勝禁制（『清凉寺文書』）ほか。
(16) 『清水寺史　第三巻　史料』。
(17) 永禄二年二月日三好長慶禁制案（『清水寺文書』、『清水寺史　第三巻　史料』）。
(18) 『言継卿記』（続群書類従完成会刊本）天文一七年四月二五日条。
(19) （年未詳）四月一八日付三好長逸書状（『阿弥陀寺文書』）。
(20) （年未詳）一〇月六日付村井貞勝書状（同右）。
(21) 注(9)。
(22) 慶長二年正月日前田玄以禁制（『清凉寺文書』）ほか。
(23) 『知恩寺末寺由緒記』（『浄土宗寺院由緒書』巻上、増上寺史料編纂所編『増上寺史料集』第五巻、増上寺、一九七九年）。
(24) 大永三年正月吉日付清水寺沙門伝誉願文（『清水寺史　第一巻　通史(上)』）。
(25) 永禄元年一〇月二七日付室町幕府奉行人連署奉書（『阿弥陀寺文書』）ほか。
(26) 享保一六年付『阿弥陀寺由緒書』（同右）。
(27) 『清水寺別当記』（『清水寺史　第三巻　史料』）弘治二年二月二〇日条。
(28) 注(10)参照。
(29) 下坂守『中世寺院社会の研究』（思文閣出版、二〇〇一年）。
(30) 『海人藻芥』（『群書類従』第二八輯）。
(31) 注(29)参照。
(32) 天文五年六月朔日山門三院衆議条々（京都国立博物館所蔵「阿刀家文書」）。
(33) 拙著『中世京都の民衆と社会』（思文閣出版、二〇〇〇年）第二部第四章。
(34) 矢田俊文「戦国期宗教権力論」（『講座蓮如』四、平凡社、一九九七年）。
(35) 『二条寺主家記抜萃』（『続南行雑録』、『続々群書類従』第三）。
(36) 『続応仁後記』（『改定史籍集覧』第三冊）。

(37) 注(29)参照。
(38) 『天文日記』(『石山本願寺日記』上巻)天文五年七月一七日条。
(39) 同右、天文一〇年正月二三日条。
(40) 谷下一夢『増補　真宗史の諸研究』(同朋舎、一九七七年)。
(41) 応仁元年三月日山門東塔学頭代衆議下知状案(『本善寺文書』、注(40)谷下氏前掲『増補　真宗史の諸研究』)。文書名は、注(29)下坂氏前掲『中世寺院社会の研究』を参照した。
(42) 応仁元年三月日山門西塔学頭代衆議書下案(同右)。
(43) 『天文日記』天文一三年一一月二七日条。
(44) (天文一六年)九月一五日付山門東塔執行代書状(『専修寺文書』、平松令三編『真宗史料集成　専修寺・諸派』同朋舎、一九八二年)。従来、本文書の年紀を天文五年とする場合が多かったが、天文五年九月では、天文法華の乱が終わってすでに二カ月近く経っており、文面との齟齬がみられるので、天文一六年とすべきであろう。
(45) 『妙法治世集並同始末記録』(立正大学編『日蓮宗宗学全書　第一九巻　史伝旧記部　二』山喜房仏書林、一九六〇年)。
(46) 本書第一部第六章。
(47) 金龍静「宗教一揆論」(『岩波講座日本通史　第10巻　中世4』一九九四年、のちに同『一向一揆論』吉川弘文館、二〇〇四年)。
(48) 本書第一部第七章。
(49) 注(46)。
(50) 一五七一年一〇月四日附パードレ、ルイス・フロイスより印度地方区長パードレ、アントニオ・デ・クワドロスに贈りし書翰(『耶蘇会士日本通信』下巻、異国叢書、改訂復刻版、雄松堂書店、一九七五年)。
(51) 『本福寺跡書』(『日本思想大系　蓮如　一向一揆』岩波書店、一九七二年)。
(52) 『宣胤卿記』(増補史料大成)文明一三年三月二六日条。
(53) 『後慈眼院殿御記』(『図書寮叢刊　九条家歴世記録二』)明応三年一〇月一三日条。
(54) 下坂守「応仁の乱と京都―室町幕府の役銭と山門の馬上役の変質をめぐって―」(『学叢』二四号、二〇〇二年)。

(55)　本書第一部第三・四章。
(56)　『天文日記』天文七年一一月一三日条。
(57)　注(29)参照。
(58)　『華頂要略』門下伝（『天台宗全書』第一巻、天台宗典刊行会）。
(59)　応仁元年三月日山門西塔学頭代衆議書下案（『本善寺文書』）。
(60)　天正二年二月一八日付正親町天皇女房奉書（『専修寺文書』）、天正二年一一月二八日付勧修寺晴右書状（同上）、（年未詳）専修寺年行事空項言上状案（同上）ほか。
(61)　『二水記』（大日本古記録）大永三年四月一八日条。
(62)　大永三年卯月二四日付山門三院集会事書（『知恩院文書』、『京都浄土宗寺院文書』）、『大日本史料』第九編之一九、大永三年四月一八日条。
(63)　大永三年卯月二四日付山門三院集会事書（同右）。
(64)　（天文六年）卯月二日付妙法院行芸書状案（『金蓮寺文書』、橘俊道・圭室文雄編著『庶民信仰の源流―時宗と遊行聖―』名著出版、一九八二年）ほか。
(65)　大石雅章「顕密体制内における禅・律・念仏の位置―王家の葬祭を通じて―」（中世寺院史研究会編『中世寺院史の研究』上、法藏館、一九八八年、のちに注(2)前掲同『日本中世社会と寺院』）。
(66)　細川武稔「室町幕府年中行事書にみえる僧侶参賀の実態」（『遙かなる中世』一九号、二〇〇一年）。
(67)　原田正俊『日本中世の禅宗と社会』（吉川弘文館、一九九八年）、伊藤幸司『中世日本の外交と禅宗』吉川弘文館、二〇〇二年）、大田壮一郎「室町幕府の追善仏事に関する一考察―武家八講の史的展開―」（『仏教史学研究』第四四巻二号、二〇〇二年）、斉藤夏来『禅宗官寺制度の研究』（吉川弘文館、二〇〇三年）。
(68)　注(46)。
(69)　注(33)参照。
(70)　本書第二部第五章。
(71)　『言継卿記』元亀二年九月一二日条。
(72)　『信長公記』巻四（奥野高弘・岩沢愿彦校注、角川文庫、一九六九年）。

(73) 朴秀哲「織田政権における寺社支配の構造」(『史林』第八三巻二号、二〇〇〇年)。
(74) 本書第二部第一章。
(75) (元亀二年一〇月) 正親町天皇宸翰消息 (東京大学史料編纂所影写本「廬山寺文書」)。
(76) (元亀二年) 一二月一〇日付正親町天皇綸旨案 (『言継卿記』元亀二年一二月一〇日条)。
(77) 注(47)参照。
(78) (天正八年) 八月七日付村井貞勝書状 (『成就院文書』、『清水寺史　第三巻　史料』)。
(79) 注(73)参照。
(80) 注(78)。
(81) 天正一七年一〇月一四日付豊臣秀吉朱印状 (『成就院文書』)。
(82) 『多聞院日記』(増補続史料大成) 永禄一三年三月一九日条。
(83) 同右。
(84) 『大日本史料』第一一編之二二、天正一三年一一月二一日条、下村信博「公家・寺社領と天正十三年検地」(本多隆成編『戦国・織豊期の権力と社会』吉川弘文館、一九九九年)。
(85) 三鬼清一郎「豊臣秀吉文書に関する基礎的研究」(『名古屋大学文学部研究論集史学34』、一九八八年)。
(86) 天正一九年九月一三日付豊臣秀吉朱印状 (『成就院文書』)、天正一九年九月二五日付前田玄以書状 (同上)。
(87) 天正一三年一一月二一日付豊臣秀吉朱印状 (『清涼寺文書』)。
(88) 本書第二部第五章。
(89) 伊藤真昭「京都の寺社と統一政権」(今谷明・高埜利彦編『中近世の宗教と国家』岩田書院、一九九八年)、同「中近世移行期における寺社と統一政権—所司代の展開を中心に—」(『日本史研究』四五二号、二〇〇〇年、以上、のちに同『京都の寺社と豊臣政権』法藏館、二〇〇三年)。
(90) 朴秀哲「豊臣政権における寺社支配の理念」(『日本史研究』四五五号、二〇〇〇年)。
(91) 文禄三年四月付前田玄以条々案 (京都大学文学部古文書室影写本「本能寺文書」)。
(92) 文禄四年八月三日付御掟追加 (大日本古文書『浅野家文書』二六六号)。
(93) (年月日未詳) 正親町天皇女房奉書 (東京大学史料編纂所影写本「曼殊院文書」)。

(94)　注(33)前掲拙著『中世京都の民衆と社会』第二部第五章。
(95)　『義演准后日記』（史料纂集）文禄五年正月二九日条。
(96)　注(1)黒田氏前掲『日本中世の国家と宗教』参照。
(97)　注(95)。
(98)　杣田善雄「近世前期の寺院行政」（『日本史研究』二二三号、一九八一年）、同「幕藩制国家と門跡—天台座主・天台門跡を中心に—」（『日本史研究』二七七号、一九八五年）、同「近世の門跡」（『岩波講座日本通史　第11巻近世1』一九九三年、以上、のちに同『幕藩権力と寺院・門跡』思文閣出版、二〇〇三年）。
(99)　宝暦一四年付『寺格記録并願書』（『清水寺史　第三巻　史料』）。
(100)　元禄八年八月一六日付清凉寺学侶中連署申状案（大覚寺史資料編纂室編『大覚寺文書』上巻、大覚寺、一九八〇年）。
(101)　慶長一六年七月三日付清凉寺堯仙契状写（『清凉寺文書』）ほか。
(補注一)　中世から近世にかけての清凉寺については、村上紀夫「中近世の一山寺院と本願—嵯峨釈迦堂清凉寺をめぐって—」（『新しい歴史学のために』二四九号、二〇〇二年）が発表されている。

(補注二)　本願寺と山門延暦寺との関係、とりわけ青蓮院門跡との関係については、大田壮一郎「初期本願寺と天台門跡寺院」（大阪真宗史研究会編『真宗教団の構造と地域社会』清文堂出版、二〇〇五年）が発表され、実証的な再検討が加えはじめられている。

成稿・原題一覧

序　新稿

第一部

第一章　室町期祇園会に関する一考察
『ヒストリア』一九一号、二〇〇四年

第二章　戦国期祇園会に関する基礎的考察
『史林』第八五巻五号、二〇〇二年

第三章　戦国期祇園会の神輿渡御について
『世界人権問題研究センター研究紀要』八号、二〇〇三年

第四章　戦国期祇園会と室町幕府―「見物」をめぐって―
『年報都市史研究』一二号、二〇〇四年

第五章　戦国期祇園会の再興と『祇園会山鉾事』
二〇〇五年度日本古文書学会大会研究報告、一〇月三〇日、於京都産業大学

第六章　山門延暦寺からみた天文法華の乱
中尾堯編『中世の寺院体制と社会』吉川弘文館、二〇〇二年

第七章　都市共同体と人的結合―法華一揆と祇園会をめぐって―
仁木宏編『都市―前近代都市論の射程―』青木書店、二〇〇二年

第二部

第一章　元亀期の戦争と近江の寺社―山門焼討再考序説―
『近世成立期の大規模戦争と幕藩体制―占領・国分・仕置の視点から―』
科研費研究成果報告書（研究代表者・藤田達生）、二〇〇五年

第二章　安土宗論再見—信長と京都法華宗寺院—
『信長と宗教勢力—保護・弾圧そして支配へ—』滋賀県立安土城考古博物館、二〇〇三年
第三章　中世末期堺における法華宗寺院—天正七・八年の「堺勧進」を中心に—
『年報中世史研究』二四号、一九九九年
第四章　大仏千僧供養会と京都日蓮教団　寺尾英智・北村行遠編『日本の名僧　日親・日奥』吉川弘文館、二〇〇四年
第五章　近世移行期の権力と教団・寺院—豊臣政権と京都法華宗を中心に—
『日本史研究』四五二号、二〇〇〇年
第六章　豊国社の成立過程について—秀吉神格化をめぐって—
『ヒストリア』一六四号、一九九九年
第七章　天下人の「死」とその儀礼—信長・秀吉・家康の比較の視点から—
『織豊期研究』五号、二〇〇三年
終　宗教勢力の運動方向
歴史学研究会・日本史研究会編『日本史講座　第5巻　近世の形成』東京大学出版会、二〇〇四年

※各章とも補筆・補訂を加えている。

本書への収載にあたり格別のご厚情をいただいた関係各位に対し、記して感謝申しあげたく思います。

あとがき

宗門のものでもなく、また、思想史を学んだものでもない人間が、その著書に宗教ということばを冠することは、僭称以外のなにものでもない。そのことは、著者自身がもっともよく承知しているところである。

ただ、序でも述べたように、本書がいうところの宗教とは、「都市と宗教」「都市社会と宗教」といったことばがセットとなって、宗教そのものよりも、信仰も含めた宗教を紐帯（人的結合）とした社会集団が、都市社会においてどのように歴史的展開をみせたのかという、より具体的な事象をみるためのひとつの視点であることをあらためて記しておきたい。

また、本書のような内容となると、顕密体制論・寺社勢力論など、有力な学説と交差せざるをえない。が、しかし、目下のところ、おのおのの学説は、本書が対象とするような時代においては、いまだ具体的な議論ができる状況にはいたっていない。

むしろ、そのような議論をするために、個別の事実や事象を積み重ねてゆかねばならない状況というのが現実であるが、それは裏をかえせば、一九八〇年代以降の都市史や経済史がそうであったように、この時期に関しては、具体的な事象や事実によって、まだまだ議論を交わしあう余地が残されているということを意味しているのかもしれない。

もっとも、顕密体制論・寺社勢力論、そしてそれと不可分である権門体制論・非領主制論などの諸学説が登場しなければ、おそらく、中世における「都市と宗教」「都市社会と宗教」という問題設定自体、成り立ちえなかったことはまちがいない。その意味では、宗教史と都市史は、深く結びついたところに存在しているし、経済史ともまた同様であろう。

前著を「職縁と流通」「信仰と宗教」「町と地縁」と分けたのもそのことがあったためだが、ただし、全体を統合して、なにかをいうには、いま少し準備と時間が必要となろう。それまでは、本書や前著のようなかたちで、その中間報告を重ねてゆくほかはないと考えている。

さて、前著からおおよそ五年、さほどながい年月であったわけでもないにもかかわらず、著者の周囲にも変化がみられた。

たとえば、そのひとつが、京都府立大学時代の恩師、藤井學先生が、突然、吉備津の杜に帰られたことである。その前年、府立大学の先生方によって主催された、古稀の会では、遠くからお元気そうなお顔をのぞむことができたので、なおさらのことであった。しかも、お別れの日は、校務のため出張しなければならず、参上することもかなわなかった。ただ、先生ならば、きっと校務を優先するようにとおっしゃられたような気がする。

ついで、ふたつめは、京都大学大学院時代の恩師、下坂守先生が、日本の文化財行政の先頭に立たれるため上京され、その後、無事にお帰りになられたことである。これまで、あたりまえのように、親しくいろいろとお話をうかがうことのできていた時間がいかに幸せだったのかということを日々痛感したが、これもまた自己鍛錬のときと考えつつ、その時期を過ごすことができたのは貴重な経験であった。

みっつめは、私事で恐縮であるが、この五年のあいだに二度、職場をかわる経験をすることとなったことである。甲南中学・高等学校から京都造形芸術大学、そして現在の奈良大学へである。

いずれも、みずからの能力とは無関係に、ありがたいご縁をいただくという、まったくの幸運以外のなにものでもないにもかかわらず、おのおのの職場では、諸先生方はじめ多くの方々にご迷惑ばかりをおかけすることになってしまった。みずからの未熟さを恥じるとともに、社会人として、さまざまに勉強する機会をあたえていただいたことに、あらためて感謝のことばを申しあげたいと思う。

また、いずれの職場もその仕事は、なにかを人に教えるということとなってしまったが、学ぶ意欲をもつ人々のまえに自分が立つ資格が本当にあるのかという自問自答は、いつになっても消えることはないだろう。

ただ、どのような場であろうと、また何歳であろうと、学びたいという熱意をもつ人々がたくさんいるということに感動するとともに、その熱意に負けないためには自分自身どう学びつづければよいのか、という問いかけだけが、これからも自分をささえることになるように思われる。

本書も前著と同様、膨大でしかも生硬な文章をつらねることになってしまったが、今回もまた文章を書くという行為がいかに重い責任をともなうことであるのかということを身にしみて感じた。自分が意識しないうちに、どれほど多くの人々を傷つけてしまったのか、意識しないだけに、なおさら罪は深く、あらためて深く考えなければならないと思う。

また、この間、さいわいにも、滋賀県内の自治体史編纂のお手伝いをさせていただくようになって、編集委員の先生方や編纂室の方々にみちびかれながら、今までとはことなった視点から歴史を学ぶということを考えるようになってきた。とくに、地元に身近なかたちで歴史を書くということは、あたりまえのことだが、論考を書くということとは大きく異なる。

なによりまず、地元の方々に少しでも読んでもらえるようにしなければならないし、また、その内容も何十年という歳月にも耐える必要がある。そして、もっとも大事なことは、それを書くにあたって知ることのできたことすべてを、書き手個人の成果としないで、地元の方々にお返しするということであろう。

もっとも、これらのことは、冷静に考えてみると、論考とて同じであろうし、また、もともと、歴史という学びは、そのようなものであるべきとも個人的には思う。論考とそうでないものとの線引きを必死にしてきたのは、学徒や研究者と呼ばれる一部の人々だけなのかもしれない。そのような線引きにとらわれないものをひとつでも書けるよう、これもまた精進を重ねるほかはないであろう。

最後に、貴重な資史料の写真の掲載をご許可いただいた宗教法人八坂神社・京都府立総合資料館・米沢市上杉博物館に対しては、あらためて御礼申しあげたい。また、同じように、史料閲覧に便宜をはかっていただいた関係諸機関に対しても、感謝のことばをささげたい。そして、今回もまたご迷惑をおかけすることとなった思文閣出版の原宏一氏、永盛恵氏には、申しあげることばもない。さらには、前著刊行のとき以上にお世話になった方々の数は増え、もはやおひとりおひとりのお名前をあげることもかなわないが、ここに心から御礼申しあげたいと思う。

二〇〇六年五月

河内将芳

索　　引

【人　　名】

あ行

明智光秀　241,347,348,379
浅井氏
228,232～6,238～42,250,251,378,379
浅井長政　237
朝倉貞景　367
朝倉氏　228,229,232,234,236,238～42,250,251,367,378
朝倉義景　237
浅野長政　352
足利義昭　144,233,236,241,242
足利義澄　126,128～30,142
足利義稙(義材・義尹)　130～2,178
足利義輝(義藤)
141,176,177,197,200,307
足利義教　137
足利義晴　132,133,136～8,140,141,188,197,212,214,216
足利義尚　105
足利義政　134
足利義満　24～6,30
足利義持　30～2
油屋伊達一族　264
飯尾堯連　69,139
飯尾清房　53,97,102,126,162
飯尾元運　193
飯尾為清　193
飯尾為種　34
飯尾為行　34
飯尾貞運　58,131
怡雲宗悦　349
池田縁親　85,89
石田三成　352
石津屋一門　275
以心崇伝　355
伊勢貞宗　125
一条兼良　50,215
猪子高就(兵介)(信長家臣)　280
因果居士　255
氏家常陸(信長家臣)　236
栄雲院道円(秀吉祖父)　290,291,293,316
栄光院妙円(秀吉祖母)　290,291,293,316
縁実房(十穀聖)　97
延鎮　367
尾池定安　314
応神天皇　339
大内義興　130,178
正親町季秀　333,338
正親町天皇　238
多忠季　330
大政所(天瑞院)　290,291,316
大村由己　291
大脇伝介　255,256
おく(をく、奥、奥女)(御霊社神子)
105,107～9
織田信孝　348
織田信忠　348,358
織田信長　74,141,143,144,178,200,227～30,232～45,248～53,255～7,259,260,265,267,280,295,308,325,335,345～7,349～53,355～60,369,378,379
オルガンチノ　257

か行

花王院(房)(西塔北尾)　185,191
覚胤(妙法院門跡)　186,188
覚鑁　372
ガスパル・ビレラ　254
狩野内膳　336

賀茂在盛　39
革屋近藤　275
願阿弥　366,367,369
義演(三宝院門跡)
292〜4,320,328〜31,333,335,336,352
北向道陳　275
行叡　367
行快(祇園執行)　149,175
堯海　368
京極氏　123,137
京極高清　133,134
京極持清　306
堯淳　367,368,369
経尋(大乗院門跡)　133
堯仙　369
京屋道寿　275
玉寿丸(祇園執行)　97,102,139
玉泉坊　113
玉仲宗務　349,350
切付屋次郎五郎　272
櫛笥隆朝　283
九条尚経　54,126,179,180
彦胤(梶井門跡)　188
源左衛門尉広吉(大工)　97
顕宥(祇園執行)　36,87,89
香西元長　130
光聚院猷秀　240
河野加賀入道　89
古渓宗陳　349〜51
後小松上皇　136
後藤源四郎　272
後奈良天皇　185,188,193
近衛尚通　128,177,211
近衛政家　54,125,173
後花園天皇　134
五郎左衛門(四座公人)　104
言全(堀池、執当)　188
琴誉盛林　369

さ行

西笑承兌　320
西勝坊栄慶　240
坂井政尚(信長家臣)　236
坂上田村麻呂　367
沢村　194
三条公忠　24
三条西実隆　129
実如　373
芝(御霊社惣一)　108,109
春屋宗園　349
常見検校　257,266
正実坊　113,124
松寿丸(秦、大政所神主家)　85,89
正西(正清)(四条綾少路町町人)　71,72
定泉坊　124
証如　69,185
咲嶺宗訢　349
新右衛門清次(小舎人)　55,104,153,171
神功皇后　339
尋憲(大乗院門跡)　233,234,237
新次郎(四座公人)　104
尋尊(大乗院門跡)　126
菅屋(九右衛門)(信長家臣)　309
助貞(秦、大政所神主家)　89
助正(秦、大政所神主家)　89
諏訪長俊　58
清玉　348,368,369
聖誉貞安　255
仙岳宗洞　349
せんけん(駒大夫)　105
禅住坊(承操、千代松丸)
34〜9,42,87〜9,124

た行

太素宗謁　349
高子(三善)　367
武井夕庵(信長家臣)　308
竹内季治　252,256
武田信玄　251
武田元信　126
建部紹智　255,256
竹山次郎三郎(烏丸町町人)　71,72
立入加賀　131
多聞院英俊　230,346
太郎次郎家次(駒大夫)　105
竹簡宗汶　349

仲哀天皇 339
長雲軒(信長家臣) 308
津田宗意 117
津田宗及 349
鶴松(棄松) 332,359
伝誉慶秀 369
東寺少納言 330
道澄(聖護院・照高院門跡) 290
東女坊(東如坊)(御霊社惣一) 105,109
徳川家康 257,295,299,300,325,329,330,340,345〜7,355〜8,360,383
徳川秀忠 358
豊臣氏 290,294,336,354,355
豊臣秀吉(羽柴秀吉) 258,288〜95,299,311,314,317,319,325〜9,331〜7,339,340,345〜7,350〜60,383,385
豊臣秀頼 331,336,359

な行

長岡(細川)藤孝 280
中原師郷 134
中原師守 23,172
中原康富 30
中山孝親 237,241
長束正家 352
二条晴良 236,237,242
日淵 255,256,265
日奥 260,288,289,292,295〜300,317,318
日珖 255〜8,265
日重 288
日順 267
日紹 289,299
日乗 238
日像 5,306
日遙 275
日蓮 5,191,253,288,296,306
日禛 289,298,299
日諦 265
日統 289
蜷川親孝 133

は行

梅軒 314
肥田彦左衛門(信長家臣) 236
広橋守光 132
伏見宮貞成 164
布施貞基 306,373
布施元通 71
舟橋国賢 348
フランシスコ・パシオ 331
法然 376
細川高国 130,132,133,137
細川尹賢 133
細川晴元 69,137,139〜41,188,192,193,196,197,211,212,307
細川政元 52,125〜31,137,142,143,177,178
本阿三郎 272
本阿新九郎 273
本阿弥一族 255,273
本阿弥光悦 254,273
梵舜(神龍院) 320,328,330,335,337,352

ま行

前田玄以(徳善院) 116,295,311,314,315,318,328〜31,352,383
孫右衛門(四座公人) 104
増田長盛 352
松井友閑(宮内卿法印) 268,280
松田政行 116,314,315
松田盛秀 70
松田頼廉 71
松田頼亮 55,161,162,176〜8
松田頼隆 55,162,175〜9
松田頼康 54,59,73,98,104,153,171,172,175,179
松永氏 307,308
松永久秀 200,332
満済(三宝院門跡) 31
宮千代(大政所神主家) 97
三好三人衆 233,250,307,308,332,378
三好長慶 141,176
武藤五郎右衛門(信長家臣) 236
村井貞勝(春長軒) 280,308
明叔宗誓 349
毛利輝元 348

木食応其　290,320,329
森可成　230,233,239

や行

柳原淳光　233
矢部家定(善七郎)(信長家臣)　257,265,268,308,309
山科言国　128
山科言継　143,176,212,229,233,251
山科言経　290,293,328,330,348,349
山本大蔵(祇園社社人)　139
山本対馬守　235
吉田兼見　320,330,334,335
吉村彦左衛門尉　71,72

ら行

ルイス・フロイス　100,243,248,251,252,256,259,332
霊誉玉念　255
蓮如　373,374
蓮養坊　235
六角定頼　69,138,141,188,196,197,214,216
六角氏　71,183,188,191～5,198,307,308
六角承禎　241
六角満高　31

わ行

鷲尾隆康　133
渡辺氏　235

【事　項】

あ

青山(近江)　234,235,237,238,240～2,250
朝倉堂(法華三昧堂)(清水寺)　367
芦刈山(祇園会)　55,221
安土(近江)　252,255,265,280
安土宗論　200, 252, 255, 256, 259, 264, 265,281,308,309,345,364
姉川の戦い　232
穴太(近江)　234
油小路(通り)　132,194
阿弥陀ケ峰　327,331～4,337,353～5
阿弥陀寺　348,351,368,369,377
歩田楽(祇園会)　24,25,90
あるき神子惣中　107

い

石山合戦　251,259,304,310,345,364,379,380
伊勢神宮　331
伊丹(摂津)　259,266
一条(大路、通り)　229
一乗院門跡　367,370,377
一乗寺　235,312
一向一揆　5,211,250～2,295,364,374,378,379
稲荷祭　73
犬神人　100,113,151,373
今道越(山中越、志賀山越)　230,233,235,236,238,240,241
今宮(摂津)　49
今宮神人　49～51,104

う

浮橋　110,112,113
宇佐八幡神　332
宇佐山(近江)　229,230,233,236,238,240～2
宇治川　257,266

雲居寺 366

え

疫神(遷却) 5,25,32,218
江戸 289,300,357
円教寺(書写山)(播磨) 189,372
円湊寺(堺) 275,278
円明寺(堺) 274,275,278
円輪坊(妙法寺) 275

お

王舞(祇園会) 51,90,100
王法仏法相依 229,248,319,359,360
仰木(近江) 243
大坂
139,233,248,288,297,299,314,336,379
逢坂越 230,233,238,242
大坂対論 288,297,299
大坂の役 277,294
大津(近江) 211,233,234,238
大舎人(大舎衛) 50,51,53,55,58,60,101,102,163,164,215
大原 235
大政所(御旅所) 23,52,84,85,87～9,97,98,101,116,117,139,151
大宮(祇園神輿) 23,84,98,112
大宮駕与丁 49～51,103,104
大山崎(山崎) 233,348
大山崎神人 50,51,215
岡崎 371
御駒かしら座中 108
押小路(通り) 60
御土居 117
跳鉾(祇園会) 50,215
下居神人 51
織部司本座神人 50
園城寺(三井寺)
189,234,236,242,243,290,372

か

会合(十六本山会合、諸寺)
200,252～6,258,259,264,267,268,271,273,274,277,279～82,296,298～300,307～9,311,313,315,317
会合衆(堺) 208,212,213
嘉吉の徳政一揆 36,43
神楽(祇園会) 51
笠車(祇園会) 50,215
鵲鉾(祇園会) 50,53,55,60,163,215
傘鉾(祇園会) 60,73
梶井門跡 184,188,238,290,371
春日神人 50
春日社 248
堅田(近江) 230,236,244
片羽屋神子 51,113
月行事(クワチキヤチ)
38,69,70,75,139,210,215,217
甲鉾(祇園会) 60
上賀茂社 233
上京 183,220,233,244,308,348,368
鴨川 23,112,113
鴨川村 312
賀茂競馬 357
烏丸(小路、通り) 55,61,71,72,98
河原者 101
歓喜院(清凉寺) 368
還幸 23～5,31,38,48,53,57,59,84,98,101,102,110,111,124,127,134,151
寛正の法難 198,373,374
観乗坊(堺) 279,281,282,298
勧進聖 366～8
観音寺(近江) 189,372
観音寺城(近江) 188,214
観音山(三条観音山)(祇園会) 60

き

祇園会(祇園祭) 4～6,11～3,23～5,30～2,37～42,47～55,58～61,69～76,83,84,97,98,101,103～5,109,116,122～34,136～44,149～51,153,154,158,164,171～3,176～80,210,215～7,219,221
祇園会御成 12,123,142,143
祇園口 117
祇園執行 26,33,34,36,53,69,85,87,88,90,97,102,107,108,126,127,130,

137〜9,149,175,215,216
祇園社(感神院、八坂神社)
4,12,23,24,32,35,40,41, 49〜52, 57, 68,84,88,89,97,98,100,101,104,105, 112,113,115,117, 124, 126, 130, 139, 142,149,150,162, 164, 175, 189, 216, 218,221,248,372
義観坊(清水寺六坊) 367
菊水鉾(祇園会) 55
義乗坊(清水寺六坊) 367
北白川 41
北野経王堂 368
北野社 5,50,109,328,329,372
北野祭 5
北畠散所 55,60,163
経王寺(堺) 266,269,271,275,279
清水寺 233,366,367,369,370,377,379, 380,382,384〜6
雲母坂 235,240
金峰山寺(吉野) 189,370,372
禁裏御倉 131

く

久遠院 265
久遠寺(甲斐) 255,289,300
具覚寺(堺) 282
供御人 49,50
櫛笥寺(堺) 275,283
倶舎宗 291
久世駒形(祇園会) 105
曲舞(久世舞) 90,215
朽木(近江) 176,232
公人 162,373
久能山(駿河) 356
公方御倉 35,48,84,113,115,124,134
熊野那智山 370
鞍馬寺 128

け

華厳宗 291,384
月蔵寺(堺) 270,274,275,277,278
元亀争乱 228,229,232,245,250,251
顕証寺(近江) 242
建仁寺 366
顕本寺(堺) 266,269,271,275,279
顕密体制論 214,364,365
顕密仏教 4,6,127,213,219,248,292, 295,310,314,316,329,340

こ

小泉(丹波) 297
興覚寺(堺) 269,271,275,279
弘経寺(堺) 270,275
光乗坊(清水寺六坊) 367
革堂(行願寺) 372
興福寺(南都) 189,230,233,248,292,346, 367,370,372,384
高野山(紀伊) 189,290,372,376,385
合力神人 35,37,52
康暦の政変 25
粉河寺(紀伊) 189,372
護国寺 105,107
五山 304,314,316,318,350,377
五条(大路、通り) 98
事書 40,186,188,192,306,376
小舎人 55,73,101,153,171
駒大夫 105,108
御霊社 105,108,109
御霊信仰 5,218
金戒光明寺 369
金光寺(七条道場) 105,107
近松寺(近江) 242
根本中堂(東塔) 40,53,54
金蓮寺(四条道場) 116,141,376

さ

西院村 312
西光寺 255
西塔 184,185,187,190,191,213,229, 235,238,240,243,250,371,373,375
犀鉾神人 49,51
最憖寺 255
堺 208,212,213,256〜8,263〜8,271, 272,274,276,278〜83,297,298,309
堺勧進 257,258,264, 266〜8,270,271, 273,274,276,279〜82,309

坂本(上坂本・下坂本)(近江) 188,229,230,232～4,238,240～4,371,378,380
酒屋 37,48,53,57,84,101,132,374
桜町(堺) 277,278
侍所 51,101
侍所開闔 54,71,73,98,104,139,153,162,171,175,176
侍所頭人 198,306
佐和山(近江) 241
三十三間堂 336
三条(大路、通り) 60,61,73,84,98
三条高倉御所(三条御所) 133,137
山訴 32,38,40,41,68,137,139,177,238
山徒 48,84,87,124,184,213,217,235,237,238,305,371
三方(伊勢山田) 208
三宝院門跡 31,292,320,328,352
山門(延暦寺) 4～6,12,33,40,53,183,190,227～9,232,234,237,238,242,243,248,250～3,259,290,304,305,345,364,370～2,375,376,378～80,383
山門使節 25,26,240
山門大衆 12,24,26,31,32,38～42,49,53,54,61,68～71,74,76,85,124～7,129,132,137,138,140,143,144,177,178,185,186,192～200,213,214,216～9,221,238,240～2,244,245,306,307,310,311,371～5,377～80,383
三論宗 291,384

し

執行 367,370,385
執行代 69,138,187～9,194～8,200,214,238
地口銭 60,73,104,215
寺家 184,238,371,378
地下人 58,59,61,70,131,136,139
四座公人 101,104
四座雑色 74
師子(舞)(祇園会) 51,90,100,101,113,151
寺社勢力論 364,365
時宗(時衆、遊行) 263,291,293,316,367,369,376,377,383,385
四条(大路、通り) 38,71～3,84,98,112,117,141,171
四条橋 110,112,113
四条坊門(小路) 73,194
慈心院(清水寺目代) 367,382
定鉾(祇園会) 50,90,215
地蔵院(清涼寺) 367,385
地蔵鉾(祇園会) 55
十地坊(妙国寺) 275
執当 187,188,371
神人 48～53,60,61,73,87,112,136,215,218
地ノ口米 73,74
芝薬師町 348,368
下京 50,51,69,70～3,136,139,140,164,183,192,210,211,215,216,220,221,272
下辺 24,50～2
寂光寺 253,255,296
衆会之衆 212,213,220
修学寺(院) 235
衆議 41,186,188,189,191,196,198,238,258,296,315,371～3
住本寺(本住寺カ)(堺) 275
出銭(祇園会出銭) 71～4,115,140,221
衆徒 184,188,213,238,241,305,371
受不施 288,289,299
乗(浄)円坊(妙法寺) 275
常縁(演)坊(妙国寺) 275
勝軍地蔵山 233,234,237,241
聖護院(照高院)門跡 290
照光寺(堺) 270,275,279
浄厳院(安土) 255,314
成実宗 291
成就院(清水寺) 367,369,377,380,382
成就寺(堺) 266,269,271,275,279
少将井(祇園神輿) 23,35,61,84,87,98,101,112,151
少将井(御旅所) 23,36,38,84,88,89,108,109
少将井駒頭 103,105,107～9
少将井座 108

浄土寺　371
浄土宗　263,291〜3,311,316,317,369,376,377,383〜5
勝龍寺　280
青蓮院門跡　184,198,238,290,371,373,375,376
白川(白河)　51,230,233
白鳥越(古道越)　235,240
神宮寺(若狭)　189
神幸　23,24,26,31,33,48,53,57,68,84,98,101,102,104,107,108,110,111,117,124,127,134
神幸路(祭礼路)　171
真言宗　291〜3,316,368,383,384
新在家　256
真宗(一向宗、浄土真宗)　5,198,242,263,291〜3,307,316,319,373,383
真乗坊(清水寺六坊)　367,379,380
身池対論　289,300
真如庵(堺)　275,282
新八幡社　319,320,326,330〜5,337,338,340,354,357,359
新仏教(鎌倉新仏教)　6,199,200,229,292,310,369,370,375,376,380,382,383
神馬(祇園会)　90,100,103,113,115,141,142

す

鈴鹿山(祇園会)　60
住吉社(摂津)　213
駿府城　355

せ

成福寺(堺)　270,274,275
清凉寺(嵯峨釈迦堂)　367〜9,377,382,384〜6
積善院　371
善光寺如来　327,328
禅宗　263,291,293,316,377,383
専修寺(高田)　197,373,375,376
泉涌寺　380
千部経会　368,369

そ

惣一(職)　105,108,109
総見院　351
総見寺(摠見寺)(安土)　335
惣寺　184,189,200,238,371,376
雑色　38,69,70,72〜4,139,140,160
増上寺(武蔵)　356,357
惣町　221

た

大覚寺門跡　368,370,376,377
醍醐寺　328,352
大座神人(北野社)　109
大衆　184,189,191,238,243,295,305,350,371,372,374,376
大樹寺(三河)　356,357
大乗院門跡　126,133,233
大徳寺　233,348〜51,380
大仏(方広寺)　290,294,297,316,319,320,326〜33,335〜7,339,353,354,357,383
大仏千僧会(東山大仏千僧会)　281,282,288〜96,298〜300,316〜20,333,383,384
大仏鎮守　319,326,329〜33,336,340,353,357
大仏之社　326,330〜33
当麻寺(大和)　370
高雄(神護寺)　189,372
高倉(小路、通り)　134
鷹司(小路、通り)　134,254
高辻(小路、通り)　84,88
高野　235
竹内門跡　371
田中村　312
手向山八幡宮(大和)　332
田村堂(本願院、開山堂)(清水寺)　367
檀那院　371

ち

知恩院　233,376
知恩寺　369,376
智文坊(清水寺六坊)　367

中院(園城寺) 242
町 59～61,71～3,75,76,104,115,139,140,174,205～10,213,215～7,219～21,254,256,308,340
町組 75
長(項)源寺(堺) 270,275,279
町衆(ちょうしゅう、まちしゅう) 4～6,47,122,179,205,206,209,210,213,215
町人 59,61,70～2,76,139,140,160,174,209,215
長福寺 380
調御寺(堺) 270,274,275
項妙寺 253～5,264,265,296,297,311,313
長命寺(近江) 248
珍皇寺 366

つ

壺笠山(近江) 234,238,240,242,250

て

田楽(祇園会) 51,90,100
天台座主 90,186,188,251,290,371,375
天台宗 290～3,316,383,384
天王寺(摂津) 259,266
天文法華の乱 6,71,115,140,183～5,192,197,198,214,220,221,253,257,275,281,297,307,371,372,374
天龍寺 380

と

東寺 189,233,372,380
等持寺 134
東照社(宮) 356
東照大権現 357,358,360
東大寺 328,332,333,335,368
東塔 31,40,41,184,187,197,213,238,243,371,373
東南院 371
多武峰(大和) 189,372
東福寺 380
栂尾(高山寺) 189,372
年寄 75
土倉 35～8,48,53,84,87,101,124,374
豊国社 319,320,326,327,329,330,334～7,340,353,354,357
豊国大明神 319,334,335,337,338,340,353,354,357,359
豊原(寺)(越前) 189,372
曇華院(通玄寺) 133

な

中京 126
長坂 348
永原(近江) 252
永原城(近江) 237
長刀鉾(祇園会) 111,221
名護屋(肥前) 339
奈良 230,232
南院(園城寺) 242
南禅寺 24

に

西岡寺戸村 312
錦小路(通り) 60
錦織(近江) 233
西陣 164
西京 211
西洞院(大路、通り) 194
二条(大路、通り) 71,72,98
日光山(下野) 189,356,372

ね

根来寺(紀伊) 189,372
年行事 26,35,85,88

の

納銭方 35,113,115

は

博多 257
橋弁慶山(祇園会) 221
馬上一衆 35,36,48,49,84,85,87,103,124,142,199,217,218
馬上一衆・合力神人制 11,12,26,30,42,48,54,57,58,61,84,85,101,103,

124,125,129,131,132,218,374,375
馬上役(公定銭・功程銭・合力銭・料足)
11, 12, 26, 30, 33～9, 41, 42, 48, 49, 51～3, 57～9, 61, 73, 83～5,87,88,90, 97, 100～3, 105,109,113,115,124,125, 127,128,131,142,195,199,217,218,374
八王子(祇園神輿) 23,84,98,112
八王子山(近江) 244
八幡(神・宮・大菩薩) 331～3,339,340,354
八幡神人 50
八幡山(祇園会) 60
はやし物(祇園会) 172,173

ひ

比叡山(叡山) 12, 49, 124, 185, 189, 243, 354
東洞院(大路、通り) 89,98
菱川村 312
毘沙門堂 371
日銭屋 37
百済寺(近江) 248
白蓮寺 385
兵庫(摂津) 266
平等院 257,266
日吉小五月会 5,12,26,33,37,39,49,52, 57, 68, 73, 85, 101, 103, 109, 124, 125, 127, 128, 131, 132, 136, 143, 195, 196, 199,216～8,374
日吉祭礼(日吉神事) 53,68,69,125,126, 130,131,136～8,143,144,178,195,198, 199,216,221
日吉神人 37,50,52,57,58,84,124,217,218,374
日吉社 5, 12, 24, 25, 31, 49～51, 74, 124～6,143,144,218,243,248,251,378
日吉祭(山王祭) 5,40,41,53,54,58,61, 74,101, 126～9, 131,137,143,144,177, 179,180

ふ

武威 7,319,338,340,359
深草祭 357
武家八講 350,377
伏見城 327,328,333,346,352,353,355
不受不施 213,260,288,289,296,297,299,300,317
仏光寺 373
舟橋 280
舟(祇園会) 172,173
風流(祇園会) 24,25,30,32～4,38,58, 113,132～4,136,215
触口 38,69,70,139

へ

平泉寺(越前) 189,372
別当 90,367,370
別当代 186,187,196,197,214

ほ

法王寺(堺) 275
報恩坊(妙法寺) 275
宝積城 348
宝性院(清水寺執行) 367,368
宝性院(池坊)(清涼寺) 385
宝泉院(中坊)(清涼寺) 368,385
北院(園城寺) 242
鉾(桙、ほく、ほこ)(祇園会) 23,24,30,50,90,100,163,171～3
法華一揆 6,69,71,137,140,183,184, 186,192,210～4,216,217,219～21,295, 306～8,364,371,374,378
法華(花)寺(堺) 270,275
法華宗(法華教団、日蓮宗、日蓮衆、日蓮党) 3,5,6,184～6,190～200,211～3, 250, 252～6, 258,260,263～6,274,276, 282,288,289,291～3,295,297,299,300, 305,306,308～17,319,373～5,377,380, 382～4
法華信仰 3,5,213,308
法相宗 291,384
堀川神人 49,51,112
本覚寺 71
本願 290,329,367～70,377,380,382,384,385
本願寺(大谷、山科、大坂) 69,137,139,

185, 190～2, 198～200, 229, 233, 234, 250～2, 372～80
本教寺(堺) 269, 271, 273, 275, 279, 283
本行寺(堺) 275
本敬寺(堺) 270, 275, 283
本光寺(堺) 269, 275, 279
本国寺 200, 253, 289, 295, 296, 298, 311, 313, 377
本住寺(堺) 270, 274
本受寺(堺) 270, 274, 275
本成寺(堺) 270, 274, 275
本禅寺 253, 296
本伝寺(堺) 274, 275, 278
本能寺 144, 193, 194, 253, 280, 296, 311, 313, 347, 348
本法寺 253, 273, 296, 311, 313
本満寺 253, 267, 271, 288, 296
本門寺(武蔵) 289, 300
本曜(耀)寺(堺) 270, 275, 279, 282
本要寺(堺) 275
本陽寺(堺) 282
本隆寺 253, 296

ま

槇島城 241
町(小路、通り) 206
松尾坂(西塔口) 235, 240
松本問答 191, 192, 198
万里小路(通り) 134
政所執事 113, 125

み

三木(播磨) 259, 266
神子 100, 105, 107～9, 113, 152
神輿 11, 13, 23～6, 30～3, 35, 39, 41, 42, 47～54, 58, 59, 83～5, 90, 97, 98, 100～4, 109～13, 115～7, 124, 134, 141, 142, 149, 171, 179
味噌屋 37
三村宮(堺) 212, 213, 263
宮仕 34, 35, 53, 101
妙雲坊(妙法寺) 275
明王院(清凉寺) 368
妙覚寺 253, 260, 265, 273, 288, 289, 296, 297, 313, 317
妙慶寺(堺) 270, 274, 275
妙顕寺 211, 253, 288, 296, 299, 306, 313, 382
妙光寺(堺) 274, 275, 278
妙国寺(堺) 257, 266, 270, 275, 279, 289
妙心寺 233, 315
妙泉寺 253, 296, 314
妙善寺(堺) 274
妙禅寺(堺) 271, 275
妙伝寺 198, 253, 279, 296, 298
妙福寺(堺) 270, 274, 275
妙法院門跡 184, 186, 188, 238, 281, 289, 290, 292, 294, 316, 371, 376, 383
妙法寺(堺) 266, 270, 275, 279
妙満寺 253, 275, 296, 314
妙蓮寺 193, 253, 296, 311, 313

む

無動寺 243
棟別銭 60
室町(小路、通り) 55

め

馬長(祇園会) 24, 25, 90

も

目代 90, 367, 370, 382, 385
門跡 184, 194, 200, 238, 293, 313, 352, 367, 370, 371, 375, 376, 378, 379, 384

や

八瀬 235
八撥(祇園会) 215
柳町(堺) 277
山(造山)(祇園会) 23, 24, 50, 59, 60, 72, 75, 128, 172, 173, 215
山科 248
山中(近江) 211, 230, 240
山鉾(山ホク、山ほこ、山ホコ)(祇園会) 4, 5, 12, 13, 23～5, 30, 32～4, 39, 42, 47, 48, 50, 51, 54, 55, 57～9, 61, 68～70,

72～5, 83, 84, 90, 102, 110, 111, 113, 116, 124, 127～9, 131, 134, 136, 137, 139～43, 149, 150, 154, 158, 160, 161, 163,164,171～8,210,215～9,221

ゆ

湯屋風呂屋 37

よ

養寿寺(堺) 275,282
要法寺 253,296
横川 184,187,191,198,213,214,238, 243,371,373
吉崎(越前) 373
吉田神道 330,334,340,357
四ツ谷(近江) 233
寄町(祇園会) 71～5,115,140,221

ら

洛中勧進 273,276,281,308
洛中洛外図 11,109,110

り

律宗 291,293,316,377,379,383
龍華(近江) 176
立本寺 253,296,313
林下 316

れ

冷泉(小路、通り) 84,98,101
冷泉町 340
蓮台野 350,351
蓮養坊 367

ろ

六地蔵之党 51
六坊(清水寺) 367,379,380,384,385
廬山寺 379
六角(小路、通り) 60,194
六角堂(頂法寺) 248,369,372

わ

綿座(本・新) 49,51
和邇(近江) 230
詫証文 256,258,281,309～11,314

■著者紹介■

河　内　将　芳（かわうち・まさよし）

1963年　大阪府生
1987年　京都府立大学文学部卒業
1999年　京都大学大学院人間・環境学研究科博士課程修了，京都大学博士（人間・環境学）
奈良大学文学部助教授
主要著作：『中世京都の民衆と社会』（思文閣出版，2000年），仁木宏編『都市―前近代都市論の射程―』（共著，青木書店，2002年），『今津町史　第4巻　資料』（共著，滋賀県今津町，2003年），歴史学研究会・日本史研究会編『日本史講座　第5巻　近世の形成』（共著，東京大学出版会，2004年），世界人権問題研究センター編『散所・声聞師・舞々の研究』（共著，思文閣出版，2004年），『秦荘の歴史　第1巻　古代・中世』（編著，滋賀県秦荘町，2005年），下坂守・源城政好監修『京都の地名由来辞典』（東京堂出版，2005年）ほか．

中世京都《ちゅうせいきょうと》の都市《とし》と宗教《しゅうきょう》

2006（平成18）年5月31日発行

著　者　河内将芳
発行者　田中周二
発行所　株式会社思文閣出版
〒606-8203　京都市左京区田中関田町2-7
電話 075-751-1781（代表）

印　刷
製　本　株式会社図書印刷同朋舎

ISBN4-7842-1303-1　C3021

河内将芳（かわうち　まさよし）…奈良大学教授

中世京都《ちゅうせいきょうと》の都市《とし》と宗教《しゅうきょう》（オンデマンド版）

Digital Publishing

2016年2月29日　発行

著　者　　河内　将芳
発行者　　田中　大
発行所　　株式会社 思文閣出版
〒605-0089　京都市東山区元町355
TEL　075-533-6860　FAX　075-531-0009
URL　http://www.shibunkaku.co.jp/

装　幀　　上野かおる（鷺草デザイン事務所）
印刷・製本　株式会社 デジタルパブリッシングサービス
URL　http://www.d-pub.co.jp/

AJ517

ISBN978-4-7842-7006-4　C3021　Printed in Japan